FILOSOFIA DO GOLPE DE ESTADO

Ensaios sobre o totalitarismo

Coleção Clássicos da Filosofia
Coordenação
João Ricardo Moderno
Ser Finito e Ser Eterno – Edith Stein
Filosofia Moral – Émile Durkheim
Estética e Imaginação Criadora – João Ricardo Moderno
Filosofia do Golpe de Estado – João Ricardo Moderno

O GEN | Grupo Editorial Nacional – maior plataforma editorial brasileira no segmento científico, técnico e profissional – publica conteúdos nas áreas de ciências humanas, exatas, jurídicas, da saúde e sociais aplicadas, além de prover serviços direcionados à educação continuada e à preparação para concursos.

As editoras que integram o GEN, das mais respeitadas no mercado editorial, construíram catálogos inigualáveis, com obras decisivas para a formação acadêmica e o aperfeiçoamento de várias gerações de profissionais e estudantes, tendo se tornado sinônimo de qualidade e seriedade.

A missão do GEN e dos núcleos de conteúdo que o compõem é prover a melhor informação científica e distribuí-la de maneira flexível e conveniente, a preços justos, gerando benefícios e servindo a autores, docentes, livreiros, funcionários, colaboradores e acionistas.

Nosso comportamento ético incondicional e nossa responsabilidade social e ambiental são reforçados pela natureza educacional de nossa atividade e dão sustentabilidade ao crescimento contínuo e à rentabilidade do grupo.

João Ricardo
Moderno

FILOSOFIA DO GOLPE DE ESTADO
Ensaios sobre o totalitarismo

Prefácio de
Merval Pereira

A EDITORA FORENSE se responsabiliza pelos vícios do produto no que concerne à sua edição, aí compreendidas a impressão e a apresentação, a fim de possibilitar ao consumidor bem manuseá-lo e lê-lo. Os vícios relacionados à atualização da obra, aos conceitos doutrinários, às concepções ideológicas e referências indevidas são de responsabilidade do autor e/ou atualizador.
As reclamações devem ser feitas até noventa dias a partir da compra e venda com nota fiscal (interpretação do art. 26 da Lei n. 8.078, de 11.09.1990).

Filosofia do Golpe de Estado – Ensaios sobre o totalitarismo
ISBN 978-85-309-8167-9
Direitos exclusivos para o Brasil na língua portuguesa
Copyright © 2018 by
FORENSE UNIVERSITÁRIA um selo da EDITORA FORENSE LTDA.
Uma editora integrante do GEN | Grupo Editorial Nacional
Travessa do Ouvidor, 11 – 6º andar – 20040-040 – Rio de Janeiro – RJ
SAC: (11) 5080-0751 | faleconosco@grupogen.com.br
bilacpinto@grupogen.com.br | www.grupogen.com.br

O titular cuja obra seja fraudulentamente reproduzida, divulgada ou de qualquer forma utilizada poderá requerer a apreensão dos exemplares reproduzidos ou a suspensão da divulgação, sem prejuízo da indenização cabível (art. 102 da Lei n. 9.610, de 19.02.1998). Quem vender, expuser à venda, ocultar, adquirir, distribuir, tiver em depósito ou utilizar obra ou fonograma reproduzidos com fraude, com a finalidade de vender, obter ganho, vantagem, proveito, lucro direto ou indireto, para si ou para outrem, será solidariamente responsável com o contratafor, nos termos dos artigos precedentes, respondendo como contratafores o importador e o distribuidor em caso de reprodução no exterior (art. 104 da Lei n. 9.610/98).

1ª edição – 2018

Designer de capa: Rejane Megale
Imagem de capa: João Ricardo Moderno (Cortesia do autor)
Editoração Eletrônica: Victor Aranã

CIP-BRASIL. CATALOGAÇÃO NA PUBLICAÇÃO
SINDICATO NACIONAL DOS EDITORES DE LIVROS, RJ

M694f

Moderno, João Ricardo
Filosofia do golpe de estado / João Ricardo Moderno. – 1. ed. – Rio de Janeiro: Forense Universitária, 2018.
; 21 cm.   (Clássicos da filosofia)

Inclui bibliografia
ISBN 978-85-309-8167-9

1. Totalitarismo – Filosofia. 2. Ciência política – Filosofia. I. Título. II. Série.

18-50454
CDD: 320.53
CDU: 321.64

Meri Gleice Rodrigues de Souza – Bibliotecária CRB-7/6439

Para Ernane Galvêas e Bernardo Cabral
in memoriam *a Jurema Carneiro Moderno
e Darcy do Nascimento Moderno*

SUMÁRIO

FILOSOFIA CONTRA O RACISMO E O
TOTALITARISMO XI

DIALÉTICA DO GOLPE DE ESTADO
CONTEMPORÂNEO 1

OS MORANGOS HEIDEGGERIANOS DE AUSCHWITZ 15

Notas críticas sobre o nazismo como "filosofia" 15

Os negros não têm história 15

Discurso-poema de Heidegger diante da fogueira de
livros por ele organizada 17

Teoria do inimigo 18

Sobre Heidegger: relatório secreto do serviço de
segurança do *Reichsführer* da SS – SD 19

A seleção de raças como metafisicamente necessária
e a autoconsciência da raça pura 22

Carta de Heidegger delatando filósofo judeu
neokantista 22

As Conferências de Bremen e o Negacionismo
Ontológico 23

Heidegger, a seleção racial e o "pensamento" da raça
ou o racismo como "pensamento" e "metafísica" 25

Conclusão: da responsabilidade dos filósofos na
propaganda do nazismo no Brasil e no mundo 26

INTRODUÇÃO À ECONOMIA NACIONAL-SOCIALISTA ... 31

MEDICINA E ECONOMIA NACIONAL-SOCIALISTA.................	43
NIETZSCHE E A VONTADE DE RACISMO..............................	65
Conceito de Filosofia...	69
Nietzsche e a vontade de potência....................................	72
METAFÍSICA DA MORTE, NIILISMO E TOTALITARISMO............	87
MARTIN HEIDEGGER E O ANTISSEMITISMO............................	97
MARTIN HEIDEGGER, 1933: OS ARQUIVOS NAZISTAS DO REKTOR-FÜHRER DA FILOSOFIA..	119
A autoafirmação da universidade alemã – 27 de maio de 1933.........	120
Apelo aos estudantes – 3 de novembro de 1933.......................	122
Profissão de fé dos professores de Universidade para com Adolf Hitler – 11 de novembro de 1933..	124
SALVADOR ALLENDE, LÍDER NACIONAL-SOCIALISTA DA AMÉRICA LATINA..	127
O PROBLEMA DE MARTIN HEIDEGGER E O CAMINHO DE HANNAH ARENDT...	139
MERQUIOR E O OTIMISMO TOTALITÁRIO DE HEIDEGGER......	149
Arte e Sociedade em Adorno..	153
EDITH STEIN: TEORIA FILOSÓFICA DO ESTADO..................	169
Catolicismo: conversão espiritual e conversão com batismo........	169
I A estrutura ôntica do Estado...	170
II O Estado e o Direito...	177
III Edith Stein e o Estado democrático de direito.....................	191

SUMÁRIO

CARL SCHMITT, TEÓRICO DO "ESTADO TOTAL" E A
CATÁSTROFE DO MUNDO CONTEMPORÂNEO................................ 199
    Carl Schmitt, o *Kronjurist* do nacional-socialismo e o antissemita
    no pós-guerra... 199
    Carl Schmitt na história da cultura política da República Federal da
    Alemanha, segundo Jürgen Habermas.. 208
    O Estado Total... 213

PAPA PIO XII E O GOLPE CONTRA HITLER.................................... 231
    Introdução: o anticristo Hitler e a lealdade às forças demoníacas........ 231
    Vaticano como centro mundial da conspiração dos Aliados e
    resistentes alemães.. 235
    Conclusão: Ian Kershaw e a hostilidade dos católicos ao nazismo...... 243

PIO XII E O CATOLICISMO NA SEGUNDA GUERRA MUNDIAL. 247
    O complô nazicomunista.. 250
    O futuro Papa Pio XII.. 258

CAMBOJA: ARROZ-DE-GENOCÍDIO DOS *KHMERS ROUGES*...... 269
    Período histórico dos *khmers rouges*.. 270
    Patologia ideológica e economia do arroz... 272
    Angkar, a "Organização"... 275
    "Democracia" comunista, sociedade e cultura...................................... 277
    Budismo e comunismo... 280

HANS KELSEN E O COMUNISMO COMO IDEOLOGIA DO
GOLPE DE ESTADO... 285

BRASÍLIA E O GOLPE DE ESTADO CONSTITUCIONAL.............. 311
    Crítica... 313
    Conceito de capital e história: a irracionalidade do racionalismo...... 322

NOTA SOBRE A ORIGEM DOS TEXTOS.. 331

FILOSOFIA CONTRA O RACISMO E O TOTALITARISMO

Merval Pereira

A democracia, definida por Churchill como a pior forma de governo com exceção de todas as outras já tentadas, encontra-se sob ataques diversos no mundo pós-moderno, com governos autoritários à direita e à esquerda utilizando-se dos próprios valores democráticos para tentar instalar o totalitarismo.

Em certos casos, o autoritarismo se impõe com a justificativa de impedir a institucionalização do totalitarismo, alegadamente como uma espécie de argumento democrático. Sem valores, a democracia corre o risco de se transformar em mera formalidade, e a crise de representatividade que assola as democracias ocidentais ajuda a corroer as relações sociais, transformando-se a sociedade em presa fácil de populismos que se transmudam facilmente em totalitarismo.

A ideia de que o capitalismo de Estado praticado na China levaria à democratização gradual do regime devido à ampliação das oportunidades para camadas cada vez maiores da população e às demandas por liberdade que disso adviriam caiu por terra com a decisão de permitir a permanência por tempo ilimitado no poder do secretário-geral do Partido Comunista, Xi Jinping.

A teoria acadêmica que relacionava o capitalismo com a democracia vai sendo superada pela realidade autoritária de regimes à esquerda, como o da China, e à direita, como a Rússia de Putin, e até mesmo a versão populista dos Estados Unidos de Trump, que elogiou a decisão chinesa. Diversos estudos acadêmicos, suplantados agora pela crua realidade da geopolítica, procuram mostrar que um país tende a se transformar em uma democracia quando atinge a renda *per capita* anual de US$ 10 mil. Seria o caso da Rússia, e será em breve o da China, tudo contabilizado pela paridade de poder de compra.

O autoritarismo de Putin segue, no entanto, a mesma linha chinesa de Xi Jinping, que continua trocando de cargo entre presidente e primeiro-ministro, rumo à utopia do mandato eterno. Os grandes conglomerados estatais serão, tanto na China quanto na Rússia, os orientadores da transição econômica para a alta tecnologia de que os países precisam para competir globalmente.

A pluralidade das ideias, capaz de desmistificar todo tipo de autoritarismo, não está nos planos desses governos autoritários, como também não está em simulacros de democracias como a Venezuela, ou em totalitarismos radicais espalhados por vastas regiões do mundo moderno.

É disso que trata *Filosofia do golpe de Estado*, de João Ricardo Moderno, composto por diversos ensaios críticos dos totalitarismos comunistas e nacional-socialistas, e por vezes mencionando a influência destes no totalitarismo islâmico sob a direção dos fundamentalistas.

Todo totalitarismo é um fundamentalismo. O totalitarismo é um fenômeno específico do século XX, apoiado em ideias do século XIX, como o racismo, o genocídio, a luta de classes, a luta de religiões, o ódio à democracia, o elitismo social etc.

Filosofia do golpe de Estado faz uma arqueologia filosófica dos fundamentos teóricos do totalitarismo, indicando as relações lógicas com as práticas totalitárias, e sua coerência interna. O uso da democracia como instrumento facilitador do golpe totalitário é também analisado com detalhes. Expõe criticamente o funcionamento dos padrões totalitários, e suas variações sobre o mesmo tema.

A estratégia dominante em *Filosofia do golpe de Estado* é a de dominar as nuances e as sutilezas da universalidade do golpe de Estado e suas variações, com o fim de criar uma vacina autógena em defesa da vida do Estado democrático de direito, isto é, a partir do vírus do totalitarismo, imunizar a democracia contra as doenças infecciosas e oportunistas que atingem pandemicamente os continentes.

No Brasil há uma invariante tendência histórica de setores, sobretudo da esquerda revolucionária, de sonharem em transformar o país em um campo de experimentações totalitárias, inclusive com acréscimo de inovação tupiniquim, que ganha agora a competição malévola de uma extrema-direita robustecida pela crise de valores de nossa sociedade.

A corrupção generalizada encontra abrigo nas justificativas ideológicas, inclusive em defesa da democracia, e justifica contra-ataques também antidemocráticos. Com efeito, *Filosofia do golpe de Estado* procura a imunização da democracia liberal contra os ataques sistemáticos do pensamento totalitário, venham de que espectros ideológicos vierem.

Merval Pereira é membro da Academia Brasileira de Letras e da Academia Brasileira de Filosofia e colunista político de *O Globo*

DIALÉTICA DO GOLPE DE ESTADO CONTEMPORÂNEO

O começo da história contemporânea do golpe de Estado pode ser situada na revolução bolchevique de 1917, na Rússia, que inaugura a modernidade totalitária, que, justa e paradoxalmente, é a negação da própria modernidade burguesa, na qual a economia, a ciência, a arte, a filosofia e a religião atingiram uma dimensão jamais vista na história da humanidade. O totalitarismo foi a mais profunda regressão, revelando um lado sombrio e macabro da modernidade, que reage aos fundamentos iluministas da modernidade enquanto tal pela negação violenta da liberdade. A reação contra o liberalismo capitalista teve sua vertente mais importante na consagração da opção totalitária.

Etimologicamente, golpe vem do latim vulgar *colpus*, bofetada, soco; e do grego *kólaphos*, golpe na face, tapa, murro. A primeira e mais simples significação do vocábulo "golpe" remete a um choque físico entre dois corpos, provocando impactos variados, tais como batida ou pancada. Golpe com arma branca, ou qualquer objeto. O golpe de artes marciais é aplicado tanto na defesa quanto no ataque, quando dialeticamente a defesa se converte em ataque. Nas artes marciais, o golpe dentro das regras é lícito. Golpe de sorte, golpe de gênio, golpe baixo, golpe de ar, golpe de misericórdia, golpe de vista (*coup d'oeil*, olhada), golpe de mestre, golpe parlamentar, golpe do orçamento, golpe da propina, golpe da estatal, golpe da ONG, golpe do baú e golpe do bilhete da loteria, mesmo os diversos golpes criminosos, ou a expressão literal e metafórica de "acusar o golpe". Contudo, o golpe de Estado é o que mais causa emoção social e política. O famoso *coup d'État*.

Para Edward Luttwak, autor do clássico *Golpe de Estado: um manual prático*,

> o *coup d'État* envolve alguns elementos de todos esses diferentes métodos pelos quais o poder pode ser aproveitado, mas, ao contrário

da maioria deles, o *coup* não é necessariamente ajudado pela intervenção das massas, ou, em grau significativo, pela força militar. A ajuda dessas formas de força direta, sem dúvida, facilitaria a tomada do poder, mas seria irrealista pensar que estariam à disposição dos organizadores de um *coup*. Porque nós não estamos no comando das forças armadas, não podemos esperar começar o planejamento de um golpe com as unidades militares consideráveis que já estão sob nosso controle. Tampouco o governo do pré-*coup* permite-nos geralmente realizar a propaganda e a organização necessárias para fazer a utilização eficaz das "massas amplas do povo". Uma segunda característica distintiva de um *coup* é que não implica nenhuma orientação política particular. As revoluções são geralmente "esquerdistas", enquanto os *pronunciamentos* são normalmente iniciados por forças de direita. Um *coup*, no entanto, é politicamente neutro, e não há pressuposição de que nenhuma política em particular será seguida após a tomada do poder. É verdade que muitos *coups d'État* têm sido decididamente de direita, mas não há nada inevitável nisso. Se um *coup* não faz uso das massas, ou da guerra, que instrumento de poder lhe permitirá assumir o controle do Estado? A resposta curta é a maior parte deste livro. O que se segue é a nossa definição formal e funcional: um *coup* consiste na infiltração de um segmento pequeno, mas crítico, no aparelho estatal, que é então usado para deslocar o governo do controle do restante.[1]

O golpe de Estado sem armas é possível, desde que, mediante a infiltração, os segmentos da economia, da cultura, das armadas, da polícia, da ciência, da educação etc. sejam pelo menos dominados e redirecionados. Após o golpe, concluído ao longo do tempo, será necessário o uso autoritário da força para a preservação das posições tomadas. A guerra gramsciana de posição se estrutura como guerra de infiltração, e a garantia da manutenção da posição após a fase final ou conclusiva do golpe exigirá a força arbitrária e completamente fora do Estado democrático de direito. O *coup* não é neutro, conforme sustenta Luttwak, mesmo que o exercício do poder tome direções imprevistas, pois é preciso uma grande motivação para planejar e executar um golpe de Estado. Se há algo que não é jamais neutro, é o golpe de Estado. Quem o faz sabe exatamente a razão. O golpe de Estado é uma extrema tomada de posição política. Mesmo porque a necessidade de adesão política para formação do grupo deter-

---

1 Luttwak, Edward. *Coup d'État. A Practical Handbook*. Massachusetts: Harvard University Press, 1979, p. 26.

mina certo grau de clareza política. A divisão em revolução e golpe de Estado é também inconsistente, pois toda revolução é um golpe de Estado, mesmo que seja um contragolpe. A chamada "luta política" pressupõe, logicamente, um conjunto de golpes lícitos e ilícitos. E a questão ética permanece viva: é lícito dar um golpe de Estado, quando o governo pratica ilícitos constitucionais? Ou, também, quando golpeia o Estado por dentro? Ainda melhor, é legítimo um governo eleito democrática e licitamente, dentro das regras, posteriormente golpear o Estado com uso de meios ilícitos para voltar-se contra a ordem constitucional que o consagrou? Golpear fora das normas a partir da força governamental é certamente praticar um golpe de Estado endógeno: valer-se das condições privilegiadas de ser governo nacional e, por um conjunto de variações de golpes, dar o golpe de misericórdia na ordem democrática de direito. Com efeito, apesar de o golpe de Estado denominar um conjunto de ações de tomada do poder, não há uma fórmula única a ser aplicada em quaisquer países, circunstâncias e condições. O golpe de Estado exógeno foi praticado e teorizado pelos revolucionários bolcheviques e se caracteriza pela derrubada violenta do governo por meio das armas e dos assassinatos em massa. Para os revolucionários totalitários, o golpe bom é o golpe deles. Acusar o golpe não é o mesmo que acusar de golpe. Quem quebra as regras prévia e oficialmente consensuais decerto está dando um golpe. Uma das mais importantes técnicas do golpe de Estado é praticar um golpe sorrateiro, silencioso e cínico, despertando poucas suspeitas, comprando uns tantos personagens decisivos e, com isso, escandalizando a defesa da democracia para, ao final do processo, dar o golpe fatal. Acusarão o golpe ao serem descobertos, e acusarão de golpe quem quiser interromper o processo da revolução totalitária.

Uma das mais usadas e eficazes "fórmulas" de aplicação do golpe contemporâneo é a chamada "defesa da democracia". A democracia é uma necessidade para um criptogolpe de Estado. As regras democráticas tornam-se atraentes sob determinadas condições históricas, e o criptogolpe somente é desvelado por meio de críticas aproximações sucessivas, indicando não só o que está por trás das políticas públicas, mas, sobretudo, para onde elas conduzirão o Estado e a sociedade. A partir daí, uma sucessiva onda de contragolpes ensejará uma contrarrevolução, armada ou não. Portanto, o golpe do contragolpe assume a legitimidade da continuidade do Estado democrático de direito. O próprio Hitler foi nomeado primeiro-ministro dentro das regras da República de Weimar e utilizou as condições democráticas de poder para gradativamente introduzir o Estado total. O desespero dos revolucionários totalitários se expressa na alarmante campanha de "proteger a democracia". Sim, porque a democracia é indispensável para o golpe totalitário. Especialistas nas frestas do Estado democrático de direito, pouco defensivo por excelência, os totalitários buscam os aspectos frágeis para a aplicação do golpe como processo. Nem todo golpe é abrupto. Ao contrário, em países democráticos no mundo contemporâneo, normalmente os golpes são lentos e graduais para não chamar a atenção dos contragolpistas.

Alguns textos são clássicos na teoria do golpe de Estado, como o citado *Golpe de Estado: um manual prático*, de Edward Luttwak, *Técnica do golpe de Estado*, de Curzio Malaparte, e *A insurreição armada*, editado pelo Comintern, a Terceira Internacional Comunista, em 1928. O mais famoso é o livro de Curzio Malaparte, de 1931, autor cristão, registrado como Kurt Erich Suckert, de pai alemão, nascido em 9 de junho de 1898 na província de Prato, região da Toscana. Quando Benito Mussolini perguntou-lhe qual a razão do pseudônimo Malaparte, ele respondeu: "Napoleão se chamava Bonaparte e terminou mal; eu me chamo Malaparte e vou me dar bem". Aliás, segundo Malaparte, foi Napoleão Bonaparte quem deu o primeiro golpe de Estado parlamentar, revolucionário e moderno, com o 18 Brumário.[2] Depois, Malaparte vai afirmar que odeia o seu livro, pois este lhe trouxe infelicidade. Segundo ele mesmo e o consenso mundial, *Técnica do golpe de Estado* é um "tratado da arte de defender a liberdade" e, por extensão, um tratado da arte de defender o Estado. Hitler condenou o livro de Malaparte à fogueira em Leipzig.

Para Karl Marx, a insurreição é uma arte. Com efeito, é preciso conhecer criticamente, em detalhes, o funcionamento e as ideias do totalitarismo para contragolpeá-lo civil e militarmente, se for o caso, dentro da ordem constitucional. *Técnica do golpe de Estado* é decisivo para o entendimento do moderno processo revolucionário e contrarrevolucionário, mesmo que os dois lados estudem o livro. Ainda que Malaparte tenha iniciado sua vida política nas fileiras do fascismo italiano, rompeu com este em 1931, ano da publicação do livro, foi preso inúmeras vezes por Mussolini e lutou contra o nazifascismo nas batalhas

---

2   Brumário, do francês *Brumaire*, indica o segundo mês do calendário republicano da França, que começa trinta dias depois do equinócio do outono, isto é, mais ou menos de 22 de outubro a 21 de novembro.

de Monte Cassino, na libertação de Roma e nos combates da chamada Linha Gótica (em alemão, *Gotenstellung*; em italiano, *Linea Gotica*; em inglês, *Gothic Line*), ao lado da nossa gloriosa FEB, que participou de todas aquelas batalhas. Malaparte já advertira que, no seio dos Estados liberais e democráticos, há sempre partidos cujo conceito de Estado repousa no terreno revolucionário, isto é, a liberal democracia é um meio para se atingir o Estado totalitário, e isso explica o "amor" desses partidos pelas liberdades. É a liberdade para agir segundo os objetivos tirânicos. Segundo o autor, os partidos de extrema-esquerda e extrema-direita, os "catilinários", são os fascistas e os comunistas. Para Malaparte, "os 'catilinários' de direita temem a desordem. Acusam o governo de fraqueza, de incapacidade, de irresponsabilidade. Defendem a necessidade de uma sólida organização do Estado, de um controle severo de toda a vida política, social e econômica. São os idólatras do Estado, os partidários de um Estado absoluto. É em um Estado centralizador, autoritário, antiliberal e antidemocrático que eles veem a única garantia da ordem da liberdade, o único obstáculo contra o perigo comunista. 'Tudo no Estado, nada fora do Estado, nada contra o Estado', afirma Mussolini. Os catilinários de esquerda visam à conquista do Estado para instaurar a ditadura dos trabalhadores das cidades e dos campos. 'Onde há liberdade, não há Estado', afirma Lênin".[3] Malaparte faz uma séria observação sobre quais seriam as regras fundamentais da técnica moderna do golpe de Estado. E mais, afirma que, "à tática revolucionária dos catilinários, os governos, revelando aí sua ignorância absoluta dos mais elementares princípios da arte de conquistar e de defender um Estado moderno, continuam a opor uma tática defensiva baseada em medidas policiais. Tal ignorância é perigosa".[4]

Para Malaparte, se o estrategista da revolução bolchevista foi Lênin, o pensador tático do golpe de Estado de outubro de 1917 foi Trótski. E a tática de Trótski é a mais perigosa, diferentemente da estratégia de Lênin, segundo a qual o golpe de Estado precisa se dar a partir de certas condições gerais do país, podendo acontecer ou não. Para a tática insurreicional de Trótski, o golpe de Estado não precisa reunir essas tais condições históricas necessárias, visto que necessário é somente o próprio golpe de Estado, e este pode ser aplicado em qualquer momento e sob quaisquer circunstâncias. Segundo ele, não se pode ficar esperando algo que não se sabe quando nem se vai acontecer um dia.

---

3 Malaparte, Curzio. *Technique du coup d'État*. Paris, Grasset, 2014, p. 30.
4 Idem, ibidem, p. 31.

Não há circunstâncias favoráveis à insurreição armada: estas circustâncias são criadas artificialmente. Em Trótski, não existe amadurecimento ideal para que um país sofra um golpe de Estado. Basta uma organização mínima para obter o máximo, que é a tomada do poder. Resumidamente, a tática não precisa da estratégia. Para Trótski, "é preciso, antes de tudo, ocupar a cidade, tomar-se os pontos estratégicos, derrubar o governo. Para tanto, é necessário organizar a insurreição, formar e adestrar uma tropa de assalto. Poucas pessoas, as massas não servem para nada, basta uma pequena tropa. (...) Porque todo o povo é demais para a insurreição. É preciso somente uma pequena tropa, fria e violenta, adestrada na tática insurreicional".[5]

Se há uma teoria geral do golpe de Estado armado, há também uma teoria do golpe de Estado parlamentar, no qual a tropa de assalto se apresenta nas empresas estatais e nos órgãos públicos, para a coleta da propina que irá controlar o poder legislativo, garantir o cartel das empresas do crime organizado, e preservar os gastos públicos do modo mais excessivo, a fim de alimentar o mito do Estado, desmoralizar a economia liberal democrática, manter a economia extremamente fechada e protecionista e engordar a escravidão do voto assistencial artificial. É como jogar uma rede usando iscas ideológicas que justificam a adesão popular. E o círculo vicioso se perpetua. A racionalidade da lógica do mercado liberal e a simétrica racionalização dos gastos públicos são debochada e revolucionariamente etiquetadas como "pacote de maldades". Pacote de bondades é a destruição da economia e do Estado de direito democrático, acompanhado do genocídio, que é um produto intrínseco, histórica e tragicamente comprovado diversas vezes no século XX. É a autodestruição nacional dirigida pelo governo. Medidas impopulares, na verdade, são as que causam o desemprego em massa, e não as que o evitam. O populismo causa o prazer precoce, fora do princípio de realidade. O delírio psicótico se manifesta como totalitarismo político. Citemos a máxima de Marie-Thérèse, da Polônia, seguida por Jósef Piłsudzki, antes e depois do golpe de Estado de 1926, que depôs o presidente Stanisław Wojciechowski e o primeiro-ministro Wincenty Witos: "Agir à prussiana, mas salvando sempre as aparências da honestidade." Para Malaparte, salvar as aparências de legalidade serve à ideia revolucionária da arte do golpe de Estado, mas não à sua efetividade, pois desconhece a técnica da aplicação do golpe. A rigor, este não precisa salvar nenhuma aparência do ponto de vista

---

5 Idem, ibidem, p. 41.

técnico; dá-se o golpe, simplesmente isso. O golpe de Estado parlamentar é um erro banal, afirma Malaparte, pois todo golpe precisa de celeridade, e a lentidão favorece a defesa do contragolpe, que vai descobrindo gradativa e criticamente a estratégia golpista. Nas artes marciais, a velocidade associada à técnica é tudo, do mesmo modo que os verdadeiros golpes e contragolpes de Estado. Para Malaparte, o golpe de Estado parlamentar só tem chance de algum êxito com o apoio e a presença do Exército. Hoje, não mais em cavalos, como Bonaparte, mas com a moderna cavalaria de blindados à porta do Congresso Nacional, preservando, contudo, o terreno da legalidade. Digamos que o Exército reforçaria e incentivaria a eloquência parlamentar *interna corporis*.

Para Trótski, contrariamente a Lênin, "as coisas perigosas são sempre extremamente simples. Para ganhar, não é preciso desconfiar das circunstâncias desfavoráveis nem confiar nas que são favoráveis. É preciso bater na barriga: isto não faz barulho. A insurreição é uma máquina que não faz barulho. Sua estratégia [de Lênin] exige condições favoráveis demais: a insurreição não precisa de nada; basta a si mesma".[6] A teoria trotskista do golpe de Estado despreza o ataque militar à organização burocrática e política estatal, mas direciona a violência contra o governo, considerado, com razão, a chave do Estado, pois, segundo Trótski, é preciso derrotar o inimigo no campo mesmo em que ele defende o Estado. A tática de Trótski é ir direto ao objetivo central, sem as mediações leninistas. É necessário destruir o funcionamento técnico do governo, guardião do Estado, com uma tropa de assalto. Na Rússia, fazia-se indispensável uma equipe de técnicos destruidores da máquina estatal central; no Brasil, a tropa de assalto foi formada por uma equipe de técnicos corruptores das empresas estatais, mas o objetivo é o mesmo: o golpe de Estado, o golpe no Estado. E que, ao fim e ao cabo, é um golpe no povo. Acusar o contragolpe de golpe é uma astúcia que exemplifica a teoria de Freud do mecanismo de defesa denominado "projeção", ou seja, atribuir aos outros aquilo que caracteriza a própria ação e a maneira de ser de quem acusa. As tropas de assalto trotskistas inspiraram o revolucionário Radek, em uma sessão do Comintern, a propor a multiplicação internacional em toda a Europa, chegando a defender a criação de uma escola de instrução técnica em cada país. Daí a iniciativa de Hitler, ao reproduzir em Munique uma escola técnica de tropas de assalto. Segundo Trótski, a sua tática, fundada na técnica, é capaz de golpear e tomar o Estado

6   Idem, ibidem, p. 42.

em, no máximo, 72 horas. Uma coisa é certa, toda técnica do golpe de Estado deve ser precedida de uma conjugação de ações catilinárias, ainda que estas sejam insuficientes, isoladamente, isto é, quando a verborragia catilinária não vem seguida do método, da tática e da técnica moderna do golpe de Estado.

Segundo Malaparte, valendo-se dos pontos fracos do Estado moderno, que já não coincide com as características de outras épocas, o que antes se resolvia com critério policial, hoje se resolve com critério técnico. Contudo, encarcerar os revolucionários totalitários permanece uma boa medida protetiva do Estado democrático de direito, pois, inevitavelmente, eles cometerão crimes previstos em lei. E quanto maiores as penas, menores as chances de retornarem à vida política.

Um dos erros mais frequentes mencionados por Malaparte é o de revolucionários atacarem no terreno escolhido pelo inimigo, o que, felizmente, facilita o contragolpe. De maneira similar, um contragolpe jamais deverá aceitar o terreno escolhido pelo inimigo. Sempre será desfavorável. Segundo Malaparte, a tática revolucionária não é exclusivamente política, mas técnica, e o contragolpe não pode ser exclusivamente policial, mas também técnico. O golpe militar revolucionário totalitário ataca o Estado como se fosse uma fortaleza, e a polícia defende o Estado como se fosse uma cidade, dois erros que se assemelham, afirma Malaparte.[7] Para Malaparte, a tática dos catilinários é de agilizar o golpe de Estado, e a dos defensores do Estado é ganhar tempo para preparar o contragolpe. Os catilinários se valem da democracia para instrumentalizar a revolução totalitária, infiltrando agentes e aparelhando o Estado para assaltá-lo; e os defensores da democracia a veem como um fim em si mesma, e o Estado como instituição a ser preservada em benefício da liberdade, dos valores e princípios da civilização.

Malaparte, no início da carreira, em 1921, desfrutou da intimidade de Mussolini e, quando rompeu com este, em 1931, passou a gozar de estadas em prisões italianas. Segundo Malaparte, "Mussolini não é vegetariano nem cientista cristão ou social-democrata. Sua educação marxista não lhe permite certos escrúpulos tolstoianos: ele não aprendeu as boas maneiras políticas em Oxford, e Nietzsche o tornou hostil para sempre ao romantismo e à filantropia. (...) Não se deve esquecer que os camisas negras, em geral, são originários dos partidos de extrema-esquerda, quando não são ex-combatentes, dos quais qua-

---

7   Idem, ibidem, p. 116.

tro anos de guerra endureceram o coração, ou jovens de ímpetos generosos".[8] Sobre o marxismo de Mussolini, temos passagens célebres:

A tática seguida por Mussolini para tomar o Estado violentamente só podia ser concebida por um marxista. Não se pode jamais esquecer que a educação de Mussolini é marxista. (...) Mussolini, que interpretava a situação como marxista, não cria nas chances de sucesso de uma insurreição que devesse combater, simultaneamente, as forças do governo e as forças do proletariado. (...) Não se deve ver na tática do golpe de Estado fascista uma tática reacionária. Mussolini não tinha nada de um d'Annunzio, de um Kapp, de um Primo de Rivera ou de um Hitler. Foi como marxista que avaliou as forças do proletariado e que ele avaliava seu papel na situação revolucionária de 1920: é como marxista que ele chegava à conclusão de que era necessário, antes de tudo, quebrar os sindicatos operários sobre os quais o governo, sem dúvida, se apoiaria para defender o Estado. (...) Porém, não é o programa de 1919 que revela a educação marxista de Mussolini, e sim a concepção da tática do golpe de Estado fascista, a lógica, o método, o espírito ininterrupto com os quais ele aplica o golpe. Ver-se-á mais tarde, a propósito de Hitler, como pode degenerar no espírito de um reacionário um plano tático concebido por um marxista.[9]

Portanto, os programas de partidos são despistamentos. O que conta efetivamente é a plena consciência da tática do golpe de Estado, único modo de preparar o contragolpe.

A teoria malapartiana foi confirmada na prática, ao chamar a atenção para a tática da técnica totalitária do golpe de Estado, vislumbrada, já em 1931, nas aterrorizantes pregações e ações do catilinário Adolf Hitler. Eis que Malaparte, referindo-se ao futuro *Führer* da Alemanha, assim comenta: "Seria injusto desaprovar Hitler por ter sido capaz de persuadir seis milhões de eleitores a votar a favor de um programa político, social e econômico que faz também parte de sua eloquência. Não se trata de estabelecer se o segredo do seu sucesso pessoal reside nas suas palavras ou no seu programa. Não é nem sobre sua eloquência nem sobre seu programa que julgamos os catilinários, mas sobre a sua tática revolucionária. Trata-se de dizer se a Alemanha de Weimar está realmente ameaçada por um golpe de Estado hitlerista, isto é, de saber qual é

---

8 Idem, ibidem, p. 164.
9 Idem, ibidem, pp. 178-179.

a tática revolucionária desse Catilina eloquente demais, que quer tomar o *Reich* e impor sua ditadura pessoal ao povo alemão."[10] Segundo Malaparte, Hitler passou lentamente da tática revolucionária rumo a uma solução parlamentar do problema da conquista do Estado, no que foi abertamente ajudado por Carl Schmitt. Com efeito, a partir de 1923, depois do fracasso do golpe de Estado em Munique, Hitler transferiu sua violência revolucionária para a eloquência catilinária, sublimando-a talvez. Contrariamente a certas correntes do partido nacional-socialista dos trabalhadores, que preferiam uma ofensiva revolucionária, e acusando-o de covardia, de ter medo da revolução, Hitler faz algumas concessões extremistas, contudo focado na conquista parlamentar e legal do poder, para, de dentro, subverter todo o Estado e golpeá-lo de modo endógeno. A conquista do *Reichstag* deve ser pela vertente eleitoral, mais segura, menos escandalosa; portanto, é por dentro das regras democráticas de Weimar que Hitler quer dar o golpe de Estado. Hitler precisava da democracia para destruí-la.

A propósito, Hitler seguia a cartilha da filosofia do direito nazista, segundo a qual

> a palavra "crime" é um relicário de um mundo passado. Um "crime", como se dizia outrora, é mil vezes superior ao imobilismo burguês. (...) É preciso desconfiar do espírito e da consciência; é preciso confiar nos seus instintos. É preciso inventar-nos uma nova ingenuidade. Acusam-nos de sermos inimigos do espírito. Certo, nós o somos. (...) A Providência me designou para ser o grande libertador da humanidade. Eu libertei o homem da coação de uma razão que gostaria de ser seu próprio objetivo; eu o libero de uma degradante quimera que se chama consciência ou moral, e de exigências de uma liberdade individual que muito poucos homens são capazes de suportar. (...) À doutrina cristã do primado da consciência individual e da responsabilidade pessoal, eu oponho a doutrina libertadora da nulidade do indivíduo e de sua sobrevivência na imortalidade visível da nação. Eu suprimo o dogma do resgate dos homens pelo sofrimento e pela morte de um Salvador divino, e proponho um novo dogma da substituição dos méritos: o resgate dos indivíduos pela vida e ação do novo legislador-*Führer*, que vem aliviar as massas do fardo da liberdade.[11]

Seguindo a cartilha de Carl Schmitt, Hitler é o guardião da Constituição. Qual Constituição? Ele mesmo. *Ich bin die Verfassung*, "Eu sou a Constituição",

---

10 Idem, ibidem, p. 191.
11 Rauschning, Herman. *Hitler m'a dit*. Paris: Ed. Fayard/Pluriel, 2012, pp. 301-302.

diria Hitler, apoiado juridicamente em Schmitt. Assim, o crime não é o que as leis penais e a Constituição alemã indicam, mas, sim, aquilo que o líder quer que seja crime. Portanto, nada atinge o *Führer*.

Ainda sobre Carl Schmitt, Bernard Bruneteau, em seu capítulo no livro *As lógicas totalitárias na Europa*, coordenado pelo historiador Stéphane Courtois, diretor de pesquisas do Centro Nacional de Pesquisa Científica, em Paris, indaga sobre a lógica "democrática" do totalitarismo, na contramão de Schmitt, em seu livro *Parlamentarismo e democracia*:[12] "Em 1926, Carl Schmitt, à época em plena denúncia do sistema weimeriano, e que considera que 'o fascismo e o bolchevismo são certamente antiliberais, como toda ditadura, mas não necessariamente antidemocráticos', opõe à 'maquinaria artificial do parlamentarismo liberal do século XIX os métodos das ditaduras e cesarismos' em vista de 'formar a vontade do povo e de criar uma homogeneidade', isto é, a aclamação e a presença popular, o que ele denomina 'uma democracia imediata, no sentido não somente técnico, mas vital."[13] Ora, a teoria schmittiana de legitimação do totalitarismo pela ideia torturante de "democracia imediata" encerra uma contradição inconciliável, pois a natureza mesma, a ontologia da democracia é ser rigorosamente mediata. Todas as instituições nacionais formam a mediação ou a mediatidade social, econômica, política, jurídica, cultural, científica e militar, que são o verdadeiro antídoto às tentações totalitárias, que, em vez de acentuar a divisão de poderes, luta pela sua extinção. Karl Marx também cultuou o fetiche de que o fim das mediações sociais e políticas traria a felicidade eterna. A imediatidade democrática é uma falácia, uma astúcia da desrazão e da barbárie. Com efeito, alguns anos depois, Hans Kelsen, em defesa da liberdade, critica a manipulação da linguagem schmittiana, segundo a qual a "democracia social" é um estágio superior à "democracia formal". Para Kelsen, "o grande poder de legitimação e todo o valor afetivo que a ideia de liberdade vale à palavra de ordem democrática são corrompidas em benefício de um sistema de ditadura política caracterizada. (...) Fundando-se sobre esta noção de democracia social, nega-se pura e simplesmente toda diferença entre democracia e ditadura, e qualifica-se a ditadura, que realiza a chamada justiça social, de

---

12 Schmitt, Carl. *Parlamentarisme et démocratie*. Paris: Ed. Le Seuil, 1988, p. 114.
13 Bruneteau, Bernard. "Une logique 'démocratique' pour le totalitarisme?". In: *Les logiques totalitaires en Europe*. Paris: Éditions du Rocher, 2006, p. 71.

'verdadeira' democracia".¹⁴ O que vale para o nazismo vale para o comunismo, conforme acentua Schmitt, e é a isso que ainda assistimos hoje, com as ofensas sistemáticas contra a "democracia formal", em benefício da "democracia social", cujos resultados sociais, econômicos, políticos, culturais, científicos e militares são desastrosos. A *Führerdemokratie* fez escola internacional, e a subversão semântica nos quer fazer engolir as suas variações de "democracia popular" e "democracia do trabalho". Na verdade, trabalho escravo, extermínio popular e tirania. Segundo Stéphane Courtois, se a boa governança totalitária começa pelo coração do poder, que é o partido, é preciso encontrar um tipo de homem capaz de cometer um crime dessa natureza. Insiste Courtois que, "com efeito, do mesmo modo que a lógica da monopolização do poder conduziu o partido bolchevique a privatizar o Estado, em benefício dos seus dirigentes e de seus companheiros, também a lógica da concentração de uma potência máxima implicou a privatização do partido em benefício de um só indivíduo, Stalin".¹⁵

Malaparte faz uma revelação surpreendente, segundo a qual, em Moscou, ele ouvira de um bolchevique histórico, participante ativo na tática insurreicional de Trótski durante o golpe de Estado de 1917, que "Hitler nada mais é que uma mulher". E, como tal, dizem que "se vingou como uma mulher" sobre toda a humanidade. Um de seus biógrafos chegou a afirmar que "não consta em sua vida nenhuma história de mulher". Tampouco de homem, ironiza Malaparte. A insinuação de que Hitler seria um híbrido sexual vem analisada por Malaparte da seguinte forma:

> O espírito de Hitler é realmente um espírito profundamente feminino: sua inteligência, suas ambições e sua vontade não têm nada de viril. É um homem fraco que se refugia na brutalidade para mascarar sua falta de energia, suas surpreendentes fraquezas, seu egoísmo mórbido, seu orgulho sem refúgios. (…) A ditadura não é somente uma forma de governo, é a forma mais completa da inveja, sob todos os seus aspectos: político, moral, intelectual. (…) Há alguma coisa de confuso, de equívoco, de patologicamente sexual na tática oportunista de Hitler, em sua aversão pela violência revolucionária, no seu ódio a toda forma de liberdade e de dignidade individuais. (…) Hitler é o ditador, a mulher que a Alemanha merece. É

---

14 Kelsen, Hans. *La démocratie: Sa nature, sa valeur*. Paris: Ed. Dalloz, 2004 (1ª ed. 1932), p. 105.
15 Courtois, Stéphane. *Les logiques totalitaires en Europe*. Paris: Éditions du Rocher, 2006, p. 36.

DIALÉTICA DO GOLPE DE ESTADO CONTEMPORÂNEO   13

o seu lado feminino que explica o sucesso de Hitler, sua ascendência sobre a massa, o entusiasmo que ele excita na juventude alemã.[16]

Em suma, a análise de Malaparte coincide com uma interpretação nossa, anterior, segundo a qual o altíssimo complexo de superioridade de Hitler era uma confissão do seu extremado complexo de inferioridade, que podemos hipoteticamente interpretar como de origem nitidamente sexual.

---

16 Malaparte, Curzio. *Technique du coup d'État*. Paris: Grasset, 2014, pp. 200-201.

OS MORANGOS HEIDEGGERIANOS DE AUSCHWITZ

NOTAS CRÍTICAS SOBRE O NAZISMO COMO "FILOSOFIA"

Os negros não têm história

Se agora levarmos em conta a questão da essência da história, pode-se pensar que decidimos arbitrariamente o que é a história, isto é, que a história seria o que é distintivo do ser do homem. Poder-se-ia argumentar, em primeiro lugar, que há homens e grupos de homens – os negros, por exemplo, os cafres (*Kaffer*) – que não têm história, dos quais dizemos que são sem história. [...] Há também história fora do campo dos homens, e, em segundo lugar, dentro do mesmo campo humano, a história pode inexistir, como no caso dos negros.[1] A natureza viva ou morta também tem a sua história. Mas como acabamos de dizer que os cafres são sem história? Porque eles têm tanta história quanto os macacos e os pássaros. Ou bem seria possível, apesar de tudo, que a terra, as plantas e os animais não tenham história? Parece certamente incontestável que o que é perecível pertence logo ao passado; mas tudo que é perecível e que pertence ao passado não entra necessariamente na história. O que são as rotações da hélice do avião? A hélice pode muito bem girar dias inteiros, entretanto, fazendo isso, não acontece nada. Mas claro, quando o avião transporta o *Führer* de Munique em direção a Mussolini, em Veneza, então isto é história. O voo é um evento histórico, mas não o funcionamento da máquina, ainda que o voo só possa acontecer se a máquina girar. Entretanto, não é somente o encontro dos dois homens que marca a história, mas o próprio avião entra para a história, e um dia, talvez,

---

1 Heidegger, Martin. *Gesamtausgabe* (GA), volume 38, p. 83.

seja exposto no museu. Contudo, o caráter histórico não depende do número de rotações da hélice que passaram no tempo, depende do evento futuro que resulta desse encontro entre os dois *Führer*.[2]

Esses dois instrutivos parágrafos do volume 38 das Obras Completas esclarecem-nos mais uma vez sobre a "inocência" racista de Heidegger, que odiava tanto os judeus quanto os negros, associando judeofobia e negrofobia. O mais curioso é conhecermos no Brasil os heideggerianos judeus, negros e mulatos que seriam exterminados pela fúria nazista se esta chegasse até nós. Os heideggerianos rejeitam todas as críticas ao caráter racista, genocida, exterminador e totalitário dos textos de Heidegger, mas também silenciam exatamente sobre os trechos em que ele confessa seu ponto de vista. O desconforto é absoluto. A manipulação dos heideggerianos se dá também na maneira esperta de procurar evidenciar uma ontologia neutra, camuflando a relação apodítica entre as partes "neutras" e as partes explicitamente nazistas. Heidegger jamais as desvinculou; isso é obra dos heideggerianos para salvarem a própria pele. Eles se recusam a enfrentar objetivamente até mesmo os textos mais diretamente nazistas de Heidegger. A estratégia é de dissimulação, manipulação, ocultação e culto à personalidade. Se os negros têm tanta história quanto os macacos, as plantas, a terra e o restante dos animais, o que nos leva a sermos escravos espirituais de Heidegger, que nos odeia? Certamente, dentro da mesma lógica, os índios tampouco têm história, ainda que tecnicamente a ausência de escrita possa gerar alguma relutância entre os especialistas, mas jamais por racismo poderíamos concordar com Heidegger. Os índios têm uma história, independentemente da escrita. Enfim, o que dizem os heideggerianos sobre esse texto do próprio Heidegger? Silêncio. Ou sofismas para proteger o mito totalitário.

Em *Introdução à Metafísica*, de 1953, baseado em um curso que ministrou em 1935, traduzido, prefaciado e elogiado por Emmanuel Carneiro Leão em edição da Editora Tempo Brasileiro, Heidegger, ao criticar a filosofia alemã dos valores por sua extrema diversidade, segundo ele perniciosa, desce a seguinte pérola, apenas poucos anos depois do final da Segunda Guerra Mundial: "A tudo isso se chama de filosofia. O que hoje se apresenta como filosofia do nacional-socialismo, que, porém, nada tem a ver com a verdade e a grandeza interior desse movimento (a saber, com o encontro entre a técnica determina-

---

2 Idem, ibidem.

da planetariamente e o homem moderno), faz suas pescas nessas águas turvas dos 'valores' e das totalidades."³ Heidegger não podia aceitar o conceito de diversidade humana, conceitual, científica, filosófica, cultural, política, étnica, psicológica, jurídica, institucional, espiritual e religiosa, simplesmente porque o totalitarismo é a patologia do pensamento que nega autoritária, militar, policial e criminosamente a ideia mesma de diversidade, pluralidade e convivência pacífica. Diversidade é contradição. Nazismo é negação da contradição. Democracia é contradição. Assim, nazismo e democracia são inconciliáveis. Nazismo é o extermínio total da contradição.

Assim aprendemos a pensar, com Heidegger, que a verdade e a grandeza da "filosofia" do nacional-socialismo estão na promoção axiológica do encontro da técnica planetária com o ser humano moderno, podendo concluir que a expansão planetária da ideologia nazista é a eterna fiadora da nova ontologia. Heidegger insiste no nazismo como filosofia autêntica, verdadeira, grandiosa e universal. Aos heideggerianos ortodoxos, o trabalho voluntário de ocultamento e dissimulação. Em torno de Auschwitz, os morangos precisavam ser lavados para eliminar a fuligem oriunda das cinzas dos fornos crematórios. Os morangos silvestres de Auschwitz tinham a cobertura de cinzas dos inocentes, e uma parte dessas cinzas são de responsabilidade de Heidegger e dos heideggerianos. Para evitar mais cinzas sobre legumes e frutas no presente e no futuro é que devemos condenar o nacional-socialismo de ontem, de hoje e do futuro como ideologia, e denunciá-lo como falsa filosofia.

Discurso-poema de Heidegger diante da fogueira de livros por ele organizada

Os dias caem – nosso ânimo se levanta –
Os dias caem ante o escuro e a dureza do inverno que se apresenta,
Nosso ânimo se levanta para romper a dureza e a futura dureza deter com todo vigor.
Fogo! Diga-nos, não deveis ficar cegos na luta,
Mas ficar firmes para negociar.
Flama! O teu ardor se nos mostra;
A Revolução Alemã não durma,

---

3 Heidegger, Martin. *Introdução à metafísica*. Rio de Janeiro: Tempo Brasileiro, 1969, p. 217.

Ela acende novamente e nos ilumina o caminho,
Do qual não há volta.

Os dias caem, nosso ânimo se levanta
Chamas, queimem!
Queimem, corações!

(Discurso de Fogo, em 24 de junho de 1933, no estádio da Universidade de Freiburg)

Eis o "poema" da destruição de livros, que foi a primeira fogueira na Alemanha, colocando Heidegger na vanguarda da mais simbólica violência contra a civilização. Dirão os heideggerianos, sempre à procura de desculpas para proteger a religião do deus Heidegger, que a chuva apagou a fogueira, como se a chuva também apagasse a memória da barbárie. Na mentalidade dos heideggerianos, se a chuva apagou a fogueira, então não houve fogueira. Heidegger é um inocente, sempre proclamam os heideggerianos. A fogueira de Heidegger se alastrou no nazismo e se tornou moda. O discurso de fogo queima até hoje. Os nazistas queimaram a filosofia, a literatura, a música, o cinema, as artes plásticas, os judeus, os deficientes físicos, os deficientes mentais, os doentes, os estrangeiros e a civilização em geral. Só não arde em chamas a consciência dos heideggerianos. Heidegger incendiou a poesia, a digna poesia, ao escrever em versos o elogio da barbárie. Vemos que Heidegger era muito mais talentoso para instrumentalizar a filosofia a serviço do nazismo que para usar a poesia para o mesmo fim.

Teoria do inimigo

O inimigo é este aqui, é qualquer um que faz pairar uma ameaça essencial contra a existência do povo e de seus membros. O inimigo não é necessariamente o inimigo externo, e o inimigo externo não é necessariamente o mais perigoso. Pode mesmo parecer que não há inimigo algum. A exigência radical é então encontrar o inimigo, mostrar ou mesmo criar um inimigo, a fim de que surja uma brusca manifestação contra o inimigo e que a existência não seja imbecilizada.

O inimigo pode ter se enxertado na raiz mais profunda da existência de um povo, e se opor à própria essência deste, agindo contra o povo. Tanto mais agudo, duro e difícil é então o combate, pois somente uma ínfima parte do combate consiste em golpe recíproco. Frequentemente, é bem mais difícil e trabalhoso reconhecer esse inimigo enquanto tal, levá-lo a ser desmascarado, não se iludir sobre ele, colocar-se em prontidão para o ataque, cultivar e aumentar constantemente a disponibilidade e iniciar o ataque de longo prazo com o objetivo da exterminação total.[4] A essência do ser é o combate. Todo ser passa pela decisão, a vitória e a derrota. Não se é simplesmente deus ou homem, mas com o ser acontece a cada momento uma decisão combativa que situa o combate no ser. Não se é servo porque isto existe em meio a muitas outras coisas, mas porque esse ser guarda em si uma derrota, uma deficiência, uma insuficiência, uma pusilanimidade, e talvez mesmo um querer-ser inferior e fraco.[5]

Os inimigos produzidos artificialmente por Heidegger merecem a exterminação total – os judeus, mas também outros inimigos, dentre os quais aqueles que se dizem heideggerianos, mas que não se coadunam com os rigores racistas. A linguagem bélica e militarista de Heidegger revela a extrema violência ontológica, incrustada no mais íntimo da sua personalidade homicida e genocida. A virulência de Heidegger contra o "inimigo" judeu só foi superada pela prática do Holocausto. O Holocausto foi gestado nas ideias e palavras de Heidegger como a "solução final": a exterminação total. O combate contra o judeu é permanente, pois a "essência do ser é o combate". Na lógica do senhor como carrasco, o combate é o ser, o ser é o combate, a vitória é a única situação admissível por Heidegger. O ser superior não perde: mata e se vangloria. Ao servo o direito à morte indigna, desumana. Ao senhor, as glórias da filosofia e do Holocausto.

Sobre Heidegger: relatório secreto do serviço de segurança do *Reichsführer* da SS – SD

Dossiê Heidegger dos Arquivos do Ministério das Relações Exteriores da França
3 de Junho de 1938, Peça 22, SD – *Sicherheitsdienst des Reichsführers SS*.
Demissão da Reitoria: "Ele deixou seu cargo em 1934 em razão da falta de capacidades táticas requeridas para o cargo" ("[*er*] *legte aber 1934 sein Amt nieder,*

---

4 *Gesamtausgabe*, 36/37, pp. 90-91.
5 *Gesamtausgabe*, 36/37, pp. 94-95.

da er nicht die notwendigen taktischen Fähigkeiten zu einer solchen Amtsführung besaß") {MAE, Colmar}.

"Questionário para avaliação política" (*Fragebogen zur politischen Beurteilung*)
"Estritamente Confidencial" (*Streng vertraulich*)

11 de maio de 1938, Seção 2, Peça 26:
"Antecedentes Políticos"
1) Martin Heidegger já deu provas concretas de sua oposição ao Partido Nacional-Socialista dos Trabalhadores Alemães (Nationalsozialistische Deutsche Arbeiterpartei – NSDAP)?
– Não.
2) Ele é franco-maçom?
– Não.
3) Pronunciou-se a favor do Partido Socialista-Nacional dos Trabalhadores Alemães antes da tomada do poder por este?
– Sim.

11 de maio de 1938, Seção 3,
"Posição a respeito do Estado Nacional-Socialista e da coletividade nacional"
1) Martin Heidegger tem assinatura do jornal do partido?
– Sim.
2) Seus filhos integram uma organização da juventude socialista-nacional?
– Sim.
3) Ele é um doador generoso?
– Sim, e poderia ser ainda mais generoso [*ja, dürfte manchmal besser sein*].
4) Ele aprova o Estado Socialista-Nacional?
– Sim.
5) Já fez discursos negativos sobre o Estado Socialista-Nacional?
– Não.
6) Está capacitado a exercer um efeito positivo sobre o povo no plano pedagógico?
– Sim, no plano teórico [*ja, in der Theorie*].
7) Ele faz compras em lojas de judeus?
– Não.
8) Tem laços político-confessionais?
– Não.

11 de maio de 1938, Seção 4:
"Vontade de Cooperar"
Heidegger é membro do Partido Nacional-Socialista dos Trabalhadores Alemães – NSDAP, desde 1º de maio de 1933, sob o número 3.125.894, além de pertencer a duas outras organizações nazistas: RLB/DOZENTEN, que congrega os professores ligados à "defesa antiaérea do Reich" [*Reichsluftschutzbund*], e à NSV [*Nationalsozialistische Volkswohlfahrt*].

11 de maio de 1938, Seção 5:
"Avaliação psicológica"
Caráter um pouco fechado, não muito próximo do povo, só vive para a sua ciência, não tem sempre o sentido das realidades (MAE, Colmar).
* Martin Heidegger é reativo, chicaneiro, crítico?
– Não.

11 de maio de 1938, Seção 6:
"Juízo de conjunto"
Martin Heidegger é um adversário virulento do catolicismo [*erbitterter Gegner des Katholizismus*].
* Ele é politicamente confiável?
– Confiável.
Conclusão:
Partindo dos conflitos de Kierkegaard com a Igreja Católica e da fenomenologia husserliana, em um desenvolvimento independente, colocou-se em crescente oposição à Igreja e ao cristianismo em geral.
Para resumir, pode-se dizer que, no quadro da Universidade de Freiburg, Heidegger representa uma força positiva em vista de sua atitude clara e nítida com relação aos grupos de poder católico e a outros grupos cristãos (MAE, Colmar).[6]

Esse relatório é por demais revelador, eloquente e definitivo. O caráter histórico desse documento é gigantesco. Nazista de primeira e última hora, Heidegger é extremamente obediente ao nazismo, visto que era seu grande teórico. Heidegger procurou dar dimensão filosófica ao nazismo para que ele próprio fosse o coveiro do fim da filosofia, sua grande obsessão. Absoluta e rigorosamente inimigo do cristianismo em geral, e em especial ódio ao catolicismo, Heidegger colocou o cristão como seu inimigo artificial, tanto quanto o judeu. Com razão, considerava o cristianismo como um neojudaísmo.

---

6   *Allemagnes d'aujourd'hui*, nº 107, janeiro a março de 1989, pp. 97-109, Jacques Le Rider.

A seleção de raças como metafisicamente necessária e a autoconsciência da raça pura

A seleção do homem, porém, não implica domesticação como repressão nem paralisação da sensibilidade. Ao contrário, a seleção do homem é a acumulação e a purificação das forças em meio à inequivocidade do "automatismo" rigorosamente dominável de todo agir. Somente quando a subjetividade incondicionada da vontade de poder se transforma na verdade do ente em sua totalidade, o princípio da organização de uma seleção de raças, ou seja, não meramente a formação de uma raça que cresce a partir de si mesma, mas é possível que o pensamento de uma raça que conhece a si mesma seja metafisicamente necessário.[7]

Heidegger apresenta aqui a Metafísica do Racismo, procurando convencer "filosoficamente" que a seleção racial é uma expressão refinada da sensibilidade superior dos racistas. O racismo surge como "pensamento" profundo e necessário à humanidade selecionada. Ao forno crematório, fuzilamento, torturas e demais modalidades "sensíveis" de modelagem da seleção "natural", aqueles que ficam de fora dos parâmetros raciais heideggerianos. Aliás, a quase totalidade dos heideggerianos no mundo não passaria no teste de seleção de raças do próprio Heidegger. O nazismo como racismo é "a subjetividade incondicionada da vontade de poder", visto que o ariano não pode ser condicionado a nada, e sua vontade de poder é interminável e inesgotável. A seleção racial é o ponto alto do pensamento metafísico e sua necessidade não pode ser questionada.

Carta de Heidegger delatando filósofo judeu neokantista

Carta ao Dr. Einhauser, Conselheiro do Ministério da Cultura da Baviera, contra um professor filósofo judeu:

> 25 de junho de 1933
> Muito estimado Sr. Einhauser!
> É de boa vontade que eu respondo ao seu pedido e envio meu julgamento no que segue. Hönigswald vem da Escola do Neokantismo, que defendeu uma filosofia que se colocou sob o perfil do liberalismo. A essência do homem aí foi

---

7 *Gesamtausgabe* 50, pp. 56-57. (Ver tradução de Marco Antônio Casanova, *Nietzsche I e II*, Editora Forense Universitária, Rio de Janeiro, 2007, p. 235.)

OS MORANGOS HEIDEGGERIANOS DE AUSCHWITZ   23

dissolvida em uma consciência em livre suspensão, e está, no fim das contas, diluída em uma razão mundial universal e lógica.

No trajeto, sob a aparência de uma fundação mais rigorosamente filosófica e científica, nos desviamos da visão do homem em seu enraizamento histórico e sua tradição saída do povo, do sangue e do solo. Isso foi acompanhado de uma recusa deliberada de todo questionamento metafísico, e o homem só valia como servo de uma cultura mundial universal e indiferente.

É desta posição de fundo que emanam os textos, e, visivelmente, também toda a atividade de ensino de Hönigswald, que luta pelo pensamento neokantista com uma sutileza particularmente perigosa, e uma dialética que gira no vazio.

O perigo consiste antes de tudo no fato de que esse assunto complicado suscita o vivo interesse da maior objetividade e de um saber mais rigoroso, e de que Hönigswald já enganou e perverteu inúmeros jovens.

Eu agora ainda considero um escândalo a nomeação desse homem para a Universidade de Munique, o que só encontra explicação no fato de o sistema católico admitir sua predileção por tais pessoas que são aparentemente indiferentes com relação à visão de mundo, porque essas pessoas são inofensivas perante os esforços autênticos, e são, no sentido muito conhecido, <liberal-objetivas>.

Heil Hitler!
Vosso devoto Heidegger.[8]

A delação de judeus foi um dos esportes preferidos do "colega" Heidegger. Sua diversão era dedurar colegas de universidade e criar as regras acadêmicas da delação que foram aplicadas em todo o Terceiro Reich. Mais uma indicação da amizade judaico-católica repudiada e delatada por Heidegger. Nega toda e qualquer possibilidade de universalidade da razão e da filosofia, exceto as suas, claro. O ódio ao liberalismo é típico do nazismo, pois era inconciliável com o totalitarismo.

As Conferências de Bremen e o Negacionismo Ontológico

Clube de Bremen, 2 de dezembro de 1949

O Dis-positivo [*Das Ge-stell*]
A agricultura é hoje uma indústria de alimentação motorizada, em sua essência, a mesma coisa que a fabricação de cadáveres nas câmaras de gás e nos

---
8   *Gesamtausgabe* 16, pp. 132-133.

campos de extermínio; a mesma coisa que o bloqueio econômico e a redução do país à fome; a mesma coisa que a fabricação de bombas de hidrogênio.[9] Centenas de milhares morrem em massa. Será que morrem? Eles falecem. São assassinados. Será mesmo que morrem? Tornam-se peças de reserva de um estoque de fabricação de cadáveres. Morrem mesmo? Eles são discretamente liquidados nos campos de extermínio. E sem campos de extermínio, milhões perecem de fome hoje na China. Morrer, entretanto, significa alcançar em extremo a morte em sua essência. Poder morrer significa ter a possibilidade desta maneira de progredir. Nós podemos alcançá-la somente se nossa essência amar a essência da morte. Contudo, para inumeráveis mortos a essência da morte permanece inacessível. A morte não é nem o nada vazio, nem somente a passagem de um ente a outro. A morte pertence ao Dasein (ser-aqui, ser-daqui) do homem que se manifesta a partir da essência do ser. Deste modo, abriga a essência do ser. A morte é a morada mais elevada da verdade do ser, a morada que abriga o caráter oculto da essência do ser e que reúne em si o salvamento de sua essência.

É por isso que o homem pode morrer se, e somente se, o próprio ser se apropria da essência do homem em sua essência do ser a partir da verdade de sua essência. A morte é a morada do ser no poema do mundo. Ter a morte em sua essência significa poder morrer. Somente os que podem morrer são os mortais no sentido próprio dessa palavra.[10]

Somente quatro anos após o final da Segunda Guerra Mundial, Heidegger continua negando o Holocausto, e negando ao judeu a condição de ser. Só é aquele que morre, só morre aquele que é, e como o judeu não é, não tem a dignidade ontológica de poder morrer. O judeu não morre porque jamais foi, jamais existiu. O judeu veio do nada ao nada. A necrosofia é uma constante na "obra" heideggeriana. Heidegger ama a morte. A morte é progressista. Daí os totalitaristas se autoproclamarem e se autopromoverem como "progressistas". A barbárie é proprietária monopolista do "progresso". Aprender a pensar com Heidegger que o campo de concentração e extermínio é uma fábrica de cadáveres de judeus, é uma das mais desumanas afirmações da história da humanidade. Jamais nenhum ser humano, na história da filosofia ou não, afirmou

---

9 *Gesamtausgabe*, 79, p. 27.
10 *Bremer und Freiburger Vorträge*, *Gesamtausgabe*, 79, p. 56.

coisa sequer próxima da satânica frase de Heidegger. Possivelmente, somente o demônio, orientador espiritual de Heidegger.

Heidegger, a seleção racial e o "pensamento" da raça ou o racismo como "pensamento" e "metafísica"

A Essência da Potência & Potência e Raça
O pensamento da raça [*Der Gedanke der Rasse*], isto quer dizer que o fato de levar em conta a raça surge da experiência do ser enquanto subjetividade, e não é nenhuma coisa de "político". O adestramento da raça [*Rasse-züchtung*] é uma via da afirmação de si mesmo [*Selbstbehauptung*] que visa à dominação. Este pensamento vem ao encontro da explicação do ser como "vida", isto é, como "dinâmica". O cuidado da raça é uma medida conforme à potência. É por isso que se pode tanto executá-lo quanto negligenciá-lo. Sua manipulação e sua promulgação dependem a cada momento da situação de dominação e de potência. Não se trata de forma alguma de um "ideal" em si, pois o cuidado da raça deveria então conduzir a renunciar às pretensões de potência, e praticar o deixar-valer de toda disposição "biológica".

É por isso que toda doutrina da raça comporta, estritamente falando, de início, o pensamento de uma supremacia racial [*Rassevorrang*]. A supremacia funde-se diversamente, mas sempre sobre coisas que a "raça" realizou, realizações estas que estão subordinadas aos critérios da "cultura" e a outros fatores semelhantes. Porém, o que acontece quando a cultura, considerada do ponto de vista restrito do pensamento da raça, nada mais é que o produto da raça (o círculo da subjetividade)? Aqui aparece em primeiro plano o círculo esquecido de si mesmo de toda subjetividade, que não contém uma determinação metafísica do eu, mas da essência humana íntegra na sua relação com o ente e consigo mesma. O fundamento metafísico do pensamento da raça não é o biologismo, mas a subjetividade (em pensar metafisicamente) de todo ser de qualquer coisa do ente (o alcance da ultrapassagem da essência da metafísica e da metafísica dos Tempos Modernos mais particularmente). (Pensamento muito grosseiro de todas as refutações do biologismo: logo, em vão.)[11]

Nesses últimos trechos de livros diferentes de Heidegger, dispensamos no momento qualquer comentário, pois eles são autoexplicativos, como o resto todos os outros textos.

---

11 *Rassegedanke & Der Gedanke der Rasse, Gesamtausgabe* 69, pp. 70-71.

Conclusão: da responsabilidade dos filósofos na propaganda do nazismo no Brasil e no mundo

Eu estudo Martin Heidegger desde 1972, de maneira não sistemática e não disciplinada, mas contínua e crítica. Sempre tive uma repulsa instintiva a Heidegger, nunca por mim citado elogiosamente em nenhum artigo de jornal, de revista e científico, tampouco em livro. Lembro-me de uma entrevista com ele publicada no *Jornal do Brasil*, se não me falha a memória, por volta de 1974/1975, pouco antes de sua morte, em que ele afirmava condenar todo tipo de dança, e todo tipo de pessoa que gostasse de dançar, a quem chamava de "idiota". Nenhum heideggeriano se opôs. Conversei com colegas e com meus professores universitários seduzidos pela "chama" e pelo "fogo" heideggerianos e só colhi silêncio. E cinzas, como aquelas das fogueiras de livros por ele lideradas a partir de 1933, com seus comandados e alunos SS e SA. Cresceu, amadureceu e morreu nazista. Em um país como o Brasil, em que a dança tem um papel fundamental na constituição cultural, afetiva, amorosa e psicológica do povo, um idiota nos chama a todos de idiotas.

Heidegger abandonou a apaixonada jovenzinha universitária, aluna caloura e amante Hannah Arendt aproximadamente um ano antes de terminar e publicar *Ser e Tempo*, em 1927. Durou aproximadamente três anos o caso amoroso com uma judia, amante entre outras amantes, que entra em vertigem amorosa nunca mais curada, levando essa amargura até a morte. Em carta a Arendt, Heidegger recusa-se a encontrá-la mesmo que somente para conversar, destruindo o coração de Arendt, e alegando precisar "afastar-se de qualquer contato com seres humanos" para poder concluir *Ser e Tempo*. Na verdade, Heidegger finalizava uma obra decisiva na propaganda planetária do nazismo e qualquer contato com judeus não o credenciaria como confiável diante de Hitler, para quem já se sabe que ele preparou discursos.

Com efeito, Heidegger torna-se o grande *Führer* da universidade alemã logo depois da chegada ao poder de Hitler, liderando a implementação do *Führerprinzip* universitário. Essa liderança jamais lhe teria sido outorgada por Hitler se Heidegger permanecesse amante de Hannah Arendt. Sua pressa em consagrar o *Führerprinzip* universitário custou-lhe a saída da reitoria, entendida por Hitler como estratégica para não chamar muita atenção dos judeus e da comunidade internacional, pois o regime chegara ao poder naquele momento e o açodado Heidegger, procurando chamar a atenção de Hitler para si, estava radicalizando excessivamente antes da hora.

OS MORANGOS HEIDEGGERIANOS DE AUSCHWITZ 27

Em resposta à pergunta epistolar de Arendt, anos depois do fim da Segunda Guerra Mundial, se era de fato um antissemita, Heidegger desmente por carta, afirmando que essa era uma acusação da qual era "vítima desde 1922". O Partido Nazista fora criado em 1920.

Tratado por ela – que morreu com o estigma de "traidora do povo judeu" e "traidora do Estado de Israel" – durante os 25 anos que ficaram afastados fisicamente como "príncipe das trevas", "psicopata", "mentiroso", "manipulador" e "raposa", Heidegger ainda obteve favores de Arendt, que amoleceu o coração novamente ao maior amor de toda a sua vida, cuidando da tradução e da ampla divulgação da obra heideggeriana nos Estados Unidos a partir dos anos 1950.[12]

Arendt foi vítima de Heidegger, como que sofrendo de algo parecido com o que hoje é chamado de Síndrome de Estocolmo, que mais apropriadamente eu chamaria de Síndrome de Auschwitz: a vítima quer agradar o seu carrasco e ganhar sua simpatia, senão o seu amor. A Síndrome de Auschwitz é uma epidemia heideggeriana que se manifesta no mundo todo.

A propósito, Hitler não seria antissemita se usássemos o mesmo argumento dos heideggerianos para salvar a pele de Heidegger: ter um amigo judeu. A imprensa mundial acaba de revelar:

> Adolf Hitler interveio pessoalmente para proteger um judeu que tinha sido comandante de uma unidade em que ele serviu durante a Primeira Guerra Mundial. Uma carta, escrita em agosto de 1940 por Heinrich Himmler, chefe da temida força paramilitar nazista SS, dizia que o juiz Ernst Hess deveria ser poupado de perseguição ou deportação "por desejo do Führer". Hess foi um condecorado herói da Primeira Guerra Mundial, quando por breve período comandou a companhia em que Hitler servia em Flandres (Bélgica). Trabalhou como juiz até que as leis racistas e nazistas forçaram-no a se demitir, em 1936. No mesmo ano, Hess foi espancado por uma gangue de nazistas diante de sua casa.
> Em uma petição enviada naquela época a Hitler, Hess escreveu: "Para nós é uma espécie de morte espiritual ser agora marcados como judeus e expostos ao desprezo geral." Hess e sua família mudaram-se por um período para uma área de língua alemã no norte da Itália, mas depois foram forçados a retornar à Alemanha, onde descobriram que a ordem de Hitler havia sido revogada. Ele passou o

---

12 Ver *Hannah Arendt und Martin Heidegger. Geschichte einer Liebe*, 2006, Piper Verlag GmbH., Munique, de Antonia Grunenberg, presidente do Centro Hannah Arendt (http://www.arendt-zentrum. uni-oldenburg.de/26048.html).

restante da Segunda Guerra Mundial como trabalhador escravo, mas escapou da morte em parte pelo fato de sua mulher não ser judia. A irmã de Hess morreu no campo de extermínio de Auschwitz, mas sua mãe conseguiu fugir para a Suíça. Hess continuou na Alemanha depois da guerra e se tornou diretor da agência ferroviária em Frankfurt, tendo falecido em 1983. (*O Globo*, imprensa internacional e Alef News.)

A diferença é que Heidegger se separou de Arendt muitos anos antes da chegada de Hitler ao poder em 1933, e que, pelo contrário, não a protegeu, mas sim a abandonou em virtude do que estava por vir. Ter um(a) amigo(a) judeu não torna ninguém um nazista inocente, que é uma contradição nos termos: ou se é nazista ou se é inocente.

Com a publicação das cartas de Heidegger à sua esposa Elfride Heidegger, dos livros de Karl Löwith, Éric Weil, da reedição dos textos políticos heideggerianos no início dos anos 1960, das pesquisas de Guido Schneeberger, Hugo Ott, Victor Farias, Jean-Pierre Faye, Emmanuel Faye, Julio Quesada, das críticas de Theodor Adorno, Pierre Bourdieu, Jean-François Lyotard, Ernst Cassirer, Benedetto Croce, Günter Anders, Jürgen Habermas, Hans Blumenberg, Eric Weil, Nicolas Tertulian, Arno Münster, Domenico Losurdo, e muitos outros, há um corpo teórico internacional respeitabilíssimo. Hoje, principalmente com a publicação das *Obras Completas* de Martin Heidegger (*Gesamtausgabe*) pela Editora Vittorio Klostermann de Frankfurt am Main, ninguém mais tem a desculpa de se dizer inocente na propagação do nazismo. Os leitores em língua alemã de todo o planeta não podem mais alegar erros de tradução. Leiam o original.

No passado, de boa ou má fé, fazia-se distinção entre o homem e a obra, segundo a qual o homem nazista era desculpado por todas as tendências ideológicas da extrema esquerda à extrema direita, passando por todos os matizes ideológicos e partidários, em razão do "gênio", e principalmente porque a obra "filosófica" não se misturava com o homem. Muitos no passado não perceberam nada de anormal, mesmo porque Heidegger manipulou os textos e ninguém poderá culpá-los por isso. Hoje, entretanto, somente por desinformação, choque emocional, falta de cultura, má fé, por nítida adesão ao nazismo, ou pelo menos por "gripes" racistas, um professor, um estudante, um escritor, um intelectual ou um leitor são capazes de esconder as trevas do pensamento de Heidegger. Como entrar em sala de aula com um livro de Heidegger e omitir seletivamente tudo que já se sabe, distribuindo páginas fotocopiadas do livro ou mesmo só citando trechos palatáveis e igualmente fora de contexto, e conduzindo a juventude brasileira e mundial a aceitar "poética e filosoficamente" o nazismo? A farsa de Heidegger chegou ao fim. O Pacto Nazi-Soviético de Hitler e Stalin, mais conhecido como Tratado Molotov-Ribbentrop, de 1939, mas iniciado como germano-soviético desde o final da Primeira Guerra Mundial, em 1917-1918, permanece até hoje na propaganda da "filosofia" de Heidegger, unindo comunistas e nazistas em uma comunhão fraterna no *front* da barbárie. A propósito, Marx, em carta a Engels, de 30 de julho de 1862, ao criticar Lassalle, assim se refere ao "negro-judeu": "Eu agora estou certo, como aliás provam a forma da cabeça e os seus cabelos, que Lassalle descende dos negros, daqueles que seguiram Moisés por ocasião da fuga do Egito – a menos que sua mãe ou sua avó tenham fornicado com um negro. Incrível, essa mistura de tipo judeu e alemão de fundo negroide só pode resultar em alguma coisa de estranho. Há coisa de negro também na maneira que ele tem de se impor aos outros." Marx também escrevera *A questão judaica*, que é mais penetrante e inteligentemente antissemita que o *Mein Kampf*, além da indiscutível qualidade literária, ausente no análogo de Hitler.

Que no presente e no futuro jamais tenhamos de lavar os morangos do mundo pelas mesmas razões que no passado heideggeriano de Auschwitz.

INTRODUÇÃO À ECONOMIA NACIONAL-SOCIALISTA

O sangue se insurgiu contra a razão formal; a raça contra a racionalidade intencional; a honra contra o lucro; a unidade contra a desagregação individualista; a virtude marcial contra a quietude burguesa; o povo contra o indivíduo e a massa."

Ernst Krieck[1]

A filosofia da economia nacional-socialista aplicada nos anos 1933 a 1945 em parte acentua características embrionariamente autoritárias da economia da República de Weimar e, em outra, subverte suas qualidades democráticas, liberais e capitalistas. Segundo Hermann Rauschning, figura íntima de Hitler por anos seguidos, em alguns casos de golpe de Estado a tática é imprimir um impulso revolucionário à legalidade estatal, fundada na legitimidade, e, em seguida, manipulá-la, até o ponto de extrair uma nova legalidade após um período insidioso de revolução.[2] Podemos dizer que há o golpe endógeno, como aquele praticado pelo próprio governo, e o golpe exógeno, executado por grupos estranhos ao governo. A revolução nacional-socialista visava a destruir o liberalismo econômico, jurídico, político, cultural, científico e filosófico, por meio da tática de demolição de todos os valores e princípios da tradição acumulada dos séculos. Contrariando a lógica de Estado, o princípio do chefe e de sua quadrilha, como elite de massa, paradoxalmente, incentivou a desordem da economia e de todas as instituições em geral, visto que o nacional-socialismo era um universo imperialista em expansão e havia perdido a noção tradicional de Estado, visando à delirante do-

---

1 Krieck, Ernst. *Nationalpolitische Erziehung*, 14ª ed., Leipzig, 1933, p. 68.
2 Rauschning, Hermann. *La révolution du nihilisme*. Paris, Ed. Gallimard, 1939, trad. do alemão de Paul Ravoux e Marcel Storia, p. 30.

minação imperialista racial de todo o planeta. Como disse Goebbels, "é chegado o momento único de recomeçar a divisão do mundo", o que Franz Neumann chamou de social-imperialismo, a mais perigosa formulação da ideologia nacional-socialista. Certamente, conforme os documentos e livros do Terceiro Reich, estava previsto o extermínio por etapas, a começar pelo genocídio dos judeus, em seguida pelo genocídio dos cristãos-católicos e demais cristãos, até chegar aos demais povos, religiões e etnias espalhados em todos os continentes. E, como escreveu Martin Heidegger, selecionando aqueles que ficariam vivos com o objetivo de serem escravizados para exploração de matérias-primas em todos os países, coerente com a lastimada falta de matérias-primas em solo alemão, considerada por Hitler e todos os membros da elite como a grande causa do fracasso da economia alemã e razão de ser de sua pobreza. Hitler e os nacional-socialistas consideravam que a pobreza da Alemanha era decorrente da riqueza de outras nações. Daí, a máxima de Carl Schmitt de buscar o espaço vital, o chamado *Grossdeutsche Reich*. Em 23 de março de 1933, Adolf Hitler assim se referia ao comércio exterior: "Nós sabemos que a posição geográfica da Alemanha, pobre em matérias-primas, não permite ao nosso *Reich* uma completa autarquia. É preciso repetir sempre que o governo federal está longe de se opor às exportações. Nós sabemos que temos necessidade de laços com o mundo e que a venda das mercadorias alemãs faz viver milhões de alemães."[3] Os laços hitleristas enforcaram a humanidade, e felizmente o *Reich* de mil anos durou somente 12. O aparelhamento de dominação das organizações comerciais e industriais se insere no conteúdo do aparelhamento de todas as instituições públicas e privadas alemãs pelos nacional-socialistas. Até a chegada ao poder, em 1933, principalmente a partir do célebre "discurso da pureza", proferido por Hitler em 25 de setembro de 1930, tendo as Tropas de Assalto (SA) se recolhido às inofensivas práticas esportivas e de desfile, o partido nacional-socialista foi talvez o mais aguerrido em defesa das liberdades civis e da igualdade democrática. E foi apoiado até o final pelas Forças Armadas, pela magistratura, por setores do funcionalismo público, financiado pela indústria. Nutria ódio ao capitalismo, mas também soprava em direção aos grupos mais ricos e influentes da Alemanha, seus aliados. Mais que as formas legais e jurídicas, que pouco revelam o conteúdo, a estrutura do funcionamento da economia nacional-socialista

---

3   Neumann, Franz. *Béhémoth. Structure et pratique du national-socialisme*. Paris, Payot, 1987, p. 313.

deve ser compreendida por sua prática, que não pressupõe nenhuma doutrina coerente, seja neomercantilista, ou teoria das guildas ou "estados", ou quaisquer dogmas, mas apenas pelo pragmatismo da guerra revolucionária permanente. O tempo passou, e o partido nazista revelou sua verdadeira face. O combate da economia era a economia do combate. E a revolução era permanente, quando a economia preparava a guerra, e quando a economia sustentava a guerra. O perigo dava sentido à vida. Segundo Rauschning, o nacional-socialismo destruiu tanto a classe operária quanto a burguesia, destruindo as posições sociais e políticas burguesas e as das antigas classes dirigentes. Nesse sentido, a revolução alemã foi simultaneamente uma revolução social e uma contrarrevolução, afirma Rauschning, que a intitulava também de revolução sem doutrina, ideologia sem ideologia. Para ele, já em 1938, a coincidência em pontos importantes entre o fascismo, o comunismo e o nacional-socialismo poderia um dia levá-los a vir a ser uma única e mesma coisa, em uma aliança definitiva.[4] Joseph Goebbels afirmara que, "enquanto socialistas, nós somos opostos aos judeus, pois vemos nos hebreus a encarnação do capitalismo e o mau uso dos bens da nação".

O grande escritor e grande ideólogo do nazismo Ernst Jünger publicou, antes da revolução nacional-socialista, o livro *Democracia do trabalho*, no qual procurou demonstrar a verdadeira unidade do nacionalismo revolucionário e do socialismo, pois, segundo ele, o socialismo se revela como a condição prévia de uma autoridade rigorosamente organizada, e o nacionalismo como o ponto de partida de tarefas de envergadura imperial. Para Rauschning, no campo da economia, o regime rompera totalmente com a iniciativa privada, que nada mais será que uma forma especial de trabalho, controlada pelos órgãos de repressão policial. A propriedade privada será tolerada, caso sirva aos interesses da mobilização total do nacional-socialismo na Alemanha, na Europa e no mundo. Ernst Jünger afirma que "é preferível ser criminoso a burguês" e que a economia burguesa capitalista faliu e, com ela, sua visão econômica do mundo. Para Jünger, "o novo Estado não conhece Constituição no sentido tradicional. A Constituição é substituída pelo plano de trabalho". E que, segundo Rauschning, a ideia de Jünger de que o quadro da liberdade de ação não é mais a Constituição, mas o plano de trabalho, e que as tarefas não são mais decididas

---

4   Rauschning, Hermann. *La révolution du nihilisme*. Paris, Ed. Gallimard, 1939, trad. do alemão de Paul Ravoux e Marcel Storia, pp. 73-74.

no debate, mas pelo Programa, são fórmulas emprestadas do plano construtivo da União Soviética, valendo-se o Terceiro Reich de uma solução análoga à do bolchevismo.[5] Para Jünger, nem o burguês nem o camponês são a vanguarda da nova sociedade, da Nova Ordem, mas, sim, o proletário industrial, conhecedor da técnica, um subproduto da "religião" nacional-socialista de inspiração soviética. É o nacional-bolchevismo. O filósofo Emmanuel Levinas, em seu hoje célebre artigo *Quelques réflexions sur la philosophie de l'hitlérisme*, publicado em 1934 na vanguardista revista católica *Esprit*, com muita perspicácia condena tanto o nacional-socialismo quanto o comunismo, considerando ambos inimigos da humanidade. Com efeito, Levinas se opõe ao regime de força nazista no esforço de propagação de uma comunidade de "mestres" da raça, e que a expansão da ordem universal constitui a unidade de um mundo de mestres e escravos. Para Levinas, "a vontade de potência de Nietzsche, que a Alemanha moderna descobre e glorifica, não é somente um novo ideal, é um ideal que carrega ao mesmo tempo sua forma própria de universalização: a guerra, a conquista".[6]

A ligação do nazismo com o comunismo é estreita, segundo o próprio Hitler, que disse a Rauschning o seguinte:

> Eu sou não somente o vencedor do marxismo. Se nós despojarmos esta doutrina de seu dogmatismo judaico-talmúdico, para somente preservar o objetivo final, o que esta doutrina contém de visões corretas e justas, pode-se dizer também que eu sou o realizador do comunismo. (...) Eu aprendi muito com o marxismo, e não penso em esconder isso. (...) Foram os métodos dos comunistas que me interessaram e ensinaram. (...) Todo o nacional-socialismo está contido dentro do comunismo. Olhem só de perto: as sociedades operárias de ginástica, as células de empresas, os grandes desfiles, os panfletos de propaganda escritos especialmente para a compreensão das massas. Todos estes novos meios da luta política foram quase que inteiramente inventados pelos marxistas. Em minha juventude, e nos primeiros anos que passei em Munique após a guerra, não hesitei em entrar em contato com os marxistas de todas as tendências. Eu pensava que havia qualquer coisa a fazer com uns e com outros. (...) Foi então que me coloquei à procura de

---

5 Idem, ibidem, pp. 82-84.
6 Levinas, Emmanuel. *Quelques réflexions sur la philosophie de l'hitlérisme*. Paris, Ed. Payot & Rivages, 1997, pp. 23.

minha própria via. Mas teria sido possível fazer do movimento socialista alemão daquela época o que nós somos hoje?[7]

Para Rauschning, o socialismo do nazismo foi aprofundado com a economia de guerra planificada moral e industrialmente, rumo ao socialismo estatista totalitário que conduzia as forças vivas da nação ao fim da propriedade privada, do lucro e da economia privada. As classes operárias alemãs acreditavam que a verdadeira revolução racista proletária e niilista na Alemanha era o nacional-socialismo. O socialismo era a esperança dos nazistas, chamado de democracia do trabalho. A prática em larga escala de expropriações era esperada por todos. O nacional-socialismo foi a organização da desordem da ausência de doutrina, caracterizando o niilismo da revolução. Em Rauschning, fica explicitada a militarização total da Alemanha, quando as Forças Armadas adquiriram um poder absoluto, devorando o Estado, a sociedade, a economia, a cultura, a vida privada, enfim, todas as esferas até então autônomas da vida humana, tudo subordinando à guerra permanente.[8] Para Franz Neumann, na Alemanha, a sociedade foi fundida nas Forças Armadas. O Exército e as demais forças foram as responsáveis pela verdadeira doutrina da revolução alemã, ao permitir a infiltração do nacional-socialismo em suas fileiras, ferindo de morte as tradições militares e os seus valores. As Forças Armadas perderam a independência. A revolução nacional-socialista se opôs em tudo à tradição militar. As Forças Armadas sucumbiram à Gestapo. Rauschning afirma que o Terceiro Reich é o resultado da íntima aliança entre o dinamismo militar e o dinamismo revolucionário, em mútua determinação. O Partido Nazista comandava tudo por trás das Forças Armadas, pelo menos enquanto a camuflagem foi necessária, explica Rauschning. Como eu disse, a economia de guerra levou à guerra da economia, chegando a um ponto de indiferenciação. Guerra e economia formavam uma unidade dialética. A guerra era pensada por meio da economia, e a economia por meio da guerra. Terrorismo interno e externo era a moeda corrente. O caráter de mobilização total do nacional-socialismo confirma-se na cesura da tradição diacrônica da humanidade, segundo a qual a paz é a normalidade, e a guerra a exceção. No nazismo, a noção de paz desaparece, e a guerra

---

7 Rauschning, Hermann. *Hitler m'a dit*. Paris, Ed. Fayard, 2012, pp. 254-256.
8 Rauschning, Hermann. *La révolution du nihilisme*. Paris, Ed. Gallimard, 1939, trad. do alemão de Paul Ravoux e Marcel Storia, p. 145.

é a atividade terrorista cotidiana. Segundo Hitler, "a massa tem necessidade de que se fixem etapas visíveis para nutrir suas esperanças. Mas os iniciados sabem que não há nada de estável, que tudo se transforma constantemente. É por isso que eu digo que o nacional-socialismo é um socialismo em devir, que não termina nunca, porque sua finalidade se desloca sem cessar".[9] Há um mau cheiro heráclito-nietzschiano inspirado em Heidegger. "Nós somos um movimento", define Hitler.

O caráter socialista na palavra nacional-socialista não é sem sentido. Inúmeras medidas econômicas em tempo de guerra são consideradas por Rauschning comuns a qualquer regime, mas são entendidas criticamente de outro modo quando se trata do nazismo. Afirma Rauschning:

> O que é revolucionário é introduzir na reorganização econômica princípios estranhos à economia, que qualificamos de princípios de uma nova economia anticapitalista. (...) Porém, trata-se de saber se se faz dessas exceções a regra absoluta que deve dominar daqui em diante toda a vida econômica. Quando se exclui o lucro da economia, declarando que este é uma concepção ultrapassada, quando se despreza o interesse capitalista privado, aí não se trata mais de economia de guerra, de preparação econômica para a guerra, mas de tendências revolucionárias que se servem da economia de guerra para alcançar seus fins e que carregam facilmente a confusão no espírito das personalidades militares, convertendo-as a uma nova ordem que subverte a economia e a estrutura social. É assim que estamos hoje na Alemanha. A economia de guerra exagerou na fabricação de sucedâneos. Ela levou a um controle radical do comércio e a uma vigilância cada vez mais severa do consumo, desembocando em uma consequência rigorosa a uma total economia planificada perfeitamente bolchevista. Ora, esta organização da economia não se inspira exclusivamente no interesse da defesa nacional, ela é uma fase da revolução progressiva. (...) A transposição do regime de guerra em tempo de paz não é uma regra provisória, é uma medida permanente e, por conseguinte, o fim de toda ordem civil. Não existe mais esfera da atividade humana e de vida civil que não caia sob a dependência dos chefes militares e não tenha de se submeter a considerações de ordem militar. Não há mais atividade criadora, qualquer que seja, que não deva se subordinar ao regulamento militar. Não há mais vida civil, intelectual, moral, artística, religiosa, social ou econômica autônoma. Esta submissão à lei universal da finalidade militar e da preparação para a guerra aboliu totalmente as condições

---

9   Rauschning, Hermann. *Hitler m'a dit*. Paris, Ed. Fayard, 2012, p. 258.

de vida próprias ao tempo de paz: a partir de agora, não há mais tempo de paz que até hoje se considerava como o estado normal da sociedade humana.[10] A racionalidade da economia era motivo de deboche, assim como a meta fiscal. A crença na ilusão ideológica nacional-socialista superou a razão econômica. Para Rauschning, a histeria suplantou a razão, pois nenhuma reunião de gabinete de crise, nenhum parecer dos conselhos militares conseguiu paralisar o que ele chamou de "imaginação alucinada de um histérico que não consegue ver a realidade". A histeria tornou-se contagiosa. Com efeito, o órgão oficial do partido, o *Völkischer Beobachter*, em editorial, afirma que "nós, os nacional-socialistas, não cremos mais nas leis econômicas; entretanto, cremos na potência criadora de nossa raça, porque sentimos nela a vontade dinâmica de criação que reina entre o povo". Vê-se, como confissão, a ideia de "crença", tanto para desacreditar a razão econômica quanto para acreditar em algo que se apresenta como puramente sensitivo, tal como "a vontade dinâmica de criação". A irracionalidade do racismo conduz à irracionalidade da economia. Rauschning ironiza ao escrever que o nacional-socialismo não crê nem nas leis da realidade, quanto mais nas leis econômicas.[11] Para os nacional-socialistas, a Inglaterra puritana é cúmplice do capitalismo, eivado de influências do Antigo Testamento, portanto, amiga dos judeus. Conforme Rauschning, todo nacional-socialista convicto defende que o capitalismo é uma invenção judaica e que o império britânico é o império judaico, no interior do qual reinam a razão econômica e o espírito do lucro, tipicamente judaicos, e que o liberalismo inglês é o quase intransponível obstáculo a uma aliança anglo-alemã.

O nacional-socialismo foi caracterizado como um monstro hobbesiano (*Behemoth*) por Franz Neumann, um dos maiores pensadores do Instituto de Pesquisa Social, apoiado pela Universidade Columbia, em Nova York, onde se exilou desde 1936, após seus estudos na London School of Economics e seu período de professor na Hochschule für Politik de Berlim. Preso pela Gestapo em abril de 1933, Neumann foi um dos primeiros a perder sua cidadania pelo governo de Hitler. Trabalhou nos Estados Unidos, no Escritório de Serviços Estratégicos, e, depois, no Departamento de Estado. Segundo Herbert Marcuse, que também trabalhou no Departamento de Estado americano, Neumann

10 Idem, ibidem, p. 162.
11 Idem, ibidem, p. 173.

esforçou-se em demonstrar, no pós-guerra, que "uma verdadeira desnazificação não deveria se limitar à depuração de pessoas e à revogação da legislação nazista, mas atacar as raízes mesmas do fascismo alemão, eliminando os fundamentos econômicos da política antidemocrática da grande indústria alemã". Para Theodor W. Adorno, Neumann foi talvez o primeiro a revelar que a palavra de ordem de integração na ideologia fascista escondia a destruição total e a desintegração completa do Estado e da sociedade.[12]

Segundo Neumann, a teoria econômica do nacional-socialismo é não ter nenhuma teoria econômica, com o Estado agindo ao sabor das circunstâncias da guerra revolucionária permanente. Era uma economia monopolista totalitária. O nacional-socialismo é um não Estado, um caos, o reino do não direito e da anarquia que devorou os direitos e a dignidade humana, conforme Neumann. Para Hitler, o interesse da iniciativa privada contraria o interesse público e o bem-estar geral da sociedade racial. O político prevalece sobre o econômico. Neumann esclarece que a organização administrativa da economia sob Weimar tem continuidade sob o Terceiro Reich, fundada nos pilares territorial e estrutural. Assim, diz Neumann, "a lei fundamental é a de 24 de fevereiro de 1934, visando 'preparar uma estrutura orgânica da economia alemã', e que autoriza o Ministério da Economia a dissolver e fundir as organizações comerciais, a modificar seu estatuto, a introduzir nesse estatuto o princípio da autoridade, a fazer entrar os independentes nas organizações e a reconhecer as associações como únicas representantes legítimas dos segmentos comerciais e industriais concernidos".[13] Segundo a lei, todo empresário deve pertencer ao grupo nacional pela divisão estrutural e a uma câmara de indústria ou de artesanato pela divisão territorial. Os cartéis tinham certa particularidade e restringiam-se ao mercado de bens e serviços. A divisão por segmentos, em sete grupos nacionais, correspondia aproximativamente aos do passado: 1) indústria, 2) comércio, 3) banco, 4) seguros, 5) energia, 6) turismo, 7) artesanato. Para a economia de guerra, o marechal *grossdeutsche* Hermann Göring era o dirigente máximo. Os dois mais importantes organismos econômicos eram o Escritório do Plano Quadrienal e o Comissariado Geral da Economia, dirigido pelo ministro da Economia, Walther Funk. Göring tinha preeminência sobre o mi-

---

12 Neumann, Franz. *Béhémoth – Structure et pratique du national-socialisme*. Paris, Payot, 1987, pp. 593-597.
13 Idem, ibidem, p. 232.

nistro da Economia e sobre todos os organismos econômicos. O Estado tinha um poder ilimitado sobre tudo. A destruição da liberdade política e econômica era acompanhada de forte propaganda e programa de proteção aos pequenos e médios empreendedores, aos comerciantes e artesãos, ironicamente as maiores vítimas do nacional-socialismo. Conforme Neumann, a cartelização obrigatória não era novidade, mas somente a forma de instituí-la, antes pelas normas e pelos debates parlamentares, e agora pela força. No passado, foram autorizados cartéis de carvão, potássio, palitos de fósforos, leite, amido, açúcar de beterraba, navegação fluvial e trigo.

O grande capital controla os cartéis e os grupos, e o Estado controla tudo, com a arianização e a germanização expropriando os bens dos judeus na radical expansão antissemita, cujas empresas industriais passaram para as mãos de Otto Wolff, Friedrich Flick e Mannesmann. Impostos foram cobrados dos lucros na arianização, inclusive com taxação retroativa. A Receita Federal impôs novos tributos. E, na germanização da Europa, foi criada a Sociedade Petrolífera Continental, em Berlim, como um modelo de *holding* para todos os interesses de petróleo situados fora do território alemão, com um conselho de administração e vigilância formado por membros do partido nacional-socialista, burocratas militares, altos funcionários públicos, produtores de petróleo natural e sintético, industriais do carvão, bancos etc. Aos opositores do regime, os nazistas cortavam o abastecimento de matérias-primas e o capital. A economia alemã torna-se uma economia de partido, com as empresas de Hermann Göring tomando à força outras empresas, criminosamente pilhando-as e assumindo todas as áreas da indústria, como as de construção de máquinas, transportes, navegação, finanças, automóveis, potássio, petróleo, construção civil etc. Enfim, o gangsterismo foi oficializado. Segundo Neumann, em quatro anos, o gangsterismo nacional-socialista construiu o maior império industrial europeu mediante a expropriação, o roubo aberto e a extorsão de fundos. Essa foi uma das facetas do "milagre econômico" de Hitler e do nazismo. "O *Führer* tem sempre razão", era a máxima das tropas de choque da Frente do Trabalho nas empresas. Para Neumann, na economia dirigida, "os preços continuam a desempenhar um papel decisivo para determinar o produto, ou antes, quem produz mais. A expansão de uma unidade de produção melhora sua posição concorrencial e aumenta, pois, seus lucros, o que, em retorno, estimula sua expansão. É certo que o empreendedor não pode desenvolver ou restringir arbitrariamente sua produção. É inútil limitar a produção em uma situação de pleno emprego. Mas é precisamente o excesso permanente da demanda sobre a oferta que fornece um potente estímulo à expansão e a lucros maiores. Esta é a força motora da economia nacional-socialista".[14] E o pleno emprego desvia a oposição da classe operária. A luta contra o capitalismo do nacional-socialismo poupava o capital produtivo da indústria enquanto se movia contra o "capitalismo selvagem" representado pelo sistema bancário. O capital financeiro dos bancos, seguros e cadernetas de poupança foram impedidos de investir com liberdade de iniciativa. Os maiores banqueiros exerciam os mais altos cargos no Terceiro Reich e foram porta-vozes privilegiados do nacional-socialismo. A dívida externa alemã, em 1931, era muito elevada, alcançando 23 bilhões de marcos, segundo a Comissão Layton-Wiggin, designada pela Conferência de Londres de 1931. Contudo, conforme Neumann, o objetivo da política comercial alemã era muito simples: comprar tudo de um país, por exemplo, toda a colheita de um país estrangeiro, e, depois, não pagar nada.

O aparelhamento da administração pública pelo partido nacional-socialista dos trabalhadores alemães tinha os seguintes métodos de infiltração: pela lei dita revolucionária de 1933, expulsando os não arianos e outros indivíduos considerados racial e politicamente suspeitos; pela doutrinação do funcionalismo; e pela monopolização do partido de todos os novos cargos criados nas estatais e na administração pública. Entre 1933 e 1936, a infiltração alcançou 99% dos cargos, incluindo assessorias, magistratura, administração civil ou judiciária.

No agronegócio, os grandes proprietários de terra uniram-se à indústria pesada no apoio contra a democracia. Explica Neumann que "o escritório nacional-socialista dos gêneros alimentícios conseguiu organizar a produção e a distribuição da comida sobre uma base vertical, sem negligenciar nenhum setor da agricultura. O governo fixa os preços agrícolas. O produtor rural foi subvencionado e enraizado na 'terra e sangue'. É a realização da qual o nacional-socialismo tem mais orgulho. O camponês deve constituir a 'nova nobreza da terra e do sangue' e 'abrir a via a uma troca orgânica de mercadorias'".[15]

---

14 Idem, ibidem, p. 298.
15 Idem, ibidem, p. 371.

INTRODUÇÃO À ECONOMIA NACIONAL-SOCIALISTA 41

A Frente do Trabalho produziu pérolas totalitárias, tais como as organizações A Força pela Alegria, e a Beleza do Trabalho. Com efeito, afirma Neumann que

> como a política social, a política salarial tem por objetivo controlar e isolar o homem. O nacional-socialismo repousa sobre o pleno emprego. É a única vantagem que ele trouxe às massas, e não se deve subestimar sua importância. (...) O pleno emprego vem acompanhado de um complexo programa de segurida de social. O sistema elaborado pela República de Weimar foi simplificado e colocado sob controle autoritário. O seguro-desemprego, o seguro contra doença e acidente, as pensões de invalidez e de velhice são os meios graças aos quais o nacional-socialismo obtém provisoriamente a tolerância passiva das massas. A seguridade social é o único *slogan* de propaganda que não se baseia na mentira e, talvez, a única arma eficaz de todo o seu aparelho de propaganda.[16]

É importante ressaltar que o *Führer* é a fonte mesma do direito no Terceiro Reich, e, com isso, as relações econômicas estão subordinadas à lógica totalitária, em que a riqueza foi obtida por meios terroristas e pelo imperialismo. Neumann adverte:

> Não esqueçamos que a propaganda nacional-socialista é acompanhada do terrorismo exercido pela SA e pela SS, tolerado pela magistratura alemã. (...) A superioridade do nacional-socialismo sobre a propaganda democrática reside na transformação completa da cultura em mercadoria vendável. Uma democracia não pode jamais separar a propaganda da verdade, porque faz coexistirem aparelhos de propaganda concorrentes, e, em última instância, é a sua capacidade a agir na vida social da nação que estabelece seu valor. O nacional-socialismo não tem nenhuma teoria social ou política. Não tem nem filosofia nem preocupação com a verdade. O nacional-socialismo é ao mesmo tempo capitalista e anticapitalista. É autoritário e antiautoritário. O nacional-socialismo é simultaneamente a favor e contra a reforma agrária, a favor e contra a propriedade, a favor e contra o idealismo. A democracia é incapaz de tal flexibilidade. (...) O nacional-socialismo destrói por completo a generalidade do direito e, com ela, a independência da magistratura e a interdição da retroação. Não há proibição da retroação. O direito tornou-se um meio técnico para realizar objetivos políticos

---

16 Idem, ibidem, p. 405.

específicos. O direito nada mais é que o comando do *Führer*. Nesta medida, é o decisionismo que constitui a doutrina jurídica do Estado fascista. O direito é somente um *arcanum dominationis*, um meio de consolidar o poder estabelecido. (...) Se a lei geral é a forma fundamental da justiça, se a lei não é somente *voluntas*, mas também *ratio*, nós devemos então negar a existência do direito no Estado fascista. A negação absoluta da generalidade da lei é a pedra angular da doutrina nacional-socialista em matéria de direito. A primeira função do direito nacional-socialista é a de preservar a existência racial. Ele deve, pois, afirmar as diferenças biológicas e negar os direitos dos cidadãos e a igualdade social ou jurídica. A autoridade do juiz repousa, a partir de agora, sobre as declarações de Hitler. A nova igualdade nacional-socialista é uma igualdade de deveres, e não de direitos.[17]

Assim, a economia da destruição foi a destruição da economia e, com ela, a destruição da própria Alemanha e da Europa.

---

17 Idem, ibidem, pp. 410-428.

MEDICINA E ECONOMIA NACIONAL-SOCIALISTA

A Darcy do Nascimento Moderno e Aleksander Henryk Laks, *in memoriam*, o primeiro por ter lutado na Itália contra o nazismo, e o segundo por ter sobrevivido a Auschwitz.

Hitler, desde a sua inscrição no Partido dos Trabalhadores Alemães (*Deutsche Arbeitpartei*), em 1919, e principalmente ao assumir a presidência em 1920, quando muda o nome do partido para aquele pelo qual seria conhecido pela história, Partido Nacional-Socialista dos Trabalhadores Alemães (NSDAP, *Nationalsozialistische Deutsche Arbeiterpartei*), sempre considerou que a política a ser implantada na Alemanha e na Grande Alemanha deveria ser uma política de "saúde pública" racial. Com efeito, diz ele: "não creiam que se possa combater uma doença sem matar o organismo que é a causa, sem destruir o bacilo. Não acreditem que se pode combater a tuberculose racial sem fazer com que o povo se livre do micróbio que é a causa da tuberculose racial. Enquanto não eliminarmos o agente causal, o judeu, de nosso seio, a influência nociva da judiaria não desaparecerá, e o envenenamento do povo continuará".[1]

O nazismo era uma medicina, e a medicina uma economia. Para Hitler, um verdadeiro socialista deve ser antissemita,[2] associando capital industrial à saúde germânica, e capital financeiro à doença judaica, visto que, segundo ele, influenciado por Gottfried Feder, as finanças são o mal por excelência, inclusive pelo seu interna-

---

1 Jäckel, Eberhard e Kuhn, Axel (ed.). *Hitler. Sämtliche Aufzeichnungen* 1905-1924, Stuttgart, 1980, pp. 176-177.
2 Idem, ibidem, p. 200.

cionalismo. De modo caricato, Hitler refere-se ao "judeo-bolchevismo", fazendo uma associação imediata da internacionalidade judaica com a internacionalidade comunista. Segundo o historiador Ian Kershaw, em um dos seus livros sobre Hitler, "discurso após discurso, Hitler acusa os judeus em termos os mais virulentos. Como em sua carta de setembro de 1919, em que rejeita o antissemitismo instintivo que só leva ao *pogrom* sem trazer uma solução real, e afirma que os alemães devem estar preparados, se necessário, para assinar um pacto com o diabo, a fim de extirpar o judaísmo, Hitler exige uma solução radical: 'emancipar-se definitivamente dos judeus'. É preciso impedi-los de 'enfraquecer o povo', internando-os em campos de concentração. Sua retórica, de uma extrema violência, tinge-se de um vocabulário emprestado da biologia e evoca a erradicação dos germes".[3] Portanto, o nazismo apresentava-se como a própria "medicina". Ian Kershaw insinua o caráter paranoico de Hitler, que vê o judeu como pai ao mesmo tempo do capitalismo e do comunismo:

> Como observamos, em meados da década de 1920, o matiz inicial anticapitalista de seu antissemitismo dera lugar, em seu pensamento, à conexão dos judeus com os males do bolchevismo soviético. Isso não significa que tivesse substituído a imagem do judeu por trás do capitalismo pela do judeu por trás do marxismo. Mas elas coexistem em sua aversão fixa. Era um ódio tão profundo que só podia estar baseado num medo extremo – de uma figura em sua mente tão poderosa que era força por trás tanto do capital financeiro internacional quanto do comunismo soviético. Era a imagem de uma "conspiração judaica mundial" quase invencível – até mesmo para o nacional-socialismo.[4]

A insistência histórica de Hitler em dar uma solução final à "questão judaica" por meio da "emancipação definitiva dos judeus" lembra Karl Marx de *A questão judaica*,[5] segundo o qual o mundo deveria não emancipar os judeus, mas sim emancipar-se dos judeus. Em Marx, o capital financeiro é maligno e associado ao judaísmo. Isto, de certa forma, corrobora a máxima de Hitler se-

---
3 Kershaw, Ian. *Hitler. Essai sur le charisme en politique*. Paris, Ed. Gallimard, 1995, p. 60. (Para o antissemitismo instintivo, cf. Jäckel, Eberhard e Kuhn, Axel, op. cit., pp. 119-120 e 128, 184.)
4 Kershaw, Ian. *Hitler*. São Paulo, Ed. Companhia das Letras, 2010, p. 183.
5 Marx, Karl. *Oeuvres III Philosophie*. Paris, Gallimard (La Pléiade), 1982, p. 380.

gundo a qual um verdadeiro socialista deve ser antissemita, o que não impede que liberais capitalistas também possam ser antissemitas. Hitler exauriu Marx no nazismo. Marx com razão afirma que o cristianismo nasce do judaísmo. Contudo, completa escrevendo que o cristianismo, por sua vez, dissolve-se no judaísmo. Para Marx, o judaísmo exerce a dominação universal e transforma o homem e a natureza alienados em objetos alienáveis e venais, enquanto mercadorias entregues ao tráfico. Segundo Marx, "*Die Veräußerung ist die Praxis der Entäußerung*", em português, "a venda é a prática da alienação", mas a venda aqui é o comércio, entendido como tráfico, como se a venda fosse um ilícito, e o comércio, que é uma expressão nítida e sólida da civilização, é condenado por Marx como prova da barbárie, já que é uma atividade intrinsecamente judaica. Ora, desde a mais remota antiguidade oriental e ocidental, como sabem antropologicamente a arqueologia e a etnologia, desde as mais primitivas tribos indígenas até os mais remotos grupos e povos da pré-história, pratica-se a troca de bens e de mercadorias. O comércio é um absoluto da condição humana. Portanto, associar exclusivamente judaísmo e comércio é uma das muitas aberrações de Marx, sem nenhuma sustentação científica, porém, inundada de ideologia e antissemitismo. Em Marx, a solução final tornar-se-á possível, pois, "a partir do momento em que a sociedade eliminar a essência *empírica* do judaísmo, o comércio e suas premissas, o judeu torna-se *impossível*, porque sua consciência não terá mais objeto; porque a base subjetiva do judaísmo, a necessidade prática, humanizou-se; porque o conflito entre a existência individual sensível e a existência genérica do homem foi superada. A emancipação social do judeu é a emancipação da sociedade liberada do judaísmo".[6] Em Marx, a sociedade livre é a sociedade livre do judeu, eis a solução final. *Mein Kampf* traz a genética de *A questão judaica*. O hitlerismo é um marxismo nacionalista. Da luta de classes marxista para luta de raças nazista. O proletariado está para o comunismo assim como o ariano está para o nazismo. Léon Poliakov, no livro *Breviário do ódio – O Terceiro Reich e os judeus*, comenta, a propósito da escravidão dos judeus e da pilhagem dos bens das famílias judaicas, que os marxistas procuraram reduzir os judeus a um lado da luta de classes, como se fosse uma classe de pequenos comerciantes e intermediários já ultrapassada pela história

---

6 Idem, ibidem, pp. 380-381.

e como se a extinção da classe fosse coerente com o extermínio humano. Com efeito, escreve Poliakov:

> Advogados e médicos arianos puderam aproveitar da eliminação dos seus colegas judeus; do mesmo modo, o boicote, voluntário ou forçado, começava a se refletir favoravelmente no volume de negócios de inúmeros comércios "arianos". (...) Vimos Göring proclamar, em outubro de 1938: "Os judeus devem desaparecer da economia alemã!"[7]

Segundo as estimativas elaboradas pelos grandes especialistas americanos e europeus, além da escravidão dos 3,5 milhões de judeus, o confisco de todos os seus bens e títulos chegou perto de 9 bilhões de dólares, transformando a SS em um poderoso império econômico, um Estado dentro do Estado, uma rede genocida de negócios que se materializou com a criação do Escritório Econômico e Administrativo SS, o WVHA. Com a escravidão e o genocídio aplicados ao "material humano" (*Menschenmaterial*), os SS se transformaram em grandes empresários. Primo Levi, sobrevivente judeu de Auschwitz, dá um testemunho importante:

> A ignorância deliberada e o medo também calaram muitas potenciais testemunhas "civis" das infâmias dos *Lager* (campos de concentração). Especialmente nos últimos anos de guerra, os *Lager* constituíam um sistema extenso, complexo e profundamente entrelaçado com a vida cotidiana do país; falou-se com razão de *univers concentrationnaire*, mas não se tratava de um universo fechado. Sociedades industriais grandes e pequenas, empresas agrícolas, fábricas de armamentos obtinham lucro da mão de obra quase gratuita fornecida pelos campos. Algumas exploravam os prisioneiros sem piedade, aceitando o princípio desumano (e também estúpido) dos SS, segundo o qual um prisioneiro valia por outro e, se morresse de cansaço, podia ser imediatamente substituído; outras, poucas, tentavam cautelosamente atenuar-lhes as penas. Outras indústrias, ou talvez as mesmas, lucravam com fornecimentos aos próprios *Lager*: madeira, materiais de construção, tecido para o uniforme listrado dos prisioneiros, vegetais desidratados para sopa etc. Os próprios fornos crematórios tinham sido projetados, construídos, montados e testados por uma empresa alemã, a Topf de Wiesbaden (ainda em atividade

---

7 Poliakov, Léon. *Bréviaire de la haine. Le III Reich et les juifs*. Paris, Ed. Calmann-Lévy, 1951, p. 72.

em 1975: construía fornos para uso civil, sem considerar oportuno modificar a razão social). É difícil pensar que o pessoal dessas empresas não se desse conta do significado expresso pela qualidade ou pela quantidade das mercadorias e dos equipamentos que eram encomendados pelos comandos SS. A mesma argumentação se pode fazer, e foi feita, em relação ao fornecimento do veneno empregado nas câmaras de gás de Auschwitz: o produto, substancialmente ácido cianídrico, há muitos anos era usado para a desinfecção dos porões das embarcações, mas o brusco aumento das encomendas a partir de 1942 não podia passar inobservado. Devia gerar dúvidas, e certamente as gerou, mas elas foram sufocadas pelo medo, pela avidez de lucro, pela cegueira e estupidez voluntária que mencionamos, e em alguns casos (provavelmente poucos) pela fanática obediência nazista.[8]

Segundo Thierry Feral, germanista e historiador do nacional-socialismo, a doença eugenista do pensamento médico do Terceiro Reich nasce da ideia fixa de degenerescência (*Entartung*) racial que invadiu a história da Alemanha contemporânea, inclusive da literatura à filosofia, conduzindo ao ideal higienista do belo, do bem e do são, cujo patrono é o médico e filósofo Carl Gustav Carus (1789-1869), desembocando em Friedrich Nietzsche, Alfred Bäumler e Alfred Rosenberg. E note-se que Bernhard Föster, adepto das teorias de Gobineau, fundou, em 1887, com a esposa Elizabeth Nietzsche, irmã do famoso filósofo alemão que tinha 43 anos à época, uma colônia ariana em uma floresta no Paraguai, intitulada Nueva Germania, na qual, depois de 1945, provavelmente se refugiou um dos monstros de Auschwitz, Josef Mengele, símbolo maior da medicina genocida nacional-socialista e da chamada "medicina para os fortes", em oposição à medicina clássica, intitulada "medicina para os fracos".[9] Elizabeth Nietzsche voltou para a Alemanha em 1893, e Friedrich Nietzsche faleceu em 1900, sabendo de tudo desde 1887, e jamais se opôs. Mengele acabou migrando para o Brasil.

O "mau médico" é o que tenta salvar os fracos, como os doentes, as crianças, as mulheres, os idosos e os aleijados, portanto, nessa lógica, um fracassado; ao passo que o bom médico é racista nacional-socialista, praticando uma medicina "para além do bem do mal", e do seu *Direito à morte* (Adolf Jost, 1895). Nesse caso, quanto à ética da morte, e muito diferentemente, o filósofo Hans

---

8 Levi, Primo. *Os afogados e os sobreviventes*. Rio de Janeiro, Ed. Paz & Terra, 2016, p. 10.
9 Feral, Thierry. *Médicine et nazisme*. Paris, Ed. L'Harmattan, 1998, pp. 16-17.

Jonas escreveu o livro *Direito de morrer*.[10] Na contramão do juramento de Hipócrates, a barbárie se consolidara espiritual e artesanalmente na mentalidade médica alemã por meio da propaganda em favor da eutanásia, como em 1920, no projeto do famoso psiquiatra alemão Alfred Hoche, em colaboração com o jurista Karl Binding, que será publicado como *Liberalização da eliminação da vida indigna de ser vivida*,[11] cuja influência irá se prolongar nos anos 1920, o que levou Yves Ternon a afirmar que, no Terceiro Reich, "matavam-se pessoas para curar a raça". A barbárie não nasce de repente e por acaso: surge nos desvãos da civilização. É preciso uma permanente semiótica da barbárie, identificando o ovo da serpente, que, deixando-se prosperar no seio da nação, no futuro destruirá os fundamentos, os valores e os princípios da civilização.

Segundo Feral, o programa nazista de eutanásia traria as seguintes vantagens econômicas: 1) eliminaria as "bocas inúteis", os improdutivos (*Unproduktive*), pois os economistas nazistas estimavam em 90 milhões de *Reichmarks* por ano de redução de despesas; 2) a economia de guerra ganharia mais locais, equipamentos e pessoal; 3) testaria uma tecnologia de eliminação em massa preventivamente, preparando o futuro genocídio; 4) iniciaria o comércio de cinzas, dentes de ouro, roupas e bens pessoais, e venda de órgãos para a indústria farmacêutica, gerando receita para cobrir as despesas da operação toda. O *Wirtschaft und Verwaltungshauptamt* – WVHA (Escritório Central Econômico e Administrativo SS) comandava a estrutura e a planificação do trabalho em campos de concentração, conforme detalhamento do livro de J. Billig sobre o impacto econômico dos campos de concentração no Terceiro Reich.[12]

Um dos mais mortíferos campos de concentração era Mauthausen, citado por todos os grandes historiadores e especialistas, no qual quase todos os médicos SS participaram das execuções por injeções intravenosas e também direto no coração, ou por gasificação, com aproveitamento antes, durante e depois do que designavam como "material humano" (*Menschenmaterial*). Ora, este termo de uso corrente no vocabulário administrativo nacional-socialista significava a escravidão, sobretudo dos escravos judeus. Termo utilizado por Martin Heidegger nos cursos e livros entre 1936 e 1940, até 1946, cujo tema era a filosofia

---

10 Jonas, Hans. *Le Droit de mourir*. Paris, Payot & Rivages, 1996, pp. 54-55.
11 Binding, Karl & Hoche, Alfred E. *Die Freigabe der Vernichtung lebensunwerten Lebens*. Leipzig, 1920.
12 Billig, J. *Les camps de concentration dans l'économie du Reich hitlérien*. Paris, Ed. PUF, 1973.

de Nietzsche, mas podendo constar de outros, nos quais ele explicitamente afirma que a questão é de saber quais "povos e tipos de humanidade", com o avanço do nazismo, "se encontram definitivamente sob a lei" que os assimila ao grande momento histórico da "soberania do homem sobre o planeta". Entenda-se "homem" como sinônimo de "ariano", pois, na ontologia de Heidegger, somente o ariano é, já que os outros tipos raciais, apesar de pertencerem ao gênero humano, não são seres em toda a sua extensão e dignidade; são coisas, e situam-se na parte inferior da escala humana. Ele retoma Nietzsche ao defender que no futuro o combate será travado visando à dominação da Terra em nome das doutrinas filosóficas fundamentais. Ora, segundo Karl Jaspers, em carta de 23 de agosto de 1933, publicada por Hugo Ott em seu livro *Martin Heidegger – Elementos para uma biografia*,[13] Heidegger realizará a filosofia de Nietzsche, e elogia o Discurso do Reitorado proclamado por Heidegger em sua posse em 27 de maio de 1933 na Universidade de Freiburg. Como reitor, Heidegger iniciou o apoio aos médicos eugenistas e à criação de uma cátedra de higiene racial e biologia hereditária, além de expulsar todos os judeus. Emmanuel Faye descreve com precisão em seu último livro, *Arendt e Heidegger – Extermínio nazista e destruição do pensamento*.[14] Dentro da seguinte estratégia: a dominação da Terra sem restrição para a exploração das matérias-primas e para "a utilização sem ilusão do 'material humano' (*Menschenmaterial*) a serviço da Vontade de potência". Heidegger completa que essa condição ariana "se autoriza incondicionalmente a manifestar sua essência fundamental".[15] Assim, segundo as pesquisas de Eugen Kogon, autor do clássico *O Estado SS*, cerca de 45 por cento dos médicos em exercício no Terceiro Reich eram mais doutores na arte de matar que na arte de curar, visto que, segundo o médico-chefe de Mauthausen, Dr. Eduard Krebsbach, "a natureza é cruel, nós temos também o mesmo direito à crueldade". Frase que coincide com a criação e a defesa de Heidegger do conceito de *animalitas* como princípio da vida humana.[16]

Konrad Lorenz também fortaleceu o pensamento do extermínio pelo elogio da violência filogenética, como em seu livro *Psychologie und Stammesgeschichte*,

---

13 Ott, Hugo. *Martin Heidegger – Eléments pour une biographie*. Paris, Ed. Payot, 1990, p. 206.
14 Faye, Emmanuel. *Arendt et Heidegger. Extermination nazie et destruction de la pensée*. Paris, Ed. Albin Michel, 2016, p. 40.
15 Heidegger, Martin. *Nietzsche II*. Paris, Ed. Gallimard, 1971, p. 266, trad. Pierre Klossowski.
16 Idem, ibidem, p. 236.

de 1943, e igualmente condenando a miscigenação como destruidora da pureza racial em *A Agressão – uma história natural do mal*,[17] de 1963, com algumas pinceladas de desnazificação. Vale mencionar que Konrad Lorenz recebeu o Prêmio Nobel de Medicina em 1973, assim como um carrasco auxiliar de Auschwitz, o Dr. Adolf Butenandt, recebera o Prêmio Nobel de Química em 1939. Heidegger, a partir de Nietzsche, despoja o Eros da animalidade do corpo rumo à dignificação da animalidade como crueldade, como Tânatos, o corpo como grande razão, associado ao pensamento a serviço da *animalitas* do super-homem exterminador. Auschwitz era a central europeia das câmaras de gás, afirma Eugen Kogon. Assim, a grande razão nacional-socialista gaseifica a razão da humanidade civilizada. Como disse José María Valverde, filósofo, poeta, tradutor e crítico literário espanhol, Heidegger era nazista, e o nazismo era heideggeriano. Consta que o Dr. Eduard Krebsbach, que foi condenado à morte por crime contra a humanidade pelo Tribunal de Nuremberg, morreu sem ter consciência da razão da execução, tal a convicção "científica" de que estava cuidando da saúde do povo alemão. Inclusive, os renomados médicos professores Rüdin e Ritter participaram da redação das Leis raciais de Nuremberg, de setembro de 1935, as intituladas "Leis para a proteção do sangue e da honra alemã", tão entusiasticamente defendidas publicamente por Carl Schmitt em conferências e artigos de jornais. Os professores doutores Rüdin e Ritter também lideraram o recenseamento dos responsáveis pelo "abastardamento" ariano: no mínimo 1.323.000 judeus e 6.430 ciganos foram "desinfetados" em Birkenau. "Desinfetar" era o eufemismo para gasificar os inocentes. Perguntado certa vez por Víctor Farías se ele iria escrever uma Ética, Heidegger limitou-se a responder secamente: "Não." Ora, não precisava, os nazistas debochada e seriamente chamavam a isso de *Nationalsozialistische Ethik*, "ética nacional-socialista", aquela que prega "o predomínio do interesse geral sobre o particular".

Thierry Feral, autor do livro *Nazismo e psicanálise*,[18] também prefacia um importante livro intitulado *Cirurgia dentária e nazismo*, de Xavier Riaud,[19] esclarecendo que Carl Gustav Jung alcançou a presidência da Sociedade Médica Geral de Psicoterapia (AÄGP), voltando-se contra Freud, exigindo em 1934

---

17 Lorenz, Konrad. *A Agressão – uma história natural do mal*. Santos, Ed. Martins Fontes, 1973, p. 268.
18 Feral, Thierry. *Nazisme et psychanalyse*. Paris, Ed. PU, 1987.
19 Riaud, Xavier. *Chirurgie dentaire et nazisme*. Paris, Ed. L'Harmattan, 2015.

MEDICINA E ECONOMIA NACIONAL-SOCIALISTA 51

que "se fizesse definitivamente um acerto de contas com a psicanálise judia decadente". Em carta ao discípulo Wolgang Kranefeld, Jung afirma que, "com Freud e Adler, são dois pontos de vista especificamente judaicos que são publicamente pregados, e mesmo, o que se pode igualmente provar, pontos de vista de um caráter por essência corruptor. Se o governo se acomodar com a proclamação desse evangelho, tudo bem! Porém, sempre há a chance de o governo não se acomodar".[20] Ernest Jones, o galês presidente da Associação Internacional de Psicanálise, em acordo com Felix Boehm, presidente da Sociedade Alemã de Psicanálise, expulsam todos os psicanalistas judeus do movimento, por ocasião de uma reunião em 1935, em Berlim.

Os campos de concentração eram escritórios econômicos e hospitais funcionando de modo integrado, onde a medicina assumiu a mais ampla importância, e os médicos são os doutores da morte, agindo diretamente sobre as cobaias humanas. Todas as experimentações humanas das mais simples às mais demoníacas foram executadas. Em Dachau, um dos métodos terapêuticos era jogar quaisquer doentes com capacidade de recuperação em um local com ampolas incandescentes, apelidado pelas vítimas como *Krematorium*, para curar pela sudação, mas que, na verdade, só causava queimaduras de primeiro e segundo graus. A Academia SS da cidade austríaca de Graz destinava-se exclusivamente a formar médicos SS, que se somavam aos milhares de médicos vindos de todas as universidades da Alemanha e da Áustria, dentre os quais as centenas de renomados diretores de centros de pesquisa e hospitais. A prática de exercícios médicos levava invariavelmente à morte. Se ficassem vivos, eram imediatamente encaminhados para a gaseificação. O Dr. SS Hermann Kiesewetter era especialista em vivissecções, inclusive do cérebro humano, as chamadas trepanações, segundo ele mesmo, "para poder observar como funciona o cérebro humano". O famoso Dr. SS Robert Neumann era diretor do Instituto de Patologia do Hospital Robert-Koch, professor da Universidade de Berlim e criador de um instrumento que ele chamou de *"Histotom"*, a partir do qual ele penetrava no fígado do prisioneiro e retirava pedaços. Em Auschwitz e Buchenwald, quase todas as suas vítimas morriam poucos dias depois. O Dr. SS Aribert Heim era considerado um dos mais sádicos, tendo assassinado quase uma centena de judeus por injeção no coração. Ele se exercitava por tédio ou sadismo fazendo vivissecções do fígado, dos intestinos, do baço ou do coração

---

20 Feral, Thierry. *Médicine et nazisme*. Paris, Ed. L'Harmattan, 1998, p. 62.

dos prisioneiros. Em relatório do Tribunal de Nuremberg, lê-se que ele conversa com um judeu elogiando a dentição da vítima e, logo em seguida, abre o ventre e a mata. Em seguida, corta a cabeça e a coloca para ferver, preparando-a para guardar a dentição.

Eugen Kogon descreve diversas situações das condições sanitárias nos campos de concentração, dentre as quais a seguinte:

O assassinato deliberado de pacientes na enfermaria era ainda mais frequentemente praticado que as experimentações. Havia campos, como o Auschwitz, onde isso era feito sistematicamente. Quando o número de doentes ultrapassava certo nível, "picava-se". Isso acontecia da seguinte maneira: o doente, segurado por dois homens, recebia uma injeção de 10 cm^3 de ácido fênico diretamente no coração. A SS era fortíssima na apreciação de "doentes" que, a seus olhos, tornavam sem valor a vida dos detidos. Em Auschwitz, acontecia frequentemente que qualquer recém-chegado, não desconfiando de nada, respondia, àqueles que o questionavam sobre o seu estado de saúde, que sofria disso ou daquilo, e pensava assim obter um trabalho menos pesado. Eles eram todos enviados, uns após os outros, à enfermaria dos detidos, e envenenados. Mesmo entre os prisioneiros ainda completamente em condições de trabalhar, escolhia-se por vezes grupos inteiros de vítimas.[21]

O prisioneiro médico Dr. Blaha descreve a grande quantidade de novos instrumentos criados para as experiências médicas, como os de precisão para cortes de pele sadia e intacta extremamente finos. Havia uma intensa produção de artigos e presentes a partir da pele dos cadáveres, retirada do peito às costas. As peles eram penduradas em varais enormes e, depois de preparadas artesanalmente, era obtido um couro bem fino. Com este, faziam selas de cavalo, calças de equitação, luvas, sacolas, toalhas, chinelos ou encadernação de livros. Em Mauthausen e Gusen, matavam-se também os prisioneiros tatuados, cujas peles eram utilizadas para fazer bolsas, abajures e encadernação de livros. Havia até um museu de peles tatuadas, e os esqueletos eram enviados para a Academia de Medicina da SS. Em Buchenwald eram realizadas reduções de cabeças humanas, e o Dr. Erich Wagner defendia uma tese de doutorado intitulada *Uma contribuição à questão da tatuagem*, pesquisa realizada com oitocentos corpos tatuados. A tese recebeu a menção "muito bem" pelo Instituto Universitário de Medicina Jurídica

---

21 Kogon, Eugen. *L'État SS. Le système des camps de concentrations allemands*. Paris, Ed. Jeune Parque, 1947, p. 163.

e Criminologia Científica de Iena, com o apoio inclusive do decano da Faculdade de Medicina, Dr. Josef Hänel. Todos os crânios restantes eram distribuídos aos serviços civis e militares, porque a moda era ter um crânio humano de uma vítima na mesa de escritório. Estas e muitas outras revelações foram publicadas em inúmeros livros e relatórios oficiais, e algumas no impressionante livro de Ernst Klee, *A medicina nazista e suas vítimas*.[22] Toda a medicina era voltada para eliminação dos detentos, à exceção da necessidade de força de trabalho escravo.

As experimentações humanas sob o Terceiro Reich eram patrocinadas pela Comunidade Alemã de Pesquisa (*Deutsche Forchungsgemeinschaft*, DFG), fundada em 30 de outubro de 1920 sob o nome de Comunidade de Apoio à Ciência Alemã (*Notgemeinschaft der Deutschen Wissenschaft*), em Berlim, cujo presidente era o físico-químico Prof. Fritz Haber, pai da guerra do gás, "não ariano", e forçado a emigrar. Em 16 de março de 1937, é criado no Ministério das Ciências o Conselho de Pesquisa do Reich, sob o nome de *Reichsforschungsrat*. Vale registrar que rigorosamente todas as especialidades da medicina, além de todas as ciências naturais, ciências sociais e humanas, foram responsáveis pelo Holocausto. Os arqueólogos alemães inscritos no Partido Nazista chegaram a 86 por cento, perdendo somente para os serviços secretos, com 88 por cento, os professores das escolas primárias, com 93 por cento, e obviamente a milícia pessoal de Hitler, com 95,4 por cento. Considerada uma guerra "sobretudo cultural" pelo nazismo, era preciso armar ideologicamente todos os professores, jornalistas, cientistas, artistas etc. Segundo Laurent Olivier, autor do importante livro *Nossos ancestrais os germanos – Os arqueólogos a serviço do nazismo*, Alfred Rosenberg iniciou a estrutura de pesquisa, mas foi superado pelo grande líder da SS, Heinrich Himmler, que criou um instituto científico poderosíssimo, o *SS-Ahnenerbe* (Herança Ancestral).[23] A função era controlar e reinventar o passado, para adequá-lo às exigências e necessidades ideológicas do nacional-socialismo. O passado torna-se uma arma de destruição em massa. Com efeito, assim explicita Laurent Olivier:

> É preciso igualmente que o passado seja "limpo" de toda a sua componente não germânica, da qual a massa e a heterogeneidade obscurecem a inteligibilidade do suposto gênio cultural ariano. Este deve aparecer como o produto de uma

---
22 Klee, Ernst. *La médicine nazie et ses victimes*. Paris, Ed. Actes Sud, 1999, p. 40.
23 Olivier, Laurent. *Nos ancêtres les germains. Les archéologues au service du nazisme*. Paris, E. Tallandier, 2012, p. 22.

entidade imemorial, pois de origem biológica ou "racial". Os geógrafos, os demógrafos, os estatísticos e os economistas redesenham o futuro, ao passo que, por seu lado, os arqueólogos, os filólogos e os antropólogos refazem o passado.[24]

Todas as ciências tornaram-se de guerra, de combate, a serviço da "raciologia", ou "ciências raciais". O nacional-socialismo é um racial-socialismo. Com a pré-história inventada ideologicamente, a arqueologia servia para alimentar o sonho ariano. Vale lembrar que adesão ao Partido Nazista não era obrigatória, e as inscrições ficaram fechadas durante quatro anos, reabrindo em 1937, e recebendo adesões em massa de quase todos os intelectuais, cientistas e artistas. A arqueologia em massa sustentava a teoria do espaço vital da grande Alemanha preconizada juridicamente por Carl Schmitt. Com as guerras de conquista no Leste Europeu, a história e a arqueologia ideológicas visavam a demonstrar que desde a pré-história os países conquistados eram terras de colonização germânica, mesmo sendo parte da França. A pilhagem ganhava legitimidade "científica". A pilhagem comunista na URSS encontra nova versão na pilhagem socialista do nazismo. A "nova verdade" era imposta pela "raça dos senhores". A quantidade massiva de cadáveres era festejada no meio científico nazista. O famoso anatomista Hermann Philipp Rudolf Stieve comandava pessoalmente o assassinato de milhares de mulheres, muitas por decapitação por cutelo, para fins de pesquisa ginecológica. Stieve morre com todo o prestígio em 6 de setembro de 1952, como membro da Academia Real de Ciências da Suécia, Academia de Ciências de Munique, Academia Alemã de Pesquisadores em Ciências Naturais, do Instituto Internacional de Embriologia, e membro correspondente da Sociedade Alemã de Obstetrícia e Ginecologia.

O campo de concentração de Dachau era um grande laboratório de pesquisas da malária, e tinha como líder o prof. Claus Carl Schilling, nomeado por Himmler em 10 de dezembro de 1941. Schilling era o mais velho dos médicos assassinos, formado pelo Instituto Robert-Koch em 1899. A malária é considerada uma das doenças tropicais mais comuns, e sua propagação está estreitamente ligada às guerras. Dachau era numa região pantanosa, com os mosquitos transmissores chamados anófeles. Um comando de prisioneiros foi criado para capturar esses mosquitos no pântano, a partir dos quais os demais prisioneiros eram inoculados das seguintes maneiras: 1) pelas picadas de mosquitos infec-

---

24 Idem, ibidem, p. 52.

tados, colocados diretamente na face interior do braço ou da coxa das cobaias; 2) por depósito de esporozoítos na pele ou sob a pele (o esporozoíto, preparado da glândula salivar dos mosquitos, designa uma categoria de protozoários capazes de formar esporos); 3) por injeção do sangue de doente. Outros médicos, como o psiquiatra Prof. Wilhelm Sagel, inoculava paralíticos e esquizofrênicos, provocando crises de malária para pesquisas, e em seguida os mandava para as câmaras de gás. Era necessário construir mais fornos crematórios, dada a imensa chegada de cadáveres. Os morangos da cidade de Auschwitz eram todos cobertos por fuligem de judeus e demais povos, o que exigia uma lavagem mais cuidadosa dos moradores da cidade. Em Auschwitz, as grandes quantidades de cinzas humanas eram estocadas e espalhadas no asfalto das ruas do campo, ou vendidas na região como fertilizante químico.[25]

O mais poderoso médico criminoso era o cirurgião Karl Brandt, que fora nomeado diretamente por Hitler em 1939, com a missão de exterminar doentes e aleijados. Em decreto sanitário e médico de 28 de julho de 1942, Hitler determina que Brandt só receba ordens dele, tomando diretamente com ele as instruções do genocídio. A *Wehrmacht* tinha o seu próprio serviço de saúde, com imenso número de cientistas de renome, enquanto a SS dispõe de todas as cobaias dos campos de concentração, mas com médicos menos qualificados. Em Dachau, as experiências também seguiam sobre septicemia, com a direção do Dr. Heinrich Scütz, que pessoalmente puncionava as pernas das vítimas com uma grande seringa cheia de pus. O envenenamento do sangue quase sempre leva à morte. Em outros casos, as culturas de bactérias eram inoculadas com a ajuda de pedaços de madeira, cacos de vidro, ou ambos. Experimentavam a sulfamida para controlar a reação inflamatória. As mulheres que enlouqueciam eram submetidas às experiências de grandes amputações, como o braço inteiro com a clavícula, ou uma perna com o osso do quadril, ou ilíaco. Em seguida eram assassinadas com injeção de evipan. As experimentações sobre a tuberculose seguiam o mesmo ritual macabro de extração dos pulmões e glândulas, e as inoculações eram largamente praticadas. Nisso se destacou o Dr. Kurt Heissemeyer, que submetia a experiências crianças judias e porcos da Índia, todos portando os mesmos números de identificação.

---

25 Kogon, Eugen. *L'État SS. Le système des camps de concentration allemands*. Paris, Ed. Jeune Parque, 1947, p. 182.

Além das experiências do Dr. Albert Widman, diretor do departamento de química na ITC, em explodir doentes mentais russos a partir de setembro de 1941, ou matá-los em caminhões com gás, utilizando ampolas de ácido cianídrico ou balas envenenadas que eram dadas aos prisioneiros, temos também as experiências humanas lideradas pela *Wehrmacht*, com o Exército, a Marinha e a Aeronáutica estabelecendo os seus centros, nos quais testavam vacinas, venenos especiais, tormento do mar e água do mar, esta última com paraquedistas que caíam no mar. Em Auschwitz, injeções de petróleo eram aplicadas em infecções com pus, e os resultados eram enviados aos laboratórios. A *Wehrmacht* solicitava a Auschwitz que procedesse a experiências de ferimentos por queimaduras de segundo e terceiro graus nas panturrilhas, nos quadris, nos braços ou na nuca, somando-se a tudo isso experiências de simulação de icterícia, nas quais o ácido pícrico era usado em pó gradativamente sobre alimentos; ou as pesquisas sobre morte em altitude, que a *Luftwaffe* desenvolvia para estabelecer o nível de resistência e o tempo de vida dos pilotos que se encontram em atmosfera suboxigenada e sob baixa pressão. Estas últimas eram realizadas em uma câmara de aço, e as cobaias terminavam em convulsões, paralisias, cegueira, loucura e morte. O Dr. Sigmund Rascher era apoiado por Himmler, e suas "pesquisas" são descritas da seguinte forma:

> O Dr. Rascher determinava que nós dissecássemos os corpos frescos, ainda quentes, de pessoas que por vezes ainda respiravam. Rascher queria que, sobre a mesa de dissecção, a maioria dos órgãos estivesse ainda em atividade. Extraíamos partes do cérebro, hipófises e epífises; a parte do nervo simpático que se encontra na garganta e no tórax; uma parte do fígado e do pâncreas; os testículos e os epidídimos; uma parte do músculo cardíaco; os rins e a musculatura transversal dos membros. (...) Em Dachau, inúmeros médicos assistiram às experiências e aos sofrimentos das vítimas. Toda uma série de pesquisadores participou da sua exploração.[26]

As vacinas não produziam nenhum resultado particular que já não tivesse sido obtido em animais. Os testes de vacinas eram torturas. Outro modo de torturar. Eugen Kogon dramaticamente afirma que nenhum dos corifeus da ciência médica alemã que assistiam placidamente às inoculações jamais se

---

26 Klee, Ernst. *La médicine nazie et ses victimes.* Paris, Ed. Actes Sud, 1999, p. 163.

perguntou sobre o valor e os métodos experimentais em seres humanos, tanto do ponto de vista humano quanto científico, e sobretudo sobre entregar à SS a direção médica dos campos de concentração. E não somente aceitaram os resultados, como os exaltaram, como podemos ver na famosa *Revista de Higiene e Doenças Infecciosas*.[27] As experiências em câmara de baixa pressão com crianças epiléticas entre 11 e 13 anos eram lideradas pelo Prof. Dr. Hans Nachtsheim, que as utilizava como cobaias em vez de coelhos brancos vienenses de 5 ou 6 meses. Depois de 1945, Hans Nachtsheim é muito prestigiado, passando a ocupar a chefia do serviço de antropologia da IEG.[28] Em 1946 torna-se professor de genética na Universidade Humboldt, e em 1949 passa a trabalhar na Universidade Livre de Berlim. Permanece ligado ao Instituto de Biologia Hereditária, agora sob a responsabilidade da Sociedade Max-Planck. Em 1955 recebe a Grande Cruz Federal do Mérito e em 1956 é nomeado membro do Conselho Federal de Saúde. O carrasco das crianças sentou-se a partir de 1961 na Comissão de Indenização das Vítimas do Nazismo, e ele não foi o único; diversos carrascos sentaram-se à mesa das indenizações espalhadas pela Alemanha. Vale ressaltar que vários carrascos nazistas também se infiltraram na Comissão de Desnazificação da Alemanha.

Houve experiências em cobaias com água do mar, que levavam à loucura furiosa e à demência, praticadas por pesquisadores de alto nível científico das mais variadas instituições renomadas da Alemanha, inclusive inoculação da hepatite por transfusão em pessoas sadias. Dachau era um dos caminhos para a inevitável morte. Alguns carrascos famosos terminaram as suas carreiras nos Estados Unidos, pertencendo às mais prestigiosas instituições acadêmicas, e até mesmo na Nasa, como o Prof. Dr. em medicina Ulrich C. Luft. Um deles tornou-se o pai da medicina espacial nos EUA, o Prof. Dr. Hubertus Strughold, que foi diretor do Instituto de Pesquisa em Medicina Aeronáutica da Luftwaffe desde 1935, responsável por grandes atrocidades em prisioneiros raciais.

---

27 Kogon, Eugen. *L'État SS. Le système des camps de concentration allemands.* Paris, Ed. Jeune Parque, 1947, p. 196.
28 IEG é a sigla em francês para o Institut de l'Empereur Guillaume, mas em alemão é Kaiser-Wilhelm-Gesellschaft zur Förderung der Wissenschaften, ou simplesmente Institut Kaiser-Wilhem. Desde os anos 1930 se dedicava ao eugenismo, e a partir de 1933 teve parte muito ativa na barbárie do Holocausto.

Em 1938, o químico Gerhard Schrader inventa o gás sarin, que passou a ser testado em jovens saudáveis, inclusive o gás Lost. Schrader é convidado para trabalhar nos Estados Unidos, onde é integrado ao US Army Chemical Corps, e em seguida contratado pela Bayer. Outro importante carrasco, o Dr. Wolfgang Wirth, torna-se presidente do conselho de administração do laboratório de farmacologia da Bayer e professor da Academia de Medicina de Düsseldorf. Trata-se do mesmo gás sarin que supostamente vem sendo usado contra crianças e demais civis e militares pelas forças armadas da Síria sob as ordens do ditador Bashar al-Assad. Coincidente e ironicamente, ele é médico.

Um pesquisador da Bayer torna-se membro da SS e médico de campo de concentração, e chega mesmo a afirmar que, devido à enorme quantidade de cobaias, ele está muito feliz, como se tivesse chegado ao Paraíso, podendo testar todos os produtos, como na carta de 4 de agosto de 1941, enviada aos seus colegas. O campo de concentração de Dachau transforma-se em um grande laboratório farmacêutico. O paraíso dos carrascos. São realizadas também experiências com o tifo exantematoso (*Tyhus exanthematicus*), o tifo das situações de miséria e fome, de grande taxa de mortalidade e transmitido pelos piolhos. As vítimas eram "alimentos de piolhos".

A Ahnenerbe (Comunidade para a Investigação e Ensino sobre a Herança Ancestral) fora fundada em 1º de julho de 1935 com a missão de estudar a história primitiva do espírito, de estudar o espaço, o espírito, os atos e a herança da civilização indo-germânica de raça nórdica, de dar uma "forma viva aos resultados da pesquisa, e de transmiti-los ao povo". Com a chegada de Himmler à presidência, em 1939, a instituição se radicaliza ainda mais. Hitler, chamado de Filho do Demônio, pertencia à famosa Sociedade Thule (*Thule-Gesellschaft*), uma sociedade secreta de magia negra estruturada como a maçonaria, fundada por Rudolf von Sebbotendorf, responsável pela transmissão das chaves mágicas das fraternidades racistas turcas, com o nazismo contemporâneo do pangermanismo, defendido por Carl Schmitt, e associado ao pan-islamismo. O nacional-socialismo cria uma transmutação biológica do alemão em super-homem, e utilizava quaisquer meios para atingir os seus absurdos objetivos. René Alleau publicou uma obra importante de pesquisa sobre as origens ocultas do nazismo em seu livro *Hitler e as sociedades secretas*,[29] no qual revela que nem mesmo os médicos nazistas e amigos sabiam da intimidade de Hitler, talvez confirmando

---

29 Alleau, René. *Hitler et les sociétés secretes*. Paris, Ed. Tallandier, 2014, p. 310.

MEDICINA E ECONOMIA NACIONAL-SOCIALISTA

a informação de Malaparte, segundo a qual os soviéticos teriam descoberto que Hitler era mulher, isto é, ou hermafrodita, ou com uma genitália feminina em corpo de homem. Em Auschwitz, realizaram moldes dos rostos de cerca de 150 prisioneiros homens e mulheres para pesquisas antropológicas, na maioria gregos, que são filmados, fotografados e depois assassinados. A rede concentracionária colecionava testículos e esqueletos para fins de pesquisas raciais, e um dos principais responsáveis científicos era o Dr. Anton Kiesselbach, que após rápida passagem por um campo americano de prisioneiros até 1947, vê-se altamente prestigiado nas universidades alemãs, publicando trabalhos de pesquisa sexual médica, anatomia, a influência do sistema nervoso sobre as glândulas sexuais etc. Kiesselbach morreu em 27 de julho de 1984 como membro das reuniões dos Prêmios Nobel, titular da medalha De Vermeil da Sociedade das Artes, Ciências e Artes de Paris, membro de honra da União dos Preparadores e Médicos de Dermoplástica da República Federal da Alemanha, onde, dizia-se, ressaltava o seu "senso de humor delicado, seu espírito refinado e sua cultura universitária".[30] O pós-guerra criou a pós-verdade. A câmara de gás de Natzweiler foi construída exclusivamente para as experiências médicas, informa Ernst Klee, e para a coleção de judeus do Dr. August Hirt, e para as experiências que Hirt e Bickenbach desenvolveram com os gases tóxicos. Apesar de depois da guerra Hirt tentar se defender alegando que o que se dizia sobre os campos era mentira, e que ele próprio havia visitado um campo de concentração com "magníficos banheiros", Hirt se suicidou em 2 de junho de 1945 com um tiro de pistola na cabeça. Os tais "magníficos banheiros" eram usados como duchas de gás para as vítimas do racismo, uma espécie de sauna a vapor alemã ou banho alemão.

Ressalte-se a luta contra as epidemias, como a de tifo, descrita como causadora de uma mortalidade terrível em Auschwitz, com os piolhos rastejando por toda parte, no chão, nas camas, nas paredes, nas pessoas, e estalavam forte quando pisados. Sem medicamentos, em 24 horas morreram 960 vítimas. As cabeças das crianças eram fornecidas por Mengele a um instituto de pesquisas de Berlim, mantidas em vidros com formol. Frequentemente, as carnes das coxas e da barriga das mulheres eram cozidas no laboratório de Rajsko, com a inscrição "sopa humana", e em seguida enviadas como cultura para criação

---

30 Klee, Ernst. *La médicine nazie et ses victimes*. Paris, Ed. Actes Sud, 1999, pp. 268-273.

de bactérias do laboratório especializado. A médica detenta Ella Lingens certa vez perguntou ao Dr. Fritz Klein como ele podia conciliar a barbárie com o juramento de Hipócrates, ao que ele imediatamente respondeu: "Em respeito à vida humana, eu pratico a ablação dos apêndices purulentos. Os judeus são um apêndice purulento no corpo da Europa."[31]

Em Auschwitz se destacava também o famoso Dr. Victor Capesius, que representou as indústrias químicas I.G. Farben na Romênia. Agora, a I.G. Farben instala-se também em Auschwitz, no campo de trabalho Monowitz. Os médicos eram os responsáveis pelas ordens aos "desinfetadores" para a gaseificação das vítimas, até mesmo nos caminhões da Cruz Vermelha, utilizando-se o gás zyklon. Tratava-se do extermínio pelo gás ou pelo trabalho escravo.

Segundo Ernst Klee, baseado em documentos oficiais do Terceiro Reich, as experimentações em Auschwitz não eram secretas. As pesquisas de Mengele sobre gêmeos, destinadas à clonagem para a multiplicação da "raça ariana", eram divulgadas abertamente. E as experiências de esterilização em massa por raios X são devastadoras. Um dos métodos é assim descrito:

> Em 28 de março de 1941, Viktor Brack, diretor dos serviços centrais da chancelaria do *Führer*, escreve a Himmler. Ainda que ele estivesse, nesta época, ocupado em gasear doentes mentais e aleijados (Operação Eutanásia), ele propõe "dirigir uma esterilização em massa por raios X". Ele escreve o seguinte: "Um meio de operação prática seria, por exemplo, fazer passarem as pessoas a serem tratadas diante de um balcão onde se fariam perguntas, ou também onde elas deveriam preencher formulários." O funcionário instalado atrás do balcão poderia então manobrar o aparelho: "Em uma instalação equipada de dois tubos, poder-se-ia, por conseguinte, esterilizar entre 150 e 200 por dia; com 20 instalações, seriam já de 3000 e 4000 pessoas por dia."[32]

A esterilização era fundamental para manter a população judaica sob controle nos campos de concentração e de trabalho, pois a grande contradição era avançar no extermínio em massa sem prejudicar a necessária mão de obra escrava. O custo de cada instalação da aparelhagem era de 20.000 a 30.000 marcos. E o Dr. Horst Schumann foi o responsável técnico pela opera-

---

31 Idem, ibidem, p. 293.
32 Idem, ibidem, p. 316.

ção. Verificou-se posteriormente aquilo que já se sabia de antemão, além das queimaduras nas vítimas, o método fracassou, e reconheceram que a castração cirúrgica era muito mais eficaz, conforme revela o autor do talvez mais importante estudo no mundo, em três volumes, sobre os campos de concentração, o grande professor de ciências políticas da Universidade de Vermont, o também historiador Raul Hilberg, em *A destruição dos judeus da Europa*. Hilberg teve enormes dificuldades em publicá-lo: o silêncio era completo. Ao apresentar o manuscrito no final dos anos 1950 a uma das mais importantes editoras dos Estados Unidos, ele fica chocado com o parecer contrário da maior autoridade no conselho editorial: Hannah Arendt, a esta altura totalmente reconciliada com Heidegger, e responsável direta pela tradução e publicação das obras do seu mestre nazista nos EUA.[33]

Em outubro de 1941, o dermatologista Dr. Adolf Pokorny propõe a Himmler a esterilização de milhões de vítimas em curto espaço de tempo, o que agilizaria o extermínio sem perda de mão de obra escrava. Convenceu Himmler que o extrato de caládio (*Caladium seguinum*), recomendado para esterilização permanente em ratos e camundongos. Segundo uma sobrevivente, Rosaline de Leon, a esterilização era feita por injeções com uma seringa de uns 30 cm por via subcutânea na vagina, e o líquido gerava uma espécie de queimadura atroz.[34] Mesmo relato traz Hilberg sobre as propriedades esterilizantes publicadas em artigo científico pelo Instituto Madaus, cujas pesquisas foram iniciadas a partir da informação de que uma tribo brasileira utilizava o *Caladium seguinum* para esterilizar os seus inimigos embebendo a ponta da flecha, que servia como injeção intramuscular.[35] A narrativa também é confirmada por Léon Poliakov, em *Breviário do ódio*, segundo o qual o método poderia castrar milhões de indivíduos de raças inferiores, até mesmo pela mistura da droga nos alimentos. O problema é que, sendo a planta tropical, os agricultores SS não tinham as condições climáticas exigidas.[36]

Além do extermínio generalizado, Eugen Kogon revela que as mulheres grávidas foram especialmente visadas a partir de 1944. As judias iam para Aus-

---

33 Hilberg, Raul. *La destruction des Juifs d'Europe III*. Paris, Ed. Gallimard, 2006, p. 1742.
34 Klee, Ernst. *La médicine nazie et ses victimes*. Paris, Ed. Actes Sud, 1999, p. 316.
35 Hilberg, Raul. *La destruction des Juifs d'Europe III*. Paris, Ed. Gallimard, 2006, p. 1738.
36 Poliakov, Léon. *Bréviaire de la haine. Le III Reich et les juifs*. Paris, Ed. Calmann-Lévy, 1951, pp. 290-291.

chwitz, e as demais, para Ravensbrück. Outro grupo visado era o dos homossexuais, sobretudo a partir de 28 de junho de 1934, com a alteração do § 175 do código penal alemão, radicalizado gradativamente conforme a SS ganhava relevância. Segundo Kogon, a SS voltou-se contra a popularidade da homossexualidade nos meios militares prussianos, na SA e na própria SS, com vasta propaganda homofóbica destinada a acabar com os focos. A chamada cura *gay* teve início no nazismo. Assim conta Kogon:

> No decorrer do outono de 1944, apareceu em Buchenwald o Comandante SS dinamarquês Dr. Vernaet, que morava em Praga. Com a autorização de Himmler e do General-Médico e Policial da SS Dr. Grawitz, assim como do General SS Poppendiek, que, na estação de ensaio V, em Leipzig, se fez delegar pela assinatura do Reichsführer-SS, Vernaet empreendeu uma série de experiências para curar a homossexualidade. Injetando hormônios sintéticos na virilha direita, dever-se-ia obter uma inversão das tendências do indivíduo. Os médicos SS não paravam de fazer piadas com isso. Vernaet procedia igualmente sobre os castrados.[37]

A esperança no pós-guerra é que a humanidade teria esterilizado as ideologias totalitárias para sempre. Contudo, de 1945 a nossos dias, diversos genocídios foram perpetrados na África e na Ásia. Primo Levi foi algumas vezes perguntado sobre o retorno de Auschwitz no mundo, isto é, sobre futuros genocídios e massacres. Diz ele em 1986:

> Para nossa sorte não somos profetas, mas algo se pode dizer. Pode-se dizer que uma tragédia análoga, quase ignorada no Ocidente, ocorreu por volta de 1975, no Camboja; que o massacre alemão pôde ser deflagrado, depois se alimentando de si mesmo, por ânsia de servidão e por mesquinhez de espírito, graças à combinação de alguns fatores (o estado de guerra; o perfeccionismo tecnológico e organizativo alemão; a vontade e o carisma de Hitler; a ausência, na Alemanha, de sólidas raízes democráticas), não muito numerosos, cada um deles indispensável mas insuficiente se tomado isoladamente. Esses fatores podem reproduzir-se, e parcialmente já se estão reproduzindo, em várias partes do mundo. A recombinação de todos, em dez ou vinte anos (de um futuro mais distante não faz sentido falar), é pouco provável, mas não impossível.[38]

O racial-socialismo permanece um socialismo de tipo alemão novo. A rigor não há um socialismo ortodoxo à espera de socialismos heterodoxos.

---

37 Kogon, Eugen. *L'État SS. Le système des camps de concentration allemands*. Paris, Ed. Jeune Parque, 1947, p. 290.
38 Levi, Primo. *Os afogados e os sobreviventes*. Rio de Janeiro, Ed. Paz & Terra, 2016, p. 68.

MEDICINA E ECONOMIA NACIONAL-SOCIALISTA

Todos os socialismos trazem características particulares, variando de país, de líder carismático e de momento histórico. O nacionalismo e o socialismo do racismo alemão são peculiares à genética ideológica de Hitler. O caráter socialista do regime nazista jamais desapareceu, apesar do esforço da esquerda internacional em procurar descaracterizar o socialismo nazista. David Schoenbaum, em seu livro *La Révolution brune – La société allemande sous le IIIe Reich*, afirma que o nacional-socialismo era uma espécie de ideologia faroeste, com pequeno proprietário rural fazendo o papel de caubói, e o polonês de índio. Era preciso "conquistar novas terras, fazer avançar a civilização, e criar uma nova sociedade 'socialista' igualitária". E que a tese de doutorado de Walter Haas em Heidelberg, de 1936, intitulada *Bedeutung, Aufgaben und Durchführung der Neubildung deutschen Bauerntums östlich der Elbe im nationalsozialistischen Staat*, teoriza que a lei sobre as áreas "marcava uma mudança radical de orientação... do Oeste capitalista e liberal rumo ao Leste socialista", reafirmando a matriz soviética do nacional-socialismo, conforme o próprio Hitler serenamente confessou.[39] Assim, por desconfiança, a lembrança do Holocausto deve ser também para sempre, e associada a ações preventivas que castrem na raiz a planta do mal.

---

39 Schoenbaum, David. *La Révolution brune – La société allemande sous le IIIe Reich*. Paris, Ed. Gallimard, 2000, p. 78.

NIETZSCHE E A VONTADE DE RACISMO

"O homem é o animal monstruoso e superior; o homem superior é o homem inumano e sobre-humano, um depende do outro."

Nietzsche,
Vontade de potência II, P.-A. 1887 (XVI, § 1027).

Nietzsche é um dos maiores desafios da filosofia contemporânea. Há várias filosofias em Nietzsche, e cada um seleciona a que mais lhe convém, omitindo as demais, ou mentindo sobre as outras. Norberto Bobbio classifica-o como o pai do fascismo alemão de caráter subversivo e não conservador, o arquiteto do totalitarismo nacional-socialista *avant la lettre*, também chamado por alguns teóricos de nacional-bolchevismo, por intermédio de uma filosofia irracionalista que seduz até hoje os incautos. A propaganda de Hitler transformou Nietzsche no filósofo do nazismo,[1] e é por essa razão que Heidegger dele se vale em seus livros em honra do nacional-socialismo. Hitler, Carl Schmitt, Heidegger,[2] Alfred Rosenberg,[3] Alfred Bäumler[4] (responsável na Alemanha pela reedição em 1930 dos livros *Vontade de Potência I e II*, de Nietzsche, assim como Heidegger o fará em 1936 e 1938) e Heinrich Härtle,[5] entre outros grandes nomes do nazismo, jamais teriam podido, em maior ou menor grau, apropriarem-se das ideias racistas de Nietzsche para o regime se estas ideias não contivessem todos os

---

1 Münster, Arno. *Nietzsche et le nazisme*. Paris, Ed. Kimé, 1995.
2 Heidegger, Martin. *Nietzsche I – Nietzsche II*. Paris, Gallimard, 1971 (escritos durante a guerra).
3 Rosenberg, Alfred. *El mito del siglo XX*. Buenos Aires, Ed. Sieghels, 2008.
4 Bäumler, Alfred. *Nietzsche, der Philosoph und Politiker*. Leipzig, Ed. Reclam, 1931.
   Ver também *Bildung und Gemeinschaft*, Berlin, Ed. Junker und Dünnhaupt, 1942.
5 Härtle, Heinrich. *Nietzsche und der Nationalsozialismus*. Munich, Ed. Zentralverlag der N.S.D.A.P., 1938.

elementos necessários à sua utilização. Todos os grandes nomes do nazismo são herdeiros diretos ou indiretos de Nietzsche, mesmo que não tenham escrito sobre ele. Por isso a vinculação do nome de Nietzsche no nazismo, e não de quaisquer outros grandes filósofos da história da humanidade. Ao contrário do grande poeta Hölderlin, que jamais escreveu barbaridades que pudessem ser aproveitadas literalmente, não há utilização abusiva de Nietzsche pelo nazismo, mas sim absolutamente coerente. Com efeito, Bobbio esclarece:

> O mito dos restauradores da ordem era a autoridade, a potência; o mito dos nacionalistas e dos fascistas, seus discípulos, foi a violência regeneradora e suprema entre as várias formas de violência – a guerra. Se quisermos realmente encontrar um filósofo por trás desta ideologia da violência, não está Hegel, mas Friedrich Nietzsche, o qual sugeriu ao *duce* um dos seus motes preferidos, quando escreveu: "Porque – acreditem em mim – o segredo para colher da existência a fecundidade maior e o deleite maior exprime-se assim: viver perigosamente!" Mussolini obrigara a escrever em todos os muros um de seus bordões: "Muito inimigos, muita honra." Mas já Nietzsche colocara na boca de Zaratustra, enquanto exorta os seus discípulos à guerra, as seguintes palavras: "... sede soberbos do vosso inimigo: então os sucessos do vosso inimigo serão os vossos sucessos." E ainda: "Obediência seja a vossa nobreza." Quem não se lembra de *"Credere, obbedire, combatere"*? Até Nietzsche, os teólogos, filósofos e juristas sustentavam que a guerra só era justificada se fosse o único meio de alcançar-se a paz. Mas Nietzsche, que acreditava ter nascido para inverter todos os valores tradicionais, para desmascarar a moral e para exaltar todos os instintos vitais, colocava na boca de Zaratustra: "Deveis amar a paz como meio para novas guerras. E a paz breve mais que a longa." E logo em seguida, como uma a suas típicas "inversões": "Vós afirmais que a boa causa santifica até mesmo a guerra? Pois eu vos digo: é a boa guerra que santifica qualquer causa." Nietzsche teve incontáveis discípulos. A exaltação da guerra tornou-se uma das expressões mais características do decadentismo europeu.[6]

Com efeito, não é uma mera coincidência uma obra como a de Nietzsche ser exaltada e adotada pelos grandes nomes do nazismo. Hitler, na cidade de Weimar em novembro de 1933, visitou os Arquivos Nietzsche recepcionado pela irmã deste e disse estar muito bem impressionado e emocionado pelo antissemitismo do autor, conforme o órgão oficial do Partido Nacional-

---

6 Bobbio, Norberto. *Do fascismo à democracia*. Rio de Janeiro, Ed. Campus/Elsevier, 2007, p. 84.

Socialista, o cotidiano *Völkischer Beobachter*, de 4 de novembro de 1933, com foto de ambos. Diversas autoridades nazistas e Hitler foram recebidos por Elisabeth Foster-Nietzsche, irmã do filósofo, que presenteou Hitler com a bengala de Nietzsche. Vale esclarecer que as *Obras Completas* de Nietzsche foram publicadas em 1901, um ano após a morte do filósofo, e que a comunidade filosófica internacional é unânime em aceitar integralmente as obras tais como são publicadas pelas grandes editoras alemãs. Nenhum filósofo alemão jamais as contestou como manipuladas pela irmã de Nietzsche, e que, se as fez, já foram descartadas desde sempre. A rigor, nem seria preciso acrescentar mais racismo e mais violência contra a humanidade. Os originais são suficientes.

Do mesmo modo, Mussolini, a quem Hitler doou uma edição das *Obras Completas*, pasmem, em 1943, por ocasião do aniversário do *Duce*,[7] proferiu um grande discurso em 26 de maio de 1934 na Câmara dos Deputados de Roma no qual classifica a si mesmo como "o mais fiel discípulo de Nietzsche". Arno Münster menciona trecho do discurso em que "ele lembrou ao plenário a citação do *Zaratustra* que diz que a 'guerra faz o homem', como o devir-mãe faz a mulher. Mussolini, já trinta anos antes (1904), com vinte anos de idade, havia publicado um artigo na revista italiana *Il pensiero romagnolo* em que se lê: 'A fim de alcançar o ideal que Nietzsche nos ensina, nascera um novo tipo de 'espíritos livres' que se tornaram fortes na guerra, na solidão, no grande perigo dos espíritos que nos libertarão do amor ao próximo'. Não há dúvida de que para Mussolini o fascismo era a realização das ideias de Nietzsche".[8]

O ódio ao cristianismo vem em primeiro lugar, dentro do sentido de destruição de todos os valores da civilização judaico-cristã. No mesmo sentido, Theodor Adorno, em sua última grande obra, *Dialética Negativa*, resultado de conferências em Paris, no Collège de France, escreve a propósito do niilismo e de sua possibilidade de ultrapassagem: "O que se toma aqui é a perspectiva que consiste em questionar se a situação na qual não se pode mais se agarrar a nada não seria a única digna do homem; uma situação que permitisse ao pensamento comportar-se finalmente de uma maneira tão autônoma quanto a filosofia se contentou em exigir de si própria a fim de impedi-la do mesmo movimento. Tais ultrapassagens, mesmo a do niilismo, aqui compreendida a transgressão nietzschiana, a qual, ainda que visasse outra coisa, contudo forne-

---

7   Algermissen, Konrad. *Nietzsche und das Dritte Reich*. Celle, Ed. Joseph Giesel, 1947, p. 9.
8   Münster, Arno. *Nietzsche et le nazisme*. Paris, Ed. Kimé, 1995, p. 14.

ceu as palavras de ordem do fascismo, são ainda piores que aquilo que é ultrapassado".⁹ Adorno já afirmara que "a continuidade age como sujeito", isto é, a imaterialidade da tradição histórica tem uma fortíssima participação no futuro da humanidade, ou um oximoro que poderíamos chamar de uma materialidade espiritual dos povos, pois Adorno rejeita rigorosamente a investida subversiva de Nietzsche pela destruição revolucionária de todos os valores morais da melhor tradição humana.

O niilismo tornou-se a filosofia mesma do nacional-socialismo, como nos demonstra em 1939 o livro hoje clássico de Hermann Rauschning, *La Révolution du nihilisme*, quando a razão foi jogada no lixo, restando somente a violência como argumento da barbárie. Com efeito, "a hostilidade perante o espírito, o individualismo, a personalidade, perante a ciência objetiva e a arte, não foi inventada arbitrariamente por um regime particularmente mau, baseado na ideologia racista e nacionalista; deriva logicamente do sistema político da ação direta revolucionária, da qual a violência é o único princípio motor. (...) A vitória da propaganda sobre a verdade, a da mentira sobre a realidade, eis a obra da revolução dinâmica, da revolução sem doutrina".¹⁰ A definição de revolução sem doutrina explica-se em Rauschning pelo fato de que "o nacional-socialismo não é um movimento nacional, mas uma revolução, um processo de destruição que consome os valores nacionais como os outros. (...) O nacional-socialismo demoliu as posições até então ocupadas pela classe operária. Isso poderia talvez justificar a opinião daqueles que o tomam por um movimento contrarrevolucionário. Mas ele não parou aí: o nacional-socialismo destruiu também a burguesia, suas posições políticas e sociais, e as das antigas classes dirigentes. Está a ponto de destruir, da mesma maneira, total e irrevogavelmente, sua situação econômica. A revolução alemã é ao menos duas coisas ao mesmo tempo: uma revolução social e uma contrarrevolução".¹¹

A revolução nazista foi contra o capitalismo, o liberalismo, o cristianismo, a democracia, o estado de direito e as liberdades civis, daí a sua identidade com o comunismo. Para Nietzsche, a democracia é uma escravidão da raça pura pelas raças inferiores, e o igualitarismo é um crime (Fragmento 313, *VP II*). No Brasil, sendo a esquerda hegemônica, e também marxista-nietzschiana-heideggeriana-

---

9   Adorno, Theodor W. *Dialectique négative*. Paris, Payot, 1978, p. 297.
10 Rauschning, Hermann. *La Révolution du nihilisme*. Paris, Gallimard, 1939, p. 47.
11 *Idem, ibidem,* p. 73.

gramscista –, isso explica em boa parte o atraso econômico do Brasil – o traço de união é a subversão de todos os valores morais, tais como sedimentados ao longo dos milênios, principalmente pela civilização judaico-cristã, como o amor ao próximo, a bondade, a misericórdia, o perdão, a dignidade da pessoa humana individual, o amor à vida humana desde a concepção e a inexistência de raças. Na Europa encontramos também a esquerda marxista-nietzschiana-heideggeriana-gramscista entre filósofos de projeção internacional. Como disse Adorno, as ultrapassagens nietzschianas são muito piores para a humanidade do que aquilo que quiseram ultrapassar. Ultrapassar pela destruição de todos os valores consagrados foi jogar a humanidade no abismo.

Alfred Rosenberg, para quem "Nietzsche buscava a criação da elevação racial", também afirma que "Nietzsche representa o grito desesperado de milhões de oprimidos por isso. Sua selvagem pregação do super-homem era uma violenta ampliação da vida pessoal subjugada, estrangulada pela pressão material da época. Agora, quando ao menos alguém destruiu repentinamente todos os valores em fanática revolta, até mesmo começou a vociferar furiosamente, um alívio tomou conta das almas de todos os europeus de espírito inquieto. Que Nietzsche tenha enlouquecido é uma alegoria".[12] Do ponto de vista psicanalítico, poderíamos interpretar o complexo de superioridade de Nietzsche como uma legítima e inconsciente expressão do seu complexo de inferioridade, assim como o Estado nacional-socialista como pessoa jurídica passou a acreditar em sua superioridade após a derrota da Alemanha na Primeira Grande Guerra Mundial, inferiorizada pelo Tratado de Versailles.

CONCEITO DE FILOSOFIA

Nietzsche é uma das mais importantes manifestações da filosofia como *Weltanschauung*, isto é, como concepção de mundo, cosmovisão ou ponto de vista. Toda a filosofia de Nietzsche é uma subjetiva egolatria dos seus pensamentos, sem rigor científico, ao encontro da ideologia. Theodor Adorno, em seus cursos gravados na Universidade de Frankfurt no início da década de 1960, já com toda a clareza histórica do fascismo como visão de mundo, esclarece o caráter inconciliável da filosofia com uma concepção de mundo, ainda que grandes filósofos tenham se destacado justamente pela *Weltanschauung*. Em Adorno,

---

12 Rosenberg, Alfred. *El mito del siglo XX*. Buenos Aires, Ed. Sieghels, 2008, p. 430.

para quem "as coisas nos são dadas nos conceitos, mas não pelos conceitos", a filosofia tem um lado pessoal, estético, mimético, experiencial ou expressivo que, se for desenvolvido unilateralmente, perde a consistência da contradição com o rigor científico, deixando de ser dialética, como Adorno expõe na aula de 5 de junho de 1962:

Entre o momento científico e o momento mimético ou experiencial da filosofia, domina uma tensão. A filosofia falseia-se justamente quando abandona esta tensão e se apresenta definitivamente como um ou outro dos chamados princípios. Com isso, eu delimitei a filosofia a respeito daquilo que me parece mais perigoso, o mal-entendido da filosofia como concepção de mundo. Quando a filosofia, isolada, sem experimentar contato com a ciência, permanece simplesmente em tal momento expressivo, que por outra parte já é falseado e coisificado comumente desde o princípio, degenera em seu oposto. A concepção de mundo se opõe à filosofia tanto quanto o pensamento coisificado. Quase poder-se-ia dizer que ciência e concepção de mundo são as partes separadas daquilo que significa filosofia, e que já não se pode recompor ou reestruturar a filosofia a partir de tais elementos separados entre si. Talvez somente se possa conseguir que ambos os momentos se medeiem entre si, e sejam captados em sua mútua dependência. Porém, precisamente o pensamento que crê poder apoderar-se desse todo, fissionado e dividido no trabalho científico, de modo imediato e como por encantamento, quer dizer, meramente por um ato subjetivo, justamente essa relação ao todo, se se entende isolada e imediata, recai totalmente no privado. Isso é o que são esses projetos ocasionais e arbitrários das concepções filosóficas do mundo, que apresentam homens isolados extasiando-se nelas, e que quanto mais pomposos e pretenciosos ficam, tanto menos têm a ver com a verdade.[13]

As filosofias da vontade e do desejo em que os conceitos são voluntariosos mas desconectados da realidade, manifestam sobretudo seu caráter literário e ficcional, pois estão afastados do momento de rigor científico, e não são submetidos ao conflito dialético com a razão científica. Não basta afirmar que pensa, mas sim o que pensa, como pensa e as consequências mais ou menos previsíveis do que se pensa. Ao afastar-se das responsabilidades que devem ser inerentes ao pensamento, a filosofia como concepção de mundo se afasta da verdade. O afastamento da verdade torna qualquer pensamento a própria ver-

13 Adorno, Theodor W. *Terminología filosófica I*. Madri, Ed. Taurus, 1983, p. 70.

dade. Nitidamente, estamos diante do pensamento autoritário e, no crescendo, totalitário. O racismo em Nietzsche é produto direto da concepção de mundo.

Dois dias depois, em 7 de junho de 1962, Adorno volta a discorrer sobre aspectos decisivos na filosofia:

> As pessoas que estudam filosofia na universidade para, independentemente de sua formação científica, satisfazer a exigência do que intitulam necessidade de uma cosmovisão, costumam buscar a um dos chamados grandes filósofos. Em geral, acabam encontrando um filósofo com uma concepção de mundo muito acentuada, como Spinoza, Schopenhauer ou Nietzsche. Tornam-se membros confessos de uma sociedade Spinoza, Schopenhauer ou Nietzsche. Em seguida, tomam um destes homens como *hobby*, com maior ou menor compromisso, e já têm uma concepção de mundo: sou spinozista, sou pessimista, ou inclusive sou um super-homem.
> Se se toma a filosofia a sério, a tarefa da formação filosófica tem de consistir em libertar-se, por meio do próprio trabalho filosófico, desta imagem da eleição da concepção de mundo que melhor atenda ao indivíduo, na qual se inclui o conceito da falta de compromisso que priva a filosofia da sua exigência de verdade.
> Em meu trabalho "Opinião, demência, sociedade", eu me ocupei essencialmente da crítica ao conceito de opinião que já Platão criticou como ilusão. Em Platão, a opinião significa algo muito distinto, quer dizer, abandonar-se à ilusão dos sentidos. Hoje em dia, a figura das simples opiniões consiste em uma parte importante daquilo com que alguém imagina que, nesta cultura, na qual tudo está previsto e pré-fabricado e há também concepções de mundo pré-fabricadas que se podem adquirir de pronta-entrega na confecção, se livra das demais preocupações, podendo filiar-se a qualquer uma. Sob este aspecto, eu chamaria a tarefa da filosofia de liquidação da opinião, de modo que se superassem as convicções que foram eleitas simplesmente porque combinam bem com a pessoa, situando-as em seu exato contexto.[14]

A filosofia e o filosofar em Adorno partem da experiência real, e não da ilusão dos sentidos, das visões, do gosto pessoal e das ficções das ideias. Filosofia é a dialética da razão com a imaginação. A concepção de mundo é a união da imaginação com a opinião ou o ponto de vista do filósofo. A concepção de mundo é o *a priori* do pensamento, que nada mais faz que filosofar a partir

---

14 Idem, ibidem, p. 71.

das premissas da opinião, fazendo com que as ideias filosóficas se adaptem às premissas com um ar de naturalidade.

Com efeito, a condenação de Adorno à filosofia como ponto de vista, visão ou concepção de mundo é algo recorrente: "Não em vão precisamente os mais sérios e responsáveis filósofos se dirigiram sempre contra o que se acostuma associar com o conceito de concepção de mundo, quer dizer, contra o conceito de ponto de vista. Inclusive os filósofos mais heterogêneos estão unidos em seu escárnio e rejeição contra o conceito de ponto de vista filosófico. Vocês encontrarão os ataques mais agudos contra a filosofia do ponto de vista tanto em Hegel quanto em Husserl."[15] Adorno chega mesmo a sustentar que "a virtude suprema da filosofia é a coragem cívica intelectual", em seu livro *Vermischte Schriften I*.[16] O caráter intrinsecamente totalitário das filosofias de ponto de vista é explicitado por Adorno do seguinte modo, em 1955:

> É próprio da filosofia reduzida a ponto de vista o momento de exclusão. Este se intensifica com a consciência da contingência do ponto de vista. "Este é o meu ponto de vista" quer sempre dizer: sou intolerante com outros. O espírito que teme perder-se em sua própria arbitrariedade e contigência expande-se até abarcar a totalidade. Isto afeta a relação com a filosofia: a ideia que é rica e fértil na medida em que abriga em si as energias do contraditório rebaixa-se à mesquinha alternativa do pró e contra. Inquietos, alguns estudantes esperam saber primeiro qual é o partido que tomará o professor, e se agitam quando ouvem uma palavra afirmativa ou polêmica, preferindo o ponto de vista à reflexão.[17]

E foi assim durante o totalitarismo nacional-socialista na Alemanha e comunista na URSS. A advertência de Adorno é no sentido de evitar quaisquer formas de totalitarismo.

Nietzsche e a vontade de potência

O livro *Vontade de Potência* foi escrito em aforismos em razão do estado de saúde física de Nietzsche, não ainda da doença mental caracterizada como paralisia cerebral de 1889. Segundo o filósofo e médico psiquiatra Karl Jaspers,

---
15 Idem, ibidem, p. 72.
16 Idem. *Miscelánea I*. Madrid, Ed. Akal, 2010, p. 325.
17 Idem. *Miscelánea I*. Madrid, Ed. Akal, 2010, p. 328.

"o aparecimento de diversas doenças corporais desde 1873 é paralelo à indiferença espiritual de Nietzsche. Contudo, o desenvolvimento da doença durante esses anos não tem o caráter de uma mudança psíquica; a relação com a mudança espiritual é exterior. (...) A forte limitação de sua capacidade de trabalho e a restrição que lhe impunha sua doença oftalmológica, impedindo-o de ler e escrever, exerceu sobre ele uma influência indireta. Encontra-se aí uma razão parcial, senão decisiva, do estilo aforístico que desde 1876 predomina em suas publicações. O processo de indiferença que resulta de um desenvolvimento explicável racionalmente é favorecido por sua situação de doente, mas não é a consequência necessária".[18] Nietzsche considerava *Vontade de Potência* como a mais importante das suas obras, o "edifício principal", nas suas palavras. Karl Jaspers, autor do clássico internacional do século XX em psiquiatria intitulado *Psicopatologia Geral*,[19] publicado em 1913, revela que Nietzsche sofria de muitas doenças, e que ele mesmo fabricava seus medicamentos, tal a sua soberba – "eu sou o inventor dos meus próprios medicamentos", diz ele ao amigo Franz Overbeck, em 27 de outubro de 1883 –, além de ser viciado em diversas drogas, sobretudo haxixe.[20] Segundo Jaspers, sobre o final da vida de Nietzsche, "mas uma tal doença mental só começa repentinamente como psicose. Tratava-se de uma doença cerebral orgânica, muito provavelmente paralisia geral, em todo caso de um processo destrutivo nascido de causas exteriores, acidentais, seja por infecção, seja – talvez, mas incerto, e que ainda não foi provado de maneira segura – por abuso de venenos, mas não de uma doença resultante da constituição própria de Nietzsche e, como tal, hereditária".[21] Nietzsche afirmava que as experiências com muitas doenças o conduziram a muitas filosofias delas decorrentes, e Jaspers afirma que Nietzsche não queria ficar curado das doenças: "Eu tenho consciência demais da vantagem que me dão as vicissitudes de minha saúde sobre os Hércules do espírito. Um filósofo que passou e que repassa constantemente por numerosos estados de saúde, passa pelo mesmo números de filosofias: ele só pode a cada vez espiritualizar seu estado, trazer-lhe o recuo mais adequado às coisas da inteligência. É esta arte de transfigurar que se

---

18 Jaspers, Karl. *Nietzsche. Introduction à sa philosophie.* Paris, Ed. Gallimard, 1950, p. 105.
19 Idem. *Allgemeine Psychopathologie: Ein Leitfaden für Studierende, Ärzte und Psychologen.* Berlin, Springer Verlag, 1913.
20 Jaspers, Karl. *Nietzsche. Introduction à sa philosophie.* Paris, Ed. Gallimard, 1950, p. 103.
21 Idem, ibidem, p. 93.

chama filosofia. A doença permite o acesso a maneiras de pensar múltiplas e opostas. A doença ensina a grande dúvida."²² Nada mais contrário ao conceito de filosofia segundo Adorno, pois conceitos filosóficos oriundos de doenças que geram pontos de vista, também podem nos levar a concluir que a concepção de mundo nietzschiana é patológica. O racismo de Nietzsche é patologia do espírito, antes que orgânica.

No Fragmento 445, escrito entre 1884 e 1885, Nietzsche afirma que "se eu fosse o líder, eu diria que é tempo de declarar guerra à moral europeia, e a tudo que foi construído sobre ela; seria preciso destruir esta organização atual dos povos e dos Estados da Europa. A mentalidade cristã e democrática favorece o animal de rebanho, o apequenamento do homem; enfraquece as grandes forças, como o mal; odeia a violência, a disciplina dura, as grandes responsabilidades, as grandes aventuras. Os medíocres prevalecem e fazem triunfar seus critérios de valor".²³ Nietzsche exprime seu desejo de ser o *Führer*, o líder, o mestre da Alemanha para a prática generalizada do mal. A destruição da Europa nos planos moral, físico e espiritual era uma meta nietzschiana. Ressalte-se que o mal é alçado à condição de valor absoluto para alcançar a destruição da Europa. As "grandes aventuras" nietzschianas levaram a humanidade à maior catástrofe de sua história. Esse o custo da ideologia. Com efeito, Domenico Losurdo, em *Nietzsche, o rebelde aristocrata*, explora Hitler e Rosenberg como intérpretes de Nietzsche, com muitas citações de ambos.²⁴

Comento mais alguns dos fragmentos. Fragmento 524, de 1887 a 1888:

> A moral na avaliação das raças e das classes. – Dado que os sentimentos e os instintos fundamentais exprimem em cada raça e em cada classe alguma coisa das condições necessárias à sua existência, ou pelo menos das condições que lhes permitiram sobreviver o máximo de tempo, exigir que elas sejam "virtuosas" é pedir: que mudem de caráter, saiam de sua pele e apaguem seu passado; que deixem de se distinguir; que se aproximem até confundir suas necessidades e pretensões; enfim, que desapareçam. A vontade de unificar a moral aparece, pois, como uma tirania exercida pela raça para quem esta moral foi feita; ela quer a destruição das outras raças ou sua uniformização em proveito da raça dominante, seja por não temê-las mais, seja para explorá-las, a "abolição da escravidão" como homenagem prestada

---

22 Idem, ibidem, p. 117.
23 Nietzsche, Friedrich. *La Volonté de puissance I*. Paris, Gallimard, 1995, p. 214.
24 Losurdo, Domenico. *Nietzsche, o rebelde aristocrata*. Rio de Janeiro, Ed. Revan, 2009, p. 820.

à "dignidade humana", mas, na realidade, destruição de uma espécie fundamentalmente diferente (da qual se arruínam os valores e a felicidade). (...) Não existe direito, o instinto de conservação é que fala.[25] A raça defendida por Nietzsche como uma "espécie" diferente não pode ser submetida à injustiça dos que, a título de abolirem a escravidão como uma manifestação do amor ao próximo, na verdade a "escravizam" à infelicidade de não poder ser a raça dominante e da classe dominante. A raça dominante se confunde com a classe dominante. Aqui, mais uma vez, a moral impede a ordem da natureza que determina a força dos instintos para a eliminação das raças inferiores, uma vez que a raça ou espécie superior vem sendo obrigada a abandonar sua história misturando-se com as outras inferiores, e isso, além de ser uma tirania, seria decretar o desaparecimento da raça superior. Nietzsche parte de um conjunto *a priori* de ideias raciais.

E o Fragmento 504, de 1888:

A organização das castas repousa sobre o fato de experiência que existem três ou quatro tipos de homens próprios a outras atividades e mais evoluídos que outros, e aos quais essas atividades se apresentam de direito na divisão do trabalho. Certo modo de ser é um *privilégio*; certa forma de atividade também.[26]

A defesa nietzschiana do sistema de castas no plano social e econômico tem por fundamento a existência de raças inferiores que devem se ocupar das tarefas inferiores. As classes inferiores são formadas pelas raças inferiores. A defesa das castas em diversos momentos da obra de Nietzsche jamais foi objeto de repulsa por parte dos filósofos.

Fragmento 505, de 1888: "A organização das castas nada mais faz que sancionar a distância natural entre vários tipos psicológicos (caracteres, temperamentos etc.). Nada mais é que a sanção da experiência, não a precede e, com mais forte razão, não a suprime..."[27] As condições históricas, geográficas, culturais, econômicas, políticas, religiosas e sociais são simplesmente inexistentes em Nietzsche quanto às diferenças entre as pessoas. Os tipos psicológicos são raciais, rasgando todo o conhecimento da medicina e da ciência, e as diferenças

---

25 Nietzsche, Friedrich. *La Volonté de puissance I*. Paris, Gallimard, 1995, pp. 415-416.
26 Idem, ibidem, p. 407.
27 Idem, ibidem, p. 407.

das classes em castas são inerentes à natureza mesma da condição humana. E todo o esforço deve ser para acentuar, radicalizar as diferenças, e não reduzi-las por força das ideias morais e religiosas da civilização judaico-cristã.

Fragmento 473, de 1887. "Verniz hipócrita do qual são cobertas todas as instituições burguesas, que parecem todas produtos da moralidade – por exemplo, o casamento, o trabalho, a profissão, a pátria, a família, a ordem, o direito. Mas, como são todas destinadas ao tipo mais medíocre de homens, que elas querem defender contra as exceções e as necessidades de exceção, é preciso admitir que aqui é legítimo mentir muito."[28] A destruição de todos os valores morais pressupõe a recusa de todas as instituições universais vigentes, que de resto não são burguesas, pois são comuns a toda a história da humanidade, com variações e graus de intensidade, do homem primitivo ao civilizado. Contudo, mais uma vez a moralidade universal é um grande obstáculo à raça superior, aos seres de exceção, que por sua vez têm necessidades especiais de exceção. Os superiores são sofredores perseguidos pela moral.

Fragmento 475, de 1887. "Toda sociedade tem uma tendência a rebaixar e escavar de certa forma seus adversários até que estes nada mais sejam que caricaturas – ao menos na minha opinião. O que nós chamamos um 'criminoso' é uma tal caricatura. Na ordem aristocrática e romana dos valores, o judeu era reduzido ao lugar de caricatura."[29] Aqui, uma associação entre criminoso e judeu explicita mais uma entre as muitas manifestações antissemitas de Nietzsche, tal como mais tarde foram oficializadas no nacional-socialismo, chegando mesmo a ser tema da monografia de graduação em medicina psiquiátrica de Salvador Allende, no simbólico ano de 1933, na Faculdade Nacional de Medicina de Santiago do Chile, como tão bem analisou criticamente o filósofo e historiador Víctor Farías. O judeu como inimigo interno foi antecipado por Nietzsche e adotado por Hitler, Heidegger, Carl Schmitt e demais nazistas. Heidegger chegou mesmo a afirmar que, se não há inimigo, é preciso criar artificialmente um inimigo, no caso, o judeu, pois ele sabia que o judeu alemão jamais fora uma ameaça ao Estado.

Fragmento 137, de 1883 a 1888. "O *triunfo* de um ideal moral se obtém pelos mesmos meios 'imorais' que qualquer outro triunfo: a violência, a mentira,

---

28 Idem, ibidem, p. 396.
29 Idem, ibidem, p. 397.

a calúnia, a injustiça."³⁰ Fragmento de caráter geral, sem indicar de qual triunfo em particular, mas no sentido de qualquer ideal moral. Ou melhor, imoral. A defesa do imoralismo para vencer qualquer ideal moral judaico-cristão, principalmente, afirma-se e configura-se no sincericídio de Nietzsche: vale qualquer meio imoral para se atingirem os fins imorais, sobretudo os fins raciais de dominação de uma raça por ele considerada superior: a dele mesmo.

Fragmento 395, de 1888. "... Eu me revolto contra esta maneira de reduzir a realidade a uma fórmula moral, eu também odeio o cristianismo com um ódio mortal porque este criou as palavras e os gestos sublimes que deram a uma realidade horrorosa o manto do direito, da virtude, da divindade."³¹ Segundo Nietzsche, o cristianismo é decadente – termo usado centenas de vezes – porque favorece os fracos, os humildes, o homem médio, impedindo a seleção humana em favor dos mais fortes e superiores. A tal realidade horrosa é o Estado Democrático de Direito que impede a institucionalização da crueldade. Em muitos fragmentos há uma apaixonada defesa da crueldade, considerada por ele a mais legítima expressão da condição humana na imanência da natureza, que não é regida por valores morais. O imoralismo da natureza é o paradigma da vontade de potência nietzschiana.

Fragmento 396, de 1887. "O que eu não gosto nesse Jesus de Nazaré, ou no seu apóstolo Paulo, é que eles tenham *elevado tanto a cabeça do povinho*: como se suas modestas virtudes fossem de uma importância qualquer!"³² São Paulo era odiado por Nietzsche por negar a existência das raças. Alfred Rosenberg, responsável pela formação doutrinária (*Weltanschauung*) do Partido Nacional-Socialista Alemão, considerou o grito desesperado de Nietzsche como o dos oprimidos pelas raças inferiores, protegidas pelo cristianismo, contrariando a dominação da alma racial nórdica e seus valores superiores, cujas premissas corporais são a raça, a criação da raça e a higiene racial. A esse propósito, vale citar mais amplamente Rosenberg:

    E de novo o Vaticano se declarou o mais fervoroso inimigo da criação do aperfeiçoamento do valioso, e como protetor da preservação e multiplicação do mais inferior. Também frente a sérios eugenistas católicos, o Papa Pio XI declarou

---

30 Idem, ibidem, p. 266.
31 Idem, ibidem, p. 191.
32 Idem, ibidem, p. 191.

no início de 1931 em sua Encíclica "Sobre o matrimônio cristão" que não se pode tocar de modo nenhum a integridade do corpo, pois se trata de seres humanos que em si são capazes de contrair matrimônio, mas que presumivelmente dariam vida somente a uma descendência inferior. (...) Todo europeu que quiser ver seu povo física e animicamente são, que luta para que idiotas e doentes não infectem a sua Nação, deverá posicionar-se, segundo a doutrina romana, como anticatólico, como inimigo da "doutrina moral cristã", e terá que decidir se ele é o anticristo, ou se o fundador do cristianismo realmente havia imaginado a livre criação de seres inferiores como um dogma, tal como seu "lugar-tenente" o exige com tanta audácia. Portanto, aquele que deseja uma Alemanha sã e animicamente forte deve rechaçar com toda paixão esta Encíclica papal e com isso a base do pensar romano, que propugna a criação da sub-humanidade.[33]

O eugenismo de Nietzsche foi amplamente defendido pelo nacional-socialismo. Para Nietzsche, o cristianismo é um criptojudaísmo, um neojudaísmo. Como ele mesmo afirma no Fragmento 383, "o cristianismo, forma de judaísmo emancipado". E tem toda razão. Mas o ódio de Nietzsche ao cristianismo é compreensível na perspectiva do choque de valores morais absolutamente inconciliáveis. O imoralismo nietzschiano tornou-se o amoralismo nacional-socialista. O antissemitismo nietzschiano é o antissemitismo nazista.

Fragmento 376, de 1887. "Quando os judeus se apresentam como a inocência mesma, o perigo tornou-se ainda maior; é preciso ter sempre na mão sua pequena provisão de inteligência, de desconfiança, de malícia, quando se lê o Novo Testamento. Pessoas da mais baixa origem, em parte uma canalhada, gente excluída não somente da boa sociedade mas de toda sociedade que se respeita. Crescida ao abrigo do mais leve *fedor* de civilização, sem saber, sem a menor suspeita do que pode ser a consciência intelectual – judeus, para dizer tudo –, cheios de prudência nativa, cheios de crenças supersticiosas, incapazes mesmo de darem a si mesmos uma utilidade, uma sedução qualquer."[34] Judaísmo e cristianismo são a mesma decadência para Nietzsche, que se refere aos judeus como o povo do Novo Testamento, pois promovem o povo doente, mestiço, desorientado e cansado, impedindo a nova juventude aristocrática e o revigoramento da raça pura. Para ele, o fraco e o doente corrompem a raça. Curiosamente, Nietzsche era fraco e doente, inclusive doente mental. No Frag-

---

33 Rosenberg, Alfred. *El mito del siglo XX*. Buenos Aires, Ed. Sieghels, 2008, p. 469.
34 Nietzsche, Friedrich. *La Volonté de puissance I*. Paris, Gallimard, 1995, p. 181.

mento 553, ele afirma que os transtornos mentais eram formas características da decadência. Ao menos no seu caso, podemos concordar. Fragmento 433, de 1887 e 1888. "Eu considero o cristianismo como a mais nefasta das seduções e das mentiras, a *grande mentira* e a *blasfêmia por excelência*; perseguirei sua posteridade e as erupções de seu ideal sob todos os seus outros disfarces; eu o combaterei em todas as posições; incitarei a guerra contra ele. Tomar por norma das coisas a moralidade do povinho é a degenerescência, a mais repugnante que a civilização possa expor à luz."[35] O racismo social é uma das principais características do pensamento totalitário de Nietzsche, que odeia povo.

A guerra contra o cristianismo aconteceu primeiro na URSS, e depois na Alemanha e Europa nazistas. A dignidade da pessoa humana individual era reconhecida por Nietzsche somente quanto à raça pura e à classe dominante econômica, política, social e culturalmente. A hostilidade de Nietzsche contra o cristianismo era total, e foi o que prevaleceu em quase toda a sua obra, com algumas nuanças que podemos encontrar em todos os assuntos nietzschianos. Segundo Karl Jaspers, no livro *Nietzsche e o Cristianismo*, para Nietzsche "a grande figura oposta a Jesus era Dioniso. Quase todas as palavras de Nietzsche são contra Jesus, em favor de Dioniso. A morte de Jesus na cruz exprime a seus olhos o declínio da vida, e constitui uma acusação contra ela, ao passo que Dioniso demolido significa para ele a vida que sobe e se renova sem cessar, com uma alegria trágica. Mas agora uma surpreendente ambiguidade: Nietzsche pode, é verdade que raramente, adotar por um instante a atitude de Jesus. Até mesmo nos bilhetes escritos durante a sua loucura, e que são tão carregados de sentido, Nietzsche assinou não somente com o nome de Dioniso, mas também como 'o Crucificado.'"[36] Com ou sem loucura, Nietzsche competia com Jesus. O anticristo era Nietzsche. A sua alma fragmentada o fazia sonhar em ser Deus, o novo deus.

Fragmento 193, de 1887. É um dos fragmentos mais racistas de Nietzsche, situado no capítulo *Adestramento e seleção*. "Os fortes do futuro. – As condições favoráveis à produção de uma raça mais vigorosa, que foram estabelecidas aqui e ali, (...) nós podemos criar as condições que permitirão esta ascensão. (...) E que virá o dia em que a sociedade não poderá mais existir por si mesma,

---

35 Idem, ibidem, p. 208.
36 Jaspers, Karl. *Nietzsche et le christianisme*. Paris, Ed. Bayard, 2003, p. 93.

mas somente como um meio nas mãos de uma raça mais forte."[37] A espécie humana nivelada por baixo, formada pelo povinho, será justificada pelos serviços prestados à raça superior, após uma rígida, dura e cruel seleção racial, para além do bem e do mal.

Fragmento 197, de 1884. "Princípio; fazer como a natureza; ser capaz de sacrificar inumeráveis seres a fim de tirar um partido qualquer da humanidade." Fragmento 199, de 1884. "É preciso aprender o espírito guerreiro: 1) em associar o pensamento da morte aos interesses pelos quais nós lutamos; isto nos assegura o respeito; 2) em sacrificar muitos homens e em levar nossa causa a sério para não poupar homens; a estrita disciplina, o uso da violência e da astúcia na batalha."[38] Aqui temos um resumo da estratégia nietzschiana de dominação racial, que será ainda mais explícita nos fragmentos seguintes.

Fragmento 225, de 1884. O pensamento seletivo. "Nós temos necessidade de uma doutrina bastante forte para exercer uma ação seletiva: fortificando os fortes, e paralisando e destruindo os que estão cansados da vida. Destruição das raças decadentes. Destruição dos valores servis. Dominação da terra, meio de produzir um tipo superior. Destruição da tartufaria a que se chama 'moral'. Abolição do sufrágio universal, sistema graças ao qual as naturezas inferiores impõem sua lei às naturezas superiores. Destruição da mediocridade e de sua influência (mistura de raças)."[39] E, no mesmo sentido, o Fragmento 229: "Minha filosofia traz o pensamento triunfante que destruirá finalmente qualquer outra maneira de ver. É um grande pensamento seletivo: as raças que não o suportarão estão condenadas; as que o sentirão como o benefício supremo foram eleitas para dominar."[40] Todo o programa nacional-socialista pode ser desdobrado a partir desses princípios de Nietzsche. Assim como no Fragmento 227: "Reger a humanidade a fim de obrigá-la a se superar. Alcançar a superação por meio de doutrinas que farão morrer, exceto aqueles as suportarão."[41] A nitidez do pensamento totalitário choca pela simplicidade. Nietzsche nada mais deseja que reger a humanidade, como um deus. E fazê-la ajoelhar-se aos

---

37 Nietzsche, Friedrich. *La Volonté de puissance II*. Paris, Gallimard, 1995, p. 331.
38 Idem, ibidem, pp. 332-333.
39 Idem, ibidem, p. 340.
40 Idem, ibidem, p. 341.
41 Idem, ibidem, p. 341.

seus caprichos racistas de adestramento e seleção humana. As doutrinas raciais obviamente são as nietzschianas. Fragmento 379, de 1881 e 1882. "Nós nos defendemos contra todas as energias violentas até o momento em que saibamos utilizá-las, enquanto forças, até então nós as chamamos de más. Mas nunca, jamais depois. Problema: como tirar partido do crime? Como tirar partido de nossa própria violência?"[42] Se para Nietzsche o problema é saber como tirar partido do crime, para nós o problema é exatamente querer cometer crimes para atingir os objetivos do mal, portanto, usar o mal como meio e fim. Se Nietzsche está para além do bem e do mal, tanto faz. O elogio do crime como princípio da nova imoralidade é estarrecedor, e não há nenhuma ambiguidade que favoreça outra interpretação senão a denotativa, ou seja, não há nenhuma interpretação possível, mas uma simples propaganda do crime. Nietzsche defende o crime para atingir objetivos racistas e elitistas de aristocracia patológica.

Fragmento 231, de 1884. "Eu quero ensinar o pensamento que autorizará uma grande massa de homens a se matar – o grande pensamento *seletivo*."[43] Nietzsche transforma o genocídio em pensamento filosófico, pela primeira vez na história da filosofia. O "pensamento seletivo" é "ensinado" por Nietzsche para "autorizar" homens a matar por intermédio do genocídio racista como "filosofia". Hitler e Heidegger e demais nazistas caminharam pela trilha de sangue proposta pelo deus do racismo.[44] Nietzsche revela que trabalhou conscientemente para constituir um pensamento sofisticado que justificasse o genocídio racista e classista. O historiador francês Christian Ingrao, diretor do Institut d'Histoire du temps Présent, de Paris, que publicou no Brasil o seu livro *Crer e Destruir: Os intelectuais da máquina de guerra da SS nazista*,[45] soma-se aos inúmeros autores de livros sobre os nazistas na filosofia, no direito, na medicina, nas ciências humanas, nas ciências naturais, nas artes, na religião, no jornalismo, na propaganda e demais áreas do conhecimento, formando um conjunto sobre a participação ativa da elite intelectual no amparo à irracionalidade do

---

42 Idem, ibidem, p. 386.
43 Idem, ibidem, p. 342.
44 Faye, Emmanuel. *Heidegger. A introdução do nazismo na filosofia*. São Paulo, É Realizações, 2015. Apresentação de João Ricardo Moderno, tradução de Luiz Paulo Rouanet.
45 Ingrao, Christian. *Crer e Destruir: Os intelectuais da máquina de guerra da SS nazista*. Rio de Janeiro, Ed. Zahar, 2015.

genocídio. Isso coincide com o Fragmento 233, de 1883 a 1888: "As duas grandes visões filosóficas – encontradas pelos alemães – unidas de maneira *decisiva*: a) a do *devir*, da *evolução*; b) a do valor da *existência* – mas será preciso inicialmente vencer a forma deplorável do pessimismo alemão. Tudo devém e tudo revém – sem *escapatória* possível! A supor que nós pudéssemos julgar do valor, o que resultaria disso? O pensamento do Retorno como princípio *de seleção* a serviço da *força* – e da barbárie! A humanidade está amadurecida para um tal pensamento?"[46] O Princípio do Eterno Retorno: aqui Nietzsche confessa ser um conceito racista, fundado na seleção humana a partir da raça, "a serviço da força e da barbárie". A raça pura é devir, mas também retorno, Eterno Retorno. A imortalidade da raça migra de Nietzsche para Heidegger, e assim sucessivamente. A raça superior repetir-se-ia eternamente. Quem acreditou no amadurecimento da "humanidade" alemã foi Carl Schmitt, que, em novembro de 1932, ao discursar sobre a sua teoria do Estado total, obtém o apoio de uma trintena dos maiores empresários e financistas da Alemanha, que assinaram a sua moção ao presidente Paul von Hindenburg, na qual Schmitt pedia a nomeação de Adolf Hitler como primeiro-ministro, o que de fato aconteceu dois meses depois, em final de janeiro de 1933. A barbárie do genocídio racista é plenamente assumida por Nietzsche. A seleção racial está a serviço da barbárie, pois somente pelo uso extremado da força e da violência é que seria possível a implantação da ditadura do racismo. Nietzsche ainda responsabiliza os alemães pelo "pensamento da raça", o que mais tarde Heidegger chamaria de "necessidade metafísica do racismo". Para isso será igualmente necessária a "fundação de uma oligarquia que dominará os povos e seus interesses; educação para uma política humana comum", afirma em seguida Nietzsche, no Fragmento 234. Aqui nós o vemos instrumentalizar a educação a serviço do racismo em toda a terra, como uma "política humana comum", pela criação de uma oligarquia racista exercendo a dominação planetária por meio da barbárie. Mais explícito impossível.

Fragmento 251, de 1881 e 1882, a propósito do casamento. "(…) Que visão estreita! Mas o Estado não quer e jamais quis a qualidade, somente a quantidade. O Estado também não se interessa pela *seleção humana*. Certos homens eminentes deveriam ter a possibilidade de se reproduzir por meio de diversas mulheres; e certas mulheres, dentro de circunstâncias particularmente favo-

---

46 Nietzsch, Friedrich. *La Volonté de puissance II*. Paris, Gallimard, 1995, p. 342.

ráveis, deveriam também não estar ligadas à escolha casual de um só homem. É preciso levar o casamento mais a sério!"⁴⁷ Portanto, segundo Nietzsche, o Estado deve criar a super-humanidade a partir do super-homem racial, a raça superior, a de mais qualidade. A multiplicação da raça superior tem uma bizarra solução, o totalitarismo sexual, eliminando a família e o amor familial. As ideias de Nietzsche são tão exdrúxulas, baixas e ridículas, que nos perguntamos como pôde fazer tanto sucesso. Segundo Nietzsche, no Fragmento 250 (1881 e 1882), que prepara o 251, é preciso que o Estado dê uma autorização para os indivíduos poderem ter filhos, "como uma distinção", senão os "homens vis", que são a gigantesca maioria, segundo ele, farão mais filhos e predominarão, visto que "os espíritos superiores não são de modo algum ardentes nos prazeres do amor". A arbitrariedade do pensamento nietzschiano ofende o senso comum. Os absurdos da barbárie de Nietzsche foram afastados por uma lavanderia filosófica internacional, selecionando o Nietzsche que mais convém. Contudo, o mais importante nele é exatamente a sua parte afastada e inconveniente para os nietzschianos.

Fragmento 252, de 1888. "Outro mandamento concernindo ao amor ao próximo. – Há casos em que uma criança seria um crime: nas doentes crônicas e nas neurastênicas de terceiro grau. Que fazer nesses casos? (...) Enfim, a sociedade tem aqui um dever a cumprir: há poucas tarefas mais urgentes e essenciais. A sociedade, enquanto mandatária da vida, tem a responsabilidade de toda vida malsucedida; paga os custos disso, portanto a sociedade deve impedi-la. Em numerosos casos, o *dever* da sociedade é o de impedir a *procriação*; para fazê-lo, tem o direito, sem considerar a origem, a posição e as qualidades do espírito, de prever as medidas coercitivas mais rigorosas, os entraves mais variados à liberdade, a castração em certos casos. A interdição bíblica: 'Não matarás!' é uma ingenuidade em comparação à interdição vital, mais grave, que se dirige aos decadentes: 'Não procriarás!'... A própria vida não conhece nenhuma solidariedade, nenhuma 'igualdade' entre as partes sãs e as partes degeneradas de seu organismo: é preciso *suprimir* as últimas, caso contrário o todo morrerá. A *piedade* com os decadentes, a '*igualdade*' com os degenerados, isso seria a pior imoralidade, isso seria o contranatural promovido ao status da moral!"⁴⁸

---

47 Idem, ibidem, p. 347.
48 Idem, ibidem, p. 347.

O Fragmento 252 é um dos mais ofensivos à humanidade. Nietzsche se revolta contra o mandamento judaico-cristão de amor ao próximo, base do judaísmo e do cristianismo, e propõe extingui-lo. Ao defender a eliminação das crianças doentes, Nietzsche forneceu um dos mais terríveis elementos das políticas públicas de "saúde" do Terceiro Reich, que levou ao assassinato em massa de crianças e ao uso em pesquisas médicas sob doloríssimas torturas, até a morte. A família é descartada como mandatária da vida na procriação, passando ao Estado a prerrogativa de decidir sobre a vida e a morte. A barbárie do Fragmento 252 é uma das mais marcantes em *Vontade de Potência*, que choca pela frieza e pelo desejo de assassinar inocentes. Desmoralizando a solidariedade humana com os mais fracos e necessitados, Nietzsche rasga todos os mais elevados valores da humanidade. O Fragmento 252 completa o Fragmento 323, de 1881 e 1882, que o antecede em alguns anos: "No rebanho, *nenhum* amor ao próximo, mas o sentido da coletividade e a *indiferença* ao próximo. Esta *indiferença* é alguma coisa de muito *elevada*!"[49] Nietzsche era um homem fundado no ódio ao próximo, no ódio à humanidade. É nítido que se trata de um psicopata. Segundo sua própria teoria, ele deveria ter sido sacrificado, foi muito doente a vida toda, e com a paralisia cerebral, no fim, teve vida vegetativa. A obsessão de Nietzsche em classificar de "decadentes" todas as pessoas, "raças" e trabalhadores pobres é um traço da patologia do pensamento, da doença do espírito que marca a sua obra. Sua decadência física marcada por inúmeras doenças jamais o alertou para o fato de que sua teoria voltava-se contra si mesmo, tamanha a sua incapacidade crítica e autocrítica. No Fragmento 312, de 1888, Nietzsche reafirma seu pensamento genocida e exterminador ao defender "a eliminação absoluta dos detritos da sociedade, com a tendência a *destruí-los*. Eles compreendiam o que é salutar a um corpo vivo – cortar os membros doentes. É uma ideia admiravelmente distante desta mole depravação do instinto que se chama hoje de 'humanidade'".[50] Hitler e Heidegger vão igualmente negar a existência da humanidade e os valores universais considerados judaico-cristãos.

---

49 Idem, ibidem, p. 368.
50 Idem, ibidem, p. 366. Para compreender o parágrafo 312, é preciso citar o 311: "É preciso evitar se confundir: os *sudras* são uma raça de domésticos, provavelmente uma população inferior que vivia sobre o solo onde os arianos se enraizaram. Mas a noção de *tchandala* designa todos os degenerados de todas as castas, os *lixos permanentes* que se reproduziam entre si. O instinto mais profundo e o mais são da raça se declara contra eles. Ser duro, nesse caso, é ser são; é a

NIETZSCHE E A VONTADE DE RACISMO 85

Fragmento 258, de 1880 e 1881. "Não se pode permitir que a satisfação de um instinto se torne uma prática da qual a raça sofra, nenhuma seleção sendo mais possível, e todo mundo se acasalando e procriando filhos ao acaso. A *extinção* de numerosas raças humanas é tão desejável quanto uma procriação deixada ao acaso."[51] Nietzsche não poderia ser mais objetivo: é preciso exterminar numerosas raças para que a raça superior não "sofra" ao conviver com o lixo humano. O pensamento exterminador de Nietzsche é algo recorrente, apresentando inúmeros "argumentos" racistas para favorecer a imortalidade da raça pura. E o casamento precisa da autorização do Estado no sentido da preservação e conservação da raça. Qualquer semelhança com as futuras leis de Nuremberg não é coincidência.

No Fragmento 259 Nietzsche defende a ideia de que o casamento não pode ser fundado no amor, mas sim no interesse da raça, que passa a ser o interesse da sociedade. Assim, "o casamento no sentido antigo e aristocrático da palavra é a seleção da raça, portanto da preservação de um tipo fixo e definido de homens destinados a ser dominantes, o homem e a mulher conformando-se a esse objetivo. É claro que aqui o amor não era a primeira exigência, bem ao contrário. (...) O que decidia era inicialmente o interesse de uma raça, e, mais alto ainda – a posição hierárquica."[52] Nietzsche foi o líder das ideias mais reacionárias e atrasadas na história da filosofia. A própria filosofia tem o amor na sua constituição etimológica, *philos*. Sem amor não há filosofia, e não somente amor ao saber, ao conhecimento, mas sem amor à humanidade, sem amor ao próximo, estamos diante de uma farsa, uma contrafação. Nietzsche é essencialmente kitsch; e, não por acaso, a arte oficial do Terceiro Reich foi o kitsch.

Finalmente, em 8 de janeiro de 1889, seu amigo Overbeck, que fora a Turim para conduzi-lo de volta à Alemanha em razão da doença mental, encon-

---

repulsa da degeneração que encontra aqui fórmulas morais e religiosas aos montes." Portanto, no parágrafo 312, ao completar que "eles compreendiam o que é saudável a um corpo vivo – amputar os membros doentes", Nietzsche se refere aos arianos que eliminavam a raça mais inferior, a dos *tchandalas*. Para Nietzsche, os judeus seriam a raça inferior a ser eliminada, já que o sangue dos judeus é sujo, o lixo permanente, e somente o sangue e o nascimento enobrecem a raça pura. É o sangue que enobrece o espírito, e não o espírito que enobrece o sangue (Nietzsche, parágrafo 318). Negar o profundo e visceral antissemitismo de Nietzsche é um modo antissemita de interpretá-lo.

51 Idem, ibidem, p. 349.
52 Idem, ibidem, p. 350.

tra-o em convulsões, curvado no canto de um sofá. Relata Overbeck que "ele se abandona a cantos altíssimos, vai tocar piano como um louco, dançar, saltar em contorsões, dizendo em um tom sublime, indescritivelmente velado, coisas admiravelmente claras e indizivelmente horrorosas sobre ele como sucessor do Deus morto".[53] Assim, tragicamente, Nietzsche, na loucura definitiva, alcança seu ideal buscado ao longo da vida, e o seu inconsciente manifestado em gritos confessa aquilo que a sua filosofia no plano do espírito patologicamente indicava: Nietzsche é o novo Deus.

---

53 Jaspers, Karl. *Nietzsche. Introduction à sa philosophie.* Paris, Ed. Gallimard, 1950, p. 93.

METAFÍSICA DA MORTE, NIILISMO E TOTALITARISMO

"Nós devemos nos unir ao mundo aventureiro dos bandidos que são os verdadeiros e únicos revolucionários da Rússia. Concentrar este mundo em uma única força pandestruidora e invencível, eis toda a nossa organização, nossa conspiração e nossa tarefa."

Mikhail Bakunin,
As regras em que devem se inspirar os revolucionários.

As revoluções totalitárias – internacional-socialista, na União Soviética; nacional-socialista, na Alemanha; nacional-fascista, na Itália; e internacional-islâmica, nos países teocráticos – estão unidas por vínculos ideológicos comuns, constituindo-se em verdade como variações do totalitarismo, com a totemização da morte, e o niilismo como traço de união. O totalitarismo é como uma tendência invariante do espírito humano na vontade de onipotência, ou, em termos nietzschianos, na vontade de potência, de racismo ou de barbárie. Contudo, conceitual e tecnicamente só se pode falar em totalitarismo no século XX, a partir das ideias lançadas e semeadas no século XIX. Caso contrário, cairíamos na tentação de uma filosofia da história retroativa, contrária aos princípios básicos da ciência e da filosofia, que exige alta capacidade de distinção – algo como *eu penso, logo distingo* –, além de clareza e classificação, sendo indiferentes às diferenças específicas entre os fatos, conceitos e temporalidades, e até o Egito antigo seria considerado nazista. Com isso, o nazismo seria esvaziado da sua singularidade e especificidade. A revolta contra a civilização ocidental quanto aos princípios da liberdade, do Estado democrático de direito e da igualdade que são marcas da *Aufklärung*, do Iluminismo ou Esclarecimento, resulta no uso da violência de massa, genocídio, crimes contra a humanidade, entre outros. Como afirma Adorno, em tempos desumanos, o Iluminismo é um momento essencial na resistência à barbárie.

Bakunin, líder comunista e anarquista, explicitamente revela que os bandidos comuns são a base da revolução, e de todas as revoluções totalitárias, completamos nós. Grande parte dos terroristas islâmicos tem antecedentes criminais por tráfico de drogas, roubo e furto. Ernst Jünger escreveu que "é preferível ser criminoso que burguês". A *Metafísica*[1] de Aristóteles, considerada por Theodor W. Adorno marco inicial da metafísica, ainda que com os antecedentes de Heráclito, Parmênides e Platão, em razão de preservar a tensão ou a contradição entre o mundo sensível ou empírico e o mundo suprassensível ou transcendente, traz um curioso comentário acerca de Empédocles. Este, segundo Aristóteles, foi o primeiro a propor o mal e o bem como princípios, em razão de a causa de todos os bens ser o próprio Bem, e a dos males, o Mal.[2] A palavra filosofia tem como origem a combinação das palavras amar e sabedoria, ou saber. Daí a primeira frase da *Metafísica* de Aristóteles, segundo a qual "todos os homens por natureza desejam saber". Assim, o amor é intrínseco ao saber em geral, e ao filosófico em particular. Não se produz conhecimento com ódio, mas somente com amor. E, por sua vez, o ódio não produz conhecimento.

Em seu famoso texto *Educar após Auschwitz*, originalmente uma conferência para o rádio, de 1967, Theodor Adorno relaciona a frieza dos crimes dos bandidos com a dos nacional-socialistas:

> O que outrora dava celebridade somente a alguns monstros nazistas pode ser observado hoje em numerosos indivíduos, como os jovens criminosos, os chefes de quadrilha ou outros dos quais os jornais falam todos os dias. Se eu devesse reduzir esse tipo de caráter manipulador a uma fórmula – talvez não se deva fazer, mas isso facilita a compreensão – eu o chamaria o tipo da consciência reificada. Para começar, os indivíduos assim constituídos se assimilaram às coisas, por assim dizer. Em seguida, logo que podem, são os outros que os assimilam às coisas. A expressão "liquidar" (*fertigmachen*), tão popular no mundo dos jovens bandidos quanto naquele dos nazistas, exprime muito precisamente isso. (...) Paul Valéry dissera antes da I Guerra Mundial que a desumanidade teria um grande futuro.[3]

---

1 Aristóteles. *Metafísica*. Madrid, Ed. Gredos, 1998.
2 Idem, ibidem, p. 86.
3 Adorno, Theodor W. *Modèles critiques*. Paris, Payot, 1984, trad. Marc Jimenez e Eliane Kaufholz, p. 213.

METAFÍSICA DA MORTE, NIILISMO E TOTALITARISMO

Esta correlação demonstra que a criminalidade é mediatizada pelo totalitarismo, e que este é mediatizado pela criminalidade. Não há tirania sem criminalidade comum.

Segundo Aristóteles, a Empédocles, "com efeito, ocorre que, em muitos aspectos, a Amizade é o que separa, e o ódio é o que une: assim, quando o Universo se desintegra nos elementos sob a ação do Ódio, o fogo se concentra formando uma unidade, e também cada um dos demais elementos: porém, quando novamente, sob a ação da Amizade, reúnem-se até formar a unidade (do Universo), necessariamente ocorre que as partículas se separam outra vez de cada um deles".[4] Alegoria típica da filosofia pré-socrática, vemos que a Amizade ou o Amor conduz à liberdade individual, por isso separa, ao mesmo tempo que une sem violência. O coletivismo é a obra do ódio, e o fogo cria a unidade maligna. A Amizade ou o Amor restituem a autonomia do sujeito individual, o qual é destinado à liberdade.

Segundo Adorno, a morte foi utilizada pela filosofia como porta de entrada na metafísica. O mistério da morte é mais assombroso que o mistério da vida. A consciência da finitude individual pode levar ao desespero e conduzir, no plano coletivo, ao desespero de uma nação tornada raça, classe ou ideologia identitária teocrática, como no terrorismo e fundamentalismo islâmicos. A expectativa da morte conduziu a humanidade ao destino metafísico ou transcendente, já que todo o mundo empírico é finito. Para Adorno, a metafísica da morte em Heidegger é uma heroicização da morte em si. Em Heidegger, o jovem soldado ariano deve amar a morte pela causa do racismo, ao mesmo tempo que deve matar inocentes sem nenhum tipo de reflexão ou mediação crítica de culpa, visto que o nacional-socialista opera por um instinto denominado *animalitas*, no vocabulário heideggeriano. Adorno inclui Karl Jaspers na mesma sintonia de Heidegger, apesar da aparente oposição na obra dos dois grandes amigos, somente muito depois afastados pelo pós-guerra.

Desta feita, afirma categoricamente Adorno:

> A metafísica da morte em Heidegger é impotente porque degenera necessariamente em uma espécie de propaganda em favor da morte, que eleva esta última ao nível de uma coisa cheia de sentido, preparando os homens, assim, para receberem tão alegremente quanto possível a morte desejada por eles para as suas sociedades e Estados na direção a que Ernst Krieck explicou aqui mesmo, durante o Terceiro Reich,

---

4 Aristóteles. *Metafísica*. Madrid, Ed. Gredos, 1998, p. 87.

que somente "o sacrifício tornaria vocês livres" (por "vocês", ele queria dizer "os estudantes"); ou porque (...) todas as reflexões sobre a morte são necessariamente tão gerais e formais que resultam em tautologias, como esta definição que Heidegger dá da morte como possibilidade de um absoluto não ser da existência que eu já citei no *Jargão da autenticidade*, ou outra formulação menos conhecida na qual ele anuncia solenemente que, quando morremos, deixamos um corpo atrás de nós.[5]

O conceito heideggeriano de ser-para-a-morte é um dos mais esclarecedores quanto ao sentido da metafísica da morte. Considerado um conceito existencial pela psicanálise, como em Ludwig Binswanger, ser-para-a-morte sintetiza toda a barbárie do pensamento niilista de Heidegger.

Vale mencionar que, segundo Adorno, os trotes escolares e universitários, e demais formas de ritos de iniciação baseados em imposição de sofrimentos físicos e morais aos recém-chegados, foram a antessala da barbárie definitiva do Terceiro Reich, um treinamento *avant la lettre* da disposição de torturar massas de inocentes e da capacitação para o genocídio por meio da resistência aos mais elementares sentimentos humanos de compaixão e amor ao próximo. A incapacidade de amar os credencia à barbárie, até então escondida nos intervalos da civilização. A exaltação do ideal de educação da dureza física e moral para a disciplina da indiferença ao sofrimento e à dor causados aos inocentes é idêntica nos depoimentos dos carrascos de Auschwitz, no Tribunal de Nuremberg, como nos diversos textos de Heidegger. Segundo Adorno,

> Seria preciso lutar contra todas as espécies de costumes, de ritos iniciáticos de todos os tipos que impõem um sofrimento físico frequentemente insuportável a um indivíduo para que ele possa se sentir integrado, um membro da coletividade. O caráter nefasto de costumes tais como os trotes ou qualquer outro modo de terror é categoricamente uma forma preliminar dos atos de violência nazistas. Não foi por acaso que os nazistas glorificaram tais horrores e os cultivaram qualificando-os de "usos".[6]

Outrossim, os rituais de trote sendo aperfeiçoados geram um aperfeiçoamento e um adestramento necessários aos futuros assassinatos. No Brasil, inúmeros trotes resultam em vítimas assassinadas, mutiladas, torturadas, humilhadas, estupradas etc. Para Adorno, no seio do ritual da propaganda fascista e

---

5   Adorno, Theodor W. *Métaphysique. Concept et problèmes*. Paris, Ed. Payot, 2006, p. 191.
6   Idem. *Modèles critiques*. Paris, Payot, 1984, trad. Marc Jimenez e Eliane Kaufholz, p. 211.

antissemita "há um desejo de assassinato ritual".[7] Com efeito, completa Adorno, o totalitarismo não é exatamente o restabelecimento da autoridade, mas sim a sua perversão simétrica. Na concepção adorniana, uma das condições do horror da barbárie é justamente a perda da autoridade, assim como o sadismo e o autoritarismo. Portanto, a perda da autoridade em uma sociedade conduz à patologia do autoritarismo totalitário.

Relacionando egocentrismo e niilismo em sua cruzada intitulada Querela do Ateísmo, Friedrich Heinrich Jacobi, em 1799, publica sua famosa e intrigante *Carta sobre o niilismo*,[8] que vem a ser a *Carta a Fichte*, afirmando que ao homem se apresentam duas escolhas excludentes, o nada ou Deus. Na primeira escolha, o eu se exacerba, e faz de si mesmo um deus, ao passo que, ao crer em Deus na segunda escolha, Deus existe fora de mim. Aplicando o princípio do terceiro excluso criado pelo também alemão Alexander Gottlieb Baumgarten algumas décadas antes, para Jacobi não há uma terceira possibilidade. Com efeito, em Jacobi, o homem pretender fundar-se somente em si mesmo é sintoma grave de niilismo e de desidratação da vida sem coração. Ele mesmo dissera ter "um horror medonho do Nada, do absolutamente indeterminado e do vazio completo", do mito do eu a partir do Nada, rumo ao Nada, para o Nada e no Nada (*aus Nichts, zu Nichts, für Nichts, in Nichts*).[9]

Olivier Sedeyn, na apresentação do pequeno clássico *Niilismo e Política*,[10] de Leo Strauss, na edição francesa também traduzida por ele, lembra a luta de Strauss em defesa da democracia liberal e contra as tiranias comunista e nacional-socialista. O historicismo e sua mitologização do progresso acaba por se unir ao niilismo, do qual imaginava se distanciar, em especial do niilismo alemão, que acabou como niilismo nazista. Com efeito, segundo Sedeyn, a reação à modernidade do Iluminismo permaneceu até os confins da exaltação do guerreiro na tradição niilista alemã e no nacional-socialismo, no qual a força sádica se manifesta no extermínio total dos mais fracos. Para Strauss, o pessimismo prático leva ao desespero, e este ao niilismo, e no extremo, ao niilismo destruidor do guerreiro nazista. No pensamento straussiano, a civilização ocidental é constituída dialeticamente pela filosofia, tal como iniciada em Atenas,

---
7   Idem. *Societé: Intégration, Désintegration*. Paris, Ed. Payot, 2011, p. 309.
8   Jacobi, Friedrich Heinrich. *Lettre sur le nihilisme*. Paris, Ed. Flammarion, Paris, 2009.
9   Idem, ibidem, pp. 56 e 69.
10 Strauss, Leo. *Nihilisme et politique*. Paris, Payot & Rivages, 2004.

e pela tradição bíblica, simbolizada por Jerusalém. Não por acaso, ambas são violenta e barbaramente atacadas pelos totalitarismos. A liberdade ocidental é uma constante ameaça à barbárie.

Leo Strauss afirma em 1941 que

> o niilismo pode significar *velle nihil*, querer o nada, a destruição de tudo, inclusive de si mesmo, e, por conseguinte, principalmente uma vontade de autodestruição. (...) O fato é que o niilismo alemão não é um niilismo absoluto, o desejo de uma destruição total, inclusive a sua, mas um desejo da destruição de algo preciso: a civilização moderna. (...) O niilismo alemão deseja a destruição da civilização moderna na medida em que ela tem uma significação moral. (...) A significação moral, à qual se opõem os niilistas alemães, exprime-se em afirmações como aliviar a condição humana, proteger os direitos humanos, a maior felicidade possível para o maior número possível.[11]

Com efeito, vemos aqui mais alguns pontos de convergência entre o comunismo, o nacional-socialismo e a revolução fundamentalista islâmica, coerente com as alianças políticas e as práticas das políticas públicas estabelecidas por todos esses. Para Strauss, o niilismo alemão tornado niilismo nazista é definido como "o desejo de destruir o mundo atual e suas potencialidades", sem saber rigorosamente nada sobre o que colocar no lugar. A mitologice da adolescência e da juventude, tal como dada no nacional-socialismo, conduziu o Terceiro Reich a incluir a velhice como um defeito a ser desprezado, gerando um desrespeito oficial de Estado. Como os jovens niilistas e nazistas alemães eram ateus, acabaram por convergir com o outrora ateísmo da extrema esquerda, ambos materialistas. Nietzsche foi o símbolo máximo do apogeu do ateísmo nacional-socialista. Em Strauss, Nietzsche está para a revolução alemã nazista assim como Rousseau para a Revolução Francesa. Segundo Strauss, "o nacional-socialismo é o exemplo mais célebre, porque o mais vulgar, de um tal retorno a um ideal pré-moderno. Em seu mais alto nível, o nazismo foi um retorno ao que se pode chamar a etapa pré-literária da filosofia, à filosofia pré-socrática".[12]

Conforme Strauss, os adolescentes nazistas precisam de mestres, "e acreditaram terem encontrado tais mestres no grupo de professores e de escritores

---

11 Idem, ibidem, pp. 35-36.
12 Idem, ibidem, p. 74.

que abriram a via a Hitler, voluntária ou involuntariamente, como Spengler, Möller van den Bruck, Carl Schmitt, Ernst Jünger e Heidegger. É preciso dar uma olhada rápida em seus adversários que eram ao mesmo tempo os adversários dos jovens niilistas".[13]

Para Strauss, os jovens desprezavam os grandes princípios da civilização moderna, assim como os das autoridades criadoras desta civilização, e o que caracteriza o niilismo é a rejeição dos princípios da civilização enquanto tal, completa ele. O niilista é um entediado com a civilização. Assim, explica Strauss,

> um niilista é um homem que conhece os princípios da civilização, mesmo que de maneira superficial. Um homem simplesmente não civilizado, um selvagem, não é um niilista. Tal é a diferença entre Ariovisto, o chefe teutão derrotado por César, e Hitler, que, aliás, tem em comum com esse as qualidades características do perfeito bárbaro (a arrogância e a crueldade). O soldado romano que reduzia a nada as espirais que traçava Arquimedes não era um niilista: era somente um soldado. Eu disse a civilização, eu não disse a cultura. Observei que muitos niilistas são grandes amorosos da cultura, enquanto distinta da civilização e oposta à civilização.[14]

Com efeito, o niilismo anarquista é nascido do comunismo. Segundo Strauss, o comunismo enquanto oposição à civilização é niilista em suas consequências e não em suas origens. Tal como Bakunin, defende "a destruição total do mundo estatal e legal e de toda a pretensa civilização burguesa por meio de uma revolução popular, espontânea, dirigida por uma ditadura coletiva".[15] Vale lembrar as variações de sentido do vocábulo "niilismo" desde o século XVIII.

Jean-Baptiste Cloots, vulgo Anacharsis Cloots, que se autoproclamava "inimigo pessoal de Jesus Cristo", alemão, barão, milionário, ateu e líder na Revolução Francesa como filósofo prussiano, teria entronizado o vocábulo "niilismo" na história da filosofia, segundo Michèle Cohen-Halimi, para quem "'niilismo' é o vocábulo de um gesto de tábula rasa, que exige a aniquilação dos cultos religiosos antes de sua transferência em direção à Revolução ou sua transformação em auxiliares políticos. Cloots exige, pois, a 'nulidade dos cul-

---

13 Idem, ibidem, p. 47.
14 Idem, ibidem, pp. 54-55.
15 Apud Faye, Jean-Pierre e Cohen-Halimi, Michèle. *L'Histoire cachée du nihilisme*. Paris, Ed. La fabrique, 2008, p. 66.

tos'. E, em consequência, reclama uma política de intolerância ativa: 'a Verdade, sentada no trono da Natureza, é soberanamente intolerante'. A questão levantada pela república niilista, assim chamada por Cloots, é aquela contraditoriamente legada pela filosofia política francesa do século XVIII: a soberania do povo pode ser abstraída de todo fundo de crença?"[16] O elogio da intolerância é uma marca das revoluções totalitárias. Como mais tarde adotado e praticado pelo niilismo de Nietzsche, Camus, em *O homem revoltado*, afirma que "nesse 'tudo é permitido' começa (...) a história do niilismo contemporâneo (...). O niilismo não é somente desespero e negação, mas sobretudo vontade de desesperar e de negar. (...) O niilismo (...) termina em terrorismo. No universo da negação total, pela bomba e pelo revólver, (...) pois os jovens tentam criar os valores que lhes faltavam". Para Camus, "a revolta metafísica é o movimento pelo qual um homem se volta contra sua condição e toda a criação. (...) O revoltado metafísico declara-se frustrado pela criação".[17]

Contudo, o livro mais impressionante até hoje publicado chama-se *A Revolução do Niilismo* (*Die Revolution des Nihilismus*), de Hermann Rauschning, membro do Partido Nacional-Socialista na Alemanha desde 1931, homem de total intimidade de Hitler, que presidiu o Senado de Dantzig (atual Gdansk), Polônia, a partir de 1933, e durante somente um ano e três meses, após sua demissão por dissidência, o que o levou ao exílio. Sua primeira edição é de 1938, e a tradução em Paris já estava na décima edição em agosto de 1939.

Para Rauschning, o nazismo é um niilismo absoluto, cujo nacionalismo é a subversão da ideia de ordem, instrumento da revolução destrutiva. Ele revela o impacto que teve na Alemanha e na Europa a publicação na Itália do livro de Curzio Malaparte, *Técnica do golpe de Estado* (*Tecnica del colpo di stato*, 1931), que afirma que o primeiro princípio para o êxito de um golpe é que a segurança pública e a estrutura social já tenham sofrido um estremecimento revolucionário. A destruição de todos os valores e de todos os princípios abre caminho para colocar a sociedade à deriva, em vertigem social e política. As chamadas instituições burguesas só são admitidas enquanto permitem ou facilitam a liberdade de serem destruídas. Segundo Malaparte, cumpridos os requisitos, e de acordo com a tática da insurreição, o êxito do golpe de Estado é de uma certeza matemática.[18]

---

16 Idem, Ibidem, p. 22.
17 Camus, Albert. *Essais*. Paris, Gallimard, 1965, p. 435.
18 Rauschning, Herman. *La Révolution du nihilisme*. Paris, Gallimard, 1939, p. 25.

Segundo Rauschning, "o nacional-socialismo conhecia a tática e a técnica do golpe de Estado, não somente a partir do método de Bonaparte, como ainda a partir do método de Trótski e Lênin. Ele sabia bem como passar de uma coalizão governamental e de um regime autoritário à revolução nacional-socialista. Depois, isto é, após o 30 de janeiro, o nacional-socialismo aplicou todos os artifícios técnicos do golpe de Estado segundo a fórmula trotskista. Ocupando metodicamente os pontos estratégicos do Estado e da economia, o nazismo assegurou a posse efetiva do poder".[19] A fórmula também pode ser considerada gramscista, com a infiltração permanente, progressiva e radical nos organismos de Estado e nos setores mais importantes da economia, e a destruição de todas as instituições por dentro. Economia da perdição, Estado da destruição e sociedade da regressão. A ditadura nazista é o niilismo no poder, assegura Rauschning. Segundo ele, a destruição da fé cristã é a *conditio sine qua non* da devastação absoluta do nacional-socialismo por ser considerada a raiz mais profunda da civilização ocidental e da ordem social. A destruição do judaísmo é o outro lado da mesma moeda totalitária. Destruir a fé judaico-cristã obriga ao genocídio.

Mais que um movimento nacional, o nazismo é uma revolução permanente que destruiu as conquistas da classe operária, assim como destruiu a burguesia e toda a tradição política, social e econômica, dominadas pelo princípio do chefe de quadrilha. A revolução pela revolução é produto da descrença em qualquer doutrina, portanto uma prática niilista. O sentido da vida passa a ser o perigo e a vontade de dominação, e o "meio é a violência e o objetivo do império total do mundo". Rauschning afirma que o nazismo é uma revolução sem doutrina por ser a desordem absoluta. Para ele, "podemos ser tentados a ver um estreito parentesco entre o fascismo, o bolchevismo e o nacional-socialismo. (...) O fascismo, o nacional-socialismo e o stalinismo poderiam um dia certamente devir uma única e mesma coisa, em favor de uma aliança".[20] Isto foi confirmado logo a seguir no Pacto Hitler-Stálin, ou Molotov-Ribbentrop.

O nacional-socialismo é uma revolução proletária, marcada pela destruição da iniciativa privada. Hitler disse a Rauschning que o lucro poderia existir ou não, pois de todo modo tudo pertence ao Estado e, conforme Ernst Jünger, o nacional-socialismo é o "Estado novo que não conhece Constituição no sentido tradicional". É a nova sociedade sem classes.

---

19 Idem, ibidem, p. 34.
20 Idem, ibidem, p. 74.

Rauschning enfatiza que o nazismo é um socialismo estatista totalitário destinado a destruir a propriedade privada e o lucro, isto é, sem economia privada. O niilismo torna-se filosofia de Estado, e a economia niilista é formalizada como estatal, pois não crer em nada é não crer em ninguém, somente no Estado. Assim, afirma Rauschning, os atos de destruir a economia privada rumo à nacionalização, à socialização, e de acabar com a classe média no plano material, devem ser acompanhados da demolição do judaísmo, pai do capitalismo na visão nacional-socialista, e do cristianismo, visto que representa a ordem estática e uma doutrina de origem transcendental que exclui o niilismo. Para Rauschning, "entre o cristianismo e o niilismo dinâmico não é possível nenhum compromisso".[21] A revolução total leva à guerra total. Segundo o órgão oficial do Partido Nacional-Socialista, o jornal *Völkischer Beobachter*, "nós, nacional-socialistas, não cremos mais nas leis econômicas; em compensação, nós cremos na potência criadora da nossa raça".[22] É o niilismo econômico. Para Rauschning, eles não creem tampouco nas leis da realidade. É o pensamento mágico do poder regenerador da raça e do proletariado em particular.

Uma das condições para o sucesso do totalitarismo, seja qual for, é em algum momento infiltrar-se nas forças armadas. Os chefes militares da Reichswer acabaram por permitir a revolução nacional-socialista acreditando que a militarização total da Alemanha seria a solução para a defesa, desde que esta última fosse o ataque a todas as nações, objetivando a dominação do mundo, adotando a guerra permanente. Desta feita, as forças armadas fundamentaram o Terceiro Reich, renunciando a todos os princípios morais da tradição militar alemã, europeia e ocidental. O cristianismo era nocivo e inimigo, pois se voltava contra o espírito militar da nação nazista. Segundo Rauschning, "o Terceiro Reich resulta de uma aliança íntima entre o dinamismo militar e o dinamismo revolucionário. Um determina o outro e empurram-se reciprocamente". Na lógica nacional-socialista, a Alemanha era pobre porque as outras nações eram ricas, o que se traduzia em uma injustiça racial, com a raça pura superior sendo militar e economicamente inferior. A vontade de potência nietzschiana torna-se vontade de dominação, que resulta necessariamente na vontade de violência e de destruição.

---

21 Idem, ibidem, p. 100.
22 Idem, ibidem, p. 173.

MARTIN HEIDEGGER E O ANTISSEMITISMO

Eu estudo Heidegger de maneira indisciplinada desde a década de 1970. E nunca gostei dele, mas é preciso ler, estudar, mesmo que de maneira episódica. Desde os anos 1980, já não se podia mais separar o homem da obra. Até então, o que é que se dizia, como se diz ainda hoje? Ele aderiu ao nazismo, como vários outros, mas a obra está preservada. E o que se sabe hoje, por todos os grandes especialistas do mundo, e principalmente por suas próprias obras "completas" publicadas em alemão, é exatamente o contrário. O que se sabe de mais grave é sobretudo pelos próprios livros, conferências e artigos de Martin Heidegger, que falam por si. Então, não é *Heidegger "e" o antissemitismo* o título deste texto, mas sim *Heidegger "é" o antissemitismo*. Seu antissemitismo é ontológico.

Heidegger vem de uma geração em que os estudantes alemães impediam os estudantes judeus de participarem de várias atividades. Havia uma cultura antijudaica, que é anterior, obviamente, à ascensão de Hitler ao poder. Caso contrário, ele não teria chegado ao poder e jamais poderia ter sido praticada a política de extermínio.

Apesar do antissemitismo, Heidegger teve uma relação com Hannah Arendt, filósofa alemã de origem judia. Ela entrou muito jovem no primeiro ano de graduação em filosofia, com 18 anos. E conheceu Heidegger como um nome já firmado, como um gênio, que Edmund Husserl havia indicado como assistente. Husserl tinha pelo menos dois grandes assistentes: Edith Stein e Heidegger. Edith Stein era a fiel discípula de Husserl. Tanto que, na correspondência de Edith Stein, consegui detectar sua progressiva incompatibilidade com Heidegger. Fui pesquisar a correspondência de Edith Stein para descobrir o momento em que ela e seu grupo se afastam de Heidegger. Importante para entender a história. E a gente percebe que ela no início diz: "Eu conheci um pequenininho." Heidegger era uma espécie de anão físico; era muito baixo, pequeno e magro. Grave é que se revelou um grande anão moral. Do ponto de vista psicanalítico, a sua megalomania talvez tivesse como origem inconsciente essa deficiência.

Mas ele aparecia como um grande professor, uma grande inteligência, muito culto. Sabia muito bem o grego antigo, língua morta. Preparou-se para ser o *Führer* da inteligência, ou da *intelligentsia* alemã. E mundial. Pois o seu projeto não era só alemão, e tampouco somente europeu. Era um projeto mundial, planetário, como de resto o próprio nacional-socialismo.

Heidegger conheceu Hannah em sala de aula, e ele já tinha fama de ser muito solícito com as suas alunas. Era casado, mas isso não parecia incomodar sua esposa. A minha hipótese é de que ele tenha sido o primeiro homem de Hannah Arendt. E ficou com ela cerca de 3 anos, possivelmente dos 18 aos 21. Hannah ficou absoluta e perdidamente apaixonada por ele. Vamos comentar esse namoro, que chamo de "namoro das trevas", entre Heidegger e Hannah Arendt.

Heidegger vai publicar *Ser e Tempo* (*Sein und Zeit*) em 1927, dedicado "a Edmund Husserl, em testemunho de admiração e amizade, em 8 de abril de 1926". Alguns anos mais tarde expulsa Husserl da universidade por ser judeu. Há uma carta dele para Arendt, em 1926, talvez no início do inverno. Não me recordo muito bem, mas pelo menos um ano antes da publicação de *Sein und Zeit*. E Heidegger diz para Arendt algo neste tom duro: "Não posso mais vê-la, está tudo terminado, não cruze mais o meu caminho." Absolutamente frio. Diz que está terminando o livro e não quer contato com ninguém. É bom frisar que Heidegger foi um psicopata da pior espécie. E ela então cai em depressão, isso foi uma tragédia em sua vida.

Por que tudo isso? Para ele, de 1923 a 1925 – o Partido Nazista foi criado entre 1919 e 1920 – não havia ainda compromisso com um projeto de poder. Heidegger vai se filiar somente em 1933. Para ele até então o problema não era Arendt ser judia ou não, isso não importava. Era um caso erótico, sexual, e até se utilizava dela para fins extrassexuais. Na verdade, Heidegger criava um harém também para a multiplicação de seu prestígio filosófico na universidade alemã. Não tinha, que eu saiba, relações homossexuais, mas todas as pessoas em torno dele eram instrumentalizadas para servirem ao eclodir do seu prestígio intelectual. Instrumentalizava todos os que estavam a sua volta, inclusive o próprio Husserl, que permitiu que Heidegger entrasse em seu lugar. E, depois, já em uma política antisemita de Estado, conseguiu expulsar Husserl da universidade.

Em *Ser e Tempo* Heidegger vai se aproveitar do antissemitismo do Conde Paul Yorck von Wartenburg (parágrafo 77 de *Ser e Tempo*, sobre a "ausência de solo", *Bodenlosigkeit*) e, com habilidade maligna, radicaliza o antissemitismo racial, político, acadêmico, científico, filosófico etc.

Desse modo, Heidegger faz essa passagem, e o conceito fundamental que ele vai criar no *Sein und Zeit* é o *Dasein*. E o *Dasein*, que normalmente se traduz como "ser-aqui", ou "ser-aí"... No Brasil se traduz como "ser-aí", mas é um erro também de tradução porque são traduções do francês. Como o tradutor de francês no Brasil acha que sabe francês, traduz *être-là* como ser-aí, confundindo o *là* francês com o *lá* português, que também é o aí, algo mais distante do falante. Em francês quer dizer "ser-aqui", e *Dasein*, como "ser-daqui", o que é uma possibilidade ambígua na linguagem heideggeriana.

Agora, quando se passa o entendimento de que é o ser não só "aqui", mas o ser também "daqui", significa que se é da terra, do solo, do sangue. Esta já é a concepção ariana, a própria constituição "filosófica" do arianismo, que mais tarde vai sofrer uma radicalização. Heidegger passou um ano como reitor da Universidade de Freiburg. Pede demissão não porque se afasta do nazismo. Todos os documentos a que nós temos acesso mostram exatamente o contrário. Hitler determina que Heidegger saia da reitoria por excesso de nazismo, por excesso de antissemitismo. Hitler temia que os escândalos antisemitas de Heidegger prejudicassem o futuro do nacional-socialismo. Em 1933, ainda não estava completamente organizado o poder na Alemanha nazista na sua capilaridade. E Hitler temia que Heidegger colocasse tudo a perder.

Heidegger foi o incentivador das primeiras fogueiras de livros e, ao que consta, o primeiro organizador de uma fogueira dentro de uma universidade, a de Freiburg.

DISCURSO-POEMA DE HEIDEGGER DIANTE DA FOGUEIRA DE LIVROS POR ELE ORGANIZADA

Os dias caem – nosso ânimo se levanta –
Os dias caem ante o escuro e a dureza do inverno que se apresenta,
Nosso ânimo se levanta para romper a dureza e a futura dureza deter com todo vigor.

Fogo! Diga-nos, não deveis ficar cegos na luta,
Mas ficar firmes para negociar.
Flama! O teu ardor se nos mostra;
A Revolução Alemã não dorme,
Mas arde novamente e nos ilumina o caminho
Do qual não há volta.

Os dias caem, nosso ânimo se levanta
Chamas, queimem!
Queimem, corações!
"Discurso de Fogo"[1]

....

Hitler também ouvia dizer, apesar de Heidegger ser um dos autores de discursos de Hitler, que Heidegger tinha a esperança de um dia se tornar o verdadeiro *Führer*. Heidegger sabia que Hitler não tinha a mesma competência intelectual que ele, a mesma erudição, o mesmo prestígio teórico. Portanto, queria se transformar naquilo que Platão imaginara, o rei-filósofo. Desejava tornar-se, no *Reich* alemão, o condutor, o *Führer* político, filosófico, em substituição a Adolf Hitler. Ele tinha essa expectativa, esse sonho.

Mas Heidegger não tinha a habilidade da ação política, a vocação prática da política, conforme consta do relatório secreto que será citado e comentado mais adiante. Formava nazistas nas salas de aula na universidade. Criou as turmas de SA, e dava os cursos de instrução dentro da Universidade de Freiburg, e até mesmo em sua casa nos fins de semana. Das salas de aula os estudantes depois saíam para queimar livros nas ruas, incendiar prédios, atacar judeus etc. Era o máximo que Heidegger fazia, pois era propriamente um mentor intelectual. Não desejava abandonar a expectativa de ser o grande filósofo do nazismo mundial, o que uma vida política totalmente prática o impediria de ser. Em *Nietzsche I* e *Nietzsche II*, já traduzidos para o português, Heidegger decreta o fim da filosofia. Sua

---

1   O "Discurso do fogo" é o poema de Heidegger para celebrar a fogueira de livros de 24 de junho de 1933 e a destruição do espírito "não alemão", lido no estádio de esportes da Universidade de Freiburg, conforme citação de Guido Schneeberger em *Nachlese zu Heidegger. Dokumente zu seinem Leben und Denken*. Berna, Editora Suhr, pp. 66 e 69.

obra seria o fim da filosofia. Sua "filosofia" nacional-socialista encerraria a história da filosofia, que perderia o sentido com o nazismo dominando o mundo. Esse delírio psicopata é lamentavelmente desprezado pelos círculos heideggerianos internacionais.

Heidegger vai associar, no *Discurso da Reitoria*, o fim das liberdades individuais – não há mais sentido a individualidade humana no hitlerismo – com o fim da filosofia, quando o indivíduo renuncia ao pensar ou abandona também o pensar "kantianamente", ou seja, por intermédio da autonomia do pensamento individual. Dessa forma, Heidegger apresenta-se como o último dos filósofos, na expectativa de que um dia a Alemanha nazista domine não só a Europa, mas o mundo. Trata-se de uma projeção planetária.

Hannah Arendt, então, é afastada. Eles ficaram 25 anos sem se encontrar. Nesses 25 anos, ela o chama de tudo, desde "príncipe das trevas", "psicopata", "mentiroso", "manipulador" etc. Mas, finda a guerra, nos anos 1950, Arendt, que morava nos Estados Unidos, volta à Alemanha. Lá, ela o reencontra e volta toda uma emoção represada no tempo. Não voltou a ter mais um caso amoroso com ele, mas volta a paixão intelectual. Encontrou-se, inclusive, com a esposa, Elfride Heidegger, que foi uma grande mentora do antissemitismo racial de Heidegger. No início dos anos 1920, Elfride era mais explícita ainda do que Heidegger publicamente. A correspondência do casal é escandalosa e terrivelmente antissemita. E o próprio Heidegger, em 1916, já escrevera documentos e textos antissemitas. Então, não era propriamente uma novidade.

Heidegger e Hannah Arendt reencontram-se na Alemanha, e ela então tem uma recaída afetiva, embora não tenha sexualmente mais nada com ele. Ele, muito persuasivo, tinha a capacidade de permanentemente instrumentalizar as pessoas, e acaba revertendo a situação para colocá-la a seus serviços. Arendt volta aos Estados Unidos com a missão de se responsabilizar pela tradução das obras dele e por difundi-las nos Estados Unidos, onde ele era muito malvisto. Heidegger ficou afastado dez anos das atividades docentes nas universidades alemãs. O erro maior foi não o terem levado ao Tribunal de Nüremberg.

E por que eu tenho particular interesse nisso, além do filosófico e do ponto de vista dos direitos humanos? A minha questão não é somente filosófica. Entro nisso porque sou filho de um ex-combatente da Segunda Grande Guerra Mundial. Para o meu pai, Darcy do Nascimento Moderno, a guerra acabou, mas para mim não acabou. Eu tenho por missão continuar a luta contra o Nacional-Socialismo no plano das ideias, aquilo que meu pai, já com 90 anos, não vai poder fazer. Meu pai já fez a sua parte na Itália por um ano inteiro. Assim, vendo o que aconteceu, o surgimento de novas obras em alemão, não podemos ficar inertes. Heidegger deixou ao filho, Herman Heidegger, a tarefa de administrar as suas obras. Heidegger foi um grande estrategista. Um gênio da estratégia. Vamos enumerá-las.

A primeira é uma estratégia de edição: programou com o filho que, após a morte, sua obra seria publicada em doses homeopáticas até 2021, e os textos em sua versão final, visto que ele manipulou diversos textos no pós-guerra. Portanto, o que está saindo agora na *Gesamtausgabe*, pela editora Vittorio Klostermann, na Alemanha, é uma barbaridade. Só que isso não causa nenhum espanto. Eu digo para meus alunos na universidade: se eu chegar em sala de aula e pronunciar parágrafos de Heidegger sem dizer o autor, sou preso em flagrante. É crime. Na França, você é expulso da universidade sumariamente. Mas, se eu disser que é Heidegger, não tem problema nenhum. Pelo contrário, as pessoas aplaudem.

Em 1962, é inaugurada a Editora Tempo Brasileiro, no Rio de Janeiro, de Eduardo Portella, que lançou em 1966 o livro *Introdução à Metafísica*, de Martin Heidegger. Eu trouxe a edição francesa, mas não muda nada. A tradução e o prefácio no Brasil são de Emmanuel Carneiro Leão. Ao final do livro, Heidegger escreve comentando aspectos da filosofia na Alemanha. Escreveu o livro em 1935, e depois o revisou. E, em 1953, ele o publica na Alemanha. E não modificou muita coisa. Então, o texto é de 1953, oito anos após o fim da guerra. Em 1928, diz ele, apareceu uma bibliografia geral do conceito de valor. E aí são citados 650 verbetes, publicações e definições do conceito de valor. E é provável que já tenha chegado a um milhar, diz ele, na época em que escreve esse texto. "Tudo isso se chama filosofia", afirma. "O que se apresenta hoje como filosofia do nacional-socialismo, que porém não tem nada a ver com a verdade e a grandeza interior desse movimento (a saber, com o encontro entre a técnica determinada planetariamente e o homem moderno) – faz sua pesca nas águas turvas dos 'valores' e das 'totalidades'."

Agora vejam. Em 1953, ele reafirma que a única, absoluta, verdadeira e grandiosa filosofia é o nacional-socialismo! Isso é publicado no mundo inteiro.

Só estou dando um exemplo mínimo, isso não é nem o mais grave. Quando ele faz o elogio do nacional-socialismo, é puxada uma nota de pé de página do tradutor francês que não tem nenhuma relação com o que Heidegger afirmara, com a única finalidade de confundir e manipular o leitor. Nenhuma editora no mundo traduz um livro de Heidegger se o filho dele, Hermann Heidegger, não a considerar confiável perante o nacional-socialismo ou à memória do pai. Prestem atenção no que eu estou dizendo. Vejam a extensão disso. É o mesmo com Carl Schmitt e Ernst Jünger. No Brasil é mais por descuido, ingenuidade ou opção de mercado editorial em razão da fama de Heidegger, que virou moda universitária.

Todos os grandes ícones de alto nível do nazismo são controladíssimos desde a Alemanha pelos editores, sucessores, herdeiros etc. E o tradutor puxa uma nota sob a égide do que eu vou chamar de estratégias do desvio. Os tradutores são orientados informalmente a fazer uma estratégia do desvio do nazismo de Heidegger para sair do assunto principal. E aí, o que se espera de um tradutor quando Heidegger diz que "não se faz justiça à verdade interna e à grandeza do Nacional-Socialismo" é inserir uma nota crítica do nazismo. E o que é que diz o tradutor? Vejamos: "Como o parêntese mostra, não se trata nessa frase de um juízo sobre o plano do ôntico. Há certamente no curso juízos desta natureza; eles concernem sobretudo à atualidade universitária e lembram o pensamento para a sua profissão. Evitar-se-ão certas retomadas das relações entre o ôntico e o ontológico referindo-se às páginas 20 e 25 da presente tradução."

O que isso tem a ver com a defesa do nacional-socialismo por Heidegger? Absolutamente nada. Quer dizer, o leitor em geral, no mundo inteiro, lê o desvio do assunto, dando ares de alta filosofia, e mais o elogio do nazismo. Não tem nada a ver, do ponto de vista lógico, o que se afirmou lá em cima com a questão da atualidade universitária, relações do pensamento com a profissão de filósofo, as relações entre o ôntico e o ontológico etc. Nada a ver. É pura estratégia intencional de desvio. O leitor quebra a cabeça aqui e não entende nada, pois a frase não tem o menor sentido. Como Heidegger não foi feito para ser entendido, mas para ser aceito cegamente, tanto faz, e o leitor desatento aceita o que foi escrito. Em consequência, aceitará o nazismo na condição de alto nível teórico-conceitual de filosofia, que ele tampouco entendeu. Vejam, isso é recorrente em todas as traduções de Heidegger, no mundo todo.

O prefácio do tradutor é a mesma coisa. É como se Heidegger fosse não um pastor antissemita, mas um pastor de ovelhinhas, que cuida das ovelhas no campo. A imagem é de uma pessoa muito boa, de muito bom coração. Heidegger é pastor do ser ariano.

O livro *Ontologia Política de Martin Heidegger* (Ed. Papirus, Campinas, 1989) de Pierre Bourdieu (1930-2002), do Collège de France, é muito importante. Publicado na França em 1988, faz uma crítica à ilusão de onipotência do pensamento de Heidegger. E escreve a seguinte frase, começando de trás para a frente do livro: "É talvez porque Heidegger nunca soube realmente o que dizia que pôde dizer, sem ter de dizer realmente o que disse." Heidegger na verdade nem sabia o que estava dizendo, em boa parte dos casos, mas sabia que, ao não dizer, dizia exatamente o queria, quando o assunto remetia à defesa das ideias nazistas. Heidegger é muito conhecido por ninguém entender o que ele quer dizer. Mas o que ele disse explicitamente em defesa do nazismo é muito fácil de entender. A estratégia de Heidegger, e Bourdieu vai afirmar uma coisa importante, é a Ontologia Política.

Há também um livro de Jean-François Lyotard (1924-1998), que foi meu professor em 1981 e 1982 na Université de Paris VIII. Lyotard escreveu um livro intitulado *Heidegger e os "judeus"* (Ed. Galilée, Paris, 1988; tradução brasileira da Ed. Vozes, 1994), no qual diz que dentro da universalidade do pensamento ontológico de Heidegger cabe o ser ariano, aliás, o único ser propriamente dito, mas não cabe o judeu. Faltou dizer que não cabe o negro também. O absurdo lógico é que a universalidade do ser não alcança a universalidade humana, a humanidade toda. O judeu está de fora, assim como o negro, o cigano, e todos os que não são arianos.

Sobre os negros, Heidegger escreve uma coisa muito curiosa e criminosa, que está no volume 38 da *Gesamtausgabe*, página 83. Diz ele: "Se agora levarmos em conta a questão da essência da História, pode-se pensar que nós decidimos arbitrariamente o que é História. Ou seja, que a História seria o que é distintivo do ser do homem." Há também toda uma estratégia da distinção de Heidegger. Como um racista, ele procura se separar, distinguir-se dos que julga inferiores. "Poder-se-ia argumentar, em primeiro lugar, que há homens e grupos de homens, os negros, por exemplo, os cafres (*Kaffer*), que não têm história, dos quais dizemos que são sem história. [...] Há também história fora do campo dos homens, e, em segundo lugar, dentro do mesmo campo humano, a história pode inexistir, como no caso dos negros."

Mas, não satisfeito, na mesma página ele diz o seguinte:

A natureza viva ou morta também tem a sua História. Mas como acabamos de dizer que os negros são sem História? Porque eles têm tanta História quanto os macacos e os pássaros. Parece certamente incontestável que o que é perecível pertence logo ao passado. Mas tudo que é perecível e que pertence ao passado não entra necessariamente na História. O que são as rotações da hélice do avião? A hélice pode muito bem girar dias inteiros. Entretanto, fazendo isso não acontece nada. Mas claro, quando o avião transporta o *Führer* de Munique em direção a Mussolini em Veneza, então isso é História. O voo é um evento histórico. Mas não o funcionamento da máquina, ainda que o voo só possa acontecer se a máquina girar. Entretanto, não é somente o encontro dos dois homens que marca a História. Mas o próprio avião entra para a História. E um dia, talvez, será exposto num museu. Mas o caráter histórico não depende do número de rotações da hélice que se passaram no tempo. Depende do evento futuro que resulta desse encontro entre os dois *Führer*.

Este é o "filósofo" Heidegger, que associa a mais alta filosofia à mais baixa vulgaridade. Sempre me perguntam sobre a união entre a esquerda internacional e Heidegger. E o próprio Bourdieu também se pergunta sobre isso, e enumera como é que se pode ser heideggeriano e marxista na França, citando Jean Beaufret (1907-1982), Henri Lefebvre (1901-1991), François Châtelet (1925-1985) e Kostas Akelos (1924-2010). François Châtelet, que também foi meu professor na Université de Paris VIII em 1977, afirma o seguinte: "Heidegger, com um estilo muito diferente, continua a obra de Marx." Henri Lefebvre: "Heidegger é certamente materialista." Disso eu não tenho a menor dúvida. Jean Beaufret: "Heidegger se propõe essencialmente a nos ajudar a entender o que disse Marx." Como somos incapazes de entender o que disse Marx, Heidegger nos ajuda. Kostas Axelos: "Marx e Heidegger fizeram, todos os dois, prova de uma radicalidade no questionamento do mundo, de uma mesma crítica radical do passado. E de uma preocupação comum, de uma preparação do futuro planetário." Claro, futuro planetário da barbárie. O radicalismo de Marx e Heidegger resultou em mais de 110 milhões de mortos, torturados, no fim das liberdades, no fim da democracia e quase no fim do mundo.

"Crítica radical do passado", vejam. Não há uma definição absoluta do conceito de conservadorismo. O termo é utilizado em diferentes línguas para definir conceitos diversos, e até contrários. Nos Estados Unidos há um tipo de definição de conservadorismo, no Brasil são adotados vários tipos, como há também o tipo europeu. Na França, na própria Alemanha e na Europa o nazismo é descrito como Revolução Conservadora. Há vários livros que adotam esta definição. O termo em francês é *La Révolution conservatrice*. Um bom livro sobre o assunto é *La "Révolution Conservatrice" dans l'Allemagne de Weimar*, organizado Louis Dupeux (*Éditions* Kimé, Paris, 1992).

Henri Lefebvre, que é um dos maiores teóricos do marxismo francês contemporâneo, já falecido, afirma: "Não há antagonismo entre a visão cósmico-histórica de Heidegger e a concepção histórica ou prática de Marx." Outra de Lefebvre: "Eu fui encantado e tomado por uma visão, tão forte que contrastava com a trivialidade da maior parte dos textos filosóficos publicados há anos na França." Notem o impacto da obra de Heidegger. Eu digo que com Marx e Heidegger dá-se a mesma coisa que na união Hitler-Stalin, ou Molotov-Ribbentrop. É uma união estável, tão em voga hoje em dia no mundo. É uma união estável dos pares Stalin-Hitler, Marx-Heidegger.

Portanto, isso explica o fato de no Brasil os comunistas serem heideggerianos, ou ao menos o defenderem, até quando não conhecem a obra em profundidade. Com mais razão, com o fim da União Soviética, eles tiveram de se apoiar em outro filósofo, digamos, não só antissemita, mas outro filósofo da barbárie para uma justificativa erudita da violência.

Desse modo, toda a obra de Heidegger é uma questão de estratégia. Estratégias de publicação, estratégias de sedução. Por isso eu criei uma pequena fórmula: Heidegger está para o ativo dominador sádico como o fanático dominado está para o masoquista. Exerce um poder autoritário sobre as pessoas, uma vez que ninguém entende nada do que ele escreve e mesmo assim cumpre suas ordens. Os masoquistas se sentem, enfim, como que atingidos pela brutalidade do pensamento, pela radicalidade do pensamento sádico de Heidegger. E isso age no plano do inconsciente. Contudo, a maioria das pessoas que estudam Heidegger no Brasil tem boa-fé, sem dúvida alguma, mas despreza ou não se interessa pelo lado tenebroso de Heidegger, talvez até com receio de perder o encantamento por ele.

Então, eu chamo Heidegger de "um pastor sádico do ser". Estratégias de sutilezas. Heidegger vem de uma formação da grande filosofia alemã e europeia. Queria evitar cair na vulgaridade de um Alfred Rosenberg, na vulgaridade de outros teóricos do nazismo, uma vez que desejava justamente se perpetuar como um *Führer* da filosofia. Assim, sua estratégia de fundir a alta filosofia com o nazismo é um trabalho de gênio. Realizou um trabalho tão requintado que praticamente só nós, profissionais da filosofia, somos capazes de decodificar. Somente quando ele é mais explícito é que todos entendem. Entretanto, ele evita a explicitação completa, absoluta, porque prefere manter uma estratégia de dissimulação associada à estratégia de encantamento. A alta filosofia é a isca para atrair as novas gerações.

Por exemplo, uma de suas estratégias é a de efeitos de repetição. Heidegger repete coisas exaustivamente. O discurso ordinário não é um discurso filosófico, pois o discurso filosófico procura justamente se distinguir do discurso comum. No discurso comum seria impraticável você repetir-se exaustivamente. Mas na filosofia é aceitável. Contudo, o excesso de redundância dá-se em virtude dos conceitos que o interessam do ponto de vista racista em geral, e antissemita em particular. Esses conceitos foram discretamente infiltrados na mais alta filosofia.

Vou dar um exemplo contido em *Nietzsche I* e *Nietzsche II*, livros oriundos de um curso que ele proferiu entre 1939 e 1941, na Alemanha. Ele tem um conceito que eu me desdobrei para entender. Principalmente em Heidegger, e fazemos isso como profissionais da filosofia, precisamos entender o contexto, identificar a intenção e saber aonde é que ele quer chegar. Heidegger quer nazificar a filosofia toda para nazificar o planeta, e assim cria conceitos atraentes, como o de *verdade incondicionada*. Esta é uma "verdade" que não se condiciona a nada e a ninguém. É preciso um trabalho cerebral significativo para entender o sentido que ele está querendo dar. Em Heidegger, muita coisa é criptografada. É uma "filosofia" criptografada, ou uma criptossofia.

Verdade incondicionada é o ariano, que não pode ser condicionado a nada, nem a ninguém. Justamente em *Nietzsche I* e *Nietzsche II*, ele afirma que o ariano, por questão de *justiça*, tem o dever de agir do modo mais absolutamente irracional: eliminar racialmente todos os seres inferiores e dominar o planeta. Escreve claramente que o ariano não pode se limitar a pensar se vai matar; ele tem de matar imediatamente. E que isso já está prejulgado e antecipadamente justificado. Já há uma justiça *a priori* na capacidade destruidora, eliminadora e exterminadora do ariano. O ariano é a justiça no pensamento de Heidegger. Por quê? Porque é a raça humana por excelência. Só os arianos são humanos por excelência. O ariano é a raça humana em si, a essência ontológica da raça humana. O ariano é a justiça por excelência. Todos os seus atos são justos, essa é a *Weltanschauung* heideggeriana, a concepção de mundo heideggeriana que se apresenta como filosofia.

Então, Heidegger caminha nessas estratégias. Ele também tem um conjunto de estratégias de sutilezas. Há momentos em que é extremamente sutil. Associa as estratégias de sutileza às estratégias de "ambiguização", forçando mais e mais ambiguidades. Com isso, muito espertamente, ele sempre teria um escape para seus defensores e um problema para seus críticos. Podendo ser isso ou aquilo, salva-se do tribunal da história. A estratégia lúdica completa as demais estratégias. Jogos de palavras permanentes. Existem textos do Heidegger que são absolutamente intraduzíveis para outra língua. Eu entreguei um trecho de um livro de Heidegger para a filósofa e socióloga Barbara Freitag Rouanet, esposa de Sérgio Paulo Rouanet, que me disse: "Olha, eu sou alemã, mas não dá para fazer nada com isso, não há como traduzir." Porque ele faz um jogo de palavras em alemão que só faz sentido em alemão. Como a expectativa dele é de que a Humanidade toda fosse falar alemão no futuro, então deve ter pensado: "Bom, virem-se, vocês têm de saber alemão." Não faz sentido em língua nenhuma, tampouco em alemão. São jogos de palavras. Trata-se de um sujeito que manipula pessoas, conceitos, palavras para atingir seus objetivos.

Bourdieu fala também em estratégias de eufemização. São recorrentes os eufemismos em Heidegger. Bourdieu o chama de mágico. Eu digo que ele é um mágico de circo. Por quê? Porque tem a capacidade de transformar uma coisa no seu contrário, mas os palhaços somos nós. E todo mundo sabe que aquilo não é aquilo. Mas, pelo seu discurso, pela estratégia da frase, do período, da erudição, torna-se convincente. Basta citar um termo, um conceito ou uma expressão idiomática em grego antigo que todo mundo se derrete. Nenhuma palavra, conceito ou frase em grego antigo vem com a tradução em nota de pé de página. Ele usa uma língua morta para dobrar as pessoas. Heidegger dizia que o grego era a única língua comparável ao alemão ariano. Ressalto, até desnecessariamente, que tenho profunda admiração pela Alemanha e pela língua alemã, mas não pela visão nacional-socialista.

Como não encontrariam arianos no mundo todo, e como os nazistas precisavam de aliados, "raciocinavam" mais ou menos assim, lembrando que para Heidegger os gregos seriam como que arianos *avant la lettre*: "Bom, há um arianismo biológico, mas há um arianismo cultural, filosófico. Ou um arianismo do espírito, que faz com que outros povos tenham sido arianos, até mesmo que não tivessem consciência disso. Ou pelo menos a elite dominante é ariana, senão não seria dominante, e nesse sentido são aliados." Daí a sua famosa frase de que só se pode pensar em alemão, que vários idiotas brasileiros reproduziram pelos meios de comunicação social, o que os levaria a concluir que Sócrates, Platão e Aristóteles nunca pensaram filosoficamente. Averróis, Avicena, São Tomás de Aquino e Maimônides também nunca pensaram em alemão, portanto foram incapazes de pensar filosoficamente. Quer dizer, nunca ninguém pensou antes e fora da Alemanha. O interessante é que o alemão era uma língua vulgar até quase o final do século XVIII. Todas as teses universitárias eram apresentadas e defendidas em latim. Então, ninguém pensa a não ser em alemão! Heidegger tinha justamente a expectativa de que o alemão fosse a língua universal da humanidade escravizada.

A utilização de Nietzsche e seu conceito de Super-Homem (*Übermensch*) vai propiciar uma discussão importante. Nietzsche era um antissemita radical, e Heidegger o utiliza largamente, ainda que extrapolando. Mas a obra do Nietzsche se prestou a esse tipo de utilização porque contém elementos facilitadores. É preciso que na interioridade própria do pensamento do filósofo haja as condições para conduzir a um pensamento nazista ou totalitário explícito, embora a capacidade de distorção dos nazistas seja impressionante. Nem Friedrich Hölderlin escapou de Heidegger em um crime cultural contra o gênio alemão da literatura. E, nesse caso, felizmente, todos percebem a incompatibilidade da apropriação heideggeriana da majestosa obra de Hölderlin. Com a obra de Nietzsche ficou muito mais fácil, bastando citar o próprio autor, ainda que sua obra seja muitíssimo mais ampla que isso.

Mencionei ainda há pouco que Heidegger afirma que o ariano não pode se limitar, porque é uma "verdade incondicionada". A partir disso, ele vai criar o conceito de *animalitas*, de que o ariano é um animal. Diz isso claramente. E diz isso de uma maneira, enfim, elogiosa. De que o ariano é um animal irracional, que não precisa refletir sobre o extermínio dos outros. Então, *animalitas* é exatamente essa predisposição ontológica do ariano para matar, à imagem e semelhança do reino animal, no qual ou mata ou morre. Ou você é caça ou caçador. O ariano reproduz isso no plano humano, o que Heidegger considera de extrema dignidade.

Heidegger vai justamente buscar em Nietzsche a ideia de Vontade, erigindo-a como o princípio básico do nazismo. A vontade ariana não pode se subordinar a nenhuma outra vontade. A vontade do ariano é superior por ser uma "verdade incondicionada". O "raciocínio" nazista é o seguinte: "Portanto, pela minha vontade de dominar o mundo, pela minha vontade de dominar racialmente, que é justa, nada pode me paralisar." E associa essa ética e estética da vontade a uma estética e ética da animalidade. É uma vontade animal. A confissão de animalidade não parece ruborizar os heideggerianos.

Heidegger não só decreta o fim da filosofia, como decreta também o fim de Deus. Eu publiquei em 2012 um pequeno jornal por ocasião da visita de um dos maiores historiadores do nazismo na Europa, o prof. dr. Edouard Husson, que recebeu a medalha de Doutor *Honoris Causa* da Academia Brasileira de Filosofia. Husson esteve em 2013 no Centro Cultural Midrash para proferir uma palestra. Denis Trierweiler também faz parte desse grupo de franceses por ser filósofo e tradutor de Carl Schmitt na França, e me revelou que a editora alemã já não permite mais que ele traduza nenhum livro do Carl Schmitt, por não ser confiável ao olhar nacional-socialista.

Lemos no caderno Prosa & Verso, do jornal *O Globo*, elogios a Ernst Jünger. Eles conseguiram desnazificar Ernst Jünger. Seu livro *Der Arbeiter* (*O Trabalhador*) foi a matriz não só de Heidegger como também de Carl Schmitt e de todos os grandes teóricos, escritores e intelectuais nazistas. Jünger teve um papel decisivo não só durante o nazismo, como também depois do final da Segunda Guerra Mundial.

E nós publicamos esse jornal-documento com o apoio decisivo da *Folha Dirigida* de Adolfo Martins, da Herut/B'nai B'rith do Rio de Janeiro, com Herman Glanz, do Consulado de Israel no Rio de Janeiro, com Osias Wurman, do Consulado Geral da França, com Jean-Claude Moyret, e das Universités La Sorbonne – Paris, com o vice-reitor e vice-chanceler Edouard Husson. Há um relatório secreto dos serviços de segurança do *Reich, Reichführer*, da SS/SD, "Questionário para apreciação política" (*Fragebogen zur politischen Beurteilung*). Vem com um relatório secreto sobre Heidegger, indicado como "Estritamente confidencial" (*Streng vertraulich*). É de 11 de maio de 1938. "Martin Heidegger já deu provas concretas de sua oposição ao Partido Nacional-Socialista dos Trabalhadores Alemães? Não. Ele é franco-maçom? Não. Pronunciou-se a favor do Partido Nacional-Socialista dos Trabalhadores Alemães antes da tomada do poder por este? Sim."

A Terceira Sessão, de 11 de maio de 1938, trata da posição de Heidegger a respeito do Estado Nacional-Socialista e da coletividade nacional. "1) Martin Heidegger tem assinatura do jornal do partido? Sim. 2) Seus filhos estão em uma organização da Juventude Nacional-Socialista? Sim. 3) Ele é um generoso doador? Sim, e às vezes paga até mais, além do que se pede. 4) Ele aprova o Estado Nacional-Socialista? Sim. 5) Ele já fez discursos negativos sobre o Estado Nacional-Socialista? Não."

Isso foi em 1938, quatro anos depois de Heidegger renunciar à Reitoria da Universidade de Freiburg. Isso e todos os demais livros, artigos e discursos jogam por terra a falsa ideia de que ele abandonara o cargo de Reitor em 1934 após incompatibilizar-se com o nazismo. Há documentos em alemão, já publicados em francês, relatórios e documentos nos quais se prova e demonstra que Hitler determina em 1934 que Heidegger saia do cargo, mas por excesso de nazismo, como já falamos. Hitler estava preocupado com o radicalismo de Heidegger antes da consolidação do poder. Heidegger queria mostrar serviço por meio de um excessivo *Führerprinzip*. Sua gestão tornou-se escandalosamente antissemita, e poderia colocar tudo a perder.

Continua o relatório de 11 de maio de 1938: "6) Ele está capacitado a exercer um efeito positivo sobre o povo, no plano pedagógico? Sim, no plano teórico. 7) Ele faz compras em lojas de judeus? Não. 8) Ele tem laços político-confessionais? Não." Faltou perguntar aqui: "Ele faz conferências em centros culturais judaicos? Não." Quinta Sessão, de 11 de maio de 1938; avaliação psicológica. "Heidegger tem um caráter um pouco fechado, não muito próximo do povo. Só vive para sua ciência. Não tem sempre o sentido da realidade. Pergunta: Martin Heidegger é reativo, chicaneiro, crítico, em relação ao Nacional-Socialismo? Não."

Sessão 6: juízo de conjunto: "Martin Heidegger é um adversário virulento do catolicismo." Pergunta: "Ele é politicamente confiável? Sim."

>Conclusão do relatório:
>Partindo dos conflitos de Kierkegaard com a Igreja Católica e da fenomenologia husserliana, em um desenvolvimento independente, Heidegger colocou-se em uma oposição crescente com a Igreja Católica e com o cristianismo em geral. Para resumir, pode-se dizer que, no quadro da Universidade de Freiburg, Heidegger representa uma força positiva pelo fato de sua atitude clara e nítida com relação aos grupos de poder católico e outros grupos cristãos. (MAE, Colmar) Polizei-Division SS, Berlim, 012.[2]

Eis a verdade sobre Heidegger.

Então, vários documentos hoje estão à disposição. Para terminar a parte propriamente antissemita de Heidegger, vou ler um texto aqui que é absoluta-

---
2   Faye, Emmanuel. *Heidegger, l'introduction du nazisme dans la philosophie*, Ed. Albin Michel, 2005, p. 700.

mente chocante. E eu peço que vocês todos se preparem. Em 1949, Heidegger estava proibido de trabalhar ou mesmo entrar nas universidades alemãs. Foi convidado pelo Clube de Bremen. O texto está publicado em suas obras completas, na *Gesamtausgabe*, número 79. Vejam *Obras Completas* ainda incompletas, porque continuam a ser publicadas, o que só terminará em 2021.

O texto heideggeriano tem um subcapítulo intitulado "*Das Ge-stell*", "O Dis-positivo", onde se lê: "A agricultura é hoje uma indústria de alimentação motorizada, em sua essência a mesma coisa que a fabricação de cadáveres nas câmaras de gás e nos campos de extermínio. A mesma coisa que o bloqueio econômico e a redução do país à fome. A mesma coisa que a fabricação de bombas de hidrogênio."[3]

Aonde Heidegger quer chegar? Primeiro: Auschwitz e todos os campos de extermínio eram fábricas de cadáveres. Era o local onde os nazistas fabricavam cadáveres. Uma indústria. Produção de coisas. Eu vou repetir: "A agricultura é hoje uma indústria de alimentação motorizada. Em sua essência, a mesma coisa que a fabricação de cadáveres nas câmaras de gás e nos campos de extermínio." Quer dizer, para Heidegger eram dispositivos de fabricação de cadáveres, legítimos como quaisquer indústrias: indústrias de papel, pneus, sapatos etc.

O incorrigível Heidegger não para aí. Primeiro, diz que "centenas de milhares morreram". Não vou me deter ao fato de ele negar os 6 milhões. Mas vejam o que escreve: "Será que morrem? Eles falecem. Eles são assassinados. Será que morrem? Eles se tornam as peças de reserva de um estoque de fabricação de cadáveres." Por conseguinte, os campos de extermínio eram almoxarifados onde se estocavam cadáveres de judeus falecidos, mas que não morriam. Auschwitz era uma fábrica de cadáveres, onde se estocavam os judeus falecidos. Os nazistas "os faleciam", pois, segundo Heidegger, judeus não morrem. Como você vai a uma fábrica de pneus e pede um pneu de motocicleta ou outra peça qualquer.

Neste ponto ele pergunta novamente com deboche: "Morrem de fato? Eles são discretamente liquidados nos campos de extermínio. E sem campos de extermínio, milhões perecem de fome hoje na China." Mas agora vem a parte mais propriamente "filosófica" desse monstro: "Morrer, entretanto, significa alcançar em extremo a morte em sua essência."

---

3   Heidegger, Martin, *Gesamtausgabe*, 79, p. 27.

Por que Heidegger se questiona cinicamente se o judeu morre? Só quem morre é o ariano, pois para morrer você tem que ter a dignidade do ser, a dignidade ontológica: quem não é um ser não morre, é falecido, é cadáver somente. E como se fosse uma peça, como ele diz, uma peça de reposição de reserva, de reposição de um estoque de fabricação de cadáveres. Então, Heidegger segue com a teoria ontológica. Quem é que pode morrer? Só o ariano pode morrer. "Morrer, entretanto, significa alcançar em extremo a morte em sua essência." Poder morrer significa ter a possibilidade desta maneira de progredir. A morte é um progresso. Só o ariano progride, ao morrer. A imortalidade do ariano é a concepção racial. A raça não morre, a raça permanece. Há uma imortalidade, independentemente de haver vida eterna ou não. Não é uma imortalidade da alma do ariano. É a imortalidade da raça, a perpetuação da raça.

Desse modo, isso é um progresso, na concepção heideggeriana. Quando de fato um ariano morre, tomou um tiro, foi atropelado ou quando uma bomba caiu em cima dele, ele morre, e sua essência foi preservada. Porque você só pode morrer se a sua essência é digna.

Mais: "Nós podemos alcançar a morte somente se a nossa essência ama a essência da morte." Amar a morte, e não a vida, eis a máxima de Heidegger. Por isso eu digo "filosofia" entre aspas. E toda a discussão hoje é que Heidegger, justamente, não é um filósofo, mas um erudito racista que instrumentalizou a verdadeira filosofia. Eu me filio a esse grupo na França. Na Alemanha também há vários filósofos desse grupo, e estamos criando um grupo internacional que se esforça em retirar Heidegger da história da filosofia, e rebaixá-lo somente para a história do nazismo. Será muito bom para as aulas de História, ao justamente romper com essa estratégia de poder, de perpetuidade do nazismo pelas novas gerações.

Eu ainda vou mais longe. A minha proposta é que o Centro Simon Wiesenthal – por iniciativa da Academia Brasileira de Filosofia, com apoio das organizações judaicas nacionais e internacionais, organizações nacionais e internacionais de direitos humanos, organizações contra o racismo etc. – entre com um processo na Corte Suprema da União Europeia para tomarmos os arquivos de Heidegger, em posse do filho Herman Heidegger. Temos o direito e o dever de saber o que há lá dentro. Caso contrário, ganhamos a guerra, mas não levamos a vitória no campo das ideias, o que poderá dar base para um renascimento do nazismo. Estratégias de perpetuação do nacional-socialismo continuam pelo mundo.

Portanto, o pensamento de Heidegger é o que chamo de necrossofia. É uma "sabedoria" da morte, a exaltação e o louvor da morte, é uma perversidade do pensamento. O elogio da morte como um valor moral absoluto é uma das maiores aberrações monstruosas de Heidegger. Tudo dele é morte. Ele criou um conceito chamado ser-para-a-morte. Eu me lembro que, desde a década de 1970, os psicanalistas, não importa se lacanianos, kleinianos, culturalistas, a turma toda da analítica existencial, Binswanger, entre outros, valiam-se desse conceito como expressão existencialista. Foram todos enganados. Heidegger quer que você morra: o conceito de "ser-para-a-morte" é para matá-lo, leitor, para nos matar. É para nos exterminar. "Ser-para-a-morte" é o conceito que Heidegger criou justamente para matar os inimigos criados artificialmente. Do outro lado está o ariano, o único ser que tem a morte como essência amada. Serve para os dois lados, para a vítima e para o carrasco.

Há um texto de Heidegger no documento que nós publicamos que menciona a teoria do inimigo: como é que se cria um inimigo. E ele diz claramente: se você não tem um inimigo explícito, você inventa um para justificar o extermínio.

A morte, afirma Heidegger, nós podemos alcançá-la somente se nossa essência ama a essência da morte. Dessa forma, ele coloca a morte acima da vida: "Mas para inumeráveis mortes, a essência da morte permanece inacessível." Daí a sua teoria vinculada à morte do judeu, segundo a qual o judeu não morre, mas falece. Seria uma morte sem morte, ou um falecimento sem morte. Diz ele, vou repetir: "Mas para inumeráveis mortes, a essência da morte permanece inacessível. A morte não é nem um nada vazio nem somente a passagem de um ente a outro. A morte pertence ao *Dasein*."

Agora nós fizemos a ponte com o ano de 1927, de *Ser e Tempo* – quando ele já havia se afastado de Hannah Arendt havia um ano ou um ano e meio, em 1926 –, e o ligamos a 1949. O mesmo conceito de *Dasein* de 1927 chega a 1949. Conceito sobre o qual se diz até hoje disfarçadamente que não é nada antissemita, e ei-lo agora aqui de volta em 1949, e em 2013, dizendo que "a morte pertence ao *Dasein*" (ao ser-aqui ou daqui). É preciso associar as peças conceituais para montar o conjunto racista de Heidegger. Se a morte pertence ao *Dasein*, a morte é inacessível aos outros que não são arianos. Os arianos são os únicos daqui, do solo germânico. Heidegger, em 1949, confessa o verdadeiro conteúdo do conceito criado em 1927, o que poderia explicar seu afastamento de Hannah Arendt, alguém que não era *Dasein*. Portanto, afirmar que Heidegger não era antissemita porque tivera um caso amoroso com Arendt é tão falso quanto também dizer que Heidegger não era antissemita porque teve alguns alunos judeus antes de 1933. Em Heidegger, o "estupro" racial visava igualmente escravizar intelectualmente Hannah Arendt para que ela fosse uma peça da máquina de propaganda da sua obra.

O "ser-daqui", *Dasein*, é o ariano. É ele que é *daqui*, da terra, do solo e do sangue; só ele tem direito a este solo. E o solo não é simplesmente alemão, não é um solo só germânico, é o solo europeu, e depois o solo planetário. A morte pertence ao *Dasein* do homem, que se manifesta a partir da essência do ser. Heidegger agora está explicando por que em 1927 criou o conceito de *Dasein*. É o conceito de ser-para-a-morte, sobre o qual, como eu disse, todos meditavam, olhando para o teto na sala do divã ou na sala de aula universitária, achando que se tratava de um conceito existencialista. E na verdade é um conceito que leva o indivíduo da sala para o cemitério. Ou para os campos de extermínio.

Então, continua Heidegger:

A morte pertence ao *Dasein* do homem, que se manifesta a partir da essência do ser. Portanto, abriga a essência do ser. A morte é a morada mais elevada da verdade do ser. A morada que abriga em si o caráter oculto da essência do ser. E que reúne em si a salvação de sua essência. É por isso que o homem pode morrer se, e somente se, o próprio ser apropria a essência do homem e sua essência do ser, a partir da verdade de sua essência. A morte é a morada do ser no poema do mundo.

A morte é infinitamente mais elevada que a vida, argumenta Heidegger. Poeta frustrado, sempre procura poetizar seus preconceitos nacional-socialistas. Possuía essa macabra capacidade de, às vezes, fazer algo de natureza artística. Vejam que frase linda, se não fosse tão maligna e satânica: "A morte é a morada do ser no poema do mundo." Portanto, qual é a sua estratégia? É a estratégia de dignificação do nazismo. "Poema do mundo"; o nazismo é o poema do mundo.

Somos pessoas maduras e esclarecidas, mas imaginem a juventude entrando na universidade e escutando isso. Heidegger é elogiado em todos os cursos universitários brasileiros e internacionais, e em todas as áreas do conhecimento, mas principalmente em filosofia, letras, jornalismo, psicologia, psiquiatria, psicanálise, direito, artes.

Todas as faculdades de comunicação social no Brasil estudam Heidegger. Os jornalistas depois vão trabalhar nas TVs, jornais, rádios, blogs etc. Vejam a multiplicação do nazismo que isso acarreta. E agora multipliquem isso no mundo todo. Vejam a expansão planetária, o perigo que isso representa para o futuro da Humanidade. Mais: "A morte é a morada do ser no poema do mundo. Poder realizar a morte em sua essência significa poder morrer." O carrasco assassina a vítima, e esta ainda por cima não morre, no sentido heideggeriano de morte. Você tem que *poder* morrer, você tem que poder chegar à morte. Diz ele, completando: "Somente os que podem morrer são os mortais no sentido próprio desta palavra." Em Heidegger, só os arianos é que são mortais, e com isso tornam-se imortais.

Filosoficamente, do ponto de vista ontológico, o que é que eu como filósofo posso dizer sobre isso? É uma barbaridade inominável. Heidegger diz simples e resumidamente o seguinte: o ariano é um ser que tem a capacidade de morrer, a dignidade de morrer. O judeu não é um ser, portanto, não morre, ele somente falece e vira peça de reposição, como todos os que não são arianos. Quando um judeu falece, para onde ele vai? Volta à condição de não ser, afirma Heidegger. Ele saiu do não ser e volta ao não ser.[4] Basta consultar as suas obras em alemão, nas quais encontraremos outras barbaridades, como a de que a seleção de raças é metafisicamente necessária. O racismo é uma necessidade metafísica, afirma Heidegger.

Heidegger eleva o racismo a pensamento e pensamento metafísico. Tem toda uma justificativa metafísica para o racismo em 1949, 1950. Eu me lembro de quando ele concedeu uma entrevista para o *Jornal do Brasil*, ou o jornal traduziu de outro órgão de imprensa, na década de 1970, em 1975 aproximadamente, muito pouco tempo antes de morrer em 1976. Heidegger afirma o seguinte: que todo indivíduo que gosta de dançar é um idiota. E nenhum idiota no Brasil reclamou. Os heideggerianos vão para a gafieira e demais casas noturnas para dançar, dançam no carnaval etc., mas como são heideggerianos não se incomodam com a ofensa. O idiota é chamado de idiota, aceita, tem orgulho de ser ofendido, e certamente se acha verdadeiramente um idiota. A relação é sadomasoquista. O idiota é o masoquista da relação. Ele sente prazer em apanhar de Heidegger. O macho dominante exerce a *animalitas* sobre os dominados, vítimas do complexo de inferioridade intelectual, cujo destino é

---

4   Clube de Bremen, 2 de dezembro de 1949. Heidegger, Martin. *Bremen und Freiburger Vorträge*, *Gesamtausgabe*, volume 79, p. 56.

serem escravos sexuais em alguns casos, e escravos espirituais na maioria deles. As exceções confirmam a regra.

Concluo afirmando o seguinte: a farsa de Heidegger chegou ao fim. O pacto nazissoviético de Hitler e Stalin, que eu chamei de união estável, permanece até hoje na propaganda da "filosofia" de Heidegger, unindo comunistas e nazistas em uma comunhão fraterna no *front* da barbárie. No meio, aquelas pessoas de boa-fé que ainda não se deram conta do que está em jogo, pois estão somente enxergando e valorizando as exposições tipicamente filosóficas de Heidegger que aparentemente são neutras. Não as condeno, pois de fato as sutilezas, as traduções e as estratégias de Heidegger são extremamente hábeis. A "filosofia" de Heidegger é um gravíssimo atentado contra a Humanidade.

MARTIN HEIDEGGER, 1933: OS ARQUIVOS NAZISTAS DO *REKTOR-FÜHRER* DA FILOSOFIA

a Jean-Pierre Faye

Emmanuel Faye chama a atenção para um documento de 3 de junho de 1938, do Relatório Secreto do Serviço de Segurança ou SD (*Sicherheitsdienst des Reichsführer SS*), que definitivamente esclarece a famosa demissão da Reitoria da Universidade de Friburgo e que vincula coerentemente Heidegger com o nacional-socialismo em atos e obras desde o livro *Sein und Zeit* até a sua morte, em 1976. Nesse documento se lê: "Ele deixou seu cargo em 1934, visto não possuir as capacidades táticas necessárias ao seu exercício."[1]

O escandaloso antissemitismo de Heidegger teve repercussão imediata. Ocultadas durante décadas as verdadeiras razões da sua demissão da Reitoria, hoje tudo fica esclarecido, isto é, temos a famosa *clareza*, tão cara ao seu pensamento durante o Terceiro Reich, mas hoje em sentido inverso. O espírito de *rigor* por Heidegger exigido no nacional-socialismo volta-se contra ele mesmo.

Os arquivos até então secretos tornaram-se públicos, na dialética do secreto e do público. Enquanto permanecem secretos, os arquivos despertam a suspeita de serem criminosos. Dos arquivos de

---

1 Faye, Emmanuel. *Heidegger, l'introduction du nazisme dans la philosophie*. Paris, Éditions Albin Michel, 2005, p. 703. "Er legte aber 1934 sein Amt nieder, da er nicht die notwendigen taktischen Fähigkeiten zu einer solchen Amtsführung besaß." No ensaio anterior deste livro, publicamos um relatório secreto sobre a atividade docente de Heidegger produzido pelos serviços de segurança do Reich, Reichführer, da SS/SD, "Questionário para apreciação política" (*Fragebogen zur politischen Beurteilung*).

Heidegger até hoje secretos, alguns pouco a pouco vêm a público, como os *Cadernos Negros*,² e outros esperam talvez um momento histórico mais favorável politicamente. Uma das funções das publicações heideggerianas é criar as condições políticas e históricas necessárias ao retorno do nacional-socialismo, assegurando o Eterno Retorno da raça ariana. O caráter secreto dos arquivos de Heidegger não está necessariamente condicionado ao sentido literal, à exceção daqueles ainda porventura não tornados públicos, mas sim aos sentidos eclipsados do pensamento "filosófico". A fenomenologia nacional-socialista de Heidegger é uma estrutura blindada e fabricada para abrigar o "Ser" racista, e por isso é necessário uma sempre renovada disposição de interpretação crítica. Cada conceito filosófico heideggeriano é um arquivo secreto. O pensamento de Heidegger é quase sempre *in occulto*, guardando conteúdos latentes em conceitos manifestos destinados a ocultar mais que a exibir. Há um conteúdo nacional-socialista criptografado. Em verdade, os conceitos filosóficos e a terminologia filosófica foram sempre instrumentos políticos de Heidegger. Contudo, se de um lado Heidegger esconde, de outro ele mostra.

A AUTOAFIRMAÇÃO DA UNIVERSIDADE ALEMÃ – 27 DE MAIO DE 1933

Jean-Pierre Faye, com a fineza de grande filósofo,³ publica um pequeno dossiê Heidegger de 1933 e 1934, que até então dormia no esquecimento voluntário da intelectualidade ocidental, com textos esclarecedores e estarrecedores da volúpia exterminadora do mais importante pensador nacional-socialista, seguido de um artigo dele próprio, de um primor crítico e técnico que o colocam na vanguarda do pensamento europeu.⁴

Cronologicamente, podemos mencionar o famoso *Discurso da Reitoria* por ocasião de sua posse em 27 de maio de 1933, "A autoafirmação da Univer-

---

2   Martin Heidegger, *Gesamtausgabe*. *Schwarze Hefte 1931-1938*. *Band 94*. Frankfurt am Main, Ed. Vittorio Klosterman, 2014. *Gesamtausgabe*. *Schwarze Hefte 1938-1939*. *Band 95*. Frankfurt am Main, Ed. Vittorio Klosterman, 2014. *Gesamtausgabe*. *Schwarze Hefte 1939-1941*. *Band 96*. Frankfurt am Main, Ed. Vittorio Klosterman, 2014.
3   Heidegger, Martin. "Discours et proclamations", *Médiations*, automne 1961, pp. 139-150.
4   Faye, Jean-Pierre. "Heidegger et la 'révolution'", *Médiations*, automne 1961, pp. 151-159.

sidade alemã", levando-se em conta que Hitler foi nomeado chanceler em 30 de janeiro de 1933. Hitler deu a Heidegger a chance de começar seu projeto de desjudaizar a universidade alemã, acalentado desde a década de 1910. Segundo Emmanuel Faye,

havia muito tempo que o antissemitismo de Heidegger era bem documentado por um conjunto de testemunhos, cartas e por seus próprios textos. O escrito mais antigo que nós conhecemos é também um dos mais virulentos. Trata-se de duas frases tiradas de uma carta à sua noiva Elfriede, que Martin Heidegger lhe envia em 18 de outubro de 1916, em plena Guerra Mundial, e das quais a primeira frase forma como que um programa para o futuro da "raça alemã": "A judaização (*Verjudung*) de nossa cultura e de nossas universidades é terrificante, e eu penso que a raça alemã (*Die deutsche Rasse*) deveria encontrar suficiente força interior para alcançar o topo. Certamente o mais alto do topo!" Heidegger não renuncia à palavra "judaização" quando esta palavra se tornou um dos vocábulos mais marcantes de *Mein Kampf*. Com efeito, nós a encontramos empregada por ele em uma carta secreta endereçada em 1929 a Viktor Schwœrer, que nos ensina muito sobre a estratégia e a maneira de escrever do autor de *Ser e Tempo*: "o que eu só podia indicar indiretamente no meu texto, escreve Heidegger, posso dizê-lo aqui mais claramente..." Tal é, portanto, sua duplicidade: sugerir de maneira indireta em seus escritos públicos, o que é aceitável para o seu tempo, e exprimi-lo de maneira mais brutal em seus escritos particulares ou mantidos secretos por um tempo. O que Heidegger tinha a dizer a Schwœrer? Que nós estamos em 1929 colocados diante da seguinte alternativa: dotar "novamente nossa vida espiritual alemã de forças e de educadores autênticos enraizados em um solo", ou entregar "definitivamente a vida espiritual alemã à crescente judaização em sentido amplo e no sentido estrito do termo".[5]

A Reitoria era a oportunidade para a "direção espiritual" da desjudaização da universidade alemã e a oficialização do racismo. Assim, "a autoafirmação da universidade alemã é a vontade de sua própria essência comum e originária. A universidade alemã é para nós esta escola superior que, partindo da Ciência e por intermédio da Ciência, forma os guias e os guardiães (*Führer und Hüter*) do destino do povo alemão pela educação e a disciplina. A vontade da essência

---

5 Faye, Emmanuel. "Antisémitisme et extermination: Heidegger, l'Œuvre intégrale et les Cahiers noirs", *Cités*, 61, 2015, pp. 106-122.

própria à universidade alemã, como vontade de uma missão espiritual e histórica de nosso povo, enquanto povo que se reconhece em seu Estado. Ciência e destino alemães devem, juntos, nesta vontade da essência (*Wesenswillen*), alcançar a potência."[6] O mitológico resgate de uma essência alemã comum e originária, com o solo e sangue germânicos puros, seria a condição para uma constante multiplicação e aprofundamento do nacional-socialismo. Estado, povo, partido e universidade estariam em identidade profunda no sentido da realização material e espiritual da essência alemã. Ainda que a essência alemã consista no resgate do "começo", tal como na Grécia antiga! A vontade de potência deve se manifestar na descoberta da pedra filosofal da "essência" alemã, que a rigor ninguém sabe onde se encontra, pois não existe.

APELO AOS ESTUDANTES – 3 DE NOVEMBRO DE 1933

A "filosofia" do mestre Heidegger se confundia com a pura propaganda política. Em *Apelo aos estudantes*, Heidegger afirma que "a Revolução nacional-socialista traz a reviravolta total de nossa existência alemã". A rigor, em Heidegger somente a existência é alemã, do âmbito do Ser, e do ser-daqui (*Dasein*), da raça, do solo, do sangue e da origem. Somente o alemão é, somente a germanidade conhece a essência do ser, e com esta a essência da morte. O judeu, o negro e demais "raças" inferiores não são do domínio do ser (*Sein, Seyn, l'être*), mas do ente (*Seienden, l'étant*), tal como os animais, os insetos e as plantas. Judeus falecem, mas não morrem, pois morrer é uma prerrogativa do ser, da essência alemã. Segundo Heidegger, em 1949, "centenas de milhares de judeus morreram. Será que morrem? Eles falecem. São assassinados. Será mesmo que morrem? Tornam-se as peças de reserva de um estoque de cadáveres. Morrem mesmo? Eles são discretamente liquidados nos campos de extermínio. (...) Mas para inumeráveis mortos a essência da morte permanece inacessível. (...) A morte pertence ao *Dasein* do homem que se manifesta a partir da essência do ser".[7] Os textos públicos de Heidegger parecem ainda estar em estado de arquivos secretos, pois a repercussão ainda é muito pequena em relação à grandeza do escândalo.

---

6 Heidegger, Martin. "Discours et proclamations", *Médiations*, automne 1961, p. 146.
7 Heidegger, Martin. *Gesamtausgabe. Bremer und Freiburger Vorträge. Band 79*, Frankfurt am Main, Ed. Vittorio Klostermann, 1994, pp. 55-56.

No caso dos negros a mesma coisa: "Se agora levarmos em conta a questão da essência da história, pode-se pensar que nós decidimos arbitrariamente o que é a história, isto é, que a história seria o que é distintivo do ser do homem. Poder-se-ia argumentar, em primeiro lugar, que há homens e grupos de homens – os negros, por exemplo, os cafres (*Kaffer*) – que não têm história, dos quais nós dizemos que são sem história. (...) Há também história fora do campo dos homens, e em segundo lugar, dentro do mesmo campo humano, a história pode inexistir, como nos negros. (...) A natureza viva ou morta também tem a sua história. Mas como acabamos de dizer que os cafres são sem história? Porque eles têm tanta história quanto os macacos e os pássaros. Ou bem seria possível, apesar de tudo, que a terra, as plantas e os animais não tenham história?"[8] Desta feita, os negros, os judeus e demais entes não participam da festa do Ser. São vítimas ou de genocídio ou de escravidão. Se forem assassinados, não morrem, somente falecem; e se são escravizados, isso corresponde à normalidade da dominação no uso de mão de obra para extração de matérias-primas e trabalhos pesados. A lógica do nacional-socialismo é a lógica da natureza. Como diz Heidegger aos estudantes, essa lógica exige sangue-frio, dureza e decisão. E assim seriam construídas *"as futuras universidades do espírito alemão"*.

Theodor W. Adorno, alemão e judeu, já afirmara não saber o que é ser alemão: "É se isolar em estereótipos que o pensamento justamente deveria visar destruir. Aliás, não é seguro que exista alguma coisa como o homem alemão, ou qualquer coisa de análoga em outras nações. A melhor e mais verdadeira parte de um povo é sem dúvida bem mais a que não se deixa integrar ao sujeito coletivo e, se possível, que resiste a ele. Por sua vez, a formação de estereótipos favorece o narcisismo coletivo. A essência do grupo que se reconhece como seu próprio significará em breve tudo que é o bem, se não se toma cuidado; os outros serão assimilados ao mal. (...) O pensamento de Kant encontra seu centro no conceito de autonomia, de responsabilidade pessoal do indivíduo racional, e não em se sujeitar a todos os tipos de potências, dentre as quais a predominância do fator nacional jamais questionado. É somente no indivíduo que se realiza, segundo Kant, a universalidade da razão."[9] A busca do Eterno Retorno

---

8   Heidegger, Martin. *Gesamtausgabe. Logik als die Frage nach dem Wesen der Sprache*. Band 38, Frankfurt am Main, Ed. Vittorio Klosterman, 1998, pp. 83.
9   Adorno, Theodor W. *Modèles critiques*, Paris, Payot, 1984, pp. 220-221.

do Mesmo da raça alemã é uma obsessão nacional-socialista já anunciada por Nietzsche e acentuada por Heidegger.

PROFISSÃO DE FÉ DOS PROFESSORES DE UNIVERSIDADE PARA COM ADOLF HITLER - 11 DE NOVEMBRO DE 1933

O amor de Heidegger por Hitler também tem origem na tentativa de associar o hitlerismo à confirmação da sua filosofia da existência alemã, ao existencialismo nacional-socialista, usando a técnica do medo: "O *Führer* convoca o povo alemão a votar. Mas não é um pedido que o *Führer* faz ao povo. Ao contrário, ele dá ao povo a possibilidade mais imediata da decisão mais livre: sobre a questão de saber se ele mesmo – o povo inteiro – quer ou não quer a sua própria existência."[10] O segredo é que Heidegger considera o judeu alemão e mundial um impedimento à própria existência do povo alemão. Segundo Heidegger, aceitar o judeu na Alemanha, na Europa e no mundo é renunciar ao Ser alemão. Trata-se de uma concorrência racial. Definindo o inimigo, o judeu, mas guardando secretamente o seu nome, afirma Heidegger:

> O inimigo é este aqui, é qualquer um que faz pairar uma ameaça essencial contra a existência do povo e de seus membros. O inimigo não é necessariamente o inimigo externo, e o inimigo externo não é necessariamente o mais perigoso. Pode até mesmo parecer que não há inimigo algum. A exigência radical é então de encontrar o inimigo, de mostrar ou mesmo de criar um inimigo, a fim de que surja uma brusca manifestação contra o inimigo e que a existência não seja imbecilizada. O inimigo pode ter se enxertado na raiz mais profunda da existência de um povo e se opor à própria essência deste, agindo contra o povo. Tanto mais agudo, duro e difícil é então o combate, pois somente uma ínfima parte do combate consiste em golpe recíproco. Frequentemente é bem mais difícil e trabalhoso reconhecer esse inimigo enquanto tal, levá-lo a ser desmascarado, não se iludir sobre ele, colocar-se em prontidão para o ataque, cultivar e aumentar constantemente a disponibilidade e iniciar o ataque de longo prazo com o objetivo da exterminação total.[11]

---

10 Heidegger, Martin. "Discours et proclamations", *Médiations*, automne 1961, p. 142.
11 Heidegger, Martin. *Gesamtausgabe. Sein und Wahrheit. Band 36/37*, Frankfurt am Main, Ed. Vittorio Klosterman, 2001, pp. 90-91.

Heidegger e Hitler inventaram um inimigo, inventaram o judeu como inimigo. E colocaram uma falsa e criminosa oposição: ou o genocídio dos judeus ou a sobrevivência do povo alemão, que jamais fora ameaçado pelo judeus. Para Heidegger, "esta última decisão se estende até o limite extremo da existência do nosso povo. E qual é este limite? Ele consiste nessa exigência original de toda existência, que é de preservar (*behalten*) e de salvar sua essência".[12] O racismo heideggeriano teme pela "essência" do povo alemão. Salvar a essência alemã justificaria qualquer ação genocida contra judeus. O retorno às raízes é autoafirmação para a perenidade da raça. Com efeito, diz Heidegger, "a vontade de afirmação de si não é, contudo, somente a lei fundamental da existência de nosso povo, mas também o acontecimento fundamental constituído pela construção de seu Estado nacional-socialista".[13]

O genocídio dos judeus vem anunciado secreta e discretamente por Heidegger da seguinte forma:

> Nós renunciamos à idolatria de um pensamento privado de solo e potência (*boden-und machtlosen*). Assistimos ao fim de uma filosofia que a serve. Estamos seguros de ver a clara dureza e a certeza justificada do questionar inflexível e simples retornar à essência do ser. A coragem originária (*ursprüngliche*) no confronto violento contra o ente, a coragem de elevar a intensidade ou destruí-lo por completo, tal é o motivo o mais interior do questionar próprio de uma ciência racista (*völkischen*). A coragem chama avante, a coragem separa-se do já feito, a coragem ousa o inabitual e o insondável.[14]

Privado de solo é o judeu, chamado de povo nômade e *sem mundo* (*weltlos*) por Heidegger. O judeu vem secreta e eufemisticamente intitulado "o ente", objeto de destruição completa pelo "ser alemão", pela "essência alemã". Esta é "a manifestação mais forte da nova realidade alemã própria do Estado nacional-socialista. Nossa vontade de autorresponsabilidade racista (*völkischen*) quer que cada povo encontre e preserve a grandeza e a verdade de seu destino. Esta vontade é a mais alta garantia da segurança dos povos, pois vincula-se à lei fundamental do respeito viril e da honra incondicionada. Heil Hitler!"[15] A coragem originária é o ariano, que ousa o genocídio, que é inabitual e insondável, a fim de impedir a resracifica-

---

12 Heidegger, Martin. "Discours et proclamations", *Médiations*, automne 1961, p. 143.
13 Idem, ibidem, p. 143.
14 idem, ibidem, p. 144.
15 Idem, ibidem, p. 145.

ção total (*vollständige Entrassung*) da essência alemã. A Solução Final estava secretamente prevista desde sempre em Heidegger, para quem, nos *Cadernos Negros*, "o nacional-socialismo não é uma verdade acabada, pois deve ter ainda um segredo e alguma coisa para esconder".[16] Nos recentemente publicados *Cadernos Negros*, como no anunciado volume 97 das Obras Completas, Heidegger afirma que "o que é essencialmente 'judeu' é o topo do autoextermínio da história", e que o *autoextermínio* dos judeus fez parte da "limpeza do Ser". Crime sobre crime.

16 Assheuer, Thomas. "L'héritage empoisonné", *Cités*, 61, 2015, p. 85.

SALVADOR ALLENDE, LÍDER NACIONAL-SOCIALISTA DA AMÉRICA LATINA

O título do presente artigo não é uma opinião, nem um ponto de vista do autor ou uma interpretação subjetiva, mas tão somente a fiel reprodução da própria opção política de Salvador Allende, que é autoexplicativa, conforme seus próprios textos, declarações e projetos de lei. Vincula o jovem de 1933 ao maduro Allende de 1970-1973 na coerência extremista. Como todo extremista, Allende padecia do típico desassombro da "grande" autoridade científica em assuntos que desconhece, ou que inventa pela imaginação perversa. O extremista de esquerda é o extremista de direita se olhando no espelho, e vice-versa. A sua falsa e fraudulenta cientificidade vinha dissimulada na pretensa autoridade pessoal e política, o que caracteriza tecnicamente o autoritarismo. O racismo é uma das expressões do extremismo.

A América Latina radicalizou sua tendência ao comunismo desde a tomada do poder pelas armas em Cuba, mas essa tendência se tornou mais lenta após a queda do Muro de Berlim em 1989 e o fim da União Soviética em 1991. Seus principais líderes mudaram a estratégia, buscando recursos financeiros no tráfico de drogas com as FARC e sequestros, ou com a tomada do poder pelo voto, mas institucionalizando a corrupção por meio da aliança com o grande capital oriundo de bancos, empresas de grande porte e extorsões generalizadas, o desvio sistêmico de dinheiro público, ou mesmo a exportação de médicos com e sem diploma.

Após 1945, o comunismo determinou que a militância nos Estados nacionais fizesse intensa propaganda disseminando a falsa oposição entre comunismo e nazismo, em virtude da hostilidade de Hitler em 1941 e a consequente derrota para os Aliados em 1945. A URSS teria continuado ao lado da Alemanha nazista não fosse o surpreendente ataque de Hitler a Stalin. Até então, as duas nações viviam na confortável zona do Pacto Nazi-Soviético, mais conhecido como Molotov-Ribbentrop. Esse coquetel do nazismo com o comunismo infelizmente ficou menos célebre que o coquetel Molotov, arma química incendiária de muito prestígio urbano entre os extremistas que procuram demonstrar científica e filosoficamente a verdade de suas ideias.

A América Latina reflete as mesmas tendências verificadas historicamente na Europa e ficou nua ao serem reveladas as suas entranhas nazicomunistas nas estranhas teorias médicas do jovem psiquiatra e cirurgião Salvador Allende, da Universidade do Chile, em sua monografia de conclusão do curso de medicina em 1933, não por coincidência o mesmo ano da ascensão de Hitler ao poder na Alemanha.

Víctor Farías ficou conhecido no Brasil pelo livro *Heidegger e o Nazismo*,[1] pela Editora Paz e Terra, em 1988. Curiosamente, o Brasil foi o primeiro país a publicar o seu livro. Farías o enviou a Simon Wiesenthal, que agradeceu o exemplar e, inquietado pelo nazismo na América Latina, fez a seguinte pergunta, que deu origem ao livro em questão: "Quem foi de fato Salvador Allende?" Simon Wiesenthal indagava em razão de Salvador Allende ter se recusado a extraditar um dos criminosos de guerra mais procurados pela justiça internacional, o colaborador direto de Adolf Eichmann, e criador da tecnologia de extermínio de judeus, ciganos e russos orientais por caminhões de gás que assassinou 500 mil pessoas, o famoso *SS-Standartenführer* Walter Rauff. Rauff é o responsável direto pela morte de 100 mil judeus. Salvador Allende justificou-se em carta oficial da Presidência da República alegando prescrição dos crimes, e que "legalmente" não tinha condições de entregá-lo à justiça internacional. Víctor Farías aceitou o desafio de Simon Wiesenthal e descobriu quem foi Salvador Allende, respondendo com o livro *Salvador Allende: contra los judíos, los homosexuales y otros "degenerados"*.[2] No Brasil o livro foi publicado com o título de *Salvador Allende – Antissemitismo e eutanásia*.[3]

Víctor Farías reproduz relato de um jornalista francês que "afirmou ter o testemunho de um agente cubano que participou da defesa do palácio de La Moneda e que, por ordem de Fidel Castro, teria assassinado Allende quando

---

1 Farías, V. *Heidegger e o nazismo*. Rio de Janeiro: Ed. Paz e Terra, 1988.
2 Idem. *Salvador Allende: contra los judíos, los homosexuales y otros "degenerados"*. Barcelona, Áltera, 2005.
3 Idem. 3. Osasco, Ed. Novo Século, 2006. (Grafia anterior à reforma ortográfica.)

este decidiu render-se...".⁴ Allende afirmara anteriormente que jamais se suicidaria, pois "tinha a obrigação emanada da vontade revolucionária do povo".

Curiosamente, o médico psiquiatra Salvador Allende, nos anos 1930, referia-se à revolução como "delito coletivo" e chamava o revolucionário de "psicopata perigosíssimo de aparência normal", e na sua classificação clínica e psicopatológica dos vagabundos, incluía "os idealistas apaixonados".⁵ Será que no seu caso pessoal ele tinha razão? Vale lembrar que o nazismo, à imagem e semelhança do comunismo, era uma revolução fundada no antiliberalismo, no anticapitalismo, na antidemocracia, e contra a civilização judaico-cristã e todos os seus valores e princípios mais elevados.

Farías revela a conexão entre comunismo e nazifascismo ao mencionar a coincidência do "brutal e extremo naturalismo que, por sua vez, está na base do racismo e explica o crime eutanásico e o extermínio. Ele constitui também um dos fundamentos principais em que o marxismo entende a dialética da história como dialética da natureza, o que chegou a promover e justificar os hospitais psiquiátricos e o Gulag na União Soviética".⁶ Todas as tragédias do passado, como a criação do Departamento de Seleção Racial, Defesa da Raça, Cuidado da Raça, Higiene Racial e congêneres do nazifascismo, deveriam fazer o Brasil evitar o racismo como política pública, mas foram criados o Ministério da Igualdade Racial, Tribunal Racial para cotas, declaração de raça e mesmo, pasmem, um Instituto de Advocacia Racial, acentuando aquilo que regozijava Adolf Eichmann na sua defesa perante o Tribunal de Nuremberg: "Eu dizia o seguinte: primeiro, as raças existem; segundo, as raças são diferentes entre si." Faltou somente a confissão do terceiro ponto, de que as raças têm uma hierarquia, e a ariana é a superior. Eichmann tem inúmeros discípulos no Brasil, mesmo não sendo arianos. É esse naturalismo que conduziu Martin Heidegger, criador do conceito de *animalitas* para o nazismo a partir de Nietzsche, a defender a primazia da animalidade sobre a primazia da razão, a negação do humanismo por um novo humanismo ariano do super-homem que fundamenta e legitima a eliminação e a escravização de povos e "raças", no sentido racista do termo. O naturalismo da barbárie para além do bem e do mal substitui o

---

4   Idem, ibidem, p. 14.
5   Idem, ibidem, pp. 77-81.
6   Idem, ibidem, p. 15.

culturalismo da civilização em que o bem e o mal estão bem delimitados na defesa da vida humana.

A monografia intitulada *Higiene mental e delinquência*, de Salvador Allende, foi apresentada em 1933 na Faculdade de Medicina da Universidade do Chile, e o levou à residência médica no Manicômio e Hospital Psiquiátrico da Faculdade de Medicina da Universidade do Chile, na cidade de Santiago. A psiquiatria usada como arma contra adversários do comunismo na URSS acabou sendo exportada para a Alemanha nazista, e Allende segue a mesma cartilha. Sua monografia foi encontrada por intervenção indireta de Víctor Farías no Arquivo do Hospital Psiquiátrico da Faculdade de Medicina da Universidade do Chile, sob documentos da Fundação Salvador Allende, em Santiago. Farías associou-a à documentação conservada no Arquivo Nacional do Chile (seção Século XX), no Arquivo da Universidade do Chile, no Arquivo e Museu da Faculdade de Medicina da Universidade do Chile, e à documentação contida nos Arquivos e Bibliotecas da Clínica Psiquiátrica e do Hospital Psiquiátrico da Universidade do Chile. O resultado é estarrecedor, mas coerente com toda a ortodoxia racista do final do século XIX e século XX. Farías mostra que, "para Allende, uma das causas naturais da delinquência é a 'raça', e a essa afirmação agrega que os judeus estão geneticamente predeterminados a certo tipo de delinquência: 'fraude, falsidade, calúnia e, sobretudo, a usura' [...], esses dados fazem suspeitar que a raça influi na delinquência (*Higiene mental e delinquência*, p. 112)".

A título de curiosidade, o Salvador Allende capitalista. O nacional-socialista Salvador Allende foi, desde 1956 até 1965, sócio-acionista e diretor-geral da empresa Sociedade Anônima e Comercial Pelegrino Cariola, de exportação e importação, empresa proprietária de enorme quantidade de imóveis e com sedes em Santiago e Valparaíso. A astúcia empresarial de Salvador Allende é muito curiosa. Revela Víctor Farías que, "no contexto de uma visita oficial em 1967 à República Democrática da Alemanha, os senadores Salvador Allende e Aniceto Rodríguez solicitaram o financiamento de uma gráfica para o Partido Socialista".[7] Segundo o relatório SAPMO – Bundesarchiv DY 30 IV A2/20/725,

> no curso de conversações paralelas, o camarada Allende deixou claro perseguir, com a gráfica, fins inteiramente privados às custas do Secretário-Geral de seu

---

7   Idem, ibidem, p. 27.

partido, Aniceto Rodríguez. O camarada Allende quer, na realidade, instalar uma gráfica com capital próprio a fim de publicar um grande periódico sobre a base de *La Ultima Hora*. Ele já é dono de parte do capital desse jornal, equivalente a 70 mil dólares americanos. O camarada Allende declarou perseguir metas comerciais e não esperar favores. Devido ao Banco Estatal do Chile não lhe conceder garantias necessárias para adquirir as máquinas, [Allende] afirmou ter comentado o assunto com Fidel Castro [...] e a ambos camaradas foi esclarecido, ainda assim, que em todos esses trâmites, nós exigimos tratar só de partido a partido e de acordo com os Secretários-Gerais, e de modo algum com pessoas privadas [...] O camarada Allende acenou ademais com a possibilidade de receber bolsas de estudo para a formação de técnicos especializados, para trabalho ilegal [...] [e] lhe foi respondido que não possuímos instituições para tais estudos [...].[8]

Segundo Farías, Salvador Allende, enquanto ministro da Saúde do governo da Frente Popular (1939-1941) do presidente Pedro Aguirre Cerda, foi coerente com seu Decreto visando a criar uma instituição com o singelo nome de "Defesa da Raça e Aproveitamento das Horas Livres":

Especial importância tem a caracterização ideológica dos cientistas que Allende designou para a elaboração do Projeto de Lei. O Projeto allendista de "eugenesia negativa" inclui uma lista de enfermos como não se conheceu em outro país civilizado (se é que a Alemanha nazista podia, nesse tempo, ser considerada como tal) e criava, além disso, toda uma legislação punitiva, inclusive um Tribunal de Esterilização ao qual não podia ter acesso a família dos enfermos e que emitia sentenças inapeláveis. A Artigo 23º dispõe, inclusive, que "todas as resoluções ditadas pelos Tribunais de Esterilização serão obrigatórias para toda pessoa e autoridade, e se levarão a efeito, em caso de resistência, com o auxílio da força pública".[9]

O "Cuidado da Raça" do ministro da saúde Salvador Allende foi confiado aos dois maiores racistas do Chile, os médicos Eduardo Brücher e Hans Betzhold. Hans Betzhold, considerado na época a maior autoridade do Chile em eugenia, adepto explícito da eutanásia nazista, anexou ao projeto de Esterilização de Alienados Mentais a chamada "Lei alemã para precaver uma descendência com taras hereditárias", de 14 de julho de 1933. O médico Betzhold

---

8   Idem, ibidem, p. 27.
9   Idem, ibidem, p. 30.

elogiou os "benefícios" da "eugenia negativa" de Allende, e a relaciona naturalmente as "propostas de higiene racial de Adolf Hitler em *Minha luta* para sanear o corpo do povo e iniciar o começo de uma política de previsão para as próximas gerações [...] com o fato que agora em 1940 se abre no Chile a ideia de implantar uma legislação que contemple a esterilização de elementos patológicos associáveis. Essa feliz iniciativa se deve ao Ministro da Saúde Nacional, Dr. Salvador Allende, que designou uma Comissão para elaborar um Projeto de Lei de Esterilização [...] (Hans Betzhold, op. cit., pp. 79-81)".[10] Na *Biografia oficial* de Salvador Allende, lê-se que o nacional-socialismo é exaltado, pois "Salvador Allende era já em seus dias estudantis um consequente defensor de um socialismo pragmático de verdadeira raiz nacional".[11]

Em sua monografia de 1933, Allende não poderia ter sido mais claro: "As leis da eutanásia e da eugenesia substituíram a rocha Tarpeia (penhasco de onde os romanos atiravam os recém-nascidos com deficiência e os 'tarados') e suas disposições protegem o indivíduo, acima dele mesmo, e só com objetivos sociais. A beneficência de ontem é a assistência social de hoje. A necessidade coletiva tem sujeitado a bondade pessoal. (...) Antes de tudo, porque a higiene mental tem por objeto a defesa da sociedade de parte daqueles seres com taras neurológicas ou psicopatas e, por sua vez, a proteção destes por parte do conglomerado social."[12]

Víctor Farías esclarece que

> em pouco tempo, também para prevenir as chamadas "taras hereditárias" e "melhorar a raça", se desenvolveu, a partir de 1924, na Alemanha, essa concepção das tarefas psiquiátricas. Criou-se naquele ano a Associação Alemã para Higiene Mental, que, já em 1928, incluiu entre seus objetivos a profilaxia hereditária e a higiene racial. Também na União Soviética se formou, em 1921, no interior do Comissariado para a Saúde, uma comissão especial para o cuidado da "saúde neuropsíquica", que em 1923 organizou em Moscou um Congresso de Higiene Mental para promover a aplicação de seus princípios ao Exército Soviético e na seleção de recrutas. (...) A Sociedade de Higiene Mental, em particular na Alemanha, sugere desde o início a pretensão de tornar-se uma instância social e institucional decisiva, com caráter totalitário. (...) Em 1934 a sociedade passou a denominar-se

---

10 Idem, ibidem, p. 30.
11 Idem, ibidem, p. 37.
12 Idem, ibidem, pp. 54-56.

Associação Alemã para Higiene Mental e Higiene Racial. Seu novo diretor, Ernst Rüdin, deixou as coisas claras desde o início: "Também entre os médicos, os assistentes sociais, os juristas e os economistas se expandiu nos últimos anos cada vez mais intensamente a aceitação da urgente necessidade de praticar a promoção da herança psiquiátrica saudável. Isso conduziu ao conhecido Projeto de Lei de Esterilização Voluntária. Graças às mudanças políticas, a situação se transformou completamente. Em lugar de poder levar a cabo somente esterilizações voluntárias, hoje temos inclusive a obrigação de cumprir com as esterilizações forçadas a que nos obriga a nova lei."[13]

Placas acima de judeus amarrados em praça pública para serem fuzilados traziam a frase *"Ich bin ein Rassenschänder"*, "Eu sou uma raça sem honra".

Um dos maiores mentores de Allende foi o "filósofo" brasileiro Renato Kehl, que até o dia 28 de novembro de 2013 era o patrono da cadeira número 1 da Academia Brasileira de Filosofia. Aproveitei a solenidade em que se empossava um filósofo da Física, o professor Francisco Caruso, pesquisador do Centro Brasileiro de Pesquisas Físicas — CBPF, e o expulsei *post mortem*. Renato Kehl foi um nazifascista brasileiro com muita influência no Chile e na América Latina, que teve quase toda a sua obra de eugenia publicada pela Editora Francisco Alves, e era uma desonra para a Academia e para a filosofia a sua presença no quadro dos patronos. Para a vaga, propus o nome do grande físico brasileiro César Lattes, codescobridor do méson pi, participante da equipe cujo patriarca ganhou o Prêmio Nobel de Física. Todos os membros da Academia apoiaram. Talvez uma decisão inédita em uma academia. Em nosso entendimento, o racista é que é uma desonra para a sociedade.

Com efeito, Renato Kehl, entre outras pérolas do racismo, afirma que todos os conflitos sociais acontecem "por culpa do artificialismo reinante nos agrupamentos humanos. Como todos têm o mesmo direito à vida, os fracos, os débeis mentais, os degenerados vivem, procriam, se multiplicam sob a proteção de favores que muitas vezes são negados aos fortes, aos inteligentes, em suma, aos esteios da perpetuação melhorada da espécie. (...) A massa cresce como se dá nas colônias de micróbios nos laboratórios: artificialismo protetor em lugar de naturalismo selecionador".[14] Nessa citação percebe-se o rastro da influência

---

13 Idem, ibidem, pp. 56-57.
14 Idem, ibidem, p. 59.

de Nietzsche e Heidegger que desemboca no nazismo, com a destruição de todos os valores da civilização judaico-cristã, e a instauração da frieza absoluta, do biologismo cruel, da desumanização da sociedade e da institucionalização, no humano, do eliminador naturalismo da animalidade.

Uma das maiores agressões à civilização judaico-cristã reside na concepção de que "o indivíduo é a unidade da raça", que é de natureza coletivista, negadora da pessoa humana individual. Com efeito, Víctor Farías indica que "também aqui Salvador Allende escolhe com certo virtuosismo a citação com que encabeça o capítulo Endocrinologia e Crime. Provém do neurologista McAuliffe: 'É de um predomínio fisiológico e morfológico o que dá a cada um de nós seus caracteres específicos.' A citação", continua Farías, "incorpora decisões teóricas graves e adianta uma pluralidade de opções que Allende, ainda que de modo primitivo e anárquico, mais tarde incorporaria a seu ideário político. Nesse momento convivem no laboratório febril do seu sobrevir ideológico as variantes mais extremas, mas unidas por uma identidade genérica – a que Marx articulara em seu princípio mais agressivo – 'o indivíduo, o eu, é uma ficção' – e que Alfred Rosenberg viria a sacralizar – 'Eu não sou nada, o único que é, é meu povo, minha raça'".[15] A impessoalidade da raça é também exaltada por Heidegger ao afirmar que imortal não é a alma, mas a raça.

A famosa cura gay que está em debate no Brasil está falseada, pois o que se discutiu foi a liberdade de um homossexual desejar voluntariamente ajuda psicológica para abandonar a homossexualidade por ser fator de infelicidade pessoal, o que me parece rigorosamente legítimo, mas atacada violentamente pela esquerda, que contudo considera normal um heterossexual procurar apoio clínico para aderir à homossexualidade. Contudo, o socialismo nacional de Salvador Allende tem algo que desagradaria aos socialistas brasileiros. Assim, menciona Farías, a "citação dos experimentos em seres humanos que esses autores realizaram –referidos por Allende sem sequer aludir aos supostos éticos que os envolve – constitui outro dos zênites teóricos e humanos da *Memória* de Salvador Allende. Steinach, Lipschütz e Pézard 'conseguiram curar um homossexual, em cuja família havia outros pederastas, que apresentava grande número de caracteres secundários femininos, injetando-lhe pedaços de testículo no abdômen. Depois da operação se modificaram os caracteres femininos

---

15 Idem, ibidem, p. 64.

SALVADOR ALLENDE, LÍDER NACIONAL-SOCIALISTA DA AMÉRICA LATINA 135

e o enfermo abandonou seus hábitos homossexuais".[16] Certamente os homossexuais socialistas brasileiros que viveram sob o breve período do governo do presidente Allende não tinham noção do que os esperava no futuro no Chile, ou caso o socialismo cubano se instaurasse no Brasil.

Vale lembrar o mencionado por Farías sobre a famosa entrevista Allende-Debray, em que Allende minimiza a ditadura do general Carlos Ibañez (1927-1931), que fez assassinar centenas de homossexuais, afundando-os vivos no mar por seu intendente para a província de Valparaíso e Aconcágua. Segundo Farías, "sua aberta simpatia pelo fascismo fez de Ibañez o personagem político chileno de maior confiança para a Embaixada do Terceiro Reich em Santiago, e também em relação à infiltração das Forças Armadas". Ibañez voltará a presidir o Chile de 1952 a 1958. Segundo Víctor Farías,

> ao relacionar o delito, a doença mental e as assim chamadas raças, Allende assume o racismo explícito da sociedade chilena "europeizada": todos os seus exemplos de psicopatologia e delito se referem a povos "de cor" (hindus, árabes, ciganos), nômades, "vagabundos" (judeus, boêmios) ou europeus do sul (espanhóis, italianos do sul) e nunca aos "nórdicos", "germânicos" ou anglo-saxões que, a essa altura, já haviam exterminado ou escravizado perversamente boa parte do planeta e se haviam autoagredido por séculos e ferozmente, inclusive em uma guerra mundial. Essa inconsequência ideológica de Salvador Allende é compartilhada por toda a esquerda comunista e socialista latino-americana: em toda a sua história jamais um descendente de aborígenes ou africanos ocupou, por certo tampouco em Cuba, um lugar decisivo e destacado como dirigente político. J. Carlos Mariátegui chegou inclusive a proibir a militância política comunista aos "negros e chineses".[17]

Víctor Farías descobriu outro rastro do antissemitismo do Partido Socialista chileno em um inacreditável texto de 1965 do secretário nacional e senador Carlos Altamirano. Seu maior ódio era contra Moisés, o criador do judaísmo. Segundo o nacional-socialista Carlos Altamirano, "Moisés é um velho infeliz, um velho impotente e amargurado, e a única coisa que fez foi traumatizar a humanidade pelo espaço de dois mil anos (sic). Não tem o perdão de Deus. Um velho impotente, em vista do que, para desquitar-se, subiu a um monte, esteve vários dias refletindo sobre como nos esfregamos e logo apareceu com seus dez

---

16 Idem, ibidem, p. 66.
17 Idem, ibidem, p. 74.

mandamentos. Não fornicar! Não desejar a mulher do próximo! Não mentir! Não matar! Não isto, não aquilo. Que velho mais desgraçado! Terminou de golpe e porrada tudo de bom que a vida tem! Precisava nascer um grande movimento destinado a mandar Moisés ao diabo!"[18] Assim, portanto, o projeto socialista no Chile de meados dos anos 1960 até o início dos anos 1970 era pura e simplesmente a restauração do nazismo.

O governo da Frente Popular do Presidente Pedro Aguirre Cerda assinou o Decreto-Lei de 1939 que fundamentava a política de saúde na concepção eugenésica do "melhoramento da raça", por intermédio da Instituição Nacional para a Defesa da Raça. Segundo Farías, "entre os dirigentes máximos da Instituição Nacional para a Defesa da Raça aparecem também personalidades como o general Francisco Javier Díaz Valderrama, criador da primeira organização nazista no Chile oficialmente reconhecida por Hitler".[19] A esse propósito, Victor Farías remete ao seu importante e alentado livro *Los nazis en Chile*,[20] no qual a apresentação da contracapa se refere às "complexas implicações da infiltração nazista nas instituições políticas, científicas, militares e culturais chilenas. Documenta pela primeira vez a vasta atividade do partido NSDAP- *Nationalsozialistische Deutsche Arbeiterpartei* (Partido Nacional-Socialista dos Trabalhadores Alemães) no Chile e como chegou a converter-se na organização nazista mais numerosa e eficiente da América Latina. Víctor Farías conta como se desenvolveram os experimentos raciais nazistas com crianças chilenas, as entusiastas atividades do corpo diplomático do Chile, o suborno das altas autoridades políticas da nação, a presença de médicos chilenos nos campos de concentração e trabalho alemães, a assistência de magistrados das Cortes de Justiça do Chile aos juízes do Tribunal do Terror (Volksgerichtshof), as redes alemãs de espionagem, o trabalho que altos oficiais das Forças Armadas chilenas desenvolveram nas instituições nazistas, e por último, a surpreendente correspondência entre Salvador Allende e Simon Wiesenthal sobre os nazistas alemães refugiados no Chile".

O primeiro partido nazista chileno foi fundado pelo general Francisco Javier Díaz Valderrama. Segundo Farías, "alguém que não pertencia à colônia alemã vai fundar em 1932 a primeira organização nazista chilena, e que será exatamente aquela que foi reconhecida como tal pelo órgão oficial do NSDAP,

---

18 Idem, ibidem, p. 82.
19 Idem, ibidem, p. 106.
20 Farías, V. *Los nazis en Chile*. Barcelona: Ed. Seix Barral, 2000, p. 369.

SALVADOR ALLENDE, LÍDER NACIONAL-SOCIALISTA DA AMÉRICA LATINA   137

o *Völkischer Beobachter*, nessa época editado por Adolf Hitler. (...) O fato de que esta organização nazista surja já em 1932, isto é, *antes* da ascensão de Hitler ao poder, revela ademais a radicalidade das convicções nazistas de Díaz Valderrama".[21] Vale ressaltar a neonazista Colônia Dignidade, enclave racista alemão no Chile dirigido por nazistas e ex-nazistas que ocupa há décadas um território duas vezes maior que Berlim. Essa colônia prosperou sobretudo no governo do presidente Salvador Allende, que impediu todos os processos criminais contra os seus moradores, e que, segundo Farías, eram de amplo conhecimento público desde os anos 1960. Farías denuncia que o vasto território tem enormes áreas agrícolas, aeroportos próprios, hidrelétricas, redes de túneis subterrâneos, locais de concentração de armas e treinamento militar autônomo.[22]

Em 1939, o ministro da saúde Salvador Allende publica o livro *A realidade médico-social chilena*, ganhando o Prêmio Carlos Van Buren da Associação Médica do Chile, a sinistra Amech. Ontologizando a raça, Allende segue a cartilha nacional-socialista ao expor que "as intenções programáticas do governo são as de 'devolver à raça, ao povo trabalhador, sua vitalidade física, suas qualidades de virilidade e de saúde que ontem foram as características que lhes sobressaíam, readquirir a capacidade fisiológica de povo forte". Para Farías, "todas as iniciativas propostas em *A realidade médico-social chilena* para superar as deficiências do sistema 'capitalista', a dependência econômica e política das grandes potências e restabelecer 'a justiça social' são propostas em relação a um 'plano higiênico-sanitário'".[23] Essa estratégia racista de Allende coincide perfeitamente com o nacional-socialismo como Revolução Socialista anticapitalista e antiliberal, como racismo e mitologia. Na concepção de raça biológica, típica do nazismo, Allende é muito explícito: "Nós não podemos nos conformar em lamentar a triste realidade presente. É mister que se ponha à prova a vitalidade do organismo nacional e a capacidade das massas populares com o fim de reivindicar as qualidades da raça e o direito de viver como povo."[24]

Com efeito, a questão do direito é também clássica no nazismo, pois, conforme Heidegger, eliminar povos e escravizar outros é um exercício da justiça em defesa da única humanidade propriamente dita, a ariana, para a saúde da raça. A Grande Saúde e o Super-Homem de Nietzsche mostram suas pegadas no nacional-socialis-

---

21 Idem, ibidem, p. 372.
22 Idem. *Salvador Allende – Anti-semitismo e eutanásia*. Osasco, Ed. Novo Século, 2006, p. 19.
23 Idem, ibidem, p. 106.
24 Idem, ibidem, p. 107.

mo. Allende teve seu projeto justificado e defendido pelo médico Eduardo Brücher baseado na obra *Eugenesia*, de Hans Betzhold, que, além de fazer várias citações de *Minha luta*, de Adolf Hitler, afirma que está "convencido de que se Cristo voltasse à Terra aprovaria a determinação de esterilizar os que, por estarem enfermos, podem transmitir seus danos a uma possível descendência".[25] Mais autoexplicativo impossível.

Finalmente, Víctor Farías ressalta: "Os leitores deste livro perguntar-se-ão também pelo verdadeiro rosto de Marmaduke Grove, fundador do Partido Socialista do Chile, e, por sua vez, um político pago regularmente pelo ministro nazista Von Ribbentrop e por seu ministério. Esperarão dados mais precisos sobre o já documentado suborno com dinheiro nazista dos ministros socialistas do governo da Frente Popular, em 1939, com o fim de promover a compra de armas alemãs, entre os quais se contava também o ministro da saúde",[26] Salvador Allende. E para completar o quadro macabro, a então ministra da saúde do Chile, Michelle Bachelet, publica no Diário Oficial de 9 de dezembro de 2000 a Resolução Isenta nº 2326, do Ministério da Saúde, que "fixa diretrizes para os Serviços de Saúde sobre esterilização feminina e masculina. Nela lemos o seguinte: 'Os estabelecimentos assistenciais dos Serviços de Saúde efetuarão ações de saúde destinadas à esterilização voluntária de homens e mulheres; poder-se-á aceder à esterilização a petição da pessoa solicitante, por recomendação médica ou solicitação de terceiros, em caso especiais; e a esterilização de pessoas em idade reprodutiva que sofrem de uma enfermidade incapacitante que lhes produza carência de discernimento efetuar-se-á em conformidade com o estabelecido no Decreto nº 570, de 2000, do Ministério da Saúde".[27]

De uma coerência impressionante, também Michelle Bachelet é médica formada na Universidade do Chile, com estágios na Alemanha comunista (Berlim e Leipzig). Para Víctor Farías, "os investigadores chilenos sérios devem acudir aos hospitais, pedir as atas para elaborar as listas daqueles que serviram como 'material humano' a ministros que buscaram 'melhorar a raça' ou seu prestígio político. Vão descobrir que a rocha Tarpeia já não está no monte Capitolino, mas nos hospitais dos pobres do Chile".[28]

---

25 Idem, ibidem, p. 122.
26 Idem, ibidem, p. 135.
27 Idem, ibidem, p. 138.
28 Idem, ibidem, p. 141.

O PROBLEMA DE MARTIN HEIDEGGER E O CAMINHO DE HANNAH ARENDT

Tomei a decisão de fazer esta palestra em termos coloquiais, não só porque não estamos em uma universidade, como também porque eu precisaria fazer digressões filosóficas para dar mais detalhes de natureza conceitual. Esta palestra deve servir mais como um estímulo intelectual visando ao entendimento de uma época e, sobretudo, servir de maneira preventiva para não recairmos na barbárie, porque nós não podemos somente olhar para trás. É preciso entender o que hoje representa a "filosofia" do nacional-socialismo, como se apresenta e como pretende retomar um projeto mundial de dominação. Este projeto começa nas ideias, depois perpassa a economia e, finalmente, atinge as armas.

O problema de Heidegger e o caminho de Hannah Arendt. Eu poderia até fazer um jogo de palavras aqui e dizer que o problema de Heidegger tornou-se o problema de Hannah Arendt, e que o caminho de Hannah Arendt foi o caminho de Heidegger. Há uma terceira figura que transita entre os dois: casado com uma judia, um filósofo alemão, Karl Jaspers, uma figura de peso, uma figura eminente, orientador de tese de Hannah Arendt, e ao mesmo tempo um grande amigo de Heidegger, e que se afastou de Heidegger ao longo do tempo, à medida que Heidegger aderia formalmente ao partido em 1933 e se tornava um protagonista do nacional-socialismo na Alemanha.

Portanto, para entender Heidegger e Arendt nessa relação, é preciso também entender o papel que Karl Jaspers desempenhou nisso tudo; de início, conciliador, posteriormente adversário de Heidegger. Durante certo tempo manteve correspondência com Heidegger, parando quando julgou ser um caso perdido, porque Heidegger no pós-guerra – sobretudo no pós-guerra – recusava-se a fazer uma análise crítica do papel que desempenhou no nacional-socialismo e se arrepender. Heidegger não se arrependeu.

Entender o papel de Hannah Arendt passa por entender que ela entra aos 18 anos para a universidade e se apaixona pelo professor de filosofia Martin Heidegger, de 35 anos, que era casado com Elfride Petri. Houve um momento anterior à separação, após três anos de caloroso romance, que é quando Heidegger começa a redação de *Ser e Tempo* (*Sein und Zeit*), já com as indicações antissemitas, em que ele se afasta de Arendt. Entender essa época é também descobrir o papel do antissemitismo na Europa.

Eu trouxe aqui, a título de ilustração, um texto curto de Émile Durkheim – o grande filósofo social, fundador da sociologia. Durkheim tem um texto de 1899, chamado *Antissemitismo e crise social*,[1] no qual escreve que há uma diferença fundamental entre o antissemitismo francês e o antissemitismo estrangeiro ou alemão. Afirma que o problema maior está na Alemanha e na Rússia. Que o primeiro, o alemão, tem um caráter aristocrático e é feito de arrogância, soberba e orgulho; e que o antissemitismo na França é episódico, mas de paixões violentas e destrutivas, sendo que Durkheim também é judeu e viveu a experiência da discriminação, embora de uma maneira mais suave.

Durkheim cita em 1899 o processo do chamado Caso Dreyfus, de 1894, que aconteceu exatamente cinco anos antes do seu texto. Ele diz uma coisa interessante sobre a questão racial. Escreve Durkheim: "Portanto, é, antes de tudo, um dos numerosos índices pelos quais se revela a grande perturbação moral da qual nós sofremos. Em seguida, o verdadeiro modo de erradicar o antissemitismo seria colocar fim nesse estado de confusão, mas isto não é obra para um só dia. Há, contudo, alguma coisa que é imediatamente possível e urgente de empreender. Se não se pode atingir o mal em sua origem, ao menos se pode combater esta manifestação que o agrava." Esse alerta de Durkheim é importante, pois já que não se pode fazer tudo, não se deve capitular e não fazer nada. Se essa orientação tivesse sido atendida, não se teria chegado a esse ponto. Se não se pode atingir o mal na fonte, pode-se pelo menos combater a manifestação especial que o agrava. Diz ele: "... para chegar a esse resultado, seria necessário reprimir primeiramente toda incitação ao ódio de cidadãos uns contra os outros. Sem dúvida, por si mesmas essas medidas repressivas não bastariam para converter os espíritos. Entretanto, lembrariam à consciência pública, que dela

---

[1] Durkheim, Émile. *Textes 2. Religion, morale, anomie.* Paris, Ed. Minuit, 1975, pp. 252-254.

perde o sentimento, o que este crime tem de odioso". Seria preciso em seguida que, mesmo que desaprovando teoricamente o antissemitismo, não lhe fossem concedidas satisfações reais que o encorajam; que o governo assumisse esclarecer as massas sobre o erro em que são mantidas, e não pudesse sequer ser suspeito de procurar aliados no partido da intolerância. Seria preciso, "enfim, que todos os homens de bom senso, em vez de se contentarem com uma reclamação platônica, tivessem a coragem de afirmar altíssimo o seu sentimento, unindo-se para lutar vitoriosamente contra a loucura pública".

Vejamos, portanto, que o ambiente francês, o alemão e o ambiente europeu em geral, do último quarto do século XIX, já indicava fortes sinais de antissemitismo. Em linguística, são os índices, os sinais, uma semiologia ou semiótica do antissemitismo. Nesse sentido, é preciso entender que é necessário fazer uma análise crítica da semiologia do antissemitismo. Onde estão os sinais que apontavam para a intolerância? O antissemitismo é um caso específico de racismo, e, por derivação, qualquer forma de racismo indica os sinais, exibe os índices. A Academia Brasileira de Filosofia luta por uma emenda constitucional propondo a retirada da palavra "raça" da Constituição. Esta menciona "sem distinção de sexo", mas isso eu entendo porque existe o sexo feminino e o masculino; e também afirma "sem distinção de raça". O problema é que "raça" não existe, mas constitucionalizar a existência de raças é aceitar que existam. Este o perigo.

Lembro que Eichmann, que foi o pivô de todo o problema de Hannah Arendt com os seus amigos, em sua defesa no Tribunal de Nuremberg, no momento em que foi acusado de defender uma raça superior, afirmou: "Não, eu jamais disse isso. Primeiro, eu dizia que as raças existem; e segundo, que são diferentes entre si". Faltou dizer que a raça ariana "era superior". Lembrem-se da primeira frase de Eichmann: "As raças existem." A partir do entendimento de que as raças existem já se abrem as portas, as porteiras e as janelas para o racismo. E é exatamente a isso que nós estamos assistindo no Brasil de hoje. Falamos da Alemanha, mas vamos reportar o crescente racialismo brasileiro hoje. Há toda uma teoria e uma prática racistas no Brasil dissimuladas como um anjo do bem, pois o mal nunca se apresenta como se fosse o próprio mal, já que enfrentaria uma recusa muito grande, então é óbvio que o mal sempre tem aparência do bem para poder penetrar e infiltrar-se na sociedade.

Em 2014 foram publicados os *Cadernos Negros* de Heidegger. São três volumes da *Gesamtausgabe*, as obras completas, que causaram profunda modificação no cenário da filosofia contemporânea. Exceto para os fanáticos heideggerianos. Entrou agora no circuito o Instituto Heidegger, e parece que o responsável tem uma visão diferente do filho de Heidegger, Herman Heidegger, embora este também seja um heideggeriano ortodoxo. O jornal francês *Le Monde* já publicou reportagem sobre isso, com Emmanuel Faye, o *Libération* e o *Die Zeit* também, enfim, já estão eclodindo na Alemanha esses três volumes chamados *Cadernos Negros*. Aliás, é um nome apropriado em todos os sentidos. São três dos *Cadernos* de Heidegger mais explícita e radicalmente antissemitas até o momento. Certamente virão outros. Portanto, isso confirma mais uma vez tudo aquilo que havia sido por ele próprio publicado na *Gesamtausgabe*, na Alemanha. Livros que eu apresentei aqui em alemão.

Se o próprio Heidegger afirma categoricamente que é antissemita, ninguém tem o direito de dizer que ele não é. Se os fanáticos heideggerianos acreditam em tudo que ele escreve, devem acreditar também quando ele defende o genocídio. Se Heidegger escreve o que ele escreve em seus livros, defendendo toda uma teoria da raça, ninguém pode dizer que ele não esteja defendendo a teoria da raça. Os heideggerianos até o momento dizem que Heidegger não é antissemita. Depois vão admitir, mas darão outras desculpas para a limpeza do ídolo. Na verdade, tudo isso vai significar uma ruptura na reputação dos heideggerianos, e foi exatamente o que aconteceu com Hannah Arendt. Ela seguiu o caminho de Heidegger e, em minha avaliação e conclusão, exatamente no momento em que vai fazer as reportagens que se transformaram no livro *Eichmann em Jerusalém*, em que Arendt procura livrar Eichmann de uma culpabilidade individual para também com isso salvar a pele de Heidegger, com o qual já havia se reconciliado e estava trabalhando em horário integral, dirigindo as traduções americanas. Parece-me que foi aí que Arendt cometeu o grande erro: pisou na armadilha. Salvou Eichmann para salvar Heidegger. O caminho de Heidegger tornou-se o problema de Hannah Arendt. Existem trechos dela que são terríveis, nos quais ela afirma que leu todo o processo, e dava gargalhadas, ria. O que pode haver de risível no processo criminal de Eichmann? O que pode haver de engraçado? E Arendt publica isso.

Karl Jaspers havia escrito um livro chamado *A culpabilidade alemã*,[2] publicado na Alemanha em 1946, em que discute as inúmeras contradições advindas do nacional-socialismo recentemente derrotado. Assim, há toda uma discussão que envolve Heidegger, Hannah Arendt, Jaspers, e toda aquela gera-

---

2   Jaspers, Karl. *La culpabilité allemande*. Paris, Ed. Minuit, 1948/1990.

ção de grandes nomes na filosofia, muitos dos quais discípulos de Heidegger. Quase todos se afastaram dele. Heidegger errou sem a menor culpa, sem o menor sentimento de culpa.

Fiz uma conferência sobre Salvador Allende como líder nacional-socialista da América Latina, escrito a partir do importante livro do grande filósofo chileno Víctor Farías, que deu aulas muitos anos na Universidade Livre de Berlim, *Salvador Allende, antissemitismo e eutanásia*.[3] É um livro terrível. Estou me correspondendo com o Víctor Farías desde então.

Na mesma noite da conferência, em 3 de dezembro de 2013, por uma incrível coincidência, eu viajei para Roma, e, no avião, por acaso assisti a um filme com Gérard Depardieu, pasmem, sobre a Colônia Dignidade. Entretanto, o filme mente abertamente ao atribuir toda a responsabilidade da criação e manutenção da Colônia Dignidade ao general Pinochet, com o objetivo de salvar politicamente Salvador Allende. Esse filme chama-se *La Marque des anges – Miserere*, dirigido por Sylvain White. Bom, eu não acreditei! Acabo de dar uma palestra sobre Salvador Allende, na qual cito a Colônia Dignidade, que só consta da edição brasileira, pois na edição original em espanhol não há nenhuma referência, e me deparo com o filme algumas horas depois. Escrevi para o Víctor pensando ser uma citação falsa. Ele me respondeu que só saiu na edição brasileira por ele ter descoberto depois. Afinal, o que é a Colônia Dignidade? É uma grande área próxima a Santiago do Chile, duas vezes a cidade de Berlim, que foi comprada pelos nazistas vindos para a América Latina no pós-guerra, inaugurada no início dos anos 1960, e que foi muito próspera no período da presidência de Allende. Portanto, a Colônia Dignidade é muito anterior ao governo Pinochet, ainda que tenha permanecido também em seu governo.

Allende formou-se em medicina psiquiátrica, e a tese dele foi em psiquiatria fundamental, cujo fac-símile vem publicado em pequenos trechos no livro de Víctor Farías, encontra-se inteira na Universidade Nacional do Chile – em Santiago, na biblioteca da Faculdade de Medicina, e em outras bibliotecas. Está livre para consultas públicas, ninguém esconde. Sua tese fundamental é de que todo judeu é delinquente, logo todo judeu merece a morte. Em 1933, as relações dos chilenos com o nazismo são impressionantes, e Farías publicou um livro grande intitulado *Os nazistas no Chile*,[4] que é inacreditável.

---

3 Farías, Víctor. *Antissemitismo e eutanásia*. Osasco, Ed. Novo Século, 2006.
4 Farías, Víctor. *Los nazis en Chile*. Barcelona, Ed. Seix Barral, 2000.

Depois Salvador Allende vai assumir o Ministério da Saúde em 1939, justamente para implantar tudo aquilo que defendeu na tese de graduação em psiquiatria de 1933, na qual há uma classificação clínica psicopatológica dos "vagabundos" na ótica nacional-socialista. Não é à toa, então, que Salvador Allende se tornou o grande líder socialista do Chile, apoiado no Terceiro Reich, que financiou o Partido Socialista chileno por intermédio da Embaixada da Alemanha em Santiago. O nacional-socialismo no Chile foi a base do Partido Socialista chileno até 1973, quando a ação militar de Pinochet derrubou Allende. Segundo Farías, relato fidedigno revela que um agente secreto cubano assassinou com um tiro na cabeça Salvador Allende a partir de uma ordem expressa dada por Fidel Castro por telefone.

A Colônia Dignidade, hoje chamada Vila Baviera, é uma instituição enigmática que tem aeroportos privados e regulares, treinamento paramilitar, bancos, tudo, como se fosse a Alemanha nazista incrustada no Chile. Centros de tortura, experiências científicas com crianças, enfim, uma coisa bárbara, terrível. Em Berlim, Farías teve como alunos vários jovens que integravam os grupos mais extremistas da esquerda chilena, principalmente do Partido Socialista, assim como militantes residentes na área da Colônia Dignidade. Perguntei por que esses grupos que expropriavam violentamente muitas comunidades agrícolas, muitas vezes de alta produtividade, e as entregavam aos camponeses, nunca tocaram nesse enclave alemão. Era intocável. Começou isso antes do governo Allende, e continuou no governo Allende. Por que isso se tornou também um escândalo? Porque, quando Simon Wiesenthal descobriu que Walter Rauff morava dentro da Colônia Dignidade, pediu a sua extradição com um mandato internacional de prisão. Rauff, inventor das câmaras de gás nos caminhões, e que depois levou a tecnologia para os campos de concentração e extermínio, estava protegido no Chile. Allende recusou-se a extraditar Walter Rauff, dando desculpas esfarrapadas. Daí houve uma troca de correspondência entre Simon Wiesenthal e Víctor Farías, em que Wiesenthal demonstra estupefação com a recusa.

Salvador Allende está se recusando a extraditar Walter Rauff? Aí acendeu-se a luz vermelha. Da indagação de Wiesenthal a Víctor Farías: *"Quem é Salvador Allende?"*, Farías foi pesquisar. Todo mundo sabia desde o início dos anos 1960 do caráter filonazista da Colônia Dignidade. Guardaram silêncio. Então, segundo Heidegger, é o barulho do silêncio, afirma Farías.

O PROBLEMA DE MARTIN HEIDEGGER E O CAMINHO DE HANNAH ARENDT   145

Isso tudo se completa agora com outro livro, recentemente publicado, primeiro em italiano; em 2007, em espanhol, e esperamos encontrar apoio para publicá-lo no Brasil: *Heidegger e sua herança* – *Os neonazistas, o neofascismo e o fundamentalismo islâmico*.[5] O livro é um apanhado qualitativo de como hoje todas as organizações nazistas internacionais têm Heidegger como um grande líder teórico e intelectual, ainda um nome "limpo", pois todos os seus livros são vendidos livremente no mundo. Os neonazistas afirmam que abandonaram autores como o também genocida Alfred Rosenberg[6] porque são muito vulgares comparados a Heidegger. A erudição de um racista genocida é um ponto muito forte de atração, sedução e propaganda, pois é aceito com muita facilidade. Farías nos traz um relato pessoal sobre o partido nazista na Alemanha atual, o NPD (Partido Nacional-Democrático da Alemanha), que usa como *slogan* uma frase de Heidegger: "Tudo que é grande emerge no assalto." Heidegger é reivindicado por nazistas, neonazistas, fascistas, neofascistas, inclusive por quem participou de grupos de congressos e grupos de heideggerianos nos anos 1970, como o formado pelo Aiatolá Khomeini no exílio em Paris, dirigido filosoficamente pelo amigo Michel Foucault, e do qual o jovem radical Mahmoud Ahmadinejad era integrante. Dois dos principais assessores de Hugo Chávez, o marxista do "Socialismo do Século XXI" Heinz Dieterich e o sociólogo Norberto Ceresole, reivindicam explicitamente a filiação com Heidegger. Fora Antonio Negri.

Desse modo, pergunto o seguinte: como é que poderia haver um caráter inconciliável da filosofia de Heidegger com o nazismo e o neonazismo, depois de tudo isso que vocês estão escutando? Se sua obra não tivesse nada a ver, seria impossível uma apropriação. Se a obra de um autor não contiver elementos que possam conduzir a tudo isso, nada é feito. É a mesma coisa que se fala de Marx. E aí, com razão, Hannah Arendt fez a análise do totalitarismo, que, na verdade, é um termo criado por Mussolini – *Stato totalitario* –, mas ela observa que o comunismo e o nazismo formam o sistema totalitário de maneira complementar.

Se a obra de Marx não contivesse nenhum elemento que conduzisse à barbárie, o comunismo mundial não seria alcançado pela barbárie. É impossível fazer isso com a obra de Kant, e não se pode fazer uso genocida com as obras de quase a totalidade dos filósofos desde sempre. Há uma reivindicação curiosa,

---

5   Farías, Víctor. *Heidegger y su herencia*. Madrid, Ed. Technos, 2010.
6   Rosenberg, Alfred. *El mito del siglo XX*. Buenos Aires, Ed. Sieghels, 2008.

no caso de Hannah Arendt e Heidegger com relação a Platão. Platão também foi apontado por grandes filósofos como o *leitmotif* teórico e conceitual do comunismo, como se Platão fosse a fonte mesma do totalitarismo contemporâneo. Em *A República* e em várias outras de Platão, vamos encontrar elementos totalitários. Um filósofo francês da chamada geração dos "novos filósofos", André Glucksmann, embora ele mesmo tenha morrido com quase 80 anos, dizia que tudo isso é uma atualização do platonismo.

Então, essa é uma geração de Heidegger e Carl Schmitt. Sobre este acaba de sair um excelente e terrível livro do grande filósofo e poeta francês Jean-Pierre Faye, *O Estado total segundo Carl Schmitt*,[7] em que revela que a partir da conferência de Carl Schmitt a um grupo de 35 homens da indústria e das finanças mais importantes da Alemanha, em 23 de novembro de 1932, nasce uma moção solicitando a indicação de Hitler como chanceler. Isto foi feito dois meses depois, em final de janeiro de 1933, e o resultado nós conhecemos muito bem. Há também o livro do primeiro marido de Hannah Arendt, Günther Stern. Arendt se casou com ele em 1929, três anos após ser abandonada por Heidegger. Alguns dizem que ela se casou por amor, embora Arendt afirme que se casou para esquecer Heidegger. O marido mais tarde passou a se chamar Günther Anders e publicou em 1948 um livro contra Heidegger.[8] Desse modo, se formos observar todo o entorno social de Hannah Arendt, verificamos que ela praticamente ficou sozinha, isolada, pois todos ficaram contra Heidegger. E, obviamente, contra Eichmann.

Um grande livro é o de Antonia Grunenberg, presidente desde 1999 do Centro Hannah Arendt, em Berlim, no qual relata criticamente a história de amor de Hannah Arendt e Martin Heidegger.[9] É uma das principais fontes bibliográficas, pois ela realizou uma ampla pesquisa a partir dos arquivos da correspondência de Heidegger, inclusive as cartas e os textos de Hannah Arendt contra Heidegger entre a separação e a reconciliação. O filme *Hannah Arendt* mostra essa transição.

---

7   Faye, Jean-Pierre. *L'État total selon Carl Schmitt*. Paris, Germina, 2013.
8   Anders, Günther. *Sur la pseudo-concrétude de la philosophie de Heidegger*. Paris, Sens&Tonka, 2006.
9   Grunenberg, Antonia. *Hannah Arendt et Martin Heidegger. Histoire d'un amour*. Paris, Payot, 2009.

Hannah Arendt primeiro sofreu o afastamento forçado, pois em 1926 Heidegger já estava informal e totalmente engajado no nacional-socialismo, escrevendo para ela dizendo que não queria mais ter contato com ninguém em razão da redação do livro Ser e Tempo. Arendt entra em crise, em depressão, e três anos depois da ascensão de Hitler viaja para Paris. Em seguida, vai morar definitivamente nos Estados Unidos, onde começa a abrir caminho para si mesma e para seus amigos judeus alemães. Observe-se que se trata de uma geração fabulosa de importantes filósofos judeus, muitos dos quais estudaram com Heidegger, como Marcuse, que depois também abandona Heidegger.

Todo esse debate na Alemanha, interrompido com o nazismo, foi transferido para Nova York. Arendt então vai acabar se casando com outra pessoa, que se torna seu companheiro até o final da vida, tendo falecido cinco anos antes dela. Ela então vai transferir todo esse debate para Nova York, onde, recém-chegada, tem de aprender a língua, aprender os costumes e tudo o mais. Arendt começa a ter uma participação ainda que tímida no movimento sionista, e não escreve mais para Heidegger, ficando totalmente afastada dele, embora mantendo aquela chama da juventude. A chama não só do amor, mas a admiração pelo livro *Ser e Tempo*. Alguns importantes especialistas afirmam em livros que ela tentou aplicar no seu pensamento político a teoria de *Ser e Tempo*. O grande problema é que Arendt estaria aplicando o pensamento nacional-socialista em sua teoria política, ainda que diluído. Por causa disso, viveu uma profunda crise intelectual. Arendt escreve contra Heidegger, chama-o de mentiroso, psicopata, raposa, príncipe das trevas, mas no pós-guerra ela se reconcilia com Heidegger.

Hannah Arendt é acusada de querer se aproveitar sempre das situações de conflito, permanecendo dos dois lados, ou seja, nunca tendo uma posição definida. Talvez essa seja a razão de ter vivido em um total ostracismo ao final da vida. E o mais grave disso tudo é que Arendt, no pós-guerra, começa a revelar o seu lado antissionista, embora desejosa também de tirar proveito do sionismo. Buscava sempre tirar algum proveito pessoal, até por vaidade, porque seu interesse era publicar livros e obter prestígio. Perdeu tudo. Em seguida, pela primeira vez em 25 anos, viaja à Alemanha e tem um reencontro histórico com Heidegger. Se observarmos na biografia, podemos concluir que Heidegger se reaproximou dela de uma maneira incondicional depois que ela publicou *Eichmann em Jerusalém*. Ele pode ter entendido isto como uma absolvição e uma prova da fidelidade espiritual de Arendt.

Uma união indissolúvel, como se tivessem voltado atrás no tempo. Elfride Heidegger passou a aceitar cordialmente Hannah Arendt ao constatar a sua luta em defender, traduzir, publicar e divulgar o pensamento de Heidegger. Dessa forma, a filósofa judia foi aceita por estar fazendo a propaganda do nazismo por intermédio de Heidegger. Essa é uma contradição insolúvel. Os seus maiores, melhores e mais íntimos amigos a abandonaram. Traidora da pátria, traidora do Estado de Israel, traidora dos amigos, traidora de tudo, essa era a imagem de Arendt. Isso é Heidegger por meio dela, que se despiu de toda moralidade. É a frieza de Heidegger. Arendt escolheu unir-se filosoficamente para sempre com quem chamava de "maior filósofo do mundo contemporâneo", porque também queria tirar partido dessa amizade para entrar para a história não só como amante, mas como colega, amiga e colaboradora íntima. Como se dissesse, perguntando, quem é que não gostaria de entrar para a história com a pessoa que colaborou com Platão ou com Aristóteles? Essa vaidade custou-lhe caríssimo e ela acabou no limbo da história. Viveu ziguezagueando, mas no minuto em que publica *Eichmann em Jerusalém*, dá-se a gota d'água do fim político e social de Hannah Arendt.

MERQUIOR E O OTIMISMO TOTALITÁRIO DE HEIDEGGER

> "Crer no progresso não quer dizer que
> um progresso já se produziu",
> Franz Kafka.
>
> "A maldição do progresso irrefreável é a irrefreável regressão",
> Theodor Adorno e Max Horkheimer.
>
> "A sujeição da natureza regredirá rumo à
> sujeição do homem e vice-versa",
> Max Horkheimer.

Em uma perspectiva histórica relativa à cultura brasileira contemporânea, a imagem cometa de José Guilherme Merquior tem o brilho límpido e a ressonância acústica de uma inteligência sintética, com avanços nas teorias políticas, literárias, sociais e filosóficas. Essa energia próxima do átomo da erudição foi capaz de edificar uma obra indispensável sob vários aspectos relativos à expressão da inteligência brasileira do século XX. Merquior foi o gênio que colocou o Brasil no século XX da intelectualidade mundial. Espírito universal, Merquior foi uma das mais expressivas figuras do verdadeiro pensamento democrático de direito da contemporaneidade nacional.

Pretendemos realizar uma homenagem crítica a Merquior como a forma mais adequada de não o silenciar ainda mais, como queriam as esquerdas brasileiras. O empreendimento vem explícito, e procura manter vivo o debate filosófico em geral, e o debate em torno das questões adornianas em particular. Centrar-nos-emos na imagem conceitual que Merquior fazia de Adorno e da Escola de Frankfurt, mas sobretudo no tratamento merquioriano das ideias adornianas e suas ambivalências.

Do conjunto de sua obra podemos concluir algumas constelações de representações que fazia de Adorno, e como este fora assimilado pelo seu pensamento. Se Adorno é uma constante em suas referências, ao longo do tempo nos é permitido constituir uma imagem dominada por sentimentos múltiplos e conflitantes. Grosso modo, e com todos os riscos de uma simplificação, podemos arriscar algumas tendências, contudo verificáveis concretamente mesmo em alguma leitura transversal. Tais sentimentos poderiam assim ser resumidos: a) uma admiração construtiva e formadora, próxima de uma discreta idolatria de "discípulo" reconhecível até o momento de sua irrestrita adesão ao neopositivismo; b) uma condenação setorizada do ponto de vista estético-filosófico, devida em parte à sua adesão ao estruturalismo estético e outras observações gerais quanto à sua crítica ao formalismo das vanguardas; c) uma rejeição de natureza pessoal, talvez por competitividade intelectual, revelando um sentimento às vezes pouco disfarçado de inveja e gratidão; d) uma rejeição ideológica mais tardia, manifestada principalmente em torno de grandes temas superficiais, posto que ideológicos, como pessimismo-otimismo, desesperança-esperança, crítica do progresso etc.; nessa rejeição, o fator ideológico falseia a crítica merquioriana deslocando-a da crítica conceitual para a ideologização da crítica; e) a indispensabilidade da presença adorniana em seus livros, nos quais citações mais ou menos extensas são facilmente observáveis.

A opção por tal procedimento foi paga pela queda de qualidade das suas críticas. Aqui já não estamos mais sequer próximos daquilo que faz da filosofia uma atividade crítica da razão fundada nas problemáticas inerentes aos conceitos filosóficos. As ambivalências dos sentimentos de Merquior com relação a Adorno traduzem as andanças teóricas do autor e suas preferências ideológicas mais que filosóficas no "otimismo-cultura" ou no "otimismo da cultura", de natureza liberal. Há uma invasão da economia na filosofia, e Merquior adota uma postura mais de governante que de filósofo. Percebe-se uma menor densidade de mediações determinada por uma orientação voltada para o mundo das decisões de caráter governamental. Esse falso dilema introduz distorções na crítica conceitual, conforme veremos mais adiante.

A opção neopositivista expressa pelo *Kulturoptimismus* do último Merquior é também a radicalização de certas tendências da juventude, nas quais a razão faz alinhamento automático com a fé otimista nela mesma. Porém, vem a ser igualmente um recuo em relação ao próprio avanço de seu pensamento, por exemplo, em *Formalismo e Tradição Moderna*, um de seus mais belos livros, ainda que com alguns respingos lukacsianos. Seu "otimismo-cultura" teve efeito contrário ao ser aplicado como desdobramento de suas convicções liberais ou, mais recentemente, sociais-liberais, estendidas à arte e à imaginação. Deve-se ao "otimismo-cultura" a responsabilidade pelo abandono das questões culturalistas em prol das opções economicistas. Sua fé na cultura positiva – o *Kulturoptimismus* – soa como tradicionalismo cultural coagulado, e com bases racionalistas há muito ultrapassadas: desde pelo menos a queda de Boileau pela guilhotina clássico-romântica da Europa iluminista, da mesma matriz iluminista a qual Merquior se propõe seguir. Não deixa de ter certo ar de oficialismo cultural o "otimismo-cultura" que o caracteriza mais profundamente nos anos 1980. Segundo Adorno, "o entusiasmo pela cultura rima com o clima da pintura de batalhas e da música militar". Em Merquior, seu finíssimo talento crítico e sua arguta sensibilidade artística não permitiram que sua extraordinária cultura fosse levada a tal caricatura. O que tampouco impede que em mãos menos habilitadas tais argumentos não cedam diante da regressão estética.

Na fase anterior à sua adesão ao neopositivismo, nos idos dos anos 1970, Merquior referir-se-á elogiosamente a Adorno justamente pelas mesmas razões que mais tarde serão utilizadas em sua condenação: o aristocratismo intelectual de Adorno perde seu conteúdo de resistência à reificação e passa a significar, no final dos anos 1980, um condenável "elitismo da cabeça aos pés". A condenação do aristocratismo não surge do lukacsianismo de Merquior em busca do igualitarismo aporético, mas sim no seio do ideologismo liberal-positivista. Disse ele certa vez:

> Um certo "aristocratismo" é simplesmente, em nosso tempo de "democratismo" aviltado, condição *sine qua non* de autenticidade cultural. Pode parecer o contrário: mas a verdade é que o liberalismo genuíno em arte se situa do lado da crítica da cultura "aristocrática", e não dos "democráticos" justificadores dos media como eles são (e dos gêneros imbecilizantes que eles impuseram) – pois desde quando o condicionamento das consciências é sinal de liberdade ou democracia? Os defensores da cultura de massa são de fato muito tolerantes; mas é ao jeito de um epigrama de Adorno: "O burguês é tolerante: seu amor aos homens como são reflete o seu ódio ao homem como ele deve ser." Tenhamos a decência de não falar em "democratização da cultura", quando o que estiver sendo "democratizado" não for, absolutamente, digno do nome de cultura, no sentido crítico-educativo da palavra.[1]

---

1 Merquior, José Guilherme. *O Estruturalismo dos pobres e outras questões*. Ed. Tempo Brasileiro, 1975; p. 20.

Portanto, Merquior reconhece de certa forma a negatividade adorniana como um fator relevante a ponto de, no mesmo texto, perguntar-se: "em tais circunstâncias, como não ser apocalipticamente revoltado?" Admite, pois, quase que explicitamente, a máxima de Adorno segundo a qual, "quando a cultura é aceita em seu conjunto, ela perde o fermento de sua verdade, a negação". Nos textos merquiorianos podem ser observados elementos localizados que atestam sua ambivalência diante daquele que foi, segundo ele, um "notável pensador". Elogio muito econômico para um dos maiores filósofos da história da filosofia, e chamado de "o último gênio do século XX".

Merquior ocupou-se da Escola de Frankfurt basicamente em dois de seus livros. Um inteiramente dedicado à escola, intitulado *Arte e Sociedade em Marcuse, Adorno e Benjamin* (1969)[2], e um capítulo diluído em outro livro, mais recente, chamado *Western Marxism* (1986).[3] Ao primeiro deve ser creditado o mérito de ter sido talvez a primeira obra em termos internacionais a ser totalmente consagrada à Escola de Frankfurt. A nos basearmos em pesquisas de Marc Jimenez[4] referentes aos *Materialien zur Aesthetischen Theorie*, os números da revista *Text + Kritic*, os estudos de Martin Jay e de G. Rose, verificaremos a presença de um livro de Rolf Tiedemann, publicado em 1965, dando conta sobretudo da obra de Walter Benjamin. Seu livro intitula-se *Studien zur Philosophie Walter Benjamins* (Frankfurter Beiträge zur Soziologie, 16, Frankfurt, 1965). Certamente, Merquior não lera até aquele momento o livro de Tiedemann, pois não o cita, e, dada sua reconhecida honestidade intelectual, o teria feito caso conhecesse. A confiarmos em títulos de livros que, em princípio, designam a coisa tratada e o emblema de suas promessas, não haveria mais dúvidas quanto ao seu pioneirismo.

Merquior estivera desde sempre atentíssimo aos mais importantes debates internacionais sobre a filosofia e as ciências humanas. Sua intenção era introduzir o Brasil na órbita internacional dos principais eventos do pensamento, e contribuir, mesmo que a título de divulgação crítica, para a inclusão de seu nome no mercado mundial das ideias políticas, sociais e culturais. Foi um dos

---

2   Idem. *Arte e Sociedade em Marcuse, Adorno e Benjamin. Ensaio crítico sobre a escola neo-hegeliana de Frankfurt*. Ed. Tempo Brasileiro, 1969.
3   3 Idem. *O Marxismo Ocidental*. Nova Fronteira, 1987.
4   Jimenez, Marc. *Adorno et la modernité. Vers une esthétique négative*, Paris, Klincksieck, 1986.

raros intelectuais brasileiros com essa clareza intencional, a que sua vasta erudição o credenciava.

ARTE E SOCIEDADE EM ADORNO

Dedicado a San Tiago Dantas, *Arte e Sociedade e Marcuse, Adorno e Benjamin* tem como subtítulo "Ensaio crítico sobre a escola neo-hegeliana de Frankfurt", que não consideramos tão adequado quanto pensava o autor. Dito de modo bastante sumário, e procurando nos fixar no programa, visto pelo conjunto dos autores frankfurtianos, e entendida a formulação de princípio da escola, estava em causa a fundamentação filosófica da teoria crítica da sociedade justamente como a opção contemporânea à sucessão dos sistemas kantiano e hegeliano; a opção mais liberal à ortodoxia totalitária marxista-leninista, sem contudo converter-se em aliada da dominação ultraliberal; a opção menos abstratizante do ente diante dos renascimentos metafísicos do século XX; e a opção mais duramente crítica contra a defesa do mundo tal como é e como certas tendências neopositivistas a promovem.

Em segundo lugar, porque mesmo levando-se em conta os estudos profundos sobre Hegel feitos pelos frankfurtianos, principalmente Adorno, não só Hegel não era tomado com exclusividade teórica, como no caso específico de Adorno é reconhecida sua tendência anti-hegeliana. Hegel fora visto e corrigido sob a leitura da dialética negativa de Adorno. Segundo esta dialética, o sistema hegeliano é a explicitação da verdade do mundo administrado, sua falsa autenticidade; assim, para Adorno "somente hoje, cento e cinquenta anos depois, é que o mundo concebido pelo sistema hegeliano se revelou literalmente como sistema, isto é, como o sistema de uma sociedade completamente socializada, e isso de um modo diabólico". Na década de 1960, Adorno é muito mais kantiano e sedimentador da sua dialética negativa.

A associação imediata entre a obra de Adorno e o movimento neo-hegeliano de esquerda é uma distorção da questão hegeliana não só em Adorno, como por extensão em Marcuse e outros frankfurtianos. O próprio Adorno sintetizara sua versão em seu livro sobre Hegel: "a verdade em Hegel não se situa fora do sistema, mas ela é dele indissociável, tanto quanto a não verdade. Esta não verdade nada mais é que a não verdade do sistema da sociedade que constitui o substrato de sua filosofia."[5]

---

5   Adorno, Theodor Wiesengrund. *Trois études sur Hegel*. Paris, Payot, 1979.

Tanto quanto a anterior, a questão marxista não é por sua vez menos problemática. Considerados metamarxistas, pós-marxistas, paramarxistas, neo-hegelianos de esquerda, neomarxistas etc., os frankfurtianos primam pela resistência às tentativas de enquadramento, etiqueta ou classificação que permitam situá-los mecanicamente. Proibidos de serem publicados na União Soviética, China e países comunistas do mundo todo desde a Guerra Fria por serem considerados de direita e anticomunistas, os frankfurtianos foram os grandes críticos do pensamento totalitário nacional-socialista e internacional-socialista. Do ponto de vista estético-filosófico, literário e artístico, teria sido muito mais coerente Merquior ser um adorniano que um heideggeriano. Heidegger não tem um pensamento estético, e o pouco que escreveu tem uma fundamentação totalitária. E a vastíssima obra de Adorno é uma referência universal do pensamento estético mais avançado da modernidade.

A epígrafe que abre o livro nos define o princípio que orientará o seu estudo: combater as ideias da Escola de Frankfurt por meio de Heidegger, e não de modo imanente. A abertura é clara: "Nenhuma época se deixa afastar por uma simples negação: a negação elimina apenas o negador. Heidegger." Usada como provocação, pois nada justificaria tal antagonismo, a epígrafe do nosso entendimento caberia melhor em um livro a ser dedicado diretamente a Heidegger, sem intermediários. Qualquer estudioso da Escola de Frankfurt, mesmo quando adversário, é capaz de perceber tudo menos "simplicidade" na teoria crítica do pensamento negativo. Para muito além de uma simples menção epigráfica, ela se configura como uma indicação programática responsável pela descaracterização científica do livro que, conforme detalharemos mais adiante, em vez de procurar os recursos da crítica imanente, resolve menos filosófica que ideologicamente exaltar Heidegger para tortuosamente procurar apontar as deficiências de Adorno. Devemos sublinhar que Merquior jamais defendeu o pensamento totalitário, mas antes cedeu ao modismo de filiar-se ao heideggerianismo como se este fosse o antídoto ao *Kulturpessimismus* frankfurtiano, e assim inadvertida e indevidamente associou-se à filosofia das trevas do pensamento exterminador e racista. O otimismo de Heidegger era o mesmo de Hitler: a dominação mundial pelo nazismo.

Contudo, as insuficiências científicas de seu livro foram por ele mesmo reconhecidas ao, numa minúscula, porém severíssima autocrítica, considerar *Arte e Sociedade* como um livro "rudimentar" em uma nota de *Saudades do Carnaval*. Infelizmente, apesar da autodepreciação, não foi capaz de empreender as correções que se impunham. Não foi suficiente para levantar as causas de seu "rudimentarismo". Ao contrário, as insuficiências foram reforçadas. Nesse sentido, verificamos que *O Marxismo Ocidental* não só não corrigiu os erros, como de fato os aprofundou e ampliou. Considero sua crítica a Adorno nesse livro uma regressão crítico-conceitual com relação a *Arte e Sociedade*, que possui qualidades posteriormente abandonadas.

Intitulada "Duas palavras", a introdução ao livro expõe os propósitos do autor: não se trata de uma pesquisa filosófica definida, visto não haver quaisquer rastros de perseguição a uma hipótese explorada, ou a um objeto cientificamente determinado, faltando-lhe rigor científico. Fica ausente uma problemática centralizadora e responsável pela condução teórica da obra. Isso implica afirmar que desde sempre sua pesquisa encontrou-se diante de um impasse: a ausência de objeto. Consolar-nos-íamos ao propósito do estudo das relações entre a arte e a sociedade segundo os frankfurtianos, cuja promessa não foi totalmente cumprida.

O autor visara a uma tríplice função em seu livro: a exposição das teses fundamentais dos críticos da cultura (embora, muitas vezes, tenha abandonado os conceitos fundamentais), a promoção dessas teses no Brasil, e simultaneamente sua superação pela adesão ao espírito heideggeriano. Mesclando admiração e repulsa, como que pendularmente regido, ele não deixa dúvidas quando afinal conclui pela repulsa às teses frankfurtianas. Seu projeto estivera atento à seguinte proposição: "Tanto quanto possível, procurei separar a exposição do julgamento. Sendo as obras desses autores, em sua maioria, desconhecidas no Brasil, valia a pena consagrar mais espaço à divulgação dos seus conceitos. Dei relevo especial aos problemas de estética, porque todos os pensadores em causa se interessam bastante por eles, sendo que Adorno e Benjamin são figuras de primeiro plano na crítica e na teoria de arte contemporânea. Além disso, a arte ocupa sempre um lugar de peso no conjunto da crítica da cultura."[6]

Entretanto, sua justificativa do panegírico de Heidegger dá-se do seguinte modo:

> No último terço do presente estudo, os nomes de Marcuse, Adorno e Benjamin desaparecem quase inteiramente. Usando da liberdade expositiva própria ao gênero ensaístico, preferi realizar a avaliação crítica de seu pensamento através

---

6   Merquior, José Guilherme. Op. cit., p. 15.

de uma evocação das tendências filosóficas a partir das quais procurei julgá-los. Tentei compreender as limitações de Adorno e Marcuse do ponto de vista da superação das suas raízes ideológicas. Creio que, em última análise, as origens da insuficiência da crítica da cultura – e da estética – professada por esses autores remontam a alguns elementos básicos da tradição hegeliano-marxista. Consequentemente, procurei não só caracterizar esses elementos (especialmente nas seções finais sobre a formação da teoria social e sobre a natureza do reducionismo), como apresentar, sinteticamente, as correntes teóricas que nos permitiriam adotar, com vantagem, outra perspectiva sobre o homem e o universo, insuscetível de levar aos impasses adorno-marcusianos. Tal é o sentido das três seções consagradas à "destruição da metafísica" de Heiddeger, ao substrato antimetafísico da doutrina de Kant, a Rousseau e aos pressupostos filosóficos da antropologia estrutural.[7]

Julgar Adorno por meio de Heidegger, ou qualquer autor a partir de outro, não funciona científica, cultural e filosoficamente. A história já dava sinais de que os impasses não eram de origem adorniana, mas sim heideggeriana. Por outro lado, a chamada destruição da metafísica em Heidegger era de fato a destruição do pensamento e da filosofia, pois a defesa visceral do nacional-socialismo transformara perversamente o racismo em metafisicamente necessário, pelas próprias palavras heiddegerianas. Heidegger hoje circula mais nas estantes da história do nazismo do que nas da história da filosofia.

Na verdade, a terceira parte do livro intitula-se "Raízes e limites do pensamento negativo". Pressupor-se-ia que fossem os frankfurtianos dissecados filosoficamente, sendo criticados "em suas raízes" e que, por meio disso, ficassem demonstrados "os seus limites". Nada disso acontece. As "raízes e limites" do pensamento negativo foram excluídos do debate para cederem o lugar ao pensamento heideggeriano. Adorno e os outros "desaparecem quase inteiramente". Como teria sido possível fazer a crítica a Adorno fazendo-o "desaparecer" e, em troca, fazer surgir magicamente Heiddeger, como se com isso ficasse resolvida de uma vez por todas a questão crítica, e que a substituição traria credibilidade às críticas? Evidencia-se a inadequação entre os propósitos anunciados no título da terceira parte e os resultados concretos na sua realização.

Arte e Sociedade notabiliza-se por dispor sua crítica a partir de misturas prolixas de questões ontológicas, teorias estruturalistas, kantismo e outras. A

---

7 *Arte e Sociedade em Marcuse, Adorno e Benjamin. Ensaio crítico sobre a escola neo-hegeliana de Frankfurt.* Ed. Tempo Brasileiro, 1969, p. 16.

suscitada "liberdade expositiva própria ao gênero ensaístico" foi confundida com arbitrariedade e ausência de disciplina lógica e científica no dispositivo teórico-conceitual do gênero ensaio. A liberdade ou autonomia da apresentação ensaística não a exime de uma racionalidade científica na construção teórica. A propósito, cabe lembrar o próprio Adorno de *Notas sobre Literatura*, quando escreve a respeito do "Ensaio como forma": "O ensaio devora as teorias que lhe estão próximas; sua tendência é sempre de liquidar a opinião, mesmo aquela que lhe serve de ponto de partida. Desde o começo ele é a forma crítica por excelência e, enquanto crítica imanente das obras do espírito, enquanto confrontação daquilo que elas são com seu conceito, ele é uma crítica da ideologia."[8] Nossa observação anterior coincide com o conceito de ensaio enquanto crítica imanente em Adorno.

Apesar do gênero ensaio favorecer uma maior distensão metodológica, não se deve com isso pretender uma licença sob a qual tudo se legitima por si só, pois na verdade essa não é uma fórmula inerente à forma ensaio, mas rigorosamente estranha a ela. Se o ensaio certamente não é uma camisa de força, tampouco não é um gênero vale-tudo da filosofia.

> Porque o ensaio não está simplesmente em oposição ao modo discursivo. Ele não é ilógico; ele próprio obedece a critérios lógicos na medida em que o conjunto de suas afirmações deve agenciar-se de maneira harmoniosa. Ele não deve deixar subsistir simples contradições, a menos que elas estejam fundadas como inerentes à coisa. Somente ele desenvolve os pensamentos de forma diversa daquela segundo as regras da lógica discursiva. Ele não faz deduções a partir de um princípio, nem induções a partir de um conjunto coerente de observações isoladas. Ele coordena os elementos em vez de os subordinar; e só a essência profunda de seu conteúdo é comensurável por critérios lógicos, não seu modo de apresentação.[9]

Não se trata no caso de alguma objeção ao modo de apresentação de *Arte e Sociedade*, mas sim de que a "essência profunda de seu conteúdo" ficou prejudicada por falta de "critérios lógicos" ao julgar do exterior a coisa julgada. O ensaio é mais parataxe que hipotaxe no plano das ideias.

---

8   Adorno, Theodor Wiesengrund. *Notes sur la littérature*. Paris, Flammarion, 1984; p. 23.
9   Idem, ibidem, p. 27.

Por outro lado, a relação privilegiada dos frankfurtianos com a filosofia de Hegel não a torna imediata e dedutivamente determinada. Não a faz impor uma adesão irrestrita ao sistema hegeliano, ao contrário, os frankfurtianos convenceram-se da necessidade de ultrapassá-lo e à concepção mesma de sistema, e com isso tentar superar os impasses da sociedade contemporânea (cf. Jimenez). Lamentar-se-á igualmente a total ausência de menção às páginas das citações frankfurtianas. Salvo engano, pudemos constatar não haver menção ao exato local de origem da citação. Esta regra internacional só foi por ele lembrada no tocante a autores de outras tendências, preferencialmente aquelas com as quais Merquior acreditava contar para destruir os argumentos frankfurtianos como, por exemplo, ao priorizar o Lévi-Strauss de *La Pensée Sauvage*, dentre, talvez no máximo, uma dezena de citações desses autores.

Conhecedor dos textos de Adorno publicados até aquele momento, fixou-se Merquior sobretudo em *Filosofia da Nova Música* e no *Dialética do Iluminismo*, com breves alusões a *Dissonâncias*, *Notas sobre Literatura*, *Prismas*, *Minima Moralia*, *Wagner* e *Mahler*. Ressalte-se o fato de, à exceção do capítulo sobre a indústria cultural, o livro *Dialética do Iluminismo* não trazer nenhuma revelação estética, e, mesmo no que disserta sobre a indústria cultural, não há muito a se discutir sobre arte. Sob outro aspecto, a crítica ao pensamento negativo adorniano dá-se sobretudo pela teoria marcusiana da negatividade, visto ter Adorno publicado sua última grande obra, *Dialética Negativa*, três anos antes de *Arte e Sociedade*.

Esse fato não é isento de consequências. Merquior analisa criticamente a obra de Adorno apenas sob o perfil negativo marcusiano, e é notória a diferença filosófica entre os dois, ainda que abrigados no Instituto de Pesquisa Social. Caberia, sim, e produtivamente, um estudo crítico comparativo da negatividade em Adorno e Marcuse, pois são diferentes. Apesar de tudo, é uma inconveniência filosófico-conceitual a utilização dos fundamentos e características de um pensador como instrumentos da crítica a outro, estendido ainda que fosse por detrás uma mesma etiqueta frankfurtiana. Justificar-se-á Merquior da seguinte maneira, ao encaminhar o que chamou de "divórcio entre negatividade e práxis":

> Com Herbert Marcuse, o pensamento, que concebe a felicidade humana, não reconhece os seus germes em nenhum traço visível do mundo contemporâneo (...). A dialética da desilusão conduzida pelo professor Marcuse termina em senti-

do oposto ao otimismo revivificado do Lukács de *História e Consciência de Classe*, para não falar na teoria do utópico de Ernst Bloch e na confiança que Gramsci depositara no impulso criador da práxis. A razão que não mais decola do processo histórico visível, a luta do sujeito humano que não encontra apoio no universo objetivo, é a linha geral do pensamento crítico da escola de Frankfurt. Talvez o abandono da práxis não se enquadre mal no ritmo predominantemente lento, para uns desanimador, do processo social dos últimos decênios. Dedicaremos a parte final deste ensaio ao julgamento dessa atitude filosófica, que em Marcuse se expressa com especial nitidez. Agora, convém examinar a visão estética construída sobre a do pensamento negativo divorciado da práxis.[10]

Isto é, a visão estética de Adorno. Não cabendo neste ensaio nenhuma discussão a respeito da práxis, fica registrada a crítica merquioriana ao divórcio praticado pelo pensamento negativo no seu entender e de muitos marxistas ortodoxos, mas que assume aspectos bem mais mediatizados e com uma aparência menos "proletária".

Basta verificarmos os autores chamados por Merquior para atacar Adorno e Marcuse – ambos nem de longe simpáticos ao liberalismo, ao contrário, dois grandes nomes do totalitarismo comunista, como Lukács e Gramsci, este com muitíssimo menos talento e competência que o primeiro, mas com muito mais eficácia na subversão dos valores e princípios da civilização judaico-cristã e do estado democrático de direito; haja vista o Brasil de hoje. É teórica e politicamente bizarro, senão uma verdadeira aberração, atacar a Escola de Frankfurt pelo fio heideggeriano associado a argumentos e elogios de autores notoriamente comunistas. Essa extravagância tem origem ideológica. A causalidade fica comprometida em sua lógica. Escorando-se em critérios de natureza ideológica, a crítica abandona seus princípios formais de identidade e cai nos braços do desprezo conceitual. Ao sabor das conveniências, a crítica merquioriana faz uso de instrumentalizações teóricas de valor efêmero, pois caídas no esquecimento tão logo novas situações se apresentam e podendo a crítica tomar rumo oposto, sem levar em consideração o que já fora dito por intermédio de uma outra lógica.

Ao priorizar certas generalidades da estética de Adorno e enfatizar questões por nós já mencionadas anteriormente, Merquior com isso passa ao largo, do ponto de vista de uma economia filosófica do conceito, de problemáticas profun-

---

10 Merquior, José Guilherme. *Arte e Sociedade em Marcuse, Adorno e Benjamin*. pp. 46-48.

das que são rigorosa e absolutamente adornianas. Tematizadas como foram, dissolveram-se em outras de autores diversos, e escaparam do detalhamento. Muitos dos mais importantes conceitos estético-filosóficos de Adorno ficaram sem a crítica prometida. O fato de ter Adorno publicado sua maior obra de filosofia estética, a Ästhetische Theorie, em 1970, portanto um ano após o lançamento de *Arte e Sociedade*, não altera o que dissemos, nem o que diremos a seguir. E isso por várias razões. A primeira delas é que Merquior, por livre decisão, ignorou aquelas problemáticas e conceitos básicos de Adorno, sem alterar o modo como o autor encarava a escola. Prevalecendo uma rejeição *a priori*, não houve espaço para uma compreensão inicialmente técnica, aberta, isenta e receptiva para, em um segundo momento, configurar-se uma crítica situada, restritiva, pontual e orgânica. Assim, não surtiu efeito algum o monumental esteio filosófico adorniano nos posteriores trabalhos de Merquior, exceção feita ao rico *Formalismo e Tradição Moderna*.[11] Neste livro, o autor faz o elogio da cruzada das vanguardas contra o kitsch na modernidade artística radical. Ressalte-se que Merquior ignorou por completo a obra *Teoria Estética* de Adorno. Que esta obra tivesse ficado de fora em seu livro de 1969 é compreensível, pois somente um ano depois fora publicada; mas, falecido em 1991, Merquior teve tempo suficiente para dar conta da obra de estética mais importante do século XX, a mais impregnada de modernidade e vanguarda, publicada nas mais importantes línguas. Assim, fica caracterizado o desprezo por questões ideológicas, como se não quisesse voltar atrás e refazer o seu pensamento.

A segunda razão é que não se explicaria tampouco tais fatos, visto que muito do que Adorno elaborara em sua obra estética maior já estivera de alguma forma presente em obras precedentes; de algum modo delineado, traçado, intuído ou subentendido. Ao confiarmos no final do primeiro capítulo de seu *Formalismo e Tradição Moderna*, intitulado "*Kitsch* e *Antikitsch* – arte e cultura na sociedade industrial", responsável pela abertura da primeira parte sugestivamente denominada "Arte e alienação na sociedade de massa", Merquior desponta como um intransigente aliado das vanguardas. E, com toda razão, lê-se:

> O juízo estético implica universalidade, mas aspira alcançar o consenso universal pela persuasão, não pela evidência irrecusável da razão demonstrati-

---

11 Merquior, José Guilherme. *Formalismo e Tradição Moderna. O problema da arte na crise da cultura*. Forense Universitária, 1974.

va. Logo, é consubstancial ao exercício do juízo estético a faculdade de animar o diálogo entre os homens, a propensão a versar valores e conhecimentos nascidos desse diálogo (ou por ele "partejados", para dizê-lo na língua do pensamento socrático). Idealmente, a universalização do gosto estético é fruto da maiêutica do diálogo judicante. Mas se é assim, ao repelir a reação controlada, e o aspecto "digestivo" do kitsch, a arte moderna anima, por sua vez, o exercício do verdadeiro juízo estético. Na modernidade radical da arte antikitsch revive a concepção clássica do juízo como síntese da autonomia da consciência crítica e da universalidade da condição humana. "Subjetivo", porém, universal; pessoal, e, no entanto, em seu alcance, objetivo, o juízo estético coloca o indivíduo autônomo, e por isso mesmo, mais humano, no lugar do autômato que é ou tende a ser, o alienado consumidor do kitsch. No que revela o sentido profundamente liberal e plenamente libertador da estratégia "aristocrática" da arte da vanguarda, em sua constante guerrilha contra o kitsch.[12]

Com o passar dos anos, a mesma força de convicção utilizada para condenar o kitsch e a alienação programática da cultura de massas em *Formalismo e Tradição Moderna* passa a condenar a crítica ao kitsch e à alienação, só que com muito menos qualidade e talento, em *O Marxismo Ocidental*: "Tirante o estilo enviesado do fragmento como imagem do reprimido, tudo o que se pretende artístico se enquadra na classificação de 'culinário', termo pejorativo predileto de Adorno. Culinários eram os prazeres digestivos, alienantes, da 'indústria da cultura' – a máquina estupidificada da cultura de massa, tratada por ele com o maior desprezo. Elitista intelectual da cabeça aos pés, Adorno jamais se cansou de descompor o espírito comercial, vulgar e materialista, de qualquer arte capaz de agradar ao público."[13] Despreocupado com a coerência de fundo, algo estimado como um verdadeiro valor intelectual – não confundir com "as contradições próprias à coisa" –, Merquior tivera afirmado o contrário quando percebesse que a "cultura de massa queria e quer não só consumir a arte, como consumar a arte; quer (inconscientemente) sumir com a arte".[14] Ressalte-se a verve adorniana na linguagem merquioriana.

Adorno nunca condenou qualquer arte capaz de agradar ao público, mas sim toda arte feita com a finalidade de agradar ao público, tendo somente isso

---

12 Idem, ibidem, p. 48.
13 Merquior, José Guilherme. *O Marxismo Ocidental*, p. 192.
14 Merquior, José Guilherme. *Formalismo e Tradição Moderna*, p. 46.

como seu objetivo teleológico-estético, e esse público entendido como corporação homogênea, público-massa reificado, espectador boquiaberto da indústria cultural. Nesse sentido, o público é agradado de modo subserviente para, por efeito inverso, tornar-se subserviente à arte da indústria cultural, e como tal manipulado por suas instâncias mais sofisticadas. Movimentando recursos pouco filosóficos, o caráter acusatório da crítica merquioriana é capaz de frases inesperadas, como em sua caracterização do filósofo em *O Marxismo Ocidental*:

> Herr Professor Doktor Theodor Wiesengrund Adorno era um homenzinho careca e rechonchudo. Ex-alunos contam que, durante as aulas, em Frankfurt, sempre que julgava ter chegado a um ponto crucial da sua exposição, ele se punha na ponta dos pés e pedia a atenção geral dizendo em voz alta: "*Meine Damen und Herren: das ist sehr dialektisch!*" Com efeito, a dialética era o cerne da linguagem filosófica dos frankfurtianos. Tanto assim que eles são por vezes chamados, como em meu livro de 1969, "a escola neo-hegeliana de Frankfurt". Quanto ao "ponto de vista da redenção" acima mencionado, é ele que dita a maneira de ser de todos os grandes dialéticos de Frankfurt, desde o primeiro até o último – Horkheimer, Adorno, Marcuse. Com eles, o pensamento era "crítico", porque, embora não tivessem a oferecer nenhuma imagem positiva de uma sociedade redimida, aferraram-se à ideia de que o mundo tal como está é algo radicalmente necessitado de redenção.[15]

As conquistas de *Formalismo e Tradição Moderna* estavam definitivamente desvanecidas. Em *Formalismo*, dissera ele que "a vocação aristocrática da arte moderna radica na cumplicidade da infraestrutura cultural com a dissolução da cultura como resíduo de paideias clássico-cristão-humanísticas. Em última análise, inimiga do kitsch, só é 'aristocrática' e 'elitista' porque aposta na dignidade da cultura como impulso perfectivo do homem, como formação livre e desalienante da personalidade. Em seu papel de contraideologia, a arte moderna sempre esteve pronta a fustigar os humanismos de fachada (invariavelmente cúmplices das piores repressões), mas nunca esteve disposta a renunciar ao humanismo como crítica da civilização".[16] Esse Merquior mais técnico, mais progressista e crítico do conservadorismo foi cedendo lugar ao último capaz de, sem nenhuma cerimônia, referir-se a Adorno como "homenzinho careca

---
15 Merquior, José Guilherme. *O Marxismo Ocidental*, p. 157.
16 Merquior, José Guilherme. *Formalismo e Tradição Moderna*, p. 47.

e rechonchudo". O conservadorismo acentuado no final de sua vida foi acompanhado do declínio da seriedade de sua crítica filosófica. Grandes momentos, como o de "Rousseau e Weber", ainda que não se ocupando de filosofia estética, foram ficando para trás.

A compreensão crítica das relações entre a arte e a sociedade na concepção adorniana só é possível pela enfatização do conceito de contradição estética desenvolvido por Adorno. Nele há uma superação do conceito de contradição herdado da lógica, da filosofia schellingiana e da dialética estética de Hegel. Adorno dá o golpe de misericórdia na autoridade que sobre a estética exercia o princípio do terceiro excluso, uma agressão "esboçada" por Petrarca que desde pelo menos fins do século XVII estivera praticamente lançada no seio da estética europeia. A partir de Baumgarten, o princípio do terceiro excluso foi sendo gradativamente colocado em questão, contestado e desprezado sem que, contudo, tivessem-no nomeado ou que o tivessem nitidamente reconhecido. Todas as lógicas clássico-românticas das paixões, do coração, da imaginação criadora, dos sentimentos, das intuições e da sensibilidade foram-se somando até encontrarem em Adorno o responsável maior pelo rompimento definitivo com o terceiro excluso ou meio excluso. Esta nova situação é que abre verdadeiramente a pós-modernidade, tendo sido por nós nomeada princípio do terceiro incluso ou meio incluso, no livro *Estética da Contradição*.[17]

O racionalismo esquerdista do jovem Merquior em *A Razão do Poema* foi de certa forma mantido ao longo da sua vasta obra, não mais como esquerdista, mas sim como racionalista. Porém, esse mesmo racionalismo não o conduziu, ou não o favoreceu na percepção do "caráter incluso" da lógica da arte. Isto posto, não custa lembrar que o racionalismo estético fora abandonado pelo próprio Iluminismo, que viu nascer as rebeldias românticas. O próprio Merquior abandonara Boileau, Crousaz, Gottsched e outros cartesianos. Ninguém menos que Baumgarten afirmara na *Aesthetica* não ser a razão dotada de poder absoluto a ponto de torná-la "razão tirânica". A estética filosófica baumgarteniana coincide com a criação da estética mesma, fundada a partir das insuficiências da lógica em atender aos apelos do poema e da arte. Até o lógico Baumgarten, discípulo de Leibniz e Wolf, não acreditava na onipotência da razão e tampouco em sua onipresença na obra de arte. O racionalismo neopositivista de Merquior ainda que não tivesse bloqueado o acesso às artes e literaturas, mui-

---
17 Moderno, João Ricardo. *Estética da contradição*. Ed. Perspectiva, Coleção Estudos, 2013.

tíssimo ao contrário, teve efeito sobre sua intimidade com a imaginação criadora. O racionalismo estético merquioriano levou-o paradoxalmente a preferir o comunista Lukács ao hiperliberal Adorno, apesar das convicções econômicas e políticas assumidas por seu liberalismo. Preferiu o otimismo luckasiano ao "pessimismo" adorniano. É dele a seguinte observação otimista quanto ao lugar da arte sob o socialismo real pós-stalinista:

> Mas quando se fala em "arte politicamente interessada" surgem mil cassandras predizendo a "morte" da poesia, a "barbarização da cultura" e, naturalmente, apontando o triste fim da arte soviética como prova de que a jovem classe, uma vez no poder, abafaria a expressão criadora na camisa de força dos decretos do "realismo socialista". Embora sem pretender negar que semelhante fracasso tenha ocorrido, por exemplo, durante o período stalinista na ex-União Soviética, nós não podemos aceitar esses falsos terrores. Não há a menor incompatibilidade entre arte e revolução, entre poesia e socialismo. O que a revolução, ou o simples "advento do proletariado ao poder", pede à nova lírica não é nada que remotamente se assemelhe a uma autocastração. Muito pelo contrário: ao pedir à literatura a sua expressão revolucionária, o verdadeiro socialismo rejeita energicamente a implantação da arte por decretos e defende com igual veemência a incorporação à cultura proletária da tradição do passado, burguesa e anterior; porque assim como só os ignorantes em pânico ainda pensam que "socialismo" significa distribuição socializada de miséria – só os imbecis de galocha consideram a ideia de repudiar toda a nossa riquíssima tradição artística pela razão lamentável de que essa cultura passada não foi "expressiva" do proletariado e da revolução (...). Há o desejo de uma poesia nova, racional e socialmente empenhada. Há a possibilidade concreta de sua realização.[18]

Esse é o jovem Merquior aos dezenove anos, em um livro denso, indicando que ali nascera um grande intelectual.

A crítica antifantasista de Lukács, a condenação de Ernst Fischer à literatura burguesa fabricante de "angústias ilusórias e à prestação que a estupidez da burguesia se obstina em fazer passar por arte nova", e a posição de Trótski quanto ao papel da literatura marcam o jovem Merquior com o otimismo-cultura que o acompanhará por toda a vida. Entretanto, o otimismo muda de campo: o liberalismo tornara-se o leito por excelência da ótica otimista. Assim mesmo

---

18 Merquior, José Guilherme. *A Razão do Poema*. Civilização Brasileira, 1965; pp. 167-169.

não mudarão os seus argumentos contra a estética de Adorno, atacada tanto pelo jovem Merquior a título de defesa otimista do social-comunismo soviético, quanto atacada pelo Merquior da maturidade a título de defesa otimista do social-liberalismo. Constata-se, logo, que, independentemente do campo político, seu otimismo não se altera, e é este otimismo que se mantém como um traço peculiar que o define. O *Kulturoptimismus* merquioriano é a base da sua estrutura política, econômica, psicológica e cultural, e não foi atingido pela dúvida cartesiana. Tendo como base o otimismo-acima-de-qualquer-suspeita, a racionalidade merquioriana deixou-se conduzir no sentido da irracionalidade. O otimismo por si só não é apodicticamente verificável como o puro guardião da razão. O irracionalismo do otimismo é pretender para si uma identidade imediata com a razão, enquanto a razão é pura mediatidade.

Da mesma forma que nenhuma arte pode desprezar a razão, não menos é verdade que nenhuma arte se faz como expressão pura da racionalidade. Esta afirmação norteia a justa compreensão da estética negativo-dialética de Adorno. Deve ser encarada como um esforço de superação do princípio do terceiro excluso, incluindo todas as proposições contraditórias no seio de uma mesma ideia ou obra. A estética negativa de Adorno conserva e reforça as contradições encontradas na própria estrutura das obras de arte. As contradições não são abandonadas, mascaradas ou desprezadas, mas sim convertidas em ideias estéticas ou ideias artísticas. São exploradas em todo o seu rigor paradoxal. Daí a substituição do conceito de contradição lógica pelo de contradição estética, regido por suas leis internas e segundo a orientação dialética da imaginação criadora. A finalidade estética – o kantiano princípio da finalidade sem fim determinado – prevalece diante da finalidade lógica. A coerência da obra de arte não se dá pela coerência lógica e pela crítica às contradições, mas por meio do gerenciamento crítico-criativo das contradições, não da busca da integração das contradições lógicas. Na obra de arte é possível a convivência de todos os elementos incompatíveis: a contradição estética encontra aí a sua morada.

A Escola de Frankfurt tem como um de seus principais alicerces o princípio da não identidade, uma das bases da negatividade dialética. A estética de Adorno recusa a identidade da função estética com a função social. A função social da obra de arte dá-se de modo negativo, contraditório e paradoxal na não identidade com a função social enquanto tal. Ela só é útil enquanto permanecer fiel ao seu *télos*. A autonomia da arte constituiria um núcleo de resistência à ação social contrária, que se esmera na tentativa de fazê-la retornar à condição de peça constituinte da utilidade pragmática traduzida enquanto função social. Pragmáticas políticas, econômicas, sociais e culturais estão excluídas. Porém, do ponto de vista do ente essas substâncias são verdadeiras, mesmo que sob a liderança do sentido negativo da obra de arte. A arte parte da constatação de que seu lugar no mundo não é totalmente mantido e engendrado segundo suas próprias convicções estéticas. Sabe que sua liberdade está em contradição com a "não liberdade do todo social". A arte faz dessa contradição uma das suas mais penetrantes energias criadoras.

Na estética negativo-dialética adorniana, a obra de arte tem como condição mesma da sua identidade a não reconciliação com o mundo empírico, deste tomando as formas que lhe são adequadas e convenientes, mas sem se deixar levar pela reprodução ou reflexo imediato das formas empíricas do mundo enquanto tal. A realidade da arte é capaz de "produzir" pela imaginação criadora formativa o engendramento de seu próprio mundo, sua "própria essência, oposta ao mundo empírico como se fosse igualmente uma realidade", conforme definição de Adorno.

Essa condição de possuir suficiente autoridade para engendrar sua própria essência é típica da modernidade conquistada com a autonomia estética da obra de arte, autonomia de certo modo antecipada na Grécia clássica, alavancada por Petrarca e Boccaccio e legitimada pelas estéticas europeias no século XVIII depois de algumas bravas iniciativas no século XVII tardio. Segundo Adorno, o conceito mesmo de obra de arte implica o caráter intrínseco de recusa da empiria e seus objetos, na negação ou na liquidação do empírico para que este não signifique a liquidação e a negação da arte. Não sendo a arte uma esquiva diante das responsabilidades contraídas no mundo, a recusa do mundo empírico como condição intrínseca ao seu próprio conceito de obra de arte ilustra dialeticamente uma de suas leis imanentes. A arte é aquilo que, sem fugir de seu conceito, desrespeita sua própria definição, já que a definição da arte é processada por sucessivas elaborações *a posteriori*, levando-se em conta as constelações historicamente sedimentadas. A propósito, disse Adorno que "a definição do que é arte é sempre dada previamente pelo que ela foi outrora, mas apenas é legitimada por aquilo em que se tornou, aberta ao que pretende ser e àquilo em que poderá talvez se tornar. Enquanto é preciso manter a sua diferença em relação à simples empiria, ela modifica-se em si qualitativamente".[19]

---
19 Adorno, Theodor Wiesengrund. *Teoria Estética*. Lisboa, Martins Fontes, 1982, p. 13.

Limitamo-nos a essas observações teóricas, apesar da riqueza despertada pelo tema. Merquior foi e continua sendo polêmico; e necessário. Nós proporíamos, a título de desfecho, lembrar uma palavra de Horkheimer a esse respeito, em seu texto *Kritische Theorie gestern und heute* (*A Teoria Crítica ontem e hoje*):

> O verdadeiro conservador é, senão sempre, ao menos em muitos casos, mais próximo do verdadeiro revolucionário que do fascista, e o verdadeiro revolucionário mais próximo do verdadeiro conservador do que aquilo que se chama hoje de comunismo. Eu poderia dar exemplos de inúmeros conservadores na Alemanha que tiveram a coragem de lutar contra o nacional-socialismo. Para terminar, permitam-nos ainda acrescentar algo sobre a diferença entre pessimismo e otimismo. Com efeito, minha concepção é pessimista no que concerne à falta do gênero humano. Pessimista igualmente quando encara o rumo que toma a história, a saber, o de um mundo administrado de tal forma que aquilo que chamamos espírito e fantasia irá diminuir consideravelmente. Escrevi em algum lugar que "o grande e necessário sentido do pensamento é o de se tornar supérfluo". Em que consiste, portanto, o otimismo que divido com Adorno, meu amigo desaparecido? Consiste em que se deve, apesar de tudo, tentar fazer e realizar aquilo que tomamos por verdadeiro e por bem. Aqui está a razão pela qual nosso princípio era o seguinte: ser pessimista teórico e otimista prático![20]

Heidegger afirmou-se como o pensador do nazismo, aquele que fez do racismo e do genocídio uma "filosofia". Lamentável que o íntegro Merquior não tenha acompanhado todo o desvelamento do nacional-socialismo filosófico heideggeriano, pois Merquior possuía coragem moral, intelectual e filosófica para voltar-se radicalmente contra aquele que um dia ele próprio colocara no panteão da filosofia. Saudades do Merquior.

---

20 Horkheimer, Max. *Théorie Critique*. Paris, Payot, 1978, p. 369.

EDITH STEIN: TEORIA FILOSÓFICA DO ESTADO

CATOLICISMO: CONVERSÃO ESPIRITUAL E CONVERSÃO COM BATISMO

Edith Stein, discípula de Edmund Husserl, nascida em 12 de outubro de 1891, na cidade então prussiana de Breslau, filósofa judia, transitou pelo ateísmo, iniciou sua conversão espiritual ao catolicismo após ler o *Livro da Vida*, de Santa Teresa de Jesus, em finais de 1918, e terminou sua conversão ao catolicismo em 1921, conclusa com o batismo em 1922. Com efeito, em carta de 10 de outubro de 1918 enviada de Freiburg ao colega filósofo polonês Roman Ingarden, Stein se torna mais explícita: "Não sei se de minhas comunicações anteriores você já deduziu que, atrás da ampla reflexão, mais e mais eu me decidi por um cristianismo positivo. Isso me liberou da vida, que me havia atirado por terra, e, ao mesmo tempo, me deu força para retomar outra vez, agradecida, a vida. Portanto, posso falar, no sentido mais profundo, de um 'renascimento.'"[1]

Stein foi assassinada no campo de concentração e extermínio de Auschwitz já como carmelita descalça em 9 de agosto de 1942, pouco antes de completar 51 anos, depois que a Alemanha invade a Holanda em 1940. Em 1941, ela ainda consegue escrever aquela que seria sua última obra, a *Ciência da Cruz*, para, em seguida, em 1942, viver a sua própria cruz em Auschwitz. Da ciência para a prática

---

1 Santa Teresa Benedita da Cruz (Edith Stein). *Obras completas I*. Vitoria-Gasteiz, Ediciones El Carmen; Madri, Editorial de Espiritualidad; Burgos, Editorial Monte Carmelo, 2002, p. 654. Vale mencionar que a forma como sua amiga Anne Reinach reagiu à morte de seu marido na Primeira Guerra Mundial foi decisiva na sua conversão ao cristianismo, em razão do mistério da cruz. Mistério esse que marca o início da conversão e o fim da sua vida com última obra, *Ciência da Cruz*.

da cruz. Foi canonizada pelo Papa João Paulo II em 11 de outubro de 1998, e curiosamente, em carta à sua irmã Erna Stein, de 23 de julho de 1918, portanto, ainda antes da leitura do *Livro da Vida*, Edith Stein revela:

Minha querida Erna: Às vezes eu tenho a sensação de que todos vocês me superestimam em excesso, o que faz com que me sinta muito envergonhada. Não sou uma santa, e tenho minhas horas para baixo como qualquer pessoa. Por outro lado, creio que não é indispensável para um santo renunciar a todos os desejos e esperanças, e a todas as alegrias do mundo. Muito pelo contrário: estamos no mundo para viver, e todo o belo que há nele temos que tomá-lo com agradecimento. Somente não há que se desesperar se as coisas saem de maneira distinta do que alguém havia pensado.[2]

Com efeito, ela acaba por admitir a autoconsciência da santidade, e de que é uma santa em progressão. E foi essa santidade infusa que a conduziu à aceitação plena do Cristo crucificado. Sua teoria do Estado é de 1920, aos 29 anos, já como católica — ela chegou à conversão intelectual pelo que chamou de catolicismo positivo desde 1917, com 26 anos —, e publicada em 1925, quando tinha 34 anos, já como católica batizada, e banhada pela busca da santificação dela mesma, das pessoas e das instituições. E, em consequência, a santificação do Estado. O livro *Eine Untersuchung Über den Staat* foi originalmente publicado no *Jahrbuch für Philosophie und Phänomenologische Forschung*, órgão da escola fenomenológica alemã sob a liderança de Edmund Husserl, também mestre e apoiador de Martin Heidegger, que, após conseguir a cátedra, expulsou Husserl no processo nazista de desjudaização da universidade alemã por ele mesmo liderado. *Ensaio sobre o Estado* é uma fenomenologia do Estado, que corresponde à chamada etapa fenomenológica, um livro que procura reforçar as bases de um Estado democrático de direito, ameaçado pela fragilidade da República de Weimar no *Reich* alemão, e a fundação do partido nazista em 1919/1920. Limitar-nos-emos a destacar alguns dos aspectos mais relevantes da sua teoria do Estado, realçando a universalidade da sua filosofia na pesquisa das essências.

I A ESTRUTURA ÔNTICA DO ESTADO

Em Edith Stein, as relações entre Estado e comunidade me parecem relevantes quanto à formação da sociedade, e remetem a reflexão filosófica à intrínseca

---

2   Idem, ibidem, p. 633.

condição de judia no seio da sociedade alemã. Algo que antecede em poucos anos a crítica de Hans Kelsen em 1930, também judeu, ao Estado como integração de Rudolf Smend publicado em 1928, conceito totalitário em gestação que levou à desintegração da Alemanha, e reforçado por Carl Schmitt em sua desconhecida e histórica conferência de 23 de novembro de 1932, "Economia sã em um estado forte", imediatamente por ele chamado de "Estado total", *der totale Staat*.[3] Carl Schmitt proferirá sua conferência diante dos membros da "União de Nome Longo" (ou União para a Conservação dos Interesses Econômicos Comuns na Renânia e Westefália), cujo efeito devastador foi que os 35 representantes alemães da indústria e finanças que a escutaram enviaram uma petição ao presidente do *Reich*, Paul Ludwig von Hindenburg, para que este nomeasse Hitler como chanceler. O que foi feito em 30 de janeiro de 1933, dois meses depois. Assim nascia o Terceiro Reich. Ernst Jünger, em 1930, já havia se pronunciado sobre a impossibilidade de os judeus serem alemães, ao afirmar, entre outras aberrações, que "no tocante à vida da Alemanha, o judeu não pode em nada desempenhar nenhum papel criador, nem para o bem nem para o mal. (…) À medida que a vontade alemã toma forma e adquire caráter decisivo, a pior ilusão dos judeus que creem poder ser alemães na Alemanha será cada vez menos realizável, e eles se verão colocados diante da sua última alternativa, a qual, na Alemanha, é de ser ou não ser judeu".[4] Segundo Stein, "nós chamamos massa o tipo de associação mais elementar, e encontramos como característica da massa que os indivíduos que dela fazem parte estejam em interação sem nada saber da influência que eles exercem ou que eles sofrem, e sem sentir seu comportamento, que esta influência recíproca pode tornar *homogêneo*, como qualquer coisa de *comum*".[5]

Massa, portanto, não legitima uma base comunitária formadora do Estado. Esvaziada de conteúdo espiritual, a massa é centrífuga na medida mesma em que não existe centro. Com efeito, esclarece a jovem Stein:

---

3   Ver Jean-Pierre Faye, *L'État total selon Carl Schmitt – Ou comment la narration engendre des monstres*. Paris, Ed. Germina, 2013.
4   *Apud* Jürgen Habermas, *Profils philosophiques et politiques*. Paris, Gallimard, 1974.
5   Stein, Edith. *De l'État*. Paris, Éditions du Cerf, 1989, p. 37, grifo da autora. Contudo, utilizamos também para dúvidas e melhor clareza a excepcional edição espanhola das *Obras Completas*, Madri, Ed. Espiritualidade, 2005.

Pode-se abordar a coisa de um outro ponto de vista: fala-se espontaneamente do Estado como de uma pessoa, e isso parece indicar que ele pertence ao reino do espírito. Em compensação, não descobrimos nenhuma função espiritual na massa, enquanto reconhecemos na comunidade um ser especificamente fundado em espírito, e caracterizado por aquilo que falta à massa: que os indivíduos aí vivem em comum, "uns com os outros" no sentido estrito do termo; nenhum coincide totalmente com o vivido coletivo – como é o caso dos indivíduos vivendo em massa –; os outros lhe são dados como companheiros de existência, e ele se sente pertencer a uma comunidade que, por seu lado, é o sujeito de uma vida própria. Na vida comunitária se constituem formas estáveis cuja realização pode ser assumida sucessivamente por diversos indivíduos. Logo, temos aqui uma "organização" distinta dos próprios indivíduos, o que parece nos aproximar do estatuto do Estado.[6]

O espírito opera na base da relação societária, comunitária e contratualista do Estado. O espírito é o centro que atrai todas as forças humanas de modo identitário. O Estado é possível pela força centrípeta do espírito, que permite a consolidação das relações a partir da autoconsciência de pertença associada à consciência de natureza social fundada na identidade. Há uma naturalidade cultural na percepção de identidade, justificando o oximoro da cultura natural. Algo nos filia aos outros de forma comunitária, criando as condições contratualistas de fundação do Estado, naturalizando as decisões e os consensos que embasam o conceito abstrato de Estado tornado realidade objetiva e concreta que afeta a vida de todos os unidos em espírito, mas agora como corpo. Visto que não há Estado sem soberania, Stein entende que a soberania é "o ponto central de sua estrutura ontológica".

Segundo Edith Stein,

> a equivalência entre estatalidade[7] e soberania permite *separar comunidade do Estado e comunidade do povo*. (...) Elas são separáveis, inicialmente no sentido que o povo pode subsistir enquanto desaparece a soberania, por aí mesmo o Estado. O povo pode conservar as particularidades de sua vida comunitária mesmo quando uma potência estrangeira o priva da possibilidade de viver em autonomia. (...) *Pode-se responder, concernindo à primeira questão, que um Estado não existe em*

---

6   Idem, ibidem, p. 38.
7   Também poderíamos propor o neologismo *estadicidade*.

função de um só e único povo. O Estado nacional ou popular é uma espécie particular, mas não o Estado em si. É totalmente possível que um conjunto de povos esteja federado por uma potência representativa de um todo estatal que os englobe, e que, na uniformidade ou na diversidade, regre a sua vida segundo certas orientações sem por isso negar sua identidade.[8]

Hitler, a exemplo de Marx, começara a escrever e discursar sobre "a questão judaica" desde pelo menos 1919, segundo Ian Kershaw, e redige o primeiro volume de *Mein Kampf* em 1924, e o segundo volume em 1925, intitulado *A expansão do Terceiro Reich*. Heidegger começara seus escritos antissemitas desde 1916, antecedendo Hitler em cerca de três anos. Portanto, o contexto político da teoria steiniana do Estado é de um avanço extraordinário das ideias totalitárias, que somadas garantirão a base teórica que futuramente irão desencadear a Solução Final.

Em Stein, o Estado deve cobrir todo modo extensivo e qualitativo da condição humana contida no que se convencionou chamar povo. O elo natural, cultural, linguístico, moral e histórico firmado entre os seres humanos não pode ser rompido pelo artificialismo ideológico que revolucionaria o Estado contra o povo em toda a sua dimensão ontológica. O amálgama ontológico formou uma comunidade. O Estado formaliza na comunidade estatal aquilo que já aconteceu na comunidade do povo. Ressaltemos que também a instituição do fascismo italiano, a partir de 1919, começa a fascinar a ideologia alemã, estabelecendo identidades e ensejando singularidades com a homóloga italiana. Portanto, qual seria o lugar do judeu em um Estado excludente?

Quanto à teoria da comunidade, afirma Stein:

> Nós já observamos que os indivíduos que compõem o Estado constituem uma comunidade. É em um sentido próximo do nosso que Aristóteles afirma que a *philia*, a amizade, mais ainda que a justiça, mantém os Estados. Unicamente a legalidade sem a amizade seria incapaz. A significação de *philia* nessa passagem é completamente imprecisa. Porém, o termo tem uma significação fundamental que se encontra em todas as partes: a de *consciência comunitária*. (...) Não é a estrutura do Estado, mas a estrutura das pessoas que permite explicar que uma entidade estatal concreta se erija sobre o fundamento de uma comunidade existente, e que de outra parte ela filia de um laço comunitário as

---

8   Idem, ibidem, p. 48 (grifo nosso).

pessoas que ela engloba; depois mostrar que esse laço comunitário é necessário para assegurar a existência do Estado. A comunidade estatal não é necessariamente a comunidade de um povo.[9]

A comunidade de amizade implícita nos filia uns aos outros. Filiar, do latim *filiare*, unir pela amizade ou amor. A *philia* nos filia enquanto tal, enquanto comunidade do povo. A filiação é decorrência da identidade, e esta nos filia indiscriminadamente aos *nossos* da mesma comunidade, em uma dialética inconsciente histórica e coletiva, sem o abandono da individualidade moral. O Estado nacional-socialista destruiu a comunidade de amizade que filiava os judeus à Alemanha e à Europa, e o Estado alemão com isso foi destruído, conforme antevera Edith Stein, não por acaso canonizada como copadroeira da Europa. Citando Franz von Baader, Stein destaca que, "onde o amor, isto é, o verdadeiro espírito de comunhão entre os elementos de um Estado, desaparece, este Estado corre para a sua destruição".[10] A comunidade do povo é uma comunidade de amor que a todos inclui para a formalização jurídica da comunidade do Estado. O amor filia.

Assim, defendendo a criatividade inerente ao povo em suas mais diversas manifestações interétnicas e plurilinguísticas em interação geradora de uma identidade na diversidade, Stein entende a autonomia cultural como base de cultura material da soberania específica do Estado e sua autonomia formal, e

> isso traz alguma clareza sobre a relação povo-Estado: o povo, enquanto "personalidade" dotada de uma criatividade própria, reclama uma organização que lhe assegure viver segundo suas próprias leis. (...) Quanto à possiblidade de reunir diferentes povos em um conjunto estatal, ela não é incompatível com a personalidade própria de cada uma das comunidades étnicas. Os povos todos não exigem necessariamente constituir um Estado; basta uma organização estatal que leve em conta seu caráter interno. Somente quando a lei do Estado e a personalidade do povo se opõem é que há risco que um dos dois ou até mesmo ambos pereçam. Isso pode acontecer tanto a um povo homogêneo quanto de um conjunto de vários povos quando um deles for privilegiado em detrimento dos outros.[11]

---

9   Idem, ibidem, p. 49.
10 Idem, ibidem, p. 49.
11 Idem, ibidem, p. 52.

O Estado deve ser o reflexo legal quanto à forma daquilo que é a realidade concreta da cultura da comunidade do povo enquanto conteúdo. O conteúdo antecede a forma, a sociedade civil antecede o Estado. Se a forma destruir parte do conteúdo, ela perece junto. O Estado nacional-socialista, ao destruir o judeu como conteúdo da sociedade civil, destruiu o Estado enquanto tal, e a si mesmo.

Segundo Edith Stein,

> a diferença entre povo e nação consiste no seguinte: a consciência coletiva que é própria do povo alcança na nação uma consciência refletida; e, paralelamente, a nação forma uma imagem de sua especificidade e a cultiva, enquanto o povo simplesmente possui essa particularidade, a exprime em sua vida e em seu trabalho sem ser consciente do que ela é, e por isso mesmo sem expressamente evidenciá-la. Um espírito nacional autêntico só é possível sobre um fundo de uma tradição popular; ele só habita um povo quando este atinge uma certa maturidade, como um indivíduo só aprende a se conhecer ao longo de sua vida, sem que se possa dizer que antes desta 'tomada de consciência' não tenha havido nenhuma identidade pessoal. Fundamentalmente, o que o Estado exige é uma comunidade popular e não uma nação.[12]

A nação não pode ser uma obra da imaginação dos detentores do poder de Estado, isto é, do governo central, pois nesse caso ela certamente iria de encontro à comunidade popular, esta sim base do Estado. Com efeito, diz Stein que "não é possível opor Estado e nação como se opõe natureza e espírito (ou também 'razão'). Toda comunidade – tanto o povo quanto a nação – é de natureza espiritual. O povo tem certamente um fundamento natural, e por esse fato igualmente o Estado; mas enquanto é comunidade não é 'natureza', e não tem necessidade do Estado para receber um conteúdo espiritual".[13] Com efeito, a espiritualidade da comunidade do povo é autotélica, pode se esgotar e ter a finalidade em si mesma. O Estado é um devir a partir da realidade comunitária já sedimentada na espiritualidade coletiva.

Para Edith Stein, a democracia é o mais avançado sistema, inclusive atendendo aos desígnios de Deus, na medida em que o respeito a cada pessoa humana individual fica assegurado em suas múltiplas facetas, além de preservar

---

12 Idem, ibidem, p. 53.
13 Idem, ibidem, p. 54.

a comunidade do povo em suas variantes étnicas e culturais. Ela adverte que somente a representação do conjunto do corpo comunitário do povo pode assegurar o verdadeiro Estado democrático. A esse propósito, conclui Stein que "na democracia todos os cidadãos são idealmente portadores da vida do Estado (o que dá sua definição e seu sentido distintivo ao conceito de cidadão). O Estado encontra na democracia sua base mais ampla, mas a inversão correspondente – a oclocracia ou governo das massas – representa a atomização a mais extrema da comunidade estatal".[14] Portanto, não é o Estado que dá sentido às pessoas humanas, mas o inverso. O Estado é a garantia da liberdade do cidadão. O Estado não é a origem, mas a formalização da vida social. Em uma Alemanha já em preparação do culto ao Estado, Stein adverte sobre a perversão do Estado como sujeito, em um fim em si mesmo. O Estado totalitário em marcha na Europa é concebido como uma mônada sem janelas, ontologizado, uma ficção psicopática e criminosa que o isola da sociedade civil em sua totalidade. Contraditoriamente, o totalitarismo não evoca a totalidade, mas a parte ariana sufocará literal e metaforicamente as demais partes do todo do corpo da comunidade do povo. O Estado não é a vida, mas a representação jurídica da vida. A democracia steiniana é o sistema que melhor fundamenta o Estado, e também que corre mais riscos de perversão, exatamente por não ser perverso, e porque o sistema contrário é perverso na sua totalidade.

Se o Estado não é a vida, a vida tampouco é o Estado. O Estado deve acolher a comunidade do povo. Na frase mais importante de Edith Stein, que traduz a melhor crítica ao totalitarismo, ela afirma: "O Estado não tem alma e não tem produtividade do espírito. E parece admirável – e em um certo sentido desmedido, mesmo se isso é indispensável – que alguém se devote ao Estado."[15] A alma é o povo. O Estado é a forma cujo conteúdo é o povo, e, como a forma é conteúdo, ela não pode voltar-se contra a sua própria razão de ser. A alma é o conteúdo do corpo. Romper essa tênue mas sensível relação acarreta trágicas consequências no organismo todo. A adoração ao Estado é típica dos totalitarismos. O totalitarismo é o Estado autotélico. E, assim, o Estado tenta ter vida anímica e reifica a comunidade do povo, dessangrando-o, como fazem os vampiros. Procedimento inútil, visto que em Stein "o povo representa uma comunidade de forças espirituais, e possui uma criatividade própria: aquela que

---

14 Idem, ibidem, p. 59.
15 Idem, ibidem, p. 60.

se manifesta nas obras da cultura".[16] O Estado não tem alma, portanto, não é criador de cultura. O Estado não é um ser, mas um ente, e por vezes um do-ente. O conteúdo ôntico do Estado não é ele mesmo, mas a comunidade do povo, que é a sua verdadeira estrutura e o justifica. O povo nasce antes do Estado, e não o inverso. Não se inventa um povo para justificar o Estado. O povo justifica o Estado, mas o Estado não justifica o povo. Essa é a dimensão essencial da democracia.

II O ESTADO E O DIREITO

Edith Stein parte do que chama de *ideia do direito*. E menciona o duplo sentido ao se falar em direito. Exemplifica do seguinte modo:

> Há os estados-de-direito ou estados-de-coisas com direito (*rechtsverhalte*) que existem fora de todo arbítrio e independentemente do fato de que eles sejam reconhecidos ou não por algum "direito em vigor" — são *estados ou relações-de-direito "puros"*: um direito nascido de uma promessa se extingue uma vez cumprida a promessa, é injusto não pagar uma dívida etc. Ao lado desse direito existe o direito em vigor, o direito dito *positivo*. O direito puro é o mesmo em todos os tempos e em todos os povos ou culturas; é um direito perene, ele não é proclamado em um dado momento. Em compensação, o direito positivo é uma criação ou uma aplicação arbitrária, o que o faz ser amplamente diversificado.[17]

A nós não interessa a entrada no campo propriamente jurídico, mas tão somente mencionar essa passagem para que se possa associar aos desenvolvimentos teóricos futuros.

Stein qualifica os atos como atos livres ou voluntários e atos legislativos ou de Estado. Assim, diz ela, a natureza do "ato livre se caracteriza como efetuação espontânea do eu, espontânea no sentido de que ele deve sua existência ao próprio eu, que não surge nele, e contudo se manifesta de uma certa maneira independentemente dele, como é o caso de todos os atos de conhecimento e de todas as tomadas de posição".[18] O mesmo sujeito que é capaz de atos livres como um "ato espontâneo de um livre agir espiritual" é a pessoa humana indi-

---

16 Idem, ibidem, p. 61.
17 Idem, ibidem, p. 64.
18 Idem, ibidem, p. 66.

vidual, que, contudo, poderá se ver na condição de sujeito dos atos legislativos, típicos atos do Estado. Stein lembra

que nós dissemos que o Estado é soberano, o que significa que ele mesmo é o autor de seu direito. (…) O Estado como unidade só é possível quando tem sentido considerá-lo em sua totalidade como o autor de seus atos. (…) Quando um conjunto de pessoas acorda uma aliança, então cada sujeito que decide essa criação realiza espontaneamente semelhante ato de união. Ademais, e talvez por um mesmo movimento, cada um declara em comum com os outros e para todos os outros que esta aliança está selada, e assim a aliança se autoconstitui e começa a existir.[19]

Essa aliança é um contrato social cuja legitimidade nasce por um ato de engendrar-se a si mesma. A autoconstituição gera legitimidade social e jurídica, seja pelos *mores* seja pelos atos legislativos, que pelo vocabulário steiniano são quaisquer atos de Estado.

Com efeito, esclarece Stein que

a comunidade dos indivíduos que vivem no Estado não é ainda o Estado. A comunidade que os cidadãos formam pode ser a base da existência do Estado, mas igualmente a consequência de uma vida sob sua lei; então, a comunidade faz parte substancialmente do Estado – porém, o Estado mesmo *não* é a comunidade. Lá onde há um Estado, existe uma esfera de realidade inteiramente nova que repercute na vida dos indivíduos e da comunidade que a ele pertencem, uma esfera sobre a qual essa vida por ela mesma é incapaz de exercer uma influência. O Estado tem necessidade de uma pessoa ou de um corpo de pessoas para se exprimir, e de uma esfera de pessoas para ser entendido e para existir. O Estado só pode realizar atos na medida em que pessoas que o "representem" os façam *por ele*. Mas tais atos só fazem sentido enquanto atos do Estado, e não enquanto atos de pessoas ou corporações que não estejam caracterizados como "órgãos do Estado". O Estado está inelutavelmente estruturado em um poder e um domínio de autoridade. Para tudo o que é órgão do Estado, quer dizer, para tudo o que atua "em nome" do Estado, é essencial ter por função representar o todo do Estado. Em compensação, tudo o que pertence ao âmbito da autoridade é certamente membro e substância do Estado, mas não um órgão em que o todo se faz presente.[20]

---

19 Idem, ibidem, p. 68.
20 Idem, ibidem, p. 69.

O governo é a forma de expressão da liberdade de poder do Estado, que pressupõe a legitimidade que lhe foi outorgada pela comunidade do povo, visto que a aliança autoconstituidora vislumbrou uma instância operativa da sua vontade. O Estado não tem vontade própria porque não é um ser psíquico e anímico – o Estado não tem alma, afirmara Stein –, e, portanto, o Estado é a organização da comunidade do povo, também chamada *sociedade civil*, que livre e legitimamente engendra representantes para o exercício do governo por meio da administração estatal.

Ao explicitar essa essência do Estado, Edith Stein afirma que

> assim o Estado não é nem uma pessoa individual, nem uma associação de pessoas, e ele não pode ser chamado à existência por um ato de associação realizado entre várias pessoas. A fundação do Estado é um ato que só tem sentido enquanto ato de Estado. Esse ato de fundação só pode evidentemente acontecer sob a forma de uma pessoa ou de um corpo de pessoas que aceitem vir a ser um órgão do Estado, pois não muda o fato de que somente pessoas ou associações de pessoas podem realizar atos. Observar-se-á o duplo caráter desses "representantes do Estado": são, por um lado, pessoas que por si mesmas realizam atos e, por outro, órgãos de Estado que agem em seu nome. Eles não podem atribuir a si mesmos a qualidade de representantes; é o Estado que os reveste desta função.[21]

O Estado é axiologicamente um valor acima daqueles mesmos que o fundaram e o legitimaram a partir dos atos. O Estado não tem alma, mas tem valor e gera valor. A representação vai muito além da pessoa individual que a carrega, mas esta não vai além do que a representação a autoriza, pois, nesse caso, é arbítrio ilegítimo e ilegal. A autoridade nasce da representação outorgada pelo Estado que aponta um representante, e este não é o portador da autoridade por sua própria natureza ontológica. Representação e representante estão associados por um ato finito, circunstancial, ainda que legítimo. O representante não pode se tornar independente da representação outorgada pelo Estado, visto que não há transmissão anímica do Estado, dito sem alma, para um representante ocasional, que jamais foi considerado a origem ontológica da representação. Esta sim é a origem de si mesma. Não há contaminação anímica ou ontológica possível. O Estado anima o representante, mesmo que o Estado não tenha

---

21 Idem, ibidem, p. 69.

alma. O problema é quando o representante quer animar o Estado à sua imagem e semelhança, ou quando se julga ele mesmo o Estado. O representante não tem o direito de emprestar sua alma ao Estado. Ou pior, fixar sua alma no Estado. Estado com alma – falsa – é o Estado totalitário. Nesse sentido, encontramos em Stein a seguinte observação, muito importante:

> Todo ato livre de uma comunidade, ou de uma *res publica*, necessita a sanção de todos aqueles que a ele estão associados sob qualquer forma dada. *E este é o núcleo de verdade da teoria do contrato*. É preciso refutar essa teoria na medida em que ela afirma que o Estado, compreendido em sua gênese, deve sua origem a um contrato. É preciso igualmente rejeitar a ideia de que, ao reconhecer o Estado, os indivíduos alienam um direito que lhes vem não do Estado, mas por "natureza", e que o Estado deve sua existência a esta autoalienação. Não existe "direito natural" (*natürliches Recht*). O direito puro existe independentemente dos indivíduos e de suas organizações. (...) O Estado para poder estabelecer a si mesmo e seu direito deve dispor de pessoas livres, e ele não pode despojar de sua liberdade as pessoas que a ele pertençam.[22]

O Estado necessita suprimir as liberdades individuais para a sua efetiva legitimação? Stein parece responder a essa pergunta ao acompanhar o nascimento e o crescimento do movimento nazista, cuja adoração mitológica ao Estado indica o abandono da liberdade individual – aliás, esse será o centro do famoso discurso de Heidegger ao tomar posse como reitor da Universidade de Freiburg, o fim da autonomia e da liberdade individuais. O Estado steiniano é a mais elevada expressão da liberdade individual do direito puro ao não se voltar contra ela, que não precisa do Estado para existir, do mesmo modo que o Estado não precisa da sua destruição para ser fundado e sobreviver. A teoria do contrato é o registro cartorial de um documento apócrifo. Um falso testamento a serviço do Estado totalitário. Em Stein, portanto, não há uma renúncia do direito puro como *conditio sine qua non* da fundação do Estado. Não há uma necessidade intrínseca de repressão às liberdades, ao contrário, a excelência do funcionamento do Estado pressupõe a mais ampla liberdade como direito humano. Confiscar a liberdade não é um direito natural inerente à própria essência do Estado.

---

22   Idem, ibidem, p. 71.

A título de esclarecimento, Edith Stein afirma que

> nós chamamos atos de *governo* os atos de dar ordens emanadas do Estado, e nós devemos dizer que eles lhe são tão essenciais quanto os atos de legislação. As duas atividades se exigem mutuamente. A execução das disposições legais exige atos de governo. E os atos de governo que não estão organizados em disposições exigem, por sua vez, ocasionalmente disposições legais como instrumentos de sua execução: disposições relativas à intervenção de órgãos necessárias a certas atividades governamentais, à distribuição de suas funções etc.[23]

Assim, os atos de Estado se configuram como atos de governo e atos de legislação, e são rigorosamente interdependentes.

Em rigor, conclui Stein,

> parece evidente que governar é próprio da vida estatal. Contudo, nós não sabemos com certeza se pode existir um Estado cuja atividade esgotar-se-ia em governar sem apoiar-se em um direito positivo. Quando um Estado ordena e prescreve, ele não entende estar agindo arbitrariamente: isto é, que ele é mestre do *conteúdo* da prescrição, porém ele considera como seu *direito* dar ordens. Ser um Estado significa ter o direito de dispor de seu domínio de autoridade, isto é, de prescrever livremente. Se afirmamos anteriormente que "o primeiro direito que foi estabelecido é o direito de fazer a lei", nós devemos acrescentar "e de governar". (…) Ao realizar um ato, seja legislativo ou prescritivo, o Estado deve reivindicá-lo, segundo seu próprio *sentido*, como um direito. O Estado e o direito nascem simultaneamente. Isso significa: ali onde há um Estado, há também, segundo a ideia, um direito positivo, mesmo que nenhuma disposição legal ainda tenha sido enunciada. Inversamente, ali onde há um direito positivo, tem que haver um Estado que tem a qualidade de ser a fonte última do direito, mesmo se nenhum poder estatal ainda se tenha estabelecido que reivindique para si ser a instância última em matéria de direito.[24]

A teleologia do Estado é governar dialeticamente por atos de governo e atos de legislação. O sentido do Estado é prescrever em acordo com os atos legislativos. O *telos* do Estado é ser coerente com seu sentido fundador. Ou melhor, o *telos* do Estado é cumprir seu destino ontológico de realizar atos

---

23 Idem, ibidem, p. 78.
24 Idem, ibidem, p. 79.

segundo seu sentido. A busca pelo sentido é permanente, como que em uma conversão do Estado a si mesmo o tempo todo. O direito fundamenta essa ação do Estado de se autojustificar como sentido. O direito ao sentido é o sentido do direito do Estado. O Estado tem direito de ter seu sentido por meio dos atos que o justificam. O Estado, contudo, não é autotélico, mas heterotélico. Essa distinção faz toda a diferença, pois o Estado totalitário é autotélico, enquanto o Estado democrático de direito é heterotélico. O sentido do Estado não é a produção de uma alma parida na ideologia. A soberania do Estado não o autoriza a produzir uma alma em laboratório experimental de doutrinas ideológicas. Seria transformar o ser humano em cobaia política. Essa capacidade artificial toda vez que é tentada empurra a humanidade para o abismo. E, como ensina o Antigo Testamento, quem ama o abismo nele cairá.

A soberania é a condição *sina qua non* do Estado, destaca Edith Stein. Entretanto, ela mesma ressalta que

> a soberania como autoconstituição de uma *res publica* (*gemeinwesen*) e a liberdade do indivíduo são inseparavelmente ligadas. Só um corpo que compreende pessoas livres pode se declarar soberano, ou pode praticamente manifestar sua soberania. O limite constitutivo da soberania, a saber, que a liberdade dos indivíduos não é suprimida pela vontade desse corpo, ou das corporações que a representam, mas que ela é, ao contrário, a condição de sua realização prática, não se deve compreender como uma limitação de soberania. O "poder estatal ilimitado" não existe em sua essência senão enquanto ele é reconhecido, e a qualquer momento ele pode ser mortalmente ferido. A garantia da existência do poder do Estado é dada pelos motivos que o incitam a reconhecê-lo. E é isso que constitui a fragilidade da situação do Estado: o que constitui o Estado – sua natureza jurídica – não é capaz de garantir sua existência. Esta só é assegurada por um fundamento extrínseco. A mais forte garantia está assegurada quando a associação de pessoas formada pelo Estado existiu anteriormente como comunidade: quando o direito que estabelece o Estado só faz sancionar as relações comunitárias já existentes, ou pelo menos adota as tendências da vida comunitária.[25]

Em Stein, a *res publica* tem sentido lato, e não há nenhuma identidade com a república como forma de governo. Em uma nítida rejeição crítica ao nazismo, Stein condiciona a soberania do Estado à soberania da cidadania, e esta

---

25 Idem, ibidem, p. 82.

legitimando aquela. Vale detalhar, a liberdade da cidadania é a verdadeira soberania. O corpo estatal é soberano porque a comunidade do povo é soberana em suas partes de pessoas individuais livres. A soberania do Estado se legitima por derivação. A vontade do corpo estatal não é independente da vontade da comunidade popular. O Estado mitológico posto sob adoração artificial é o mais frágil na sua pretensão de onipotência. O Estado onipotente é o mais débil dos Estados. O nazismo e o comunismo confirmaram essa máxima. O fundamento extrínseco a que se refere Stein é a rede de relações comunitárias estabelecidas no processo histórico que antecede a criação daquele Estado particular. O Estado é a formalização do *statu quo* ainda que em incessante processo de mudanças. A potência das relações comunitárias é que regula a força do Estado, que jamais pode ser um Estado contra a sociedade, mas um Estado a serviço da sociedade.

Com Stein, fica decidido quem é o portador da soberania. E sua tese é altamente democrática. Segundo ela,

> por um lado, temos os teóricos da monarquia absoluta que a reivindicam para o monarca. De outro, os defensores da soberania popular que atribuem a soberania ao conjunto dos indivíduos que compõem o Estado (seja como uma propriedade individual, seja como uma propriedade a que eles podem ou devem renunciar a um monarca ou a uma corporação representativa). Essas duas posições estão erradas. O Estado é que é soberano, ou o poder estatal que o encarna, mas não seus detentores. Quando todo o povo se constitui em poder do Estado, a soberania repousa nele; se é um monarca, ela está concentrada em suas mãos. A soberania pressupõe sempre que uma reivindicação de poder foi satisfeita pelo reconhecimento daqueles a que ela concerne. Ela não corresponde "originariamente" a nenhuma das partes, e é um caso especial, desprovido de princípio, quando dominadores e dominados coincidam. Desta maneira, se confirma o que já havíamos constatado: partindo da ideia do Estado, nenhum dos sistemas políticos merece ser privilegiado.[26]

Com isso, a figura do *Führer* como o Estado encarnado é uma ficção monstruosa. Ninguém é o Estado. O Estado é uma abstração tornada concreta como um ente. Como criação humana, o Estado acaba por ter vida sem alma. A chamada soberania popular dos totalitarismos é, na verdade, a esperteza dos líderes associa-

---

26 Idem, ibidem, p. 83.

da à capitulação da autêntica comunidade popular. A soberania popular é sempre a de um grupo que se deixa dominar por um tirano. O Estado é a forma, que jamais pode ser substituída pelo seu conteúdo, seres vivos concretos, com alma. Desta feita, continua Stein,

> na estrutura do Estado a soberania desempenha um papel análogo ao da liberdade na estrutura da pessoa individual. Uma pessoa é livre na medida em que realiza atos espontâneos e que ela se autogoverna. E esta liberdade é inseparável da personalidade. É no mesmo sentido que a soberania é liberdade, com a única diferença de que o que governa a si mesmo é aqui um todo social cujos atos em consequência são modificados. Quando um Estado é privado de sua soberania, ficando submetido aos imperativos de outro Estado, ele perde seu caráter de Estado, do mesmo modo que um indivíduo que, privado de sua espontaneidade e submisso à vontade de outro, perde sua personalidade.[27]

Stein confirma que

> nós admitimos que para ser válido o direito não deve somente ser fixado, mas também deve ser aceito por aqueles para os quais foi estabelecido. O direito está vinculado por ambos os lados, e por sua parte impõe um duplo elo. Aquele que estabelece o direito se obriga a respeitar a regra de direito por ele mesmo estabelecida. (Não se poderia excluir que sua pessoa não seja concernida pelo conteúdo de suas disposições, ou que ela seja dele expressamente excetuada.) Aquele a quem concerne uma regra de direito e que a reconhece está no direito de exigir ser tratado conforme esta regra. Se a lei em vigor é transgredida por pessoas que possuam certo domínio de autoridade, então cabe ao poder estatal "proteger" o direito contra esses ataques. O que acontece quando o direito é transgredido por aqueles que detêm o poder? A "proteção do direito" deve evidentemente existir contra esses atentados. E se observará que, se se produz tal violação do direito, não é o Estado que se vê em situação de ruptura do direito, mas a pessoa que o representa. A vida do Estado se resume na legislação e nos atos estabelecidos sobre uma base jurídica. Todo atentado ao direito deve ser considerado como uma perturbação da vida do Estado, e isso permite compreender que as funções estatais são desempenhadas por pessoas que são ainda outra coisa que somente representantes do Estado, e que, por vezes, enquanto elas deveriam agir como seus representantes, se deixam levar por motivos estranhos ao Estado. Primeiramente, do ponto de vista

---

27 Idem, ibidem, p. 83.

do Estado, deve haver um meio de se proteger de tais eventualidades. Aqui está também o ponto de vista a partir do qual faz sentido exigir que sejam reconhecidos os "direitos dos cidadãos".[28]

Atividades estranhas ao Estado, como a criminalidade exercida pelos seus representantes, que se excluem dos deveres impostos a todos, são desempenhadas como inerentes ao Estado, na medida em que as pessoas físicas se outorgam o direito artificial de serem o Estado como pessoa jurídica. A representação mal assimilada é sequestrada pelo representante. Há uma personificação do Estado, ou uma redução do Estado como pessoa jurídica à condição de pessoa moral, ou melhor, a pessoa (i)moral se investe do manto sagrado para procurar se fazer passar por uma abstração estatal. Em outro momento, Stein já criticara o patrimonialismo dos detentores do poder. Em Stein, a proteção dos direitos segundo o direito positivo é o antídoto contra as violações do direito. Estas quando em sistemática de violações pelos representantes – os representantes do Estado, em geral, são os representantes do povo por sufrágio universal – são capazes de tremer as bases do Estado. Stein procura não discutir o direito à revolução como um direito moral à revolução, inclusive na violação do direito entre Estados. Mas deixa aberta a possibilidade.

Digna de nota, a ênfase de Edith Stein no sentido último do Estado, que filosoficamente é o primeiro, dependendo do ponto de vista do observador, para que dele nasçam os limites da competência dos seus representantes. Com efeito, afirma Stein que

> do mesmo modo que faz sentido que o Estado assine acordos comerciais no interesse da sua economia, também faz sentido que ele intervenha internamente como regulador da atividade econômica. Em compensação, criar empresas de quaisquer naturezas, e fazer disso um fim em si, não corresponde ao sentido do Estado. Se um dirigente político se arrisca nisso, ele usa de sua função de representante do Estado para dar livre curso a suas inclinações pessoais, mesmo que a integralidade dos benefícios seja para os cofres do Estado. O caso é o mesmo com "empresas" de outra natureza: coleções de arte, viagens de pesquisa. Tudo isso, enquanto fim em si, não responde ao sentido do Estado. O Estado é o *senhor*, e enquanto tal ele tem o direito de se preocupar com tudo o que fazem seus cidadãos nessas áreas, e de lhes dar prescrições para isso. Mas o Estado ele

---

28 Idem, ibidem, p. 97.

mesmo não é nem empreendedor, nem pesquisador, nem amador de arte. Toda a sua ação se coloca sob o marco "Permaneça senhor de si mesmo", e deve ser compreendido a partir daí. Por isso, o Estado é completamente voltado inteiramente para o interior, e tudo o que ele faz para fora deve ser compreendido em função do interior, como consolidação e expansão de sua vida interior. Tudo aquilo que não se possa entender a partir desse núcleo central não é assunto seu, mas dos indivíduos que o representam, e que eventualmente fazem mau uso de sua função de representante.[29]

A delimitação do Estado a partir do sentido do Estado é de uma clareza cartesiana. De espírito rigorosamente contrário ao estatismo econômico, Stein se apresenta como uma liberal que pensa a soberania do Estado sem cair na tentação do Estado forte totalitário que tem todas as empresas sob seu controle direto ou indireto. A principal tarefa do Estado é cumprir sua própria missão ontológica, qual seja, de ser Estado. Mesmo que sem alma, o Estado se justifica na sua vida interior. Sua alma metafórica é assumir plenamente sua própria razão de ser, respeitar seu próprio sentido. O Estado steiniano é heterotélico, voltado para o outro, a comunidade do povo. Tanto mais ele é voltado exclusivamente para si é que ele presta serviço ao outro. Esse o paradoxo. O Estado totalitário é autotélico, que ao sair de si sequestra a comunidade do povo trazendo-a como propriedade estatal. O Estado totalitário estatiza a sociedade civil.

Apesar de tudo, conclui Edith Stein,

nada obriga o Estado, segundo seu sentido próprio, a se colocar a serviço da lei moral, a ser um "reino da moralidade". O reino de Satanás pode ser também perfeitamente um Estado tanto quanto o reino de Deus. A única questão é saber como um e outro desses "espíritos" pode se apoderar do conteúdo das disposições do Estado e, assim, imprimir sua marca ao conjunto estatal concreto, se o Estado enquanto tal não o prescreve ou não possui nenhum órgão que lhe corresponda. (...) Voltemos à questão de saber como um certo "espírito" pode apoderar-se do conteúdo dos atos estatais. Pode ser conforme ao sentido do Estado que sua "política" seja sustentada por certo espírito, isto é, pareça obedecer a um certo tipo de motivação. Esse espírito corresponderá sempre ao *ethos* do povo que constitui o domínio da autoridade do Estado, pois governar contra esse *ethos* equivale a cortar as raízes do Estado. Quando a política se distancia do que prescreve o sentido do

---

29 Idem, ibidem, p. 105.

Estado, quer dizer, quando se compõe de atos pseudoestatais, reconhecemos o espírito que anima os representantes do Estado. Ao exercer sua influência sobre *eles*, mesmo um ser exterior ao Estado pode utilizá-lo para seus fins, e esse pode tanto ser Deus quanto Satanás.[30]

De caráter absolutamente premonitório, Stein faz a ligação do mundo natural, social, cultural e político com o mundo sobrenatural, ao incluir o espírito exógeno nas relações com os seres humanos, mostrando a conexão profunda dos fatores naturais e sobrenaturais nos destinos da humanidade. Não é uma teologia política nem uma política teológica, mas transcende as classificações. O nacional-socialismo foi a naturalização de Satanás, que sentou no trono do *Reich* por meio dos representantes do Estado. O mesmo poder-se-ia dizer do comunismo. Entretanto, quais as relações entre o *ethos* do povo e a posse de Satanás no comando espiritual dos Estados? Satanás toma posse na presidência espiritual do Estado e, simultaneamente, faz com que os representantes do Estado entrem em possessão da mente, criando um elo associativo coerente sem o qual Satanás não seria investido no comando espiritual. O totalitarismo é o sistema que, a partir da adoração ao Estado, adora o mal.

De fato, explicita Stein,

> quando se fala que a divina Providência prescreve ao Estado uma missão particular na história da humanidade, isso não é de modo algum excluído pela ideia de Estado. Mas não se pode imaginar que essa missão tenha sido inscrita por Deus *na ideia* do Estado. É somente possível que Deus ache que o Estado, tal como este se ajusta à sua ideia, pode servir para realizar os desígnios divinos. É por isso que Deus pode deixar criar e agir Estados no mundo segundo suas intenções divinas. Podemos assegurar de duas maneiras que o Estado esteja a serviço dos desígnios da Providência. Sempre que o Estado age segundo seu próprio sentido, favorece igualmente aos fins divinos, e *deve* favorecê-los para manter-se ele mesmo enquanto tal. (Se admitirmos que a educação moral é a "missão divina do Estado", as coisas poderiam instituir-se de tal modo que os homens devem receber uma educação moral para se submeter ao Estado.) Outra possibilidade seria que os representantes do Estado utilizem sua posição dominante para praticar a lei divina em domínio de autoridade. Então, não seria o próprio Estado que estaria a serviço

---

30 Idem, ibidem, pp. 107-108.

dos fins divinos, mas somente o fato que o Estado existe, e que podemos nos servir de sua autoridade para realizar fins extraestatais.[31]

Está conforme os desígnios de Deus, portanto, a prática de um Estado que age segundo seu próprio sentido. A perversão do sentido do Estado é a aceitação da tentação demoníaca que penetra na mente dos representantes do Estado conduzindo-o para fora dos seus limites. Não sendo o Estado um fim em si mesmo, o corpo estatal tem por missão a excelência extraestatal. O objetivo do Estado está fora de si, posto que não foi criado para se autoalimentar. Ao voltar-se para dentro de si mesmo em busca do seu sentido, o Estado paradoxalmente caminha rumo ao seu destino além de si mesmo, ou daquilo que não é ele. Em Stein, é absolutamente necessário que muitas coisas fiquem fora do alcance do Estado, fora da regulamentação estatal, pois uma soberania ilimitada e onipotente é nefasta à sobrevivência do Estado. O Estado onipotente e obeso é a fonte das doenças. A osteoporose do Estado onipotente transforma sua coluna vertebral em pó, ainda que, no início, dê a ilusão de Estado forte, seguro e invencível. A digna liberdade da pessoa humana individual pressupõe uma autodelimitação do Estado nas fronteiras do bom senso, que são as fronteiras do sentido do Estado, que, como ela mesma já afirma, não impõe nem representa uma limitação da sua soberania.

Nas relações do Estado com as pessoas humanas, deve-se ter em conta que a

> personalidade própria, que constitui o fundo de todo desenvolvimento pessoal, e que fixa limites precisos às suas variações, não pode ser prescrita nem proibida. (...) E, assim, com tudo aquilo que está ancorado na própria personalidade, com tudo o que pertence ao "reino da alma": tomadas de posição da pessoa, relações interiores entre a pessoa e as criações do espírito. (...) O Estado pode prescrever ou proibir as formas de culto ou a profissão de pública de qualquer religião. Mas nenhuma obrigação, nem nenhuma proibição que emane de um poder exterior são capazes de uma influência qualquer sobre a relação entre a alma e Deus.[32]

Não tendo que ser o Estado proprietário de empresas, muito menos é ele proprietário de almas. O reino da alma é intocável. Esse é o reino do direito à

---

31 Idem, ibidem, pp. 108-109.
32 Idem, ibidem, pp. 118-119.

intimidade espiritual. A liberdade individual não põe em risco o Estado, ao contrário, é a razão e a condição da sobrevivência do Estado. O Estado onipotente acaba por ser autofágico. Ele termina por se alimentar da própria carne, como os ucranianos faziam por ocasião da grande fome prescrita por Stalin: bebiam do próprio sangue, e comiam da própria carne que sobrava. Efetivamente, prossegue Stein:

> Um Estado pode compreender tanto várias individualidades geográficas quanto vários povos, e eles podem aí viver em paz. (...) A unidade do país e a unidade do povo não deixam de estar relacionadas entre si. Vimos que o caráter de um país (no duplo sentido do termo) influi sobre o caráter de seus habitantes. Sob esta influência se cria um tipo de pessoas que nós podemos designar pelo termo "raça". Quando os representantes de um tipo racial vivem em comunidade, e quando esta comunidade é ampla o suficiente para ser ativa como "personalidade" cultural, nós estamos diante de um *povo* nascido do solo do país. Mas nada exige que todo "país" seja portador de um povo.[33]

Stein inicia a crítica ao nacional-socialismo que defende a primazia absoluta de uma ficção maligna intitulada "ariano", fundada na unidade do povo como raça, sangue e solo. Heidegger ontologizou o Estado como ser puro, cujo ente é o povo puro. Logo, o Estado é o ser, o ariano, o único, segundo ele, que se pode chamar de ser, como lemos nas Conferências de Bremen, de 1949, quatro anos após o final da Segunda Guerra Mundial. Em Stein, em primeiro lugar o termo "raça" não tem nenhuma relação com identidade genética, mas sim com identidade cultural forjada pela comunidade dos indivíduos na luta pela sobrevivência no meio ambiente geográfico. O Estado steiniano é plural na sua formação humana, chamemos de povos ou não, e essa é a condição da paz interna, caso contrário, o Estado sofre ameaças de implosão de sua própria existência. Percebemos nitidamente como Stein estava atenta ao movimento nacional-socialista, e como sua teoria do Estado é uma longa reflexão crítica na direção de prover a Alemanha de um antídoto ao veneno nazista. Certamente sua teoria crítica do Estado nasce da oposição aos pressupostos nacional-socialistas.

Edith Stein faz uma pergunta essencial: "até que ponto as teorias políticas podem influenciar a organização do Estado?", e adverte sobre o perigo de ideais

---

33 Idem, ibidem, pp. 131-132.

com pretensão de influenciar o real à sua imagem e semelhança, como em um leito de Procusto que viria a se confirmar no nazismo. Com efeito, continua Stein, "se há um esforço de realizar uma 'falsa' teoria política, a *ideia* do Estado não sofre nenhuma alteração. Porém, os Estados reais encontram-se ameaçados de progressiva decomposição. Se os 'direitos' dos indivíduos são opostos ao Estado, isso significa que se ataca a soberania do Estado, e, a partir do momento em que se procura impor o reconhecimento de tais direitos dos indivíduos, está-se trabalhando pela destruição do Estado. (Esses 'direitos' dos indivíduos são substancialmente fundados em normas éticas e não jurídicas.)"[34] Assim, quebrar os ossos dos direitos humanos no leito de Procusto do Estado ideal é causa de destruição do próprio Estado. Tudo foi confirmado na prática histórica. A santa tinha razão. Transformando toda a Europa em um grande leito de Procusto, Hitler a reduziu a um continental campo de extermínio, inicialmente ajudado pelo homólogo Stalin. A santa Stein refere-se explicitamente à legitimidade moral e ética das normas, desconsiderando o aspecto jurídico em razão da anterioridade lógica, pois os totalitarismos também são disciplinados pelos atos jurídicos.

Então, Stein se indaga sobre a questão se e em que medida o Estado é concernido pelas normas éticas. Segundo ela, os valores éticos são valores da pessoa individual, e são inerentes à constituição da pessoa e aos seus modos de comportamento. Contudo, Stein distingue as relações do Estado com as normas éticas:

> Posto que o Estado deve ser considerado como um sujeito de atos livres, pode-se também, ao que parece, lhe impor deveres éticos. Porém, está claro que o Estado não é sujeito ético e sujeito jurídico no mesmo sentido. Ser um Estado *significa* ser um sujeito de direito. No momento em que o Estado deixar de ser responsável pela ordem jurídica em vigor, ele deixa de existir. Ele não deixa de existir se ele não se preocupa com as normas éticas, ainda que segundo sua natureza ele seja afetado. (...) As pessoas têm primeiramente a obrigação de se recusar a certas ações do Estado, e em compensação têm a obrigação de realizar outras. Elas permitem afirmar que o Estado de uma certa forma é tocado pelas exigências éticas. (...) Perguntar-se-á agora: o que é que se pode, por esse viés, exigir do Estado em nome da moral? Em termos muito gerais: um certo conteúdo de suas disposições

---

34 Idem, ibidem, p. 137.

legais. Enquanto isso é do âmbito do possível, o Estado *deve* realizar valores ou pelos menos contribuir para isso. Pensaremos primeiramente no valor cuja realização lhe é especialmente prescrita: a justiça. É nesse sentido que se deve exigir do Estado que seu direito seja um "direito justo". (...) Disso resulta como regra política prática, por exemplo, na direção dos partidos que quiserem fazer do Estado um "império da moralidade", que eles devam começar seu trabalho junto ao *povo*, e não junto ao *Estado*. O Estado deve se adaptar em seu próprio interesse ao *ethos* do povo. Pelo contrário, querer modelar o Estado segundo princípios morais *sem* estar seguro de tal base é um absurdo, e nisso nefasto ao Estado.[35]

Desta feita, em Stein o Estado normatiza os valores morais e éticos já sedimentados no seio do povo, e deve refletir na prática do direito justo como dever da justiça. Ela nega peremptoriamente, ao longo de todo o seu ensaio, a legitimidade das ações artificiais, típicas das orientações ideológicas dos partidos políticos. Não é o povo que precisa se adaptar a um *ethos* do Estado produzido na artificial indústria política das ideologias, mas o Estado a integrar-se ao *ethos* da comunidade do povo, sua razão de ser. Se o Estado não tem alma, ele não é santo nem Satanás, mas os seus representantes podem fazer dele um belo exemplo segundo as normas divinas, ou um inferno, segundo as normas satânicas. Finalmente, afirma Edith Stein que "o particular que vive no Estado pode ser santo ou não, assim como a comunidade cuja vida é regulada por ele, mas não o próprio Estado".[36]

III EDITH STEIN E O ESTADO DEMOCRÁTICO DE DIREITO

A santidade do Estado não está em causa, pois o Estado não tem alma, afirmou Edith Stein; na verdade, as estruturas do Estado devem estar voltadas para convergir por consenso às formas mais elementares do exercício das virtudes e dos valores mais humanistas, e nisso o Estado democrático de direito, como verdadeira democracia em constante aperfeiçoamento, mostra-se o mais próximo, até o momento, das expectativas das massas. A pergunta de Edith Stein é se um Estado pode onticamente ser portador de valores: "Uma coisa é se perguntar se um Estado concretamente pode ser portador de valores, ou deveria sê-lo; outra

---

35 Idem, ibidem, pp. 161-162.
36 Idem, ibidem, p. 176.

coisa é nos interrogarmos sobre o valor do 'Estado'. A segunda é propriamente uma questão de princípio: ao Estado enquanto tal corresponde um valor?"[37] O Estado é uma construção cultural, filosófica e espiritual. Ao Estado corresponde o valor que se lhe é atribuído pela sociedade civil, que o plasma à imagem e semelhança do consenso ou da tirania que puder ser instituída. Contudo, à medida que o Estado funcionar como uma forma definida, passará a ser o sujeito histórico da continuidade, assim como o responsável pelas rupturas ou cesuras oriundas de si mesmo, ou por aquelas que provocar no seio da sociedade civil. Enquanto tal, o Estado como entidade deve favorecer a sobrevivência e o desenvolvimento dos membros da sociedade civil como pessoas humanas individuais, e como um ente responsável pelo seu destino e agindo como um corpo de humanidade com identidades bem definidas, ainda que algumas de natureza inconsciente, emocional e psicológica de massa.

O Estado é uma necessidade. Com ele, os indivíduos se protegem mutuamente da natureza e dos próprios membros da comunidade social que se desviam das normas legais consensualmente acordadas como dos fundamentos do Estado. Inclusive dos indivíduos criminosos que pregam a destruição do Estado, colocando em risco a vida do todo social. Assim, o Estado é útil. A união em torno do Estado pela sociedade civil, já que "se defendem melhor", é *conditio sine qua non* das garantias mínimas de chances de sobrevivência de todos. Portanto, não só o Estado é importante como é necessário e permanente. Segundo Stein, "o 'se defendem melhor' pode significar que no marco do Estado, graças à divisão regulamentada do trabalho, *as necessidades vitais* dos indivíduos podem ser satisfeitas de maneira melhor, e que sua vida está mais protegida do que se vivessem fora do Estado. O Estado seria então uma instituição a serviço dos *valores vitais*, e por isso mesmo uma instituição útil. O Estado como tal pode carregar este valor de utilidade. Isso significa que a ideia de Estado não implica, mas tampouco exclui que esse valor seja realizado nos Estados concretos".[38] A demonização da divisão do trabalho pelo marxismo é rigorosamente rejeitada por Edith Stein, que a santifica uma vez que atende às necessidades vitais dos indivíduos, de resto todos com todas as possíveis variações de dons, talentos, vocações e habilidades, e o Estado tem razão em tipificá-la, regulamentando-a. Com efeito, a divisão do trabalho não é ideológica,

---

37 Idem, ibidem, p. 143.
38 Idem, ibidem, p. 145.

mas a sua condenação o é, visto que ela é uma necessidade vital da sociedade civil organizada como Estado, assim como da vida social dos animais em geral. Uma das funções do Estado é a promoção de valores, que gera as condições para a expansão quantitativa e qualitativa de valores oriundos da sociedade civil, como um guardião. Ao romper com os valores acumulados – Theodor W. Adorno já afirmara que a continuidade da tradição tem valor de sujeito –, ao modo de Nietzsche e Heidegger representados em Hitler, o Estado destrói a herança axiológica contida na religião, na arte, na filosofia, na cultura, na ciência e nos princípios morais e éticos em geral. Assim, "há Estados cuja organização destrói mais valores que os que fomenta. A esses Estados seria preciso qualificar de nocivos. (...) Ademais, podemos tentar justificar o Estado em nome do *desenvolvimento espiritual* dos indivíduos. Isso quer dizer que o Estado, ao organizar as atividades inferiores, libera forças superiores. Depois, ao organizar forças superiores, o Estado torna possível a criação de bens culturais, os quais não poderiam emergir sem isso".[39] As atividades inferiores seriam as de ordem econômica e material em geral, visto serem meios para atingirmos os verdadeiros fins. Teleologicamente, o Estado não tem por finalidade última somente a produção econômica, Estado entendido aqui como o conjunto da sociedade civil expressa por uma entidade organizada, mas sim preservados os valores da tradição, progredir na contradição do progresso com rupturas e levar a efeito o desenvolvimento espiritual com as atividades superiores. Transcender o material como inferior, ainda que dialeticamente nele permanecendo. Abandonando a terminologia marxista por ser incompatível com os destinos da humanidade, Stein substitui o conceito de infraestrutura pelo de atividades inferiores, que são as atividades-meio; assim como substitui o conceito de superestrutura pelo de atividades superiores, que são as atividades-fim, visando ao fim último que é o desenvolvimento espiritual, o *telos* por excelência.

Edith Stein desideologiza completamente a produção material, humanizando-a ao indicar a sua posição na topografia da humanidade. E essa humanização inclui todo o universo do trabalho, assim como o do capital. Nesse sentido, somente o Estado democrático de direito garante à sociedade civil organizar um Estado sob certo conjunto de princípios e valores universais. As ditaduras totalitárias são a versão nociva do Estado ao abandonarem e destruírem todos os valores da herança histórica.

---

39 Idem, ibidem, pp. 145-146.

O Estado antecede a justiça, mas é a ele que cabe o papel de árbitro quando os indivíduos não acordam entre si. O Estado legisla em benefício da sociedade civil, segundo as regras da representação política. Stein afirma que a missão própria do Estado está na realização do direito. "Aqui o 'direito' não significa mais evidentemente a única *forma* do direito (…), mas os puros Estados de direito (*Rechtsverhalte*) *materialmente* realizados. Do Estado depende que o que é justo (*recht*) em si seja reconhecido, na esfera sob seu domínio, como direito em vigor. Seguindo que o direito positivo seja um 'direito justo' ou não, isto é, coincida ou não com o direito puro, pode-se determinar se o Estado é 'justo'(*gerecht*) ou não. A *ideia de justiça* é relativa ao direito puro. Onde se exerce o direito puro, aí 'reina a justiça.'"[40] Vale dizer que, no seio do Estado enquanto conjunto da sociedade civil, a vida cotidiana se realiza com a diversidade dos puros Estados de direito, esses que a cada momento somos instados a promover, além de sermos, cada pessoa humana individual, também objeto desses Estados de direito. Ao promovermos os *micropuros Estados de direito*, somos também seus beneficiários diretos e indiretos, em curto, médio e longo prazos. Aqui também Edith Stein desideologiza significativamente a justiça, na linha de Hans Kelsen[41] quando critica o jurista protestante Rudolf Smend,[42] em franca ascensão como um teórico do Estado nacional-socialista. O Estado é a proteção, a garantia e a segurança jurídicas da comunidade contra os indivíduos que, malgrado os benefícios advindos da vida social organizada como entidade estatal, voltam-se contra o Estado, ou do interior mesmo do Estado o corroem por ações intestinas orientadas por ideologias normalmente nocivas. Para Stein, a sociedade civil como comunidade ou coletividade popular é a verdadeira personalidade criadora de cultura, a criadora de valores, e não o Estado, que deve somente favorecer, *contribuir com* e promover os valores intrínsecos à comunidade popular, em defesa do próprio Estado.

Com efeito, "o 'Estado' somente pode ser considerado portador do valor em questão se o compreendermos não em sua estrutura formal, mas sob a sua forma concreta de Estado que engloba a coletividade popular. Os valores dos quais se trata nesse caso são os 'valores de personalidade'. Assim como cada pessoa individual é portadora de um valor que lhe é próprio, inimitável, as-

---

40 Idem, ibidem, p. 147.
41 Kelsen, Hans. *O Estado como integração – Um confronto de princípios*. São Paulo, Ed. Martins Fontes, 2003.
42 Smend, Rudolf. *Constituição e Direito Constitucional*. Berlim, Ed. Duncker & Humbolt, 1928.

sim também cada 'personalidade de Estado' tem qualquer coisa de próprio".[43] O corpo estatal não pode voltar-se contra os valores de personalidade da comunidade tradicional para impor ideologias pela força totalitária, inventando uma personalidade de Estado completamente estranha ao corpo da sociedade civil. Caso contrário, o corpo estranho é o próprio corpo estatal, que mais cedo ou mais tarde acaba expelido pelo princípio da realidade dos valores da personalidade comunitária, solidamente sedimentados na história. As mudanças dar-se-ão naturalmente nos processos do Estado Democrático de Direito, e nos micropuros Estados de direito.

Em Edith Stein, os valores éticos são valores da pessoa humana individual, e não do Estado. Os membros do governo trazem para o Estado os valores que lhes são inerentes. Como pessoa jurídica, o Estado exerce o seu poder enquanto tal. Com efeito, o Estado opera com liberdade na esfera do direito que lhe foi reservada, "um sujeito de atos livres", sugere Stein. "Ser um Estado", afirma Stein, "*significa* ser um sujeito de direito. No momento em que o Estado deixa de ser responsável pela ordem jurídica em vigor, deixa também de existir. Não deixa de existir se não se preocupa com as normas éticas, ainda que corresponda à sua natureza ser afetado por elas. (...) Portanto, torna-se necessária à sua autoconservação, e, assim, é apropriado ao seu sentido que o Estado permaneça em conformidade com a lei moral".[44] Desse modo, a comunidade do povo é portadora dos valores morais e éticos, e o Estado deve ser e estar coerente com esses mesmos valores, mesmo que não tenha alma e não produza valores. A lei moral é inerente ao Estado como fator de sobrevivência do Estado enquanto tal, para a sua autoconservação; caso contrário, torna-se inútil ou entra em oposição à comunidade popular. Essa distinção é crucial. O fundamentalismo político é criticado por Stein: "Daqui resulta como regra política prática, por exemplo, na direção dos partidos que quiserem converter o Estado em um 'império da moralidade', que eles devem começar seu trabalho junto ao *povo* e não começar pelo Estado. O Estado deve se adaptar, em seu próprio interesse, ao *ethos* do povo. Pelo contrário, querer modelar o Estado segundo princípios morais *sem* estar seguro de tal base é absurdo e, por isso mesmo, nocivo ao Estado."[45] A reforma moral do Estado é uma ilusão. A reforma moral

---

43 Idem, ibidem, p. 150.
44 Idem, ibidem, p. 162.
45 Idem, ibidem, p. 162.

é da sociedade civil, da comunidade popular. O *ethos* do povo precisa avançar moral e eticamente para que o Estado reflita os mesmos princípios e valores. Uma sociedade corrupta produz um Estado corrupto. Assim, "perguntar-se-á agora: o que se pode, nesse sentido, exigir do Estado em nome da moral? Em termos muito gerais: determinado conteúdo de suas disposições legais. Dentro do possível, o Estado deve realizar valores, ou pelo menos deve contribuir para tal. Pensaremos primeiramente no valor cuja realização lhe foi especialmente atribuída: a justiça. É nesse sentido que se deve exigir do Estado que seu direito seja um 'direito justo'. Depois vem o valor do qual o Estado não é propriamente o portador, mas sim a comunidade congregada por ele. (...) Entre os valores dos quais a comunidade organizada em Estado pode ser portadora, estão os valores *morais* da pessoa (que, certamente, não são os únicos valores da pessoa). A tarefa de converter a comunidade que constitui sua esfera de autoridade em uma comunidade *moral* (desde que isso esteja em seu poder) pode impor ao Estado a obrigação de combater a moral dominante por suas disposições legais, e de proporcionar à comunidade normas morais como conteúdo".[46] A degradação moral do Estado ou do povo pode ser reparada por pressão daquele que se sentir mais violentamente atingido *moralmente*, o povo ou o Estado, ou seja, por aquele que ainda representar os mais elevados princípios e valores, ou pelo menos acima do outro.

Uma das principais características do Estado democrático de direito é a preconizada por Edith Stein com relação à religião. Stein destaca a submissão do homem a Deus antes da obediência incondicional ao Estado, com o primado absoluto da esfera religiosa sobre todas as outras, com a obediência absoluta a Deus, independentemente de agradar ou não ao Estado, embora ela rejeite a teocracia, visto que Jesus Cristo também a rejeitou:

> Não há solução de princípio ao conflito fundado na particularidade das esferas estatal e religiosa. Somente um compromisso de fato é possível. De um lado, este foi estabelecido pela palavra do Senhor: "Dai a César o que é de César." Isso significa que o Estado e a obediência a ele são desejados por Deus, ou ao menos permitidos por Ele. De qualquer maneira, isso nada mais é que um reconhecimento condicional da soberania estatal; ela pressupõe que o Estado não exclua que se dê a Deus o que é de Deus. Se o Estado de modo espontâneo faz disso a norma da

---

46 Idem, ibidem, p. 163.

sua atividade, então está dada a base para uma coexistência harmoniosa do Estado soberano e da esfera religiosa.[47]

Assim, além de o Estado não poder impedir a religião por ser uma atividade da esfera privada, tampouco a religião pode impedir o Estado pela mesma razão; caso contrário, o conflito permanece aberto até o fim das hostilidades, ainda que os desdobramentos e as consequências sejam traumáticos por muito tempo depois, tanto na esfera religiosa quanto na estatal. Contudo, vale ressaltar que as repercussões são muito maiores, pois a repressão religiosa, na imposição da teocracia ou na imposição do ateísmo, nunca caminha sozinha, e a ela somam-se a repressão política, cultural, educacional, econômica, artística, científica etc. A liberdade de expressão e de imprensa desaparece imediatamente. Assim, a construção ou a reconstrução do Estado democrático de direito pela sociedade civil adquire conteúdo dramático pela complexidade e pelo tempo exigidos. O Estado se opor às impulsões espirituais dos indivíduos, como conceitua Edith Stein, coloca em risco a sobrevivência do próprio Estado, podendo atingi-lo em seus interesses vitais a título de defender esses mesmos interesses vitais. Se forem inconciliáveis, adverte Stein, o Estado perde suas bases de existência.

Das relações entre o Estado e a vida religiosa, Stein ainda destaca:

> É preciso ainda se perguntar se é dever do Estado promover a vida religiosa. As possibilidades de tal promoção são limitadas, pois a vida religiosa se desenvolve em uma esfera na qual absolutamente nada pode ser criado ou destruído pela lei e pela intervenção arbitrárias. Entretanto, a lei, que nesse campo não pode criar nada, pode liberar forças criadoras ou também impedir seu desenvolvimento. Ao adotar disposições que abrem a certos indivíduos a possibilidade de entrar em contato com a esfera religiosa, criam-se 'ocasiões' de fazer nascer uma nova vida religiosa, ocasiões das quais o indivíduo não dispõe por si mesmo. (...) As análises precedentes mostraram que o Estado não é portador de valores religiosos próprios. Porque os valores religiosos pertencem a uma esfera pessoal que falta ao Estado. Nós já dissemos anteriormente que o Estado não tem alma. E isso porque o Estado não está fixado na alma das pessoas que pertencem a ele. Isso deve ser bem compreendido. Há uma dedicação ao Estado que é um assunto da alma. O mesmo acontece com todos os demais motivos que levam os indivíduos a reconhecer o Estado ou recusá-lo. Porém, como sempre sublinhamos, os motivos formam uni-

---

47 Idem, ibidem, pp. 171-172.

camente o fundamento do qual depende a existência do Estado. Os motivos são indiferentes em relação àquilo que o Estado é enquanto tal. Pois isso pertence totalmente à esfera da liberdade. A pessoa desempenha um papel somente enquanto sujeito livre, e não enquanto sujeito anímico. Por isso, o indivíduo que vive no Estado pode ser santo ou não, assim como a comunidade cuja vida o Estado regulamenta, mas não o próprio Estado.[48]

Finalmente, a liberdade religiosa é uma *conditio sine qua non* do Estado democrático de direito, e este, ao contrário do Estado totalitário, não invade a esfera privada, assegurando-a do ponto de vista constitucional. E pode mesmo, em favor da comunidade, desempenhar ações limitadas apoiando a comunidade, enquanto esfera dos sujeitos privados, no plano da proteção dos direitos individuais e coletivos difusos.

---

48 Idem, ibidem. p. 176.

CARL SCHMITT, TEÓRICO DO "ESTADO TOTAL" E A CATÁSTROFE DO MUNDO CONTEMPORÂNEO

> "A religião judaica é toda divina, na sua autoridade, na sua duração, na sua perpetuidade, na sua moral, na sua doutrina, nos seus efeitos."
>
> Pascal, *Pensées*, 602.

CARL SCHMITT, O *KRONJURIST* DO NACIONAL-SOCIALISMO E O ANTISSEMITA NO PÓS-GUERRA

Em meio às tentações e manifestações brasileiras, latino-americanas e europeias, no Ocidente, além das regiões dominadas pelo totalitarismo islâmico, no Oriente Médio e no Extremo Oriente, o pensamento liberal nos planos teórico e prático precisam formular a sua crítica ao Estado total sob o manto do Estado forte. Todo Estado forte é insustentável quanto à estabilidade econômica, política, cultural, científica, tecnológica, jurídica e social. Tanto mais forte quanto mais frágil no sentido dialético, isto é, quanto mais de direito democrático, mais forte. Inversamente à lógica do Estado total, o Estado democrático de direito é o mais forte.

Carl Schmitt, pela defesa da igualdade, e como inimigo da liberdade, é reivindicado pelas esquerdas e pelas direitas autoritárias extremistas e moderadas. Comunistas e nacional-socialistas declaram-se herdeiros de Carl Schmitt e do Estado total. O pensamento schmittiano pode ser aplicado por todos os amantes do discurso e prática autoritários. A altíssima erudição de Schmitt é sedutora e funciona como um canto da sereia aos ouvidos sensíveis a ela. Certamente, os maiores juristas eruditos brasileiros sabem, e fazem, a distinção entre os assuntos exclusivamente de interesse da ciência jurídica e do direito positivo, e os assuntos que conduzem ao pensamento totalitário. O Partido Nacional-Socialista Brasileiro na clandestinidade começa o seu jornal na internet justamente pela intransigente defesa de Carl Schmitt. Com efeito, a liberdade é a mais radical forma de igualdade universal. Assim, defender o liberalismo – evitando o liberalismo extremista que se volta contra o próprio Estado – é o melhor antídoto ao veneno ideológico do Estado total, causador da maior catástrofe da história da humanidade.

Sempre afirmei que não se pode ser católico e nazista, pois nesse caso abandona-se a doutrina cristã para se adotar a doutrina antissemita e racista, ou, como o próprio Carl Schmitt se autodenomina, convertendo-se em um "católico de raça" (*Rassenkatholisch*), ao estilo nacional-socialista. Um afastamento completo do mandamento do amor. "E o amor respira certo,/ o crime não. E o remorso/ é o termo que vai/ admitindo a eternidade", diz o poeta Carlos Nejar.[1] Em que lugar, na Bíblia ou na Tradição, vê-se Cristo e sua Igreja estabelecendo o ódio entre as criaturas humanas? Como se houvesse uma hierarquia das almas, a raça originada da alma, e Deus como o criador da distinção nacional-socialista da hierarquia das raças. O Papa Francisco afirmou a mesma coisa recentemente, que não existe católico nazista, a excomunhão é automática, confirmando a linhagem do século XX contra o antissemitismo de Estado desde Pio XI, passando por Pio XII, João XXIII, Paulo VI, João Paulo I, João Paulo II e Bento XVI. Este, em discurso no Parlamento alemão em 2011, declarou que "a cultura da Europa nasceu do encontro entre Jerusalém, Atenas e Roma, do encontro entre a fé no Deus de Israel, a razão filosófica dos gregos e o pensamento jurídico de Roma. Este tríplice encontro forma a identidade íntima da Europa. Na consciência da responsabilidade do homem diante de Deus e no reconhecimento da dignidade inviolável do homem, de cada homem, este encontro fixou critérios do direito, cuja defesa é nossa tarefa neste momento histórico".

Assim, Carl Schmitt é um excomungado no plano religioso, e um criminoso de guerra no plano jurídico ou político, pouco importa, pois a condição de criminoso não se altera. É idolatrado pela extrema esquerda e pela extrema direita, que vai desde o italiano Antonio Negri, condenado à prisão perpétua na França por terrorismo – mas liberado com aproximadamente quinze anos de pena cumprida –, até o italiano Giorgio Agamben, marxista heideggeriano, Alain Badiou, Slavoj Žižek, entre outros extremistas. Na esquina do totalita-

---

1 Nejar, Carlos. *Odysseus, o Velho*. Porto Alegre, Companhia Editorial, 2010, p. 52.

rismo, todos os extremismos se encontram e convergem rumo à dominação total do Estado sobre o indivíduo. Atende aos interesses extremistas, já anunciados por Carl Schmitt em seu livro *Teologia Política* – infeliz e carinhosamente prefaciado por Eros Grau em 2006 – em um chamado direito científico que vai do decisionismo de 1922 ao reincidente absoluto da dupla conceitual amigo-inimigo já em 1970, na reedição de *Teologia Política*, agora dedicada ao famoso amigo nazista Hans Barion, também seu colega de condenação em Nuremberg. Nesse livro, lê-se: "O conceito de Estado pressupõe o conceito do âmbito político." O livro então lançado na sequência deste tornou-se, em razão disso, uma doutrina constitucional (1928) e *não* uma teoria *do Estado*. Com outras palavras: "Hoje não se pode mais definir o âmbito político a partir do Estado, e sim, o que hoje ainda pode se chamar de Estado deve, ao contrário, ser determinado e entendido a partir do âmbito político. (...) O único critério ainda cientificamente defensável é, atualmente, o grau de intensidade de uma associação ou de uma dissociação, ou seja: a distinção entre amigo e inimigo."[2] Inimigo é todo judeu no mundo, e inimigos toda "raça inferior", e todo estrangeiro que, por definição schmittiana, é necessária e ontologicamente inferior. A mesma fórmula antes, durante e depois do Terceiro Reich.

Segundo Denis Trierweiler, "a interpretação cristológica schmittiana é simples. O que concerne à revelação não deve ser objeto de uma discussão interminável com os ateus. Não se trata de argumentar, mas de crer. É questão 'de verdade, não de irrefutabilidade'. É isso a teologia política. *A política é o destino*, e o inimigo é *só simplesmente o outro, o estrangeiro*. Schmitt crê aqui reconhecer o instrumento da Providência. Negar o político seria negar o *Gênesis* (III,15), pois Deus disse: 'Eu colocarei uma hostilidade entre você e tua mulher, entre a tua linhagem e a dela.' Em presença do inimigo providencial, todas as outras distinções desaparecem. O inimigo nos nega pela virtude de seu próprio ser. É quando a intensidade do conflito chega ao seu cúmulo".[3] Jean-Pierre Faye, em seu exemplar capítulo "Carl Schmitt, Göring et l'"État Total"", do livro *Carl Schmitt ou le mythe du politique*, que deu origem ao impressionante livro de final de 2013, *L'État total selon Carl Schmitt. Ou comment la narration engendre des*

---

2   Schmitt, Carl. *Teologia Política*. Belo Horizonte, Editora Del Rey, 2006, p. 76.
3   Trierweiler, Denis. *Georges Sorel et Carl Schmitt: D'une théorie politique du mythe à l'autre*, in *Carl Schmitt ou le mythe du politique*. Coordenação de Yves Charles Zarka, Paris, PUF, p. 42.

monstres[4], relata como Carl Schmitt, que foi o patrono político de Göring, ao conseguir levar Hitler ao poder em 1933 a partir da conferência de 23 de novembro de 1932 sobre o Estado total para os 35 grandes da indústria e finanças da Alemanha, acaba obtendo o apoio de Franz von Papen junto ao presidente Paul von Hindenburg para que este nomeie Hitler chanceler. Schmitt fora advogado do ex-chanceler von Papen diante da Corte Constitucional alemã. E Papen, a partir de 30 de janeiro de 1933, "poderá transmitir a Göring esse poder crucial que ele deve a Schmitt. Göring vai imediatamente inventar a Ge. Sta. Po, polícia secreta de Estado. Carl Schmitt, portanto, não é mais o homem de Papen, mas o homem de Göring".[5] Para Jean-Pierre Faye, Martin Heidegger, Carl Schmitt e Ernst Jünger formam a sofisticadíssima trindade das linguagens assassinas mais influentes da contemporaneidade. De resto, não somente para Jean-Pierre Faye mas para a quase totalidade dos pensadores europeus do campo democrático.

Denis Trierweiler, filósofo francês tradutor de Carl Schmitt, mas sobretudo de Hans Blumenberg, inclusive por filiação de pensamento, afirma que *Escritos estéticos e metafrológicos*, de Blumenberg,[6] é um livro de "estrutura improvável, é um livro contra uma certa Alemanha. Contra a Alemanha de Heidegger, e de Gadamer, de Hölderlin lido por eles, a Alemanha de Jünger e de Carl Schmitt".[7] A propósito, Trierweiler, ao criticar a tradução, introdução e comentários do livro *Ex Captivitate Salus, Experiências dos anos 1945-1947*,[8] de Carl Schmitt, denuncia o expurgo dos parágrafos mais diretamente antissemitas, que ele passou a chamar de "lavagem de Carl Schmitt", na tentativa manipuladora de salvá-lo como "humanista, um homem completamente dedicado à justiça", quando na verdade "entrou no partido nazista em 1933, tendo sido um importante dignatário que escreveu textos nazistas e antissemitas de uma violência inacreditável ("O Führer protege o direito", ou "A ciência alemã do direito na sua luta contra o espírito

---

4   Faye, Jean-Pierre. *L'État total selon Carl Schmitt. Ou comment la narration engendre des monstres*. Paris, Éditions Germina, 2013.
5   Idem, *Carl Schmitt, Göring et l' <État Total>*, in *Carl Schmitt ou le mythe du politique*, Coordenação de Yves Charles Zarka, Paris, PUF, p. 162.
6   Blumenberg, Hans. *Ästhetische und metaphorologische Schriften*. Frankfurt, Editora Suhrkamp, 2001.
7   Trierweiler, Denis. *Polla ta deina, ou comment dire l'innommable. Une lecture d'Arbeit am Mythos*. Paris, Revue Archeves de Philosophie 67, 2004, p. 254.
8   Schmitt, Carl. *Ex Captivitate Salus*. Paris, Ed. Vrin, 2003.

judeu"), que defendeu a vontade hegemônica do nazismo com a sua teoria dos grandes espaços etc.".[9] Em verdade, o tradutor e comentarista de *Ex Captivitate Salus* na França, André Doremus, aproveitou os comentários ao livro para citar em francês quase todo o livro *Glossarium: Aufzeichnungen der Jahre 1947-1951*,[10] ainda inédito na França, mas "esquecendo" de traduzir todos os parágrafos antissemitas de Carl Schmitt. Assim, a tradução francesa de Doremus, totalizando 397 páginas, traz exatamente 47 páginas de Schmitt, mais 350 páginas adicionais, somente de comentários, que são traduzidas do *Glossarium*, mas sem os textos brutal e escandalosamente antissemitas.

Denis Trierweiler esclarece que o *Glossarium: Aufzeichnungen der Jahre 1947-1951*, já fora escrito em alemão, ao passo que os *Diários* dos *Tagebücher vom Oktober 1912 bis Februar 1915*, os *Die Militärzeit 1915 bis 1919. Tagebuch Februar bis Dezember 1915. Aufsätze und Materialien* e os *Tagebücher 1930 bis 1934*, publicados pelas editoras Oldenbourg Akademieverlag e Ernst Hüsmert, foram escritos no sistema da quase extinta estenografia secreta Gabelsberger:

> Mencionei em minha introdução ao *Glossarium* na revista *Cités 17* que Schmitt tinha o hábito de manter um diário íntimo ao longo de toda a sua longeva vida. O problema é que ele redigia em uma estenografia obscura e em via de extinção, que ornamentava ainda por cima com abreviações pessoais e que ninguém, por assim dizer, sabia mais ler. Ora, em seus trabalhos sobre o ano de 1932, como procedem Pytha e Seiberth? Eles exploram os diários de Schmitt de 1932. Para tanto, necessitaram especialistas ainda capazes de decifrar a *alt-Gabelsberger stenografie*: dentro da associação dos estenógrafos alemães, havia ainda, em 1999, pessoas capazes de fazer esse trabalho (*Der Staat*, vol. 38, 1999, caderno 3, página 425). Ora, muito recentemente, fim de 2003, são lançados os diários de Schmitt dos anos 1912 a 1915, sobre os quais falarei mais detidamente. Dessa vez, o editor Ernst Hüsmert afirma, em 2003, que sem o especialista Hans Gebhardt, vindo exclusivamente de Eckerdorf, o trabalho não poderia ter sido concluído, e acrescenta que, daqui a um pouco mais de tempo, não haverá ninguém em condições de transcrever esse código obscuro (página X do *Diário*).[11]

---

9 Trierweiler, Denis. *Une étrange édition: Schmitt expurgé.* Paris, Revue Cités 17, PUF, 2004, p. 176.
10 Schmitt, Carl. *Glossarium.: Aufzeichnungen der Jahre 1947-1951.* Berlin, Duncker u. Humblot, 1991.
11 Trierweiler, Denis. *Remarques sur la discrimination ami/ennemi et sur le* jus publicum *européen.* Paris, Revue Droits 40, 2004, p. 196.

Denis Trierweiler ressalta que já nos *Diários de 1912 a 1915* Schmitt destila ódio aos judeus, não fazendo sentido afirmar que seu antissemitismo fosse produto do oportunismo de 1933. Aliás, tampouco poderia haver nazismo oportunista após 1945. Cabe revelar que o editor Ernst Hüsmert foi um velho amigo de Schmitt desde o nacional-socialismo que, aposentado como engenheiro, dedicou-se ao trabalho editorial, e, nessa condição, foi o escolhido por Schmitt como o fiel guardião dos seus *Diários*. Quase todos os diários de Schmitt foram já publicados, mas são totalmente desconhecidos pelo leitor especializado brasileiro.

Com efeito, na página 112 da tradução por Trierweiler dos trechos antissemitas de Carl Schmitt "esquecidos" ou omitidos no *Glossarium*, que são os três cadernos dos diários escritos entre 28 de agosto de 1947 e 14 de agosto de 1951, publicados em 1991, seis anos depois da morte de Schmitt, lê-se: "que, quando Deus permitiu que centenas de milhares de judeus fossem assassinados, Deus já via simultaneamente a vingança que eles exerciam contra a Alemanha". Eis uma citação posterior ao nazismo, apesar de André Doremus, tradutor, comentarista e defensor de Schmitt, ao afirmar o "catolicismo" nacional-socialista schmittiano, escrever que, "nesta tarefa de defender a Palavra atacando aqueles que a traíram, Schmitt se comporta realmente como se sentisse fazer a obra de Cristo".[12] Maior heresia, associada a antissemitismo, impossível. O sangue da judia Maria é o sangue do judeu Jesus, o Cristo, circuncidado na melhor tradição judaica uma semana depois do nascimento, cuja festa os cristãos de todo o planeta comemoram no dia 31 de dezembro. Schmitt, em 20 de abril de 1948, afirma que, "para mim, minha fé católica é a religião de meus ancestrais. Eu sou católico não somente por confissão, mas por origem histórica e, ousaria dizer, pela raça".[13] Denis Trierweiler, em recente entrevista, afirma o seguinte:

> Sobre Schmitt eu não acho interessante discutir. É gnosticismo, um pensamento binário que jamais é confiável historicamente. Evidentemente, há algo de mágico quando esse camarada diz "eu vou explicar o que é a essência do político". É muito simples, é a relação amigo/inimigo. Mas, se funciona assim em Schmitt, com essas coisas binárias completamente gnósticas, claro que é magnífico. Quando a prisão comunista desapareceu, quando não se tem mais nenhuma grade de

---

12 Trierweiler, Denis. *Une étrange édition: Schmitt expurgé*. Paris, Revue Cités 17, PUF, 2004, p. 179.
13 Schmitt, Carl. *Glossarium.: Aufzeichnungen der Jahre 1947-1951*. Berlin, Duncker u. Humblot, 1991, p. 131.

leitura, quando nada mais funciona, pessoas como Balibar e vários outros acham que Schmitt é interessante.[14]

Em 4 de março de 1951, no *Glossarium*, Carl Schmitt ironiza o filósofo Descartes, historicamente odiado pelo nacional-socialismo, por admitir a individualidade pensante, parodiando-o da seguinte forma: "Assim, portanto, o que permanece? Permanece: amigo e inimigo. Permanece sua distinção. *Distinguo ergo sum*."[15] A distinção racial entre raça superior e inferiores é sinônima da distinção entre amigo e inimigos. Amigos são todos os arianos e inimigos todos os estrangeiros, principalmente judeus.

O "esquecimento" distraído do racismo antissemita visceral é derivado da lavagem de Carl Schmitt desde sempre empreendida como renazificação do mundo por intermédio da renazificação das novas gerações. Schmitt, em 1º de outubro de 1949, escreve repetindo uma pergunta dos seus interrogadores, seguida da sua resposta: "Por que o senhor não se deixa desnazificar? Primeiramente: porque eu não gosto muito de me deixar engajar, e segundo, porque a resistência por cooperação é certamente um método nazista, mas eu não gosto." As ideias precedem as catástrofes. Perder a guerra militar, mas ganhar a guerra das consciências, é uma vitória. Essa condição e a esperança de Schmitt para uma futura tentativa em uma Terceira Guerra Mundial para nazificar o planeta, conforme o seu *Glossarium* em 10 de outubro de 1949, na mesma página da frase precedente: "Guerra mundial um e guerra mundial dois, todas as coisas boas são três."[16]

O amor à hostilidade é uma característica do totalitarismo nacional-socialista, e o seu elogio é uma honra ariana. Coerentemente, Schmitt escreve em 17 de janeiro de 1949: "A hostilidade deveria ser excluída da essência do homem? Homem, isso deve significar paz, harmonia e concórdia? Irmãos devem ser amigos eternos? E cristãos e judeus devem acreditar nisso? Então eles não podem mais crer que são os descendentes de nosso ancestral Adão, o primeiro homem. Adão tinha dois filhos, Caim e Abel. Belo começo para uma fraternização generalizada!"[17] Pouco depois, em 25 de abril de 1949, Schmitt desabafa:

---

14 Trierweiler, Denis. *Interview à la Revue Le Rideau*, Paris, 7 de maio de 2014.
15 Idem, ibidem, p. 314.
16 Idem, ibidem, p. 272.
17 Idem, ibidem, p. 215.

"Para dizer a verdade, o que era mais sujo, apoiar Hitler em 1933 ou cuspir nele em 1945?"[18] Para finalmente concluir em 8 de julho de 1949, criticando o amigo antissemita Georges Bernanos, que, morando no Rio de Janeiro, havia estabelecido relação pessoal com um crítico literário judeu de origem vienense com o nome original de Karpfen, isto é, o peixe carpa, o nosso Carpeaux, Otto Maria Carpeaux (patrono da cadeira 40 da Academia Brasileira de Filosofia). Schmitt o repreende ao afirmar que ele tem medo de assumir o antissemitismo perante a sociedade brasileira, curvando-se e igualando-se ao judeu. Nesse sentido, diz Bernanos, citado por Schmitt, "os alemães são também pessimistas como os judeus, pessimistas metafísicos. Os judeus e os alemães são irmãos. O seu ódio recíproco nada mais é que o ódio de irmãos inimigos. O povo judeu e o povo alemão permanecem ligados por uma misteriosa afinidade".[19] "Que tristeza", exclama Schmitt, "o que sobrou do Bernanos tão corajoso, tão total e claramente direto que nos entusiasmou tanto em 1930?"[20] Inadmissível para Schmitt, pois para ele, no *Glossarium*, em 25 de setembro de 1947, "os judeus permanecem judeus. Ao passo que o comunista pode melhorar e mudar. Isso não tem nada a ver com a raça nórdica etc. É justamente o judeu assimilado que é o verdadeiro inimigo. Não há nenhuma utilidade em demonstrar que o Protocolo dos Sábios de Sião é falso".[21] O judeu não tem cura, pois, segundo Schmitt, a raça judaica é ontologicamente doente. Aliás, essa *é* a tese da monografia em medicina psiquiátrica de Salvador Allende em 1933, defendida na Faculdade de Medicina do Chile, em Santiago, *Higiene Mental e Delinquência*.

Carl Schmitt não perde a esperança, pois a produção intelectual altamente sofisticada e erudita dos autores nacional-socialistas continuará a seduzir todas as gerações futuras até a chegada gloriosa da Terceira Guerra Mundial. Com efeito, Schmitt, em 29 de agosto de 1950, após inúmeras frases em que se vitimiza constantemente, abre completamente o jogo, se é que ainda seria possível e necessário abrir mais, ao escrever:

> Meu nómos da Terra vem no justo momento histórico. Virá o tempo (dizia Nietzsche em 1881-1882) em que começará o combate pela dominação da terra, que

---

18 Idem, ibidem, p. 233.
19 Idem, ibidem, pp. 253-255.
20 Idem, ibidem, pp. 253-255.
21 Idem, ibidem, pp. 17-18.

será iniciado em nome das doutrinas filosóficas fundamentais (XII, 441), o que quer dizer: um combate ideológico pela unidade. O *Pacto Kellogg* [O Pacto Kellogg-Briand, também conhecido como Pacto de Paris, cidade em que foi assinado em 27 de agosto de 1928, um tratado internacional "estipulando a renúncia à guerra como um instrumento de política nacional"] abre muito a via, a guerra é desprezada e condenada como meio da política racional, a guerra como meio da dominação global da Terra é a guerra justa. O mundo torna-se objeto, diz Martin Heidegger. (...) Eu me torno a predestinada vítima sacrificial do homicídio ritual, como o acusado de Kafka em *O Processo*.[22]

Essa confissão em seu diário do cárcere explicita e esclarece o que em *Nómos da Terra*, no conceito de guerra justa, fica somente subentendido:

> Na realidade, o interesse dos juristas há muito tempo não se dirigia mais para o conteúdo normativo da justiça de uma causa ou sobre a determinação dos dados de fato da *justa causa*, mas somente sobre a forma, o processo e a competência. Sobre esse terreno se apresentava, no direito dos povos (latim *jus gentium*) como no direito interno, em vez das contestações sem fim inerentes às afirmações de uma justa causa, esta simples questão: quem decide, o grande *Quis judicabit*? No seio do Estado como entre Estados, só pode ser o soberano. Mas no direito interestatal dos soberanos não há instância judiciária suprema e última acima das duas partes, pois ele é regido pelo princípio da igualdade dos soberanos. *Par in parem non habet jurisdictionem*. A *aequalitas* dos 'justos inimigos' conduz o terceiro à neutralidade. Portanto, sobre esse ponto só se pode concluir pela resposta decisionista: cada pessoa estatal soberana decide por sua própria conta a causa justa.[23]

Com efeito, Heidegger, em seus cursos antissemitas sobre a metafísica de Nietzsche, em 1940, deixa-se revelar a influência sobre ele e Carl Schmitt na prática nazista:

> A justiça é a atribuição que precede todo pensar e todo agir. Isso equivale a "conservar alguma coisa que é *muito mais* que tal ou tal pessoa". Não é um equitável benefício que está na intenção da justiça, nem são as pessoas tomadas isoladamente, nem comunidades, tampouco a "humanidade". A justiça vê para além rumo a esta humanidade que deve ser moldada, adestrada e marcada com o sinal

---

22 Schmitt, Carl. *Glossarium. Aufzeichnungen der Jahre 1947-1951*. Berlim, Duncker u. Humblot, 1991, p. 308.
23 Schmitt, Carl. *Le nomos de la Terre*. Paris, PUF, 2008, p. 157.

desta raça que possui a aptidão essencial de instituir sua soberania absoluta sobre a Terra: pois é somente por esta soberania que a essência absoluta da pura vontade chega a aparecer para si mesma, isto é, à potência. (...) A questão permanece de saber quais povos, quais tipos ou raças da humanidade, avançando, encontram-se definitivamente sob a lei que os assimila a esse traço fundamental da história inaugurando a soberania do homem sobre o planeta. (...) Em Nietzsche é um caso decidido: "Chegará o tempo em que o combate será iniciado pela dominação da Terra, e ele será conduzido em nome das doutrinas filosóficas fundamentais." (XII, 207). E isso, entretanto, sem falar que o combate pela exploração da Terra sem restrição enquanto domínio de matérias-primas, e pela utilização sem ilusão do "material humano" ao serviço da Vontade de potência, autorizando-se incondicionalmente a manifestar sua essência fundamental, deve-se reivindicar uma filosofia ou servir-se dela somente como biombo. (...) As "doutrinas filosóficas fundamentais" entendem a metafísica no ponto de acabar (...) e lhe fornecem sua estrutura europeia moderna, destinando-a à "soberania universal".[24]

Assim, o projeto de dominação do mundo pelo nazismo é perene, tendo Nietzsche como fonte, e Hitler, Heidegger, Schmitt, Jünger e os demais nacional-socialistas como mentores e executores das práticas genocidas. Uma das obras clássicas sobre o tema é *Carl Schmitt e os judeus*, de Raphael Gross.[25] O perene projeto nacional-socialista prevê a dominação do mundo como justiça aos arianos. Toda a teoria nietzschiana-heideggeriana-schmittiana da justiça como *justiça da raça* prevê a prática do genocídio, na medida em que a eliminação dos "fracos" é uma obrigação e um imperativo do exercício da justiça. É um direito inalienável na perspectiva nacional-socialista.

CARL SCHMITT NA HISTÓRIA DA CULTURA POLÍTICA DA REPÚBLICA FEDERAL DA ALEMANHA, SEGUNDO JÜRGEN HABERMAS

Habermas, refletindo sobre o passado contemporâneo alemão de duas ditaduras totalitárias, a partir de uma exortação de Theodor W. Adorno, que em 1959 afirmou ser preciso enfrentar o passado esclarecendo-o e exaltando o novo "pa-

---

24 Heidegger, Martin. *Nietzsche II*. Paris, Gallimard, 1971, pp. 261-266.
25 Gross, Raphael. *Carl Schmitt et les Juifs*. Paris, PUF, 2005. Trad. Denis Trierweiler, prefácio de Yves Charles Zarka.

triotismo da Constituição", ou seja, a própria nova Constituição alemã como patriotismo, afirma que

> o período nazista se caracteriza por algo que dificilmente se pode apagar da memória, a saber: pela segregação proclamada publicamente pelo Estado e efetuada com meios burocráticos, e depois pela aniquilação de massa e efetivada com meios industriais de um inimigo interno definido por traços atribuídos. Este terrível fato nos traz à consciência o núcleo formativo do Estado democrático de direito, qual seja: relações de reconhecimento simétrico que garantam a todos igual respeito. O mútuo reconhecimento não se deve restringir, como pensava Carl Schmitt e todavia seguem afirmando os seus discípulos (da última vez no *Frankfurter Allgemeine* de 22 de abril de 1994), aos membros de um povo homogêneo que trate de afirmar-se frente a inimigos externos e internos; pois não se estende a uma nação composta por membros de uma mesma comunidade étnica, quer dizer, definidos por sua origem comum, mas a uma nação de cidadãos ligados uns aos outros por direitos iguais. Para os cidadãos da República Federal da Alemanha, o ensinamento decisivo de 1989 a 1990 não consiste no restabelecimento de um Estado nacional, tampouco a entrada de seus conterrâneos do Leste na ordem de direito privado de uma sociedade rica e próspera, porém na consecução para todos dos direitos cidadãos e na eliminação de um regime totalitário.[26]

Theodor Adorno havia se manifestado criticamente em 1965 sobre o questionamento a propósito do "ser alemão", para ele inexistente, uma fantasia da patologia nazista, que jamais poderia ser objeto de qualquer tipo de indagação, dada à catástrofe do mundo contemporâneo, em total oposição a Carl Schmitt e Heidegger. Segundo Adorno,

> ele confere à entidade coletiva "alemã" uma maneira de autonomia da qual se tratará em seguida de decidir o que a caracteriza. Entretanto, a formação de conceitos designando uma coletividade nacional corrente no execrável jargão da guerra, em que se trata de russo, americano, e certamente também de alemão, obedece a uma consciência reificadora, muito pouco adequada à prática. É limitar-se a estereótipos que o pensamento justamente deveria buscar destruir. Aliás, não é seguro que exista qualquer coisa como o homem alemão ou o caráter alemão, ou qual-

---

26 Habermas, Jürgen. *Die Normalität einer Berliner Republik. Kleine Politische Schriften VIII.* Frankfurt am Main, Suhrkamp Verlag, 1995. *Más allá del Estado nacional*, México, Fondo de Cultura Económica, 1998, p. 80.

quer coisa de análogo em outras nações. A melhor e mais verdadeira parte de um povo é sem dúvida muito mais o que não se deixa integrar ao sujeito coletivo e, se possível, lhe resiste. A formação de estereótipos favorece por sua vez o narcisismo coletivo. Aquelas qualidades nas quais alguém se reconhece, a essência do próprio grupo, significarão em breve tudo aquilo que é o bem, se não nos resguardarmos, e os outros serão assimilados ao mal. E dá-se o mesmo, no sentido inverso, para a imagem que os outros fazem do alemão. Mas, após os desastres que a ideologia do sujeito coletivo predominante provocou na era nacional-socialista em detrimento de tudo que é individual, nós somos duplamente experimentados para nos afastar de retornar aos estereótipos que servem para nos glorificar a nós mesmos. (...) O pensamento de Kant encontra seu centro no conceito de autonomia, de responsabilidade pessoal do indivíduo racional, e não na submissão a todas as espécies de potências, dentre as quais a predominância do fator nacional jamais questionado. Em Kant, é só no indivíduo que se realiza a universalidade da razão.[27]

Em diversos momentos Habermas dedica especial atenção a Carl Schmitt como um dos maiores símbolos do nazismo e lamenta que

Carl Schmitt volte a estar em alta desde 1989: necessidade de recuperação cultural e de raízes no Leste, livre curso no Oeste para a droga que dá acesso a esse sonho de um Estado forte em uma nação homogênea. A *nouvelle droite* já sabia há muito tempo: com Carl Schmitt é possível dar aos temas "segurança interior", "perda das próprias essências" ou "homogeneidade racial" certo brilho intelectual. Nos livros dos historiadores revisionistas de nossa história contemporânea, que na editora Ullstein parecem se multiplicar em série, se reflete a virulência das interpretações que do mundo contemporâneo fizeram Carl Schmitt e Martin Heidegger, e também essa especial mescla de Schmitt e Heidegger da qual nutre sua inspiração a filosofia da história de um Ernst Nolte.[28]

Com efeito, Habermas não desvincula Schmitt de Heidegger no que concerne à indissociabilidade das figuras e suas obras enquanto estrutura mesma a serviço do nacional-socialismo, como grandes lideranças intelectuais e "porta-vozes do Terceiro Reich". O repúdio à modernidade pela via da patologia conceitual desconsagra o que de legítimo a crítica à modernidade

---

27 Adorno, Theodor W. *Modèles critiques*. Paris, Payot, 1984, p. 220.
28 Idem, ibidem, p. 130.

poderia conter de humanismo criador. O ódio racial os conduziu ao ódio a todos os mais caros princípios e valores da civilização. E "o ódio anda de quatro", afirma o narrador do romance *A vida secreta dos gabirus*, de Carlos Nejar.[29] Ambos, confirma Habermas, contraíram um matrimônio espiritual e

> acabaram afastando-se da Igreja, um recalcitrante provincianismo e uma certa insegurança frente a todo o urbano, a vivência geracional que para todos os pertencentes a essa etapa representaram a Primeira Guerra Mundial e o complexo resultante dos acordos de Versalhes, ao que se acrescentou o trânsito existencialista "de Goethe a Hölderlin", e em geral a revolta contra o humanismo, uma crítica latino-católica (no caso de Carl Schmitt) e greco-neopagã (no caso de Heidegger) das tradições do Iluminismo, sob o signo de Donoso Cortés em um caso, ou de Nietzsche no outro, a aversão elitista contra o Estado de partidos, contra a democracia, contra a opinião pública, contra a discussão, o desprezo de todo o igualitário, um medo quase pânico perante a emancipação, a busca de autoridades espirituais intactas, e depois, naturalmente, o *Führer*, que se converteu para Schmitt e Heidegger em um destino comum. Os dois pertenceram aos "grandes apoiadores de 1933" porque se sentiam infinitamente superiores aos outros nazistas, e pretendiam "acaudilhar o caudilho", porém, ao aperceberem-se da ilusão de tão extravagante desígnio, Schmitt e Heidegger negaram-se *post festum* a confessar publicamente sua culpa, e nem sequer seu erro político. "O que foi mais indecente – pergunta-se Carl Schmitt – ser a favor de Hitler em 1933 ou cuspir nele em 1945?"[30]

Habermas lembra que, diferentemente de Heidegger, Carl Schmitt não pôde retornar à universidade alemã, mesmo porque "Schmitt havia se negado a se submeter a um processo de desnazificação", isto é, renegar todos os pressupostos do Nacional-Socialismo e aderir aos princípios da civilização, e que somente por vias informais e privadas se podia ter acesso a ele em sua residência e círculos de amigos e acadêmicos. Relata Habermas que "Carl Schmitt se viu assim rodeado de uma aura de conjurado e de consagrado que suscita a impressão de que em torno dele se tivesse desenvolvido uma corrente subversiva e subterrânea da história da intelectualidade política da República Federal da

---

29 Nejar, Carlos. A vida secreta dos gabirus. Rio de Janeiro, Editora Record, 2014, p. 183.
30 Habermas, Jürgen. *Ibidem*, p. 131.

Alemanha".[31] A desculpa de anticomunismo schmittiano não foi convincente e suficiente para reabilitá-lo. Assim, esclarece Habermas que

> também à exposição da recepção acadêmica de Carl Schmitt nos anos cinquenta faltam força e rigor analíticos, porque o autor não entra nos textos mesmos, e toma distâncias a respeito das correspondentes discussões especializadas que se produziram nos campos do direito público, direito internacional, ciência política, sociologia, história e filosofia. Fica em primeiro plano a disputa em torno desse conceito do político, reduzido à relação amigo-inimigo. Porém, mais provocadora para a autocompreensão do Estado constitucional democrático resulta essa "teologia política", que rechaça também o procedimento democrático como fundamento legitimador do direito, que distorce o conceito de democracia privando-o de seu núcleo deliberativo, e reduzindo-o à mera aclamação de massas paramilitarizadas, que opõe o mito da unidade nacional inata ao pluralismo social, e que renuncia ao universalismo dos direitos humanos e da moral humanitária tachando-os de hipocrisia criminosa.[32]

Grande parte da humanidade exalta mais as qualidades intelectuais de um filósofo que as qualidades morais, subordinando as últimas às primeiras, o que explica a condescendência com Heidegger e Carl Schmitt, quando deveria ser o inverso. Habermas, com respeito a Carl Schmitt, admite que

> a força de atração que um espírito brilhante, capaz de apresentar-se autoestilizadamente a si próprio no papel de um proscrito, pode exercer sobre alguns ânimos receptivos e intelectualmente desejosos de novidades, apenas pode ser uma explicação suficiente. Esses estudantes sensíveis se encontraram em Plettenberg com uma visão das coisas que vinha distorcida por pura projeção, e obstruída por puro ressentimento. O *Glossarium* superabunda de um antissemitismo raivoso, de um ódio cego contra os emigrantes "parcialmente perturbados no sentido moral", de penosos gemidos de alguém que se sente um "animal encurralado", como um Jonas cuspido do ventre do Leviatã. Manifestamente, Carl Schmitt sofria de uma patológica incapacidade para reconhecer as proporções do ocorrido, e o próprio papel que ele havia desempenhado nisso tudo. Schmitt nega e se exculpa, mostra-se furioso contra os "criminalizadores de Nuremberg", contra os "construtores

---
31 Idem, ibidem, p. 132.
32 Idem, ibidem, p. 134.

de genocídios e de crimes contra a humanidade", e debocha: "Os crimes contra a humanidade foram cometidos pelos alemães. Os crimes pela humanidade foram cometidos contra os alemães. Esta é toda a diferença."[33]

A grandeza da alma não acompanha necessariamente a grandeza da erudição, principalmente quando há uma resistência de origem em criar vasos comunicantes em atenção à vontade de evolução das virtudes humanas centradas no coração, no amor e na bondade, todas expurgadas por Carl Schmitt e Martin Heidegger das suas obras.

O ESTADO TOTAL

Em o *Guardião da Constituição*, de 1929, em primeira versão, e 1931, em versão ampliada, Carl Schmitt cria o conceito de Estado total, em que sociedade e Estado formam uma unidade racial nacional indissolúvel. Com efeito, assim define Schmitt: "A sociedade transformada no Estado torna-se um Estado econômico, Estado cultural, Estado assistencial, Estado preocupado com o bem-estar social, Estado fornecedor da previdência social, o Estado transformado na auto-organização da sociedade e que, dessa forma, no caso, não mais pode ser separado dela, toma todo o social, isto é, o que diz respeito à convivência entre os homens. Não existe mais nenhuma esfera perante a qual o Estado pudesse guardar uma neutralidade incondicional no sentido da não intervenção."[34] A teoria da identidade entre Estado e sociedade é um dos alicerces fundamentais do Estado total. Ora, a não identidade é o fundamento mesmo do Estado democrático de direito por pressupor, na legitimidade da liberdade, as contradições, os conflitos, os antagonismos e as diferenças inerentes à natureza mesma da sociedade.

Assim, tenta se explicar Schmitt:

> Um excelente representante dos soldados combatentes alemães, Ernst Jünger, introduziu nesse surpreendente processo uma fórmula muito expressiva, a *mobilização total*. Sem considerar o conteúdo e a exatidão que compete, isoladamente, àquelas fórmulas de armamento potencial ou mobilização total, teremos

---

33 Idem, ibidem, p. 136.
34 Schmitt, Carl. *O Guardião da Constituição*. Belo Horizonte, Editora Del Rey, 2007, p. 116.

que observar e aproveitar o conhecimento muito significativo nelas contido, pois expressam algo abrangente e indicam uma grande e profunda mudança: a sociedade que se auto-organiza no Estado está a caminho de passar do Estado neutro, do liberal século XIX, para um Estado potencialmente *total*. Essa violenta mudança pode ser construída como parte de um desenvolvimento dialético que decorre em três estágios: do Estado *absolutista* dos séculos XVII e XVIII, passando pelo Estado *neutro*, do liberal século XIX, para o Estado *total* da identidade entre Estado e sociedade.[35]

A capilaridade totalitária é muito mais ampla e profunda no conceito de Estado schmittiano, que não ruboriza ao escrever:

> A extensão a todas as áreas da existência humana, a supressão das separações e neutralizações liberais de várias áreas como religião, economia e educação, em suma, o que antes era qualificado como a mudança para o "total", já se encontra realizado para uma parcela dos cidadãos, de certa forma, por alguns complexos organizacionais sociais, de modo que, embora não tenhamos um Estado total, já temos algumas construções partidárias sociais que aspiram à totalidade e reúnem inteiramente seu time ainda na juventude. Dessas construções partidárias, cada uma tem, como diz Eduard Spranger, "todo um programa cultural" e sua convivência lado a lado forma e conduz o Estado pluralista. Pelo fato de existir uma *maioria* de tais complexos, concorrente uma com a outra e que se mantêm mutuamente dentro de determinados limites, ou seja, um Estado *partidário-pluralista*, fica evitado que o Estado total se faça valer como tal com o mesmo ímpeto com que já o fez, nos chamados Estados *unipartidaristas*, a União Soviética e a Itália.[36]

Carl Schmitt confessa publicamente que a sua inspiração do Estado total do nacional-socialismo é o Estado total da URSS, além da já evidente Itália e do *Stato totalitario*, posterior à Revolução de 1917. Fica evidente a raiz comum do nazismo com o comunismo, confessada por ninguém menos que o artífice jurídico do Terceiro Reich. O ódio à não identidade, ao pluralismo, às liberdades civis, ao Estado de direito, à democracia, ao capitalismo, ao liberalismo, à liberdade de expressão e às formas mais diversas de manifestação das diferenças, típicas do leninismo-stalinismo, inspiraram Carl Schmitt, trazendo do

---

35 Idem, ibidem, p. 117.
36 Idem, ibidem, p. 122.

totalitarismo comunista a versão ariana do Nacional-Socialismo. O socialismo totalitário é o hífen, o *trait d'union*, entre a URSS e o Terceiro Reich. E certamente é dessa origem comum que até hoje os autoritarismos e totalitarismos de esquerda e de direita encontram seu hífen, sua convergência, seu consenso, sua identidade, como que eliminando qualquer diferença ideológica entre eles. Com efeito, o próprio Heidegger também confessa a identidade entre a URSS e o Nacional-Socialismo: "O nacional-socialismo não é bolchevismo, e este não é nenhum fascismo, mas o nacional-socialismo e o bolchevismo são intrigantemente a vitória da maquinação – gigantesca perfeição da forma do novo tempo –, uma determinada essência da milícia do povo."[37] Gestapo, SS, SA, KGB e demais milícias do povo.

Carl Schmitt, no livro *Legalidade e Legitimidade*, de julho de 1932, escreve o seguinte:

> É até provável que uma grande parte das tendências, hoje indubitavelmente existentes, para o "Estado autoritário" encontre uma explicação. Tais tendências não podem ser afastadas simplesmente como ansiedade reacionária ou restaurativa. Muito mais importante é entender que se deva buscar na democracia a causa do atual "Estado Total" ou, dito com maior precisão, a causa da politização total de toda a existência humana, bem como perceber que, como expõe Heinz O. Ziegler (*Autoritärer oder totaler Staat* – Estado autoritário ou Total, Tübingen, 1932), é mister uma autoridade estável para se realizarem as despolitizações necessárias e, uma vez fora do Estado Total, resgatar esferas livres e áreas vitais.[38]

Não bastasse Schmitt apresentar a Constituição democrática de Weimar como a responsável pelo surgimento do Estado total a ser chefiado por Hitler como autoridade neutra, despolitizada e acima dos partidos, e citar um judeu que critica o Estado autoritário chamado de total, que lutou contra o nazismo como piloto da RAF anos mais tarde, e que morreu em um campo de concentração e extermínio, o jurista brasileiro Joaquim Carlos Salgado tem a ousadia

---

37 "*Der Nationalsozialismus ist nicht Bolchewismus und dieser ist kein Faschismus - aber beide sind machenschaftliche Siege der Machenschaft - riesige Vollendungsformen der Neuzeit - ein errechneter Verbrauch von Volkstürmen.*" Heidegger, Martin. *Schwarze Hefte, 1939-1941*. Gesamtausgabe, Band 96, Überlegungen XII - XV, Frankfurt am Main, Editora Vittorio Klostermann, 2014, página 127.

38 Schmitt, Carl. *Legalidade e Legitimidade*. Belo horizonte, Editora Del Rey, 2007, p. 97.

de intitular a sua apresentação do livro *Legalidade e Legitimidade* como "Carl Schmitt e o Estado democrático de direito", na qual se subentende que Hitler, como *Guardião da Constituição*,[39] exercia o poder moderador para preservar a unidade e a homogeneidade do povo contra o inimigo substancial, e que Schmitt defende uma Teoria do Estado Ético e Democrático. Ainda se esforça e explica o jurista: "A Europa realça novamente esse cientista sério, Carl Schmitt, a começar pela Itália, nos anos 1980, e que não pode ser considerado um 'adversário da democracia' ou um 'teórico dos regimes fascistas', preconceito difundido por uma concepção de democracia puramente liberal. (...) Isso porque, para ele, governante e governado estão numa igualdade incindível, resultante da homogeneidade nacional do povo. Trata-se de uma democracia nacional que se assenta no *éthos* substancial do povo."[40] Conclusão, o tal do *éthos* substancial do povo racialmente homogêneo escolheu prioritária e "democraticamente" o judeu para ser eliminado da Alemanha, da Europa e da Terra. Hitler é um democrata, seguindo a lógica de Joaquim Carlos Salgado. Com efeito, uma das matrizes do autoritarismo jurídico brasileiro, não necessariamente antissemita por inteiro, contudo também Nacional-Socialista e comunista, tem em Carl Schmitt, desde Francisco Campos dos anos 1930 até nossos dias, um pilar central. Os mais ilustres democratas brasileiros também são admiradores de Carl Schmitt, mas não se deixam contaminar pelo núcleo extremista de sua obra. O ódio ao liberalismo é marca registrada dos autoritarismos e dos totalitarismos nazista e comunista, pois se opõe ao mito do Estado.

O jurista Joaquim Carlos Salgado segue a melhor tradição autoritária brasileira, dando continuidade ao *tour de force* de produzir em laboratório – embora as vítimas do nazismo não possam se reproduzir em cativeiro – um Carl Schmitt a ser consumido como símbolo maior do pensamento democrático contemporâneo, apresentando um conceito análogo ao de um homem centopeico, que é o de um nazista democrático, uma *contradictio in terminis*. "Afinal", se explica Joaquim Carlos Salgado, "a crítica de Schmitt aponta para uma concepção de democracia não liberal-burguesa, mas nacional, em que a soberania se exerça pela unidade da quantidade e da qualidade, do povo e do parlamento, legitimidade e legalidade em unidade, sem sua dispersão para os órgãos de aplicação. A unidade de legitimidade e legalidade está garantida pelo

---

39 Idem, *O Guardião da Constituição*. Belo Horizonte, Editora Del Rey, 2007.
40 Idem, ibidem, p. viii.

conceito de homogeneidade do povo. (...) Para Schmitt, a democracia não pode ser senão uma democracia nacional, segundo o princípio da homogeneidade do povo".[41] Carlos Salgado considera o nacional-socialismo uma expressão do Estado democrático de direito, e na via da barbárie do pensamento schmittiano do *Guardião da Constituição* considera que

> a tarefa de uma Corte Superior como o Supremo Tribunal Federal não é a de ser o guardião da Constituição, um Tribunal Constitucional, mas a de guardar o direito das pessoas, quer na forma de direito adquirido, quer na forma de direito fundamental, que se adquire só com a sua declaração na Constituição, por sua natureza, intangível. Sua tarefa é proteger os direitos da pessoa e o sujeito de direito universal. De qualquer modo, se se concorda com Schmitt que "o guardião da Constituição tem que ser independente e político-partidário neutro", não pode ser um dos poderes, há que o buscar num tipo moderador, que, na república, somente uma instituição acima das contingências político-partidárias, de caráter permanente, popular porque recrutado do próprio povo, e a que está entregue a defesa e a força do povo, portanto, que merece sua total confiança e respeito, a ser desempenhado por órgão constituído segundo o modelo já pertencente à tradição do País, criado em ambiente democrático, como um órgão de Segurança Social e Democrática.[42]

A explicitação do parágrafo citado é também autoexplicativa. No nacional-socialismo o Guardião é o *Führer*, que sabe disso, como também sabe que o resultado foi o genocídio, o extermínio de massa. Mas, com Joaquim Carlos Salgado ficamos sabendo que o *Führer* era uma instituição neutra, um poder moderador, acima das contingências político-partidárias, era o povo pois originado do povo, modelo de democracia e demais fantasias da psicopatologia nazista, e que nos dirige à seguinte pergunta: quem seria o *Führer* brasileiro, Guardião da Constituição? Todo o vocabulário básico do nacional-socialismo encontra-se contido na defesa do Estado e seu *Führer* que faz Joaquim Carlos Salgado, que certamente não percebeu o alcance filosófico das suas colagens da barbárie do anedotário schmittiano.

A violência da defesa de Carl Schmitt naquilo de menos defensável nos remete ao grande jurista polonês de origem judaica Rafał Lemkin, genial

---

41 Schmitt, Carl. *Legalidade e Legitimidade*. Belo Horizonte, Editora Del Rey, 2007, p. XXV.
42 Idem, ibidem, "Carl Schmitt e o Estado Democrático de Direito", p. XXVIII.

criador do vocábulo e conceito de "genocídio" (*genos*, do grego antigo, raça, tribo; e *cidium*, do latim, que mata), que, condenando simultaneamente o nacional-socialismo e o comunismo pelas mesmas razões e convergência, instrui-nos em 1944 sobre o "direito" nazista em todos os países ocupados pela Alemanha: "Em 20 de agosto de 1942, Hitler promulga um decreto outorgando plenos poderes ao Ministro da Justiça do Reich, que declara: 'Uma administração vigorosa da justiça é necessária à realização das tarefas do Grande Reich alemão. Em consequência, eu habilito o Ministro da Justiça do Reich a organizar uma administração Nacional-Socialista da justiça e a tomar todas as medidas necessárias de acordo com as minhas instruções, e com a via que eu abro, e de acordo com o Ministro e chefe da Chancelaria do Reich, assim como com o chefe da Chancelaria do Partido. O Ministro da Justiça do Reich consequentemente pode ignorar o direito existente."[43] Com efeito, considerar Carl Schmitt como um exemplo maior da expressão jusfilosófica internacional do Estado democrático de direito é o mesmo que concedê-lo a Hitler, que também passa a se credenciar a receber *post mortem* o Prêmio Nobel da Paz.

Conforme Rafał Lemkin,

> a essência ideológica do direito alemão deveria ser igualmente levada em consideração. É possível afirmar que o direito alemão é desprovido de conteúdo moral e de limites próprios na medida em que ele é sobretudo utilitário. Para os alemães, o direito é o que lhes é útil. O direito alemão está fundado sobre o princípio de discriminação e não sobre o da igualdade. Desse modo, nega o princípio essencial e a missão do direito, uma vez que o indivíduo, enquanto a parte mais fraca na sua relação como Estado, necessita mais de proteção legal que o Estado. O direito alemão não está concebido em um espírito de justiça humana. Ele invoca a técnica legal simplesmente como meio de coerção administrativa. O direito alemão é cruel em seu conteúdo. Não somente recolocou em vigor o *jus talionis* – o princípio do olho por olho, dente por dente –, mas o ultrapassou exigindo penas na proporção de dez olhos por um, ou punições sem relação verdadeira com a culpabilidade. Estabeleceu o divórcio entre o direito e a moral, por um lado, e a piedade, por outro. Em consequência, a instauração da legislação alemã nos países ocupados não é somente uma violação do regulamento da Convenção de

---

43 Lemkin, Rafał. *Axis Rule in Occupied Europe*. Trad. francesa: *Qu'est-ce qu'un génocide?* Paris, Éditions du Rocher, 2008, p. 129.

Haia, mas igualmente dos princípios mesmos do direito das nações e das leis da humanidade.[44]

Em outras palavras, direito nacional-socialista é uma *contradictio in terminis*, pois, se é nacional-socialista, não pode ser direito: os termos se excluem mútua, conceitual e moralmente.

Carl Schmitt, em carta endereçada ao filósofo Alexandre Kojève, datada de 7 de junho de 1955, exprime seu luto pelo Estado total: "Caro senhor Kojève. Quanto ao *Estado*, acabou, é verdade: esse deus mortal morreu, não há nada a fazer. O aparelho administrativo moderno de hoje, o da *Daseins-Vorsorge* (prevenção para o bem-estar), não é o Estado no sentido de Hegel, nem governo (...), ele não é mais capaz de guerra ou de pena de morte, e essa é a razão pela qual não é mais mestre da história."[45] A infelicidade de Schmitt em constatar a ruína do Estado total de rastro hegeliano, segundo a qual a Alemanha não é mais um Estado, senhor da guerra e da pena de morte em massa, encontra seu antecedente no mesmo Hegel, citado por Joaquim Carlos Salgado: "A Alemanha não é mais um Estado (*Deutschland ist kein Staat mehr*)". O que conduz Joaquim Carlos Salgado a uma conclusão analógica primária: "O Brasil não é mais um Estado! Recobrar a sua estalidade é devolver ao Estado brasileiro a sua efetiva soberania."[46] Se, conforme Salgado, o Brasil não é mais um Estado no sentido hitlerista-schmittiano, e a soberania brasileira, à imagem e semelhança do Terceiro Reich, precisa ser resgatada, estamos diante do anúncio público da busca de um *Führer* para exercer o papel de Guardião da Constituição, do Estado, do Povo e, por que não, da Raça? Afinal, a qual "efetiva" soberania se refere Carlos Salgado? Qual o conteúdo conceitual dessa soberania "efetiva"; o que conteria que estivesse faltando à atual (falsa) soberania brasileira? Qual o inimigo da "efetiva" soberania?

Mas Carl Schmitt é uma vítima inocente, segundo ele mesmo e seus adeptos. Senão, pergunta ele em 23 de agosto de 1949, no *Glossarium*: "Quem é o verdadeiro criminoso, o verdadeiro instigador do hitlerismo? Quem inventou

---

44 Idem, ibidemf, p. 130.
45 Zarka, Yves Charles. In *Carl Schmitt ou le mythe du politique*. Paris, PUF, 2009. Denis Trierweiler, *Georges Sorel et Carl Schmitt: d'une théorie politique du mythe à l'autre*, p. 44.
46 Salgado, Joaquim Carlos. "*Carl Schmitt e o Estado Democrático de Direito*", in Carl Schmitt, *Legalidade e Legitimidade*, Belo Horizonte, Ed. Del Rey, 2007, p. XXX.

esta figura? Quem colocou no mundo esse episódio de terror? A quem nós somos devedores dos 12 milhões de judeus mortos? Eu posso vos dizer com toda a precisão: Hitler não se inventou por si mesmo."[47] Com Schmitt ficamos sabedores que foram assassinados 12 milhões de judeus, e não 6 milhões. Cabe a pergunta: faltam 6 milhões de cadáveres de judeus no Holocausto. Schmitt era muito bem informado. E o que ele sabia que o Ocidente e o mundo não sabem até hoje? A afirmação schmittiana é gravíssima, e não teve ainda a atenção que merece por parte da ONU, dos pesquisadores e dos governantes. Quanto ao inventor impessoal "desta figura" chamada ou intitulada Hitler, eu vou tentar refrescar *post mortem* a memória de Carl Schmitt, voltando ao final de 1932, objeto do já citado livro de Jean-Pierre Faye, *L'État total selon Carl Schmitt*, em que o filósofo, poeta, romancista e resistente da Segunda Guerra Mundial em Paris esclarece pontos até então nas trevas.

Quem inventou Hitler, esta figura?, pergunta Carl Schmitt. Resposta: Carl Schmitt. Uma invenção gestáltica previamente esboçada no conceito já em voga de Estado total criado por ele mesmo um ano antes no livro *O Guardião da Constituição* e no conteúdo filosófico da sua conferência "Economia sã em um Estado forte", de 23 de novembro de 1932, proferida diante de 35 dos grandes financistas e industriais alemães na chamada "União de Nome Longo", ou, por completo, União pela Conservação dos Interesses Econômicos Comuns na Renânia do Norte Vestfália, e depois título de um livro de 1933 de um dos mais radicais nazistas e discípulos de Carl Schmitt, o protestante filósofo do direito Ernst Forsthoff, também ligadíssimo a Heidegger no processo de nazificação da Universidade de Freiburg. Com efeito, Ernst Forsthoff, concordando com Schmitt que os termos amigo e inimigo são raciais, escreve: "A consciência da identidade racial e da copertença *völkisch* se atualiza antes de tudo na atitude de reconhecer a diferença de raça e em distinguir o amigo do inimigo. E importa precisamente saber reconhecer a diferença de raça lá onde ela não se tornou forçosamente perceptível pela pertença a uma nação estrangeira, por exemplo, nos judeus, que, por uma participação ativa na vida cultural e econômica, procuram provocar e, sabendo aí se manifestar, provocam a ilusão de uma identidade racial e de uma pertença ao povo."[48]

---

47 Idem, *Glossarium. Aufzeichnungen der Jahre 1947-1951*. Berlin, Duncker u. Humblot, 1991, p. 267.
48 Forsthoff, Ernst. *Der totale Staat*. Hamburg, Hanseatische Verlagsanstalt, 1933. Apud Faye, Emmanuel. *Heidegger, l'introduction du nazisme dans la philosophie*. Paris, Albin Michel, 2005, p. 369.

A concepção *völkisch* do nacional-socialismo *é comum a Ernst Jünger, Carl Schmitt e Martin Heidegger, e tem uma definição clara* do jurista alemão nacional-socialista Otto Koellreutter, que assim escreveu:

> *Völkisch* significa uma concepção da essência da Totalidade *Volk* completamente diferente daquela do liberalismo. (...) A concepção *völkisch* acentua conscientemente, em oposição à concepção liberal, o que se chama as comunidades naturais do povo. Vê no povo uma unidade de vida biológica e tira as consequências políticas dessa concepção em oposição ao liberalismo. O conceito de raça *(der Rassebegriff)*, mas também a significação do espaço e do país natal, entra em cena no primeiro plano de maneira acentuada, e agem igualmente sobre o plano do direito do Estado. Uma tal concepção do povo domina também todos os domínios vitais na vida do povo e do Estado. A Totalidade do pensamento *völkisch* penetra-a inteiramente.[49]

Wilhelm Stuckart, autor das leis de Nuremberg de 15 de setembro de 1935 e das ordens de aplicação delas, amplamente defendidas e exaltadas por Carl Schmitt em artigos publicados em 1º de outubro de 1935 e em 28 de novembro de 1935, tinha uma visão curiosa:

> Inexata é a designação de nosso *Reich* como Estado autoritário ou Estado totalitário. Autoritários ou totalitários são os Estados liberais de potência, tendo por objetivo a conservação de uma posição de dominação face a uma nova vida. Para esses, contrariamente ao *Reich* nacional-socialista alemão, o povo não é o conteúdo do Estado, mas o objeto da dominação. O Estado fascista italiano é também um Estado autoritário. A forma autoritária do Estado corresponde à concepção latina do Estado, segundo a qual o Estado é para se construir de cima a fim de poder movimentar de maneira uniforme todas as forças da Totalidade em vista dos objetivos que o poder central determina. O fascismo soube dar um caráter autêntico e um rosto positivo a essa forma do Estado.[50]

O ódio ao liberalismo e à economia de mercado é uma marca distintiva do totalitarismo, em que o Estado substitui a geração de riqueza pela sociedade

---

49 Koellreutter, Otto. *Deutsches Verfassungsrecht*. Berlim, Junker und Dünnhaupt Verlag, 1933.
50 Stuckart, Wilhelm. *Der Staatsaufbau des Deutschen Reiches in systematischer Darstellung*. Leipzig, Verlg W. Kohlhammer, 1943, p. 20.

civil, isto é, pelos empresários e pelos funcionários empregados. A tentativa de inversão proposta por Wilhelm Stuckart é a mesma de Carl Schmitt, para quem "o 15 de setembro de 1935, por ocasião da jornada do Partido do Reich pela liberdade, o *Reichstag* alemão estabeleceu a lei do *Reich* sobre a bandeira, a lei do *Reich* sobre a cidadania, e a lei sobre a proteção do sangue alemão e da honra alemã".[51] Schmitt considera o criminoso genocídio antissemita uma legítima expressão da liberdade da Alemanha. O *Reich*, que era uma República, como bem lembra Jean-Pierre Faye, torna o genocídio republicano um exercício lúdico do reino da liberdade. Segundo Schmitt, "o *Reichstag* reunido na jornada do Partido do Reich foi o próprio povo alemão, apoiado pelo movimento nacional-socialista e obedecendo ao *Führer* Adolf Hitler. As leis desse povo são desde séculos a primeira Constituição alemã da liberdade".[52] Como Heidegger, Schmitt considera o genocídio e a dominação escravocrata de povos e "raças" tidas como inferiores como o legítimo exercício da liberdade alemã. A legalidade dessa liberdade vem como decorrência natural da legitimidade patológica, mitológica e historicamente construída na cultura germânica.

Em Schmitt, diretor da *Deutsche Juristen Zeitung* em 1934, órgão oficial do direito nacional-socialista, ideologia e direito são indissociáveis por uma identidade orgânica e política. Com efeito,

> hoje, o povo alemão voltou a ser alemão, mesmo em sentido jurídico. Após as leis de 15 de setembro, o sangue alemão e a honra alemã voltaram a ser os conceitos mais elevados de nosso direito. O Estado é desde então um meio ao serviço da força e da unidade *völkisch*. O *Reich* alemão tem uma só bandeira, a bandeira do movimento nacional-socialista, e essa bandeira não é somente composta de cores, mas também de um grande e autêntico símbolo: o signo do juramento popular (*Völkerbeschwörend*) da cruz gamada. Mas a jornada da liberdade do Partido do Reich conduziu ainda a uma outra decisão em termos de direito constitucional. Para o caso onde a regulamentação atual da situação dos judeus não trouxesse seus frutos, o *Führer* evocou a possibilidade de um novo exame da questão, e assim deixou entender que, faltando uma solução legal da questão, ela poderia ser transferida ao partido. Essa é uma séria advertência. Pois, de todo modo, o partido

---

51 Schmitt, Carl. "*La Constitution de la liberté*", Berlim, 1º de outubro de 1935, Deutsche Juristen Zeitung. In Zarka, Yves Charles. *Un détail nazi dans la pensée de Carl Schmitt*. Paris, PUF, 2005, p. 53. Trad. Denis Trierweiler.
52 Idem, ibidem, p. 53.

nacional-socialista dos trabalhadores alemães foi declarado o guardião da santidade *völkisch*: o guardião da Constituição. Os fundamentos da nossa ordem völkisch estão agora firmemente estabelecidos: o povo alemão com o seu *Führer* enquanto chefe de Estado e juiz supremo da nação, a ordem do movimento nacional-socialista enquanto guardião de nossa Constituição, e a Wehrmacht alemã com o *Führer* como chefe supremo.[53]

Assim, o nacional-socialismo é uma doutrina acima e fora do estamento constitucional e legal, caso esse venha de encontro aos desígnios do partido, visto que o *Führer* é a origem e a fonte mesma das leis e da Constituição. Desta feita, em outro artigo publicado em 1936 na revista da Academia de Direito Alemão, a partir da conferência de 28 de novembro de 1935, em Berlim, intitulada "A legislação nacional-socialista e a reserva da 'ordem pública' no direito internacional privado", Schmitt deixa claro que, "pela legislação nacional-socialista, é um novo princípio, em termos de concepção de mundo (*Weltanschauung*), que aparece na legislação de um país europeu. É totalmente evidente que é aqui, e muito particularmente na legislação racial nacional-socialista, que se encontra o verdadeiro coração de nosso problema. Nós estamos aqui em presença de uma legislação sustentada pelo pensamento da raça que se choca com leis de outros países que, de modo também fundamental, não conhecem ou mesmo rejeitam as distinções raciais".[54] Portanto, Schmitt confessa publicamente sua visão de mundo nazista, totalitária ao extremo, da década de 1920 até a sua morte, ainda que os schmittianos neguem essa evidência contra o próprio Schmitt. No Estado total o direito é subordinado à ideologia do crime racial e do racismo de Estado. Isso significa que o Estado Nacional-Socialista estabelecia poder sobre qualquer pessoa alemã em qualquer país do mundo, pois as leis de Nuremberg eram extensivas à cidadania alemã ariana independentemente das fronteiras nacionais.

Assim, segundo Jean-Pierre Faye, a conferência de Carl Schmitt de 23 de novembro de 1932 é o marco zero do Terceiro Reich, que dá a largada no Estado assassino, como é chamado por vários especialistas no nazismo. Hitler, beneficiário direto da conferência de Schmitt sobre o Estado total, acabará por adotar o termo no Congresso dos Juristas Alemães de outubro de 1933, em Leipzig,

---

53 Idem, ibidem, p. 56.
54 Idem, ibidem, p. 63.

quando vocifera que "o Estado total não tolerará nenhuma diferença entre direito e moral"(*Der totale Staat wird keine Unterschied dulden zwischen Recht und Morale*). Faye ressalta que "esta frase de forte ressonância, mas quase desprovida de sentido, é a única citação que aparece na rubrica 'Direito Público', no *Wortschatz*, o 'Tesouro' da língua de Hitler, publicado ao tempo do seu *Reich*. Isso basta para fazer de Hitler um "discípulo" de Carl Schmitt pela referência".[55] Schmitt conduz Hitler ao poder e à guerra de 50 milhões de mortos, sem levar em conta os outros 6 milhões que Schmitt confessa no diário que faltaram contabilizar no Holocausto, que seria de 12 milhões, conforme mencionamos anteriormente. Não é pouco, além de injustificável, para que os juristas se deem ao trabalho insano e inútil de salvar a reputação de Schmitt, achando que com isso estão salvando as suas próprias reputações porque o consideram um gênio da jusfilosofia. Discípulos como Hitler não honram a biografia de Schmitt, e tampouco dos schmittianos. A sedução dos aspectos técnicos e eruditos da obra de Schmitt explica a adesão de juristas, mas não deve jamais com isso anular a face mais importante que é a instrumentalização da erudição e da técnica a serviço das trevas do genocídio.

Segundo Jean-Pierre Faye, "Carl Schmitt é o homem que determinou antecipadamente o Estado total, e que abre a sessão da História a partir da qual é preciso contar os dias que conduzirão à cena terminal, aqui onde começa a catástrofe europeia do século XX. Com efeito, a conferência de 23 de novembro de 1932 confere às semanas seguintes a força de desfazer todos os obstáculos ao advento do Terceiro Reich, e de fazer para isso concentrarem-se os elementos do Estado total que é o núcleo organizador dele".[56] A função de Schmitt não poderia ser mais clara. Ele é o teórico precursor do Terceiro Reich.

Na conferência de 23 de novembro de 1932, Schmitt esclarece as novas e vantajosas relações entre economia e política com a implantação do Estado total:

> Nós vivemos na Alemanha uma politização de todas as questões econômicas, culturais, religiosas e outras, inconcebível para o pensamento do século XIX. Depois que se procurou durante alguns anos economizar o Estado, pareceu agora, inversamente, se politizar a economia totalmente. Agora se compreendeu repentinamente a fórmula ativa e esclarecedora do Estado Total [*die wirkende und erleuchtende Formel des totalen Staates*]. Pode-se rejeitar o "Estado total" com gritos

---

55 Faye, Jean-Pierre. *L'État total selon Carl Schmitt*. Paris, Ed. Germina, 2013, p. 15.
56 Idem, ibidem, p. 38.

de indignação e de revolta como bárbaro, servil, não alemão ou não cristão, mas a coisa mesma não é, contudo, transportada fora do mundo. Todo Estado é forçado a se apoderar dos meios de potência dos quais tem necessidade para sua soberania política. Que ele faça isso, esse é mesmo o signo característico mais seguro do Estado efetivo.[57]

Desse modo, Schmitt coloca o nacional-socialismo acima do cristianismo, como que subordinado àquele, e dissocia o mundo humano do divino, como se fossem incomunicáveis, e portanto favorece a lei da maldade contra o imperativo do amor ao próximo. Segundo Schmitt, "para o Estado Total, somente pode servir uma Revolução igualmente total" (*Gegen der Totale Staat, nur kann benutzt sein eine gleich totale Revolution*), o que conduziu à "Guerra total" (*totaler Krieg*).[58]

Da trágica conferência, que para Schmitt foi "um grande sucesso", amadurecida desde 1931, mais precisamente a partir de 4 de dezembro de 1931, em Bremen, "onde falei por uma hora e meia sobre o Estado total", Jean-Pierre Faye explicita o desdobramento:

> Mas o Estado total não havia previsto nem exigido a total exterminação de um povo, vítima preliminar de várias outras posteriores que serão recenseadas e enumeradas por Himmler. Foi isso que faltou a esta "fórmula", a ponto de ser denunciada pelo Corpo Negro da SS, órgão oficial da matança? Mas sem o conceito desenvolvido na conferência de 23 de novembro de 1932, que vai galvanizar o público da União do Nome Longo e, por meio desta, incendiar a História – sem ele a matança do "Corpo Negro" na Europa não teria seu local, seu espaço, sua autorização. A singular interação do Estado Total e do Corpo Negro da SS será de fato um dos mais graves enigmas da História. Como um conceito grosseiro cuja preparação parece descuidada segundo o próprio autor ["... *arbeitete schnell ein paar Stunden für meinen Vortrag*" (*Tagebücher*, 22-11-1932), "eu trabalhei algumas horas para a minha conferência do dia seguinte..."], e da qual o "grande sucesso" é dito de passagem com uma espécie de estranha despreocupação, vai entrar no canto mais agudo do tempo da história, e despedaçar todas as formas do tempo? E dar o poder e os meios quase absolutos da violência aos homens do *Schwarze Korps*...[59]

---

57 Idem ibidem, p. 36
58 Idem, ibidem, pp. 48-72.
59 Idem, ibidem, p. 72.

Com efeito, o Corpo Negro da SS levou às últimas consequências o conceito de Estado total como revolução total, e inevitavelmente como guerra total. A indissociabilidade entre *Totale Staat* e *SS Staat* é demonstrada com grande rigor teórico e conceitual por Jean-Pierre Faye, para quem

> uma leitura realmente se impõe: a comparação do *Totale Staat* de Carl Schmitt com a sua versão "real", realizada: o *SS Staat*, tal como o descreverá Eugen Kogon no pós-guerra. E uma nova questão se põe imediatamente: Schmitt teria colocado a si mesmo a questão desta possibilidade de comparação? Ele próprio vai ler, mais tarde, o livro de Eugen Kogon, seu contemporâneo? Do *Totale Staat* ao *SS Staat*: é a passagem da narrativa antecipada à coisa mesma. Dar conta com antecipação do que vai acontecer e o descrever já em andamento, rumo ao real, mas em seguida descobri-lo como tendo já acontecido, esse é o trabalho da história como campo experimental. Aí as linguagens da morte se disseminam como uma lava de veneno, diversificando-se segundo uma escala de crueldade variável, mas em implacável crescimento.[60]

A materialização da narrativa nas linguagens da morte está obviamente prevista pelo filósofo, qualquer filósofo, portanto, Carl Schmitt estava completamente consciente das consequências práticas da aplicação de políticas públicas na atualização do Estado total. Melhor, é realmente o que deseja que aconteça, pois o pensamento pressupõe o desejo oculto ou manifesto da sua realização no mundo empírico. Assim, Schmitt sabia e queria o genocídio da comunidade judaica alemã, em um primeiro momento, europeia no segundo, e mundial, no terceiro. Não sejamos ingênuos, nem tenhamos má-fé ou desonestidade intelectual, pois hoje todos temos muito mais informações sobre Schmitt. Segundo Jean-Pierre Faye, na Alemanha de hoje se contam nos dedos da mão, como poderia ser nos dedos do pé, os admiradores schmittófilos. É mais fácil encontrar schmittianos no Brasil que na Alemanha. Com efeito,

> em 23 de novembro de 1932 nós vemos Fritz Springorum anunciar a conferência de Carl Schmitt: "Uma economia sã em uma Estado forte." E esse Estado "forte" vai tomar para Schmitt o nome histórico e decisivo do *Totale Staat*. Em 16 de abril de 1945, menos de doze anos mais tarde, cinco dias após a chegada no campo de Buchenwald das primeiras forças blindadas dos exércitos aliados, acom-

---

60 Idem, ibidem, p. 83.

panhadas da Psychological Warfare Division, esta foi encarregada de preparar um relatório sobre o "modo de instalação" de um campo de concentração nazista. Esse relatório será o de Eugen Kogon, e será publicado ulteriormente sob o mesmo título de *SS Staat* no pós-guerra. Essas duas proposições cercam o enigma do Estado em suas formas patológicas no curso do século XX. O primeiro é um projeto de instalação, em vista de uma forma inédita do Estado, e se apresenta como objeto de estudo de um caso novo que, em suas próprias palavras, se revela um caso patológico: estudo previsto por uma singular instituição chamada Associação do Nome Longo. O outro projeto que será iniciado a partir do projeto precedente tornou-se uma instituição monstruosa: a das formas de concentração dos campos de extermínio que se revelaram ter sido o efeito real do projeto precedente... *Totale Saat* e *SS Staat* são então como duas formas gêmeas e siamesas. Uma é o projeto, ratificado sucintamente por aquele que vai dele se beneficiar. O outro efetivará o projeto anterior, por sua própria experiência, e a colocará em juízo segundo os critérios de sua brutalidade e na medida de seus cruéis efeitos.[61]

Assim, os campos de concentração e extermínio estavam previstos conceitual e juridicamente no Estado total, pois previa a execução prática que viria a ser comandada pelo Estado SS. A invenção macabra de um conceito como o do Estado total estava lastreada pelo Estado soviético, conforme confissão pública de Schmitt. Ele mesmo não reivindica para si nenhuma originalidade, pois também o Stato totalitario já havia sido batizado e institucionalizado por Mussolini. A originalidade de Schmitt foi fazer mergulhar a Alemanha nas trevas do Estado total. A originalidade dos campos de concentração e extermínio do Estado Total SS foi germanizar-nazificar o *gulag* a partir de uma missão enviada por Hitler com a autorização de Stalin.

A germanidade do conceito de Estado total não poderia deixar de ter o seu elemento inevitavelmente *Kitsch*. No parágrafo consagrado à "quarta-feira, 23 de novembro de 1932", Schmitt relaxa para propor o sanguinário conceito. Assim, revela Jean-Pierre Faye,

> a noite passada no Parkhotel parece ter sido calma. "Dormi bem, sem preocupação", *behaglich*. "Conforto agradável." (...) Essa quarta-feira, 23 de novembro de 1932, começou muito bem, portanto. *Gut geschlafen, behaglich, angenehmer Komfort*, "bem dormido, despreocupado e agradável conforto", e chega o amigo

---

61 Idem, ibidem, p. 84.

Ernst Rudolf Huber, *mit einer hübscher Stenotypistin*, "com uma bonita estenógrafa". Que prazer de ter *dictierte im Bett*, "ditado na cama", a conferência sobre o Estado total. (...) É na página 17 que Schmitt entra assim no desenvolvimento: "Sob a fórmula do Estado total se esconde assim o conhecimento exato do fato de que o Estado de hoje detém novos meios de potência inconcebíveis... O Estado total nesse sentido é ao mesmo tempo um Estado forte, singularmente. Dessa forma, é total no sentido da qualidade e da energia, como o Estado fascista se nomeia um *Stato totalitario*, razão pela qual quer dizer em primeiro lugar que os novos meios da potência pertencem exclusivamente ao Estado e servem *à* sua elevação em potência." Mais precisões vão seguir: "Um tal Estado não permite se produzir nele mesmo nenhuma força que seja inimiga do Estado ou limitação do Estado, ou que contenha forças que dividam o Estado." "Esse Estado não pensaria jamais em deixar os novos meios de potência a seus inimigos e detratores, e em remeter sua própria potência aos clichês de linguagem que seriam liberalismo, Estado de direito ou qualquer outra maneira de nomear o que viria a enterrá-lo. Pode distinguir amigo e inimigo."[62]

A ideia do Estado forte é nutrida pela "potência" da virilidade *Kitsch* do atendimento erotizado de uma bonita estenógrafa no leito de Schmitt no dia da fatídica conferência dos "novos meios de potência", que passou para a história como a origem do Leito de Schmitt como o Leito de Procusto da barbárie nacional-socialista. À "potência" sexual de Schmitt corresponde a impotência humanista. Estado de direito e liberalismo são as bobagens da democracia burguesa que tanto desprezo e ódio geravam em Stalin, Schmitt, Heidegger, Jünger e Hitler. O Estado total schmittiano configura-se e conforma-se no Estado da extermínação total, lembra Jean-Pierre Faye.

O "Estado protege", afirma Schmitt. Quem, perguntamos nós? Segundo Jean-Pierre Faye,

> constituir os vocábulos para as coisas, segundo um velho autor pós-medieval, seria uma tarefa divina. Mas, aqui, os vocábulos fizeram as coisas, e, pois, se anteciparam a essas coisas. O problema aqui é este singular avanço sobre a coisa. Com efeito, a linguagem se anuncia como o perigo, aquele que se pretende salutar, e mesmo se apresenta como remédio político. Esse remédio se descobre "o mais perigoso de todos os bens", segundo a previsão de Hölderlin. Essa previsão é enig-

---

62 Idem, ibidem, p. 89.

ma, anunciado à sombra do século XVIII, e reiterado pelo próprio filósofo Heidegger que vai tomar parte violentamente nesse mergulhar no perigo, impondo pela primeira vez o anúncio da "exterminação total" para o "inimigo interior (...), o asiático" – *das Asiatische*.[63]

Fórmula antecipadora repetida por Hitler vários anos depois ao marechal Walter von Reichenau, por ocasião do avanço da guerra total do Estado total "qualitativo" na ofensiva nazista no front oriental, que decidiu combater "o perigo judeu-asiático", *asiatisch-jüdische Gefahr*.

Finalmente, nós devemos frisar o falsíssimo cristianismo católico de Carl Schmitt. Jean-Pierre Faye por diversas vezes contesta o "catolicismo" schmittiano, como aqui, mencionando o seguinte:

> Um historiador contemporâneo[64] perguntou-se repentinamente se Carl Schmitt não era o "católico de raça" [*Rassenkatholik*], não era de fato um "marcionista", no sentido do famoso herético do IV século, Marcion. Este percebia na História um Deus duplo, um para cada parte da Bíblia de Alexandria. Um Deus Antigo Testamento, um Deus Novo Testamento. Cada um dos "Testamentos", dos *Testamenta* ou antes dos *Diathekai*, cada uma das duas Bibliotecas ou Diatecas teria tido um Deus. Nos termos de Schmitt, teria havido um "Deus judeu" pior que o outro. Isso que justificaria que eles mesmos não tenham sido "bem" tratados, ou tenham mesmo sido maltratados. O que se chama, no *Tagebuch*, o *Boykott*.
> Houve nisso uma curiosa ironia. Ao fim da guerra mundial, Schmitt dialoga com seus juízes, Ossip Flechtheim, depois Robert Kempner, e em seguida com seus mais caros discípulos, em Plettenberg, no Sauerland. Esse "católico de raça", como ele se autodenomina (não sem algum deboche), poderia ser descrito como aparentado com o que se nomeava nos primeiros séculos a heresia marcionista? Sobre Marcion, o velho, o Dicionário Universal de Bouillet em 1842 nos diz que foi, ainda que sacerdote, expulso da Igreja "por ter seduzido uma virgem". Esse ponto não bastaria para se tornar heresiarca. O que conta é a sua gnose, que admite dois princípios divinos. Ao primeiro princípio divino é atribuída a antiga lei, autora do mal, quer dizer, a Bíblia judaica, segundo o nome que ela toma em Alexandria. Ao segundo princípio divino, a nova lei, a nova "*diathèqué*", ou "diateca", de Paulo, o "Novo Testamento" – ainda será preciso a Schmitt rejeitar a maior parte daquilo que Paulo religa a esta Bíblia judaica dos "Setenta" (*Septuaginta*) tra-

---

63 Idem, ibidem, p. 123.
64 Storme, Tristan. *Carl Schmitt et le marcionisme*, Ed. Cerf, 2008.

dutores judeus de Alexandria. O marcionismo é essa gnose antijudaica que parece a tomada de posição schmittiana nos tempos do Terceiro Reich. Contudo, pode-se dizer que Carl Schmitt é conscientemente marcionita? Isso seria lhe conceder honra demais. É verdade que a sua tomada de posição nos tempos do nazismo faz dele um marcionita "moderno": a recusa verdadeiramente fanática do que é chamado recorrentemente Antigo Testamento, isto é, a soma imensa da cultura hebraica e judaica, só se pode pensar que em nome de um racismo do pensamento, simultaneamente patológico e fanático. Mas por que Marcion rejeitava esse "Antigo Testamento"? E por que Schmitt?

Lendo o *Tagebuch* (*Diário*), surge claramente que esse furor antijudaico só se afirma e aumenta a partir de 30 de janeiro de 1933. Antes de entrar no Café Kutschera para aí tomar conhecimento da nomeação de Hitler como primeiro-ministro, em nenhuma página do *Diário* o personagem Schmitt não é o do fanático *völkisch* como ele o é dentro da Alemanha e da Europa da época. (...) Os melhores eventos datam da terça-feira, 3 de outubro de 1933. No Congresso dos Juristas de Leipzig, "grande sucesso", "*grosser Erfolg*": é a sua contribuição às 11h no auditório da Universidade de Leipzig. O título é ostentoso: "A nova construção do Estado e do direito administrativo." Melhor ainda: "um magnífico discurso de Adolf Hitler sobre o Estado Total", "*wunderbare Rede Adolf Hitlers über den totalen Staat*". Em 28 de outubro de 1933, a situação se descreve em duas linhas e termina muito bem. "*Wunderbarer Koitus, schöne Duschka*", "Magnífico coito, bela Duschka". Assim, tudo vai bem com Duschka, nascida Todorova, mas tudo vai igualmente muito bem com o *Führer* que adotou o conceito do Estado total.[65]

O Estado total é um conceito antissemita de cunho exclusivamente racista, visando à implantação do totalitarismo nacional-socialista inspirado no "sucesso do Estado forte da União Soviética", conforme a própria confissão de Schmitt. Segundo Jean-Pierre Faye, "Carl Schmitt foi aquele que moldou o metal da história em uma formulação estatal por um brevíssimo instante. Em seguida, esse ferro se cobrirá de sangue".[66] Com efeito, o homem molda a matéria, e a matéria molda o homem. O homem plasma o conceito, e o conceito plasma o homem.

---

65 Idem, ibidem, pp. 131-133.
66 Idem, ibidem, p. 145.

PAPA PIO XII E O GOLPE CONTRA HITLER

INTRODUÇÃO: O ANTICRISTO HITLER E A LEALDADE ÀS FORÇAS DEMONÍACAS

Hitler considerava-se o novo Dioniso e a encarnação do anticristo associado ao super-homem, que o alimentavam no sonho do socialismo mágico orientado pela magia negra. A destruição do capitalismo, do liberalismo, da democracia, do Estado de direito, da liberdade individual, do judaísmo, do cristianismo e da civilização judaico-cristão em seus princípios e valores formavam um conjunto coerente da irracionalidade totalitária nacional-socialista. A criminocracia nazista era uma associação da mitocracia com a mitomania. Hitler dizia que mais importante que "socializar os bancos e as indústrias era socializar os homens". Hitler tem toda uma teoria do socialismo, na qual o indivíduo desaparece por completo, e, para ele, esse é o centro teórico do socialismo. O racismo e o socialismo são as faces da mesma moeda da barbárie. Para Hitler, "o nacional-socialismo é um socialismo em devir, que não termina nunca porque a sua finalidade se desloca sem cessar".[1] Foi o que Herman Rauschning intitulou de "revolução dinâmica". Hitler confessava que era "não somente o vencedor do marxismo, mas o próprio realizador do comunismo nacional".[2] A identidade da Alemanha nacional-socialista com a União Soviética era exaltada pela cúpula do Terceiro Reich, à exceção do que chamavam de espírito judaico do bolchevismo, que deveria ser eliminado no regime nazista.

---

1 Rauschning, Hermann. *Hitler m'a dit*. Paris, Ed. Fayard, 2012, pp. 258-262.
2 Idem, ibidem, p. 254.

Hitler desde sempre se apresentou como o autêntico anticristo. Os cristãos isolados que acreditaram em um compromisso de convivência entre o nacional-socialismo e o cristianismo foram quase todos assassinados pelas SS, Gestapo, SA ou Wehrmacht. A mediunidade religiosa e oratória de Hitler era orientada pelo líder de magia negra e astrólogo Rudolf von Sebottendorff, criador da Thule-Gesellschaft em 1918. Segundo Johannes Hering, sucessor de Sebottendorff depois de Hans Dahn, logo após o fracasso do golpe de Estado hitlerista de 1923, a maior parte dos membros do Partido Nacional-Socialista dos Trabalhadores Alemães entrou na Thule-Gesellschaft.[3] Desde 1912, a Ordem dos Germanos (*Germanenorden*) apresentava-se como uma sociedade secreta racista e utilizava a suástica como símbolo, que curiosamente passou a ser usada na URSS pelo Exército Vermelho até 1920, aproximadamente. A Thule-Gesellschaft era a Grande Loja da província da Bavária, braço da Ordem dos Germanos, que também criou a expressão "*Sieg heil*", "Salve a vitória". Segundo o ocultista Sebottendorff, a Ordem dos Germanos reuniu todos os grupos e associações antissemitas, formando uma aliança secreta, a primeira loja antissemita, destinada a se opor conscientemente à aliança secreta judaica, em referência à organização B'nai B'rith, Filhos da Aliança, fundada em 1843 na cidade de Nova York, em defesa dos direitos humanos dos judeus, da moral judaica e do espírito das comunidades judaicas. Vê-se, portanto, a radical diferença estatutária e moral entre ambas. O povo judeu em diáspora reagia em defesa da sua continuidade humana e histórica e jamais para exterminar povos. No futuro, o casamento místico de Hitler será a aliança com o povo ariano. A partir de 1918, a Thule, originada do nome da cidade alemã chamada Thale, que sediou a grande reunião secreta em 2 de maio de 1914, na região da Alta Saxônia (Sachsen-Anhalt), procurava um *Führer* para liderar nacionalmente o antissemitismo, o socialismo, a religião alemã e o espírito guerreiro.

Mais explicitamente o documento oficial reivindica em 25 de novembro de 1918 o seguinte:

1. A liberdade da terra e do solo.
2. A substituição do atual direito romano por um direito público alemão.
3. A nacionalização do sistema financeiro.

---

3   Sebottendorff, Rudofl von. *Bevor Hitler kam. Urkundliches aus der Frühzeit der Nationalsozialistischen Bewegung*. Munique, Ed. Deukula-Grassinger, 1933, p. 198.

4. A reforma progressiva da economia nacional de tal modo que desta surja uma real economia política.
5. A divisão do latifúndio seguindo a produtividade das diferentes regiões para fins de reforma agrária. As áreas do Estado devem ser desmembradas, e as fazendas improdutivas devem ser ocupadas.
6. Uma justa repartição dos impostos, a fim de impedir a formação do grande capital.
7. O desenvolvimento do comércio nacional seguindo o ponto de vista natural que a mercadoria toma pelo mais barato e mais curto caminho do produtor ao consumidor.
8. Sobre as leis e as emendas constitucionais tendo um alcance radical e fundamental, o parlamento terá somente uma voz consultiva, e o povo terá uma voz decisiva sob a forma de plebiscito, por sim ou por não.
9. A criação de um conselho econômico do Reich que, nas perspectivas mais amplas, determina e regula o conjunto da economia nacional.
10. A criação de uma imprensa alemã realmente independente.
11. A mudança radical na posição dos alemães a respeito dos judeus.
12. A proteção do trabalhador alemão contra a mão de obra estrangeira, que diminui os salários e o nível de vida da classe trabalhadora alemã.[4]

Como "filho do demônio", Hitler pretendeu rivalizar com Jesus Cristo, filho de Deus. Para René Alleau, o mais perigoso é o que vem assim descrito:

> Com efeito, todo "delírio difuso" tende a se apresentar politicamente como uma síntese demagógica do disparate, e aí se descobre sempre o que se quer encontrar. O "racionalista darwinista" pode pretender que o nazismo foi uma lúcida tentativa experimental de aplicar à humanidade os princípios científicos da seleção de raças e da evolução das espécies, saudando em Hitler a encarnação da "razão fria", tão legitimamente quanto o "ocultista" é capaz de ver no nacional-socialismo a obra mágica das "potências negras do Tibete". (...) Desse ponto de vista, devemos nos lembrar, ao risco de não agradarmos ninguém, que Hitler foi chamado de o "Cristo alemão", tão frequentemente quanto o "Anticristo". W. Höfer cita, por exemplo, esse texto de um ditado na escola municipal:

---

4   Alleau, René. *Hitler et les sociétés secretes. Enquête sur les sources occultes du nazisme*. Paris, Ed. Tallandier, 2014, p. 187.

"Jesus e Hitler: Tal como Jesus liberta os homens do pecado e do inferno, Hitler salva o povo alemão de sua derrota. Jesus e Hitler foram perseguidos, mas enquanto Jesus foi crucificado, Hitler foi nomeado primeiro-ministro do *Reich*. Enquanto os discípulos de Jesus renegaram e abandonaram seu mestre, os dezesseis companheiros tombaram pelo seu *Führer*. (Alusão às vítimas do *Putsch* de Munique). Os Apóstolos terminaram a obra de seu Senhor. Nós esperamos que Hitler poderá realizar sua obra sozinho. Jesus construía para o céu; Hitler, para a terra alemã."[5]

O entendimento crítico de tudo o que em seguida o Vaticano articulará dos pontos de vista político, econômico e militar deve ser pensado nesse contexto. Em suas conversas com Hermann Rauschning sobre as religiões, Hitler já tinha certeza do que faria:

As religiões? Todas se equivalem. Nenhuma tem qualquer futuro. Ao menos para os alemães. O fascismo pode fazer a paz com a Igreja, caso queira. Eu farei o mesmo. Por que não? Isso não me impedirá de modo algum de extirpar o cristianismo da Alemanha. (...) Deixemos as sutilezas de lado. Quer se trate do Antigo Testamento ou do Novo, ou somente das palavras de Cristo, como gostaria Houston Stewart Chamberlain, tudo isso nada mais é que um único e mesmo blefe judaico. Uma Igreja alemã! Um cristianismo alemão? Que piada! Ou se é cristão ou alemão, mas não se pode ser os dois ao mesmo tempo. (...) Assim não chegaremos a nos livrar desse espírito cristão que nós queremos destruir. (...) Os sacerdotes deverão cavar o próprio túmulo. (...) E nós, qual programa deveremos seguir? Por exemplo, Páscoa não será mais a Ressureição, mas a eterna renovação do nosso povo. Natal será o nascimento do nosso salvador, isto é, o espírito de heroísmo e de emancipação. Vocês pensam que os padres não substituirão a sua Cruz por nossa suástica? Em vez de celebrar o sangue de seu Salvador de outrora, celebrarão o sangue puro de nosso povo; farão de sua hóstia o símbolo sagrado de nossa terra alemã e da fraternidade de nosso povo. (...) Garanto a vocês que, se eu quiser, destruirei a Igreja Católica em alguns anos. Bastará um único golpe duro para a demolição. (...) O camponês deve saber do que a Igreja lhe roubou: a apreensão misteriosa e direta da Natureza, o combate instintivo, a comunhão com o Espírito da terra. É assim que deve aprender a odiar a Igreja. Nós rasparemos o

---

5   Alleau, René. *Hitler et les sociétés secrètes. Enquête sur les sources occultes du nazisme*. Paris, Ed. Tallandier, 2014, p. 19.
    Hofer, Walther. *Le National-Socialisme par les textes*. Paris, Ed. Plon, 1963, p. 163.

verniz cristão e reencontraremos a religião de nossa raça. Goebbels, é pelo campo que nós começaremos, e não pelas grandes cidades![6]

Hitler declarou: "Nós destruiremos o padre, inimigo político dos alemães." Os nazistas operaram contra os ensinamentos da Igreja, interditaram suas organizações, censuraram a imprensa, fecharam seus seminários, pilharam seus bens, expulsaram seus professores e fecharam suas escolas, denunciou Pio XII.

VATICANO COMO CENTRO MUNDIAL DA CONSPIRAÇÃO DOS ALIADOS E RESISTENTES ALEMÃES

O Vaticano está no centro da maior revelação feita no século XXI sobre o século XX. O Papa Pio XII liderou a mais importante rede de espionagem e conspiração contra Hitler e o nazismo. Liderou todos os golpes de Estado contra a Alemanha hitlerista e preparou o pós-guerra. Pio XII, em profunda reflexão religiosa e teológica, consentiu em apoiar o assassinato de Hitler. A compreensão lúcida do quebra-cabeça da luta contra o totalitarismo nazista que, segundo o próprio Hitler, foi por ele criado como uma dissidência do comunismo alemão, passa pelo conhecimento de algumas instituições nazistas e algumas pessoas peças-chave da resistência alemã, grupo da chamada "Alemanha Honesta". A começar pelo *Abwehr* (Defesa), nome do serviço de informação e inteligência do Exército alemão, vigente de 1925 a 1944. Foi chefiado pelo almirante Wilhelm Canaris (1887-1945) de 1935 a 1944, figura central da resistência alemã, inclusive do atentado a bomba de 20 de julho de 1944. Ele conspirava com outra figura gigante, o advogado de Munique e tenente da reserva do Exército alemão Joseph Müller (1898-1979), que trabalhava no *Abwehr* e era o homem da mais extrema confiança do Papa Pio XII no serviço de inteligência do Exército nazista e da contraespionagem dos Aliados. Müller, na condição de espião nazista, passava todas as informações da Alemanha aos Aliados por intermédio do Vaticano. A Gestapo e os nazistas definiram-no como "o melhor agente de informações do Vaticano em solo alemão". Foi um dos maiores heróis da Segunda Guerra Mundial. Citaríamos pelo menos mais quatro personagens muito importantes, como o general de Exército Ludwig Beck (1880-1944), chefe do Estado-Maior do Exército até 1938 e chefe secreto da oposição militar a Hitler,

---

6 Rauschning, Hermann. *Hitler m'a dit*. Paris, Ed. Fayard, 2012, pp. 92-99.

já designado o sucessor de Hitler após o seu assassinato, mas o plano foi descoberto e Beck suicidou-se em 20 de julho de 1944, data do fracasso do atentado a bomba. Temos ainda o general de Exército Franz Halder (1887-1972), novo chefe do Estado-Maior do Exército de 1938 a 1942; o coronel Claus Schenk von Stauffenberg (1907-1944), conde do Reich, oficial do Estado-Maior do Exército da Reserva e herói da guerra na Tunísia; e o general de brigada Henning von Tresckow (1901-1944), do núcleo duro nazista, que colocou duas bombas-relógios em garrafas de conhaque no avião de Hitler, que não explodiram em razão da umidade nos fios elétricos, e que se suicidou em 21 de julho de 1944 ao fazer explodir uma granada em seu próprio corpo simulando um ato de guerra para proteger sua família e os conspiradores. Contudo, os nazistas, ao descobrirem o envolvimento de Von Tresckow nos complôs contra Hitler, exumaram seu cadáver e conduziram-no para cremação no campo de concentração de Sachsenhausen.

As grandes revelações surgiram a partir do livro de Mark Riebling, *O Vaticano dos espiões: A guerra secreta de Pio XII contra Hitler*, apoiado em milhares de documentos dos Aliados, do Eixo e do Vaticano. Desde a década de 1930, a Igreja Católica voltava-se contra o racismo, contra "a superstição da raça e do sangue", que contrariava a universalidade humana criada por Deus. Os caricaturistas nazistas chegaram a desenhar o Secretário de Estado Cardeal Eugenio Pacelli com nariz curvo ajudando a salvar ao mesmo tempo alguns rabinos e o atleta campeão olímpico negro Jesse Owens.

O padre Robert Leiber (1887-1967), jesuíta alemão e secretário oficioso de Pio XII, em um domingo pela manhã entrega um memorando urgente de Michael von Faulhaber, cardeal de Munique, com "muitas respeitosas sugestões". Chama a atenção para o fato de que Hitler começava a ser admirado pelos católicos alemães, e que eles acreditavam em Hitler mais como alemães que como católicos, apesar do ódio dele pela Igreja Católica, como completava Pio XII. Diz o memorando:

> Os bispos devem prestar a atenção particular aos esforços necessários à instauração de uma "Igreja nacional". A menos que o Vaticano procure um compromisso, Hitler pode nacionalizar a Igreja, como o rei Henrique VIII havia feito outrora na Inglaterra. (...) A filosofia deles é uma religião de fato. Eles têm seus próprios rituais sacramentais de batismo e de crisma, de casamentos e funerais. Transformaram a Quarta-Feira de Cinzas em dia do deus Wotan (Odin), a Quin-

ta-Feira da Ascensão em festa do martelo de Thor (filho de Odin ou Wotan). No topo da árvore de Natal, eles espetaram não mais uma estrela, mas uma suástica. Chegaram a fazer a "afirmação blasfematória de que Adolf Hitler é tão grande quanto o Cristo".[7]

Por ocasião de um conclave com quatro cardeais que seria realizado na biblioteca pontifícia, Pio XII determinou a instalação do mais moderno sistema de espionagem sonora desde o início do seu pontificado, sobretudo pela desconfiança em relação ao cardeal Theodor Innitzer, primaz de Viena, que pronunciara no passado, quando da anexação da Áustria, que a Igreja apoiava os nazistas, o que lhe valeu um pedido de retratação do então secretário de Estado, cardeal Eugenio Pacelli. A espionagem sonora foi um dos maiores segredos recém-revelados, setenta anos depois, pelo padre jesuíta alemão Peter Gumpel. Segundo Riebling, "após a eleição de Pacelli, essas gravações tornaram-se a norma. No curso dos anos, Hitler, Stalin, Churchill e Roosevelt seriam todos gravados secretamente". As proezas técnicas do Vaticano igualavam quaisquer outras do poder secular. A colocação dos microfones da Santa Sé foi de responsabilidade de Guglielmo Marconi, o inventor da telegrafia sem fios, Prêmio Nobel de Física em 1909. Depois disso, o Vaticano foi todo transformado em um campo da mais alta tecnologia de espionagem interna e europeia. A biblioteca também era frequentada por importantes membros da resistência, como o teólogo protestante Dietrich Bonhoeffer, que um tempo depois, passava as manhãs escrevendo a sua Ética, na qual propunha uma fusão dos preceitos católicos e protestantes, visando a unidade. Aliás, todo o período de conspiração foi regido pela chamada Ética das Catacumbas. A unidade interconfessional foi criada para combater o inimigo comum terrestre, o nazismo, e o inimigo comum espiritual, o demônio, aquele que ama as divisões radicais que impedem a paz humana.

As trevas sobre a Terra já estavam instaladas. Pio XII ficou escandalizado com o que acontecera na Polônia, "hora das trevas". Os judeus eram abatidos nas sinagogas e enterrados em covas comuns. Os nazistas assassinaram em torno de 2,4 milhões de católicos poloneses por ocasião de "operações mortais sem caráter militar". Pio XII publica imediatamente a encíclica *Summi Ponti-*

---

7 Riebling, Mark. *Le Vatican des espions. La guerre secrete de Pie XII contre Hitler*. Paris, Ed. Tallandier, 2016, p. 34.

ficatus, que em inglês ficou conhecida como "Trevas sobre a Terra", e que denunciava o massacre de judeus e de inocentes em geral, defendendo a "unidade do gênero humano" e reivindicando a dignidade de todos os povos da Terra. Para Riebling, "o mundo julgou que a encíclica equivalia a um ataque contra a Alemanha nazista. 'O Papa condena os ditadores, os violadores de tratados, o racismo', era a capa do jornal *The New York Times* em letras garrafais. 'A condenação sem reservas que, em sua encíclica *Summi Pontificatus*, Pio XII dirigia aos princípios de governos totalitários, racistas e materialistas suscitou uma profunda comoção', reportava uma notícia da Agência Telegráfica Judaica".[8] O amor cristão é inconciliável com o ódio racial, dizia Pio XII. E o próprio Hitler sempre afirmava que ou se é nazista ou cristão, jamais os dois ao mesmo tempo. Desde o início de setembro de 1939, o chefe do serviço de informações da SS Reinhard Heydrich já advertira que "os padres católicos deverão ser todos liquidados". Em 12 de setembro de 1939, Hitler em viagem de reconhecimento do front na Polônia, diante de várias testemunhas, dentre as quais o tenente-coronel Erwin von Lahousen, dissera que era "particularmente indispensável eliminar o clero".[9] Lahousen lembra-se de que Hitler deixava claro que era para "matar todos". E, para cumprir essa missão, nomeou governador da Polônia um velho companheiro de partido, o advogado Hans Frank, que fora colega de Josef Müller na faculdade de direito. Frank era o principal conselheiro jurídico do partido nazista, advogado pessoal de Hitler, depois presidente do Reichstag e ministro da Justiça do Terceiro Reich, íntimo de Carl Schmitt, de quem herdou a teoria do espaço vital, que aplicou na Polônia com um furor genocida impressionante. Hitler explicou: "A tarefa que eu te confio, Frank, é de ordem satânica." Acabou preso pelo Tribunal de Nuremberg como Carl Schmitt, mas teve destino diverso: morreu enforcado após condenação em 16 de outubro de 1946, aos 46 anos.

Com o desenvolver da guerra, Pio XII decide agir mais e falar menos. Riebling escreve que o Vaticano não operava somente pelo verbo, e que,

> estando totalmente desinformados das ações secretas de Pio XII, aqueles que revelaram mais tarde os meandros de suas políticas se perguntavam por que ele parecera tão hostil ao nazismo antes de se calar por tanto tempo. Mas quando

---

8 Idem, ibidem, p. 57.
9 Idem, ibidem, p. 67.

relatamos suas ações secretas, e quando as colocamos em paralelo com seus pronunciamentos públicos, uma tenebrosa e brutal correlação fica evidente. O último dia em que o Papa Pio XII pronunciou publicamente a palavra "judeu" foi também o primeiro em que fez a escolha histórica de ajudar a assassinar Adolf Hitler.[10]

Joseph Müller, católico da Bavária e ex-aluno de Max Weber, marcou profundamente a história da Segunda Guerra Mundial, por ser membro importante do *Abwehr*, serviço de informação e inteligência do Exército alemão. E foi o mais importante espião do Vaticano. Foi acusado de conspiração e traição desde 9 de fevereiro de 1934 – ano em que as SS assassinaram muitos dirigentes católicos leigos – após ter dito que se deveria fuzilar o chefe das SS, tendo sido interrogado direta e pessoalmente por Heinrich Himmler, quando este afirmou que entre a Igreja Católica e o *Reich* não poderia haver compromisso, pois ambos exigiam "a alma do homem por completo". Habilmente, Müller concorda, e é acusado de defender os inimigos do regime na justiça alemã. Contudo, Müller pondera que nenhuma lei proibia a prática do direito, e que ele era católico, irmão de um padre, que jamais renunciaria ao cristianismo, e que não aceitaria o convite de Himmler de entrar para as SS. Impressionado com a coragem moral de Müller, Himmler o liberta da prisão. Mesmo assim, foi procurado dias depois pelo SS Hans Rattenhuber, de 37 anos, comandante do Serviço de Segurança do Reich (RSD), a guarda dos mais altos dignitários do Terceiro Reich. Com extrema malícia, Müller o convida a beber cerveja. Rattenhuber acaba amigo de Müller e parceiro constante de cervejadas. Riebling assim descreve: "Müller deliciava-se com as discussões acaloradas do outro, porque elas lhe revelavam os planos dos nazistas contra a Igreja. Foi assim que se entrelaçou uma das fidelidades mais singulares da Segunda Guerra Mundial, na qual o chefe da segurança dos mais importantes personagens do hitlerismo revelava regularmente os segredos das SS a um espião do Vaticano."[11]

Uma das passagens mais impressionantes da história do Terceiro Reich dá-se quando o coronel Hans Oster, mais tarde promovido a general de divisão, chefe da II Seção do Serviço de Informações do Exército, o *Abwehr*, convocou-o para um interrogatório de portas fechadas. Oster o ameaça, afirmando que, "sendo uma organização de espionagem, nós sabemos muito mais sobre o

---

10 Idem, ibidem, p. 59.
11 Idem, ibidem, p. 76.

senhor do que o senhor sabe sobre nós". E que tinha conhecimento das viagens de Müller a Roma para conversas com o Papa Pio XII, e que o papa o estimava tanto que autorizara o seu casamento sobre o túmulo de São Pedro, algo praticamente impossível. Oster convida-o a ser membro do serviço de espionagem, cumprindo ordens do almirante Canaris, chefe-geral do *Abwehr*, pois precisavam de alguém de confiança para espionar o Vaticano. Müller recusou imediatamente, argumentando que, se sabiam tanto sobre ele, também saberiam que jamais espionaria o Vaticano ou o papa. Nesse momento, Oster completa:

> Muito bem, doutor Müller, eu vou dizer uma coisa que pressupõe de minha parte uma enorme confiança a seu respeito, porque se eu não o conhecesse tão bem, fundando-me em todas as informações das quais dispomos sobre a sua pessoa, eu não estaria em condições de revelar o que eu vou revelar sem me expor eu mesmo a incalculáveis perigos. Então, doutor Müller, o senhor está aqui no quartel-general de informação militar alemã. Nós esperamos mesmo que um dia o senhor venha fazer parte da diretoria desses serviços. A direção dos serviços do *Abwehr*, aqui mesmo, no quartel general, é ao mesmo tempo o quartel-general da oposição armada a Hitler. Eu mesmo sou favorável à derrubada desse criminoso por meio de assassinato.[12]

Müller, que entrara no gabinete apavorado, fica estupefato e aceita. No desdobramento, relata ao prelado Ludwig Kaas, administrador da Basílica de São Pedro, ex-chefe do Partido do Centro Católico, extinto por Hitler em 1933, e próximo conselheiro do Papa Pio XII, que foi devidamente informado. Müller e Kaas fizeram uma aliança fundada no *Secretum Pontificium*, um juramento de segredo pontifical. Quando Müller foi preso tempos depois em um campo de concentração e extermínio, jamais transgrediu, conforme prometera, dizendo que, sendo obrigado, "engoliria a própria língua, literalmente".[13]

A grande questão teológica que se configurava naquele momento era a legitimidade religiosa do tiranicídio como forma de interromper o judeocídio e as demais ações da barbárie nacional-socialista. Para Riebling,

> o crash de outubro de 1929 e a depressão mundial que se seguiu abriram uma brecha para Hitler. Após a aparente derrota do capitalismo, a maioria dos eleitores

---

12 Idem, ibidem, p. 87.
13 Idem, ibidem, p. 90.

alemães sentia-se levada a experimentar o socialismo. Face a uma escolha entre o socialismo internacionalista de Stalin e o socialismo nacionalista de Hitler, eles escolheram a segunda opção. A partir de 1936, os nacional-socialistas atacaram as escolas católicas, dentro do espírito de que a religião é o ópio do povo. Em janeiro de 1937, Pio XII convoca vários bispos e cardeais para uma reunião na qual se decidiu por um protesto escrito, impresso em doze gráficas secretas na Alemanha. Com isso, criaram uma vasta rede clandestina que espalhou panfletos por todas em paróquias. A juventude católica atravessou diversas regiões da Alemanha com grupos de caminhada, inclusive nos Alpes. Crianças do coro pedalavam suas bicicletas de noite. Atletas das equipes estudantis atravessaram campos de cevada bem depressa. Os mensageiros entregavam seus pacotes aos padres dentro do confessionário fechado. Os eclesiásticos guardavam o texto à chave no sacrário, e no domingo de Ramos o leram no púlpito, em todo o *Reich*. Os nazistas reagiram com violência. Hitler vociferou que "o *Reich* não deseja nenhum *modus vivendi* com a Igreja, mas a sua destruição". Himmler organizou simulacros de processos coletivos em Berlim aos quais compareceram monges. Asseclas do partido invadiram o palácio do Cardeal de Viena, profanaram sua capela, queimaram suas vestes sacerdotais e jogaram o vigário pela janela, quebrando suas pernas. Em 1939, por ocasião da eleição de Pacelli, o horizonte ficou mais sombrio. Apesar de um aparente abrandamento, a tormenta das ameaças e das pressões não diminuiu. "Na Alemanha, a eleição desse papa não é acolhida favoravelmente, pois ele sempre se mostrou hostil ao nacional-socialismo", declarou Berlim, acrescentando em um tom ameaçador: "no final das contas, são as armas que decidem as concepções de mundo".[14]

A Igreja Católica condicionava o direito dos cidadãos de matar o tirano a um conjunto de situações. A doutrina católica autoriza a pena capital não por parte de um padre, mas sim de um leigo cavaleiro cristão-católico sob a injunção de um padre. Segundo a doutrina, há duas categorias de tiranos: os usurpadores, que tomam ilegalmente o poder, e os opressores, que o praticam com injustiça. A teologia de São Tomás de Aquino e de alguns jesuítas legitimam o assassinato do tirano nesses casos. É de São Tomás a frase segundo a qual "aquele que mata um tirano para libertar seu país deve ser elogiado e recompensado". A fundamentação moral do assassinato do déspota baseia-se na reflexão crítica segundo a qual a eliminação daria um fim à situação, e que

---

14 Idem, ibidem, p. 103.

ele não teria um sucessor na mesma lógica da tirania. Os conspiradores do serviço de espionagem do Exército alemão, em sua maioria católicos, solicitaram a Müller a benção formal do Papa Pio XII para praticar o tiranicídio. Para Hitler, o cristianismo havia minado as tradições viris e tribais germânicas, e lamentava que os muçulmanos não tivessem definitivamente conquistado a Europa: "Nós tivemos o azar de não possuir a boa religião. [...] A religião islâmica teria sido bem mais apropriada que esse cristianismo com sua tolerância molenga. [...] Toda a deformidade e a atrofia do nosso espírito e de nossa alma jamais teriam acontecido sem essa palhaçada oriental, essa abominável mania do nivelamento igualitário, esse maldito universalismo do cristianismo que nega o radicalismo, e prega uma tolerância suicida."[15] Na Inglaterra de hoje, podemos escutar os gritos dos radicais de que a "Jihad deve destruir a democracia". Riebling salienta que Pio XII não se esquecera da promessa de Hitler de esmagar a Igreja como se esmaga um sapo. E mais, Himmler declarara que esperava inaugurar um novo estádio de futebol executando publicamente o Papa Pio XII.[16]

Uma das passagens mais importantes da Segunda Guerra Mundial ficou registrada e encontrada nos papéis do presidente Franklin Roosevelt. Trata-se de um documento em que os planificadores do golpe de Estado contra Hitler pressionavam o Sumo Pontífice a "que se abstivesse de qualquer declaração pública estigmatizando os nazistas, pois isso tornaria os católicos alemães ainda mais suspeitos do que já eram, e restringiria as suas liberdades na obra de resistência".[17] Desde a guerra, Pio XII preparava o pós-guerra, e o Vaticano esboçou a unificação da Europa por intermédio de uma federação econômica que impediria as perversões dos sonhos de autarquia, patriotismo exacerbado, de agressão e de guerra. Com efeito, Müller era também um defensor da paz por meio da "união econômica europeia concebida como a etapa fundamental rumo a uma Europa unificada, que tornaria todo nacionalismo excessivo e toda guerra entre Estados individuais impossível".[18] Müller faleceu em 1979, e foi chamado de "padrinho do Euro". Extraordinária trajetória de um enredo político, militar, religioso, diplomático, cultural, social, científico e econômico que resultará em nova moeda de uma grande importância na história da humanidade, o Euro. No aparente silên-

---

15 Idem, ibidem, p. 106.
16 Idem, ibidem, p. 106.
17 Idem, ibidem, p. 110.
18 Idem, ibidem, p. 172.

cio da história da União Europeia e do Euro, nós escutamos o barulho ensurdecedor da barbárie genocida e exterminadora dos totalitarismos.[19]

CONCLUSÃO: IAN KERSHAW E A HOSTILIDADE DOS CATÓLICOS AO NAZISMO

Edouard Husson teve seu livro *Heydrich et la solution finale* prefaciado por Ian Kershaw, no qual traz à luz novas evidências históricas sobre "um pensamento intrinsecamente genocida desde o verão de 1940 no chefe da polícia de segurança quando ele planifica a deportação dos judeus da Europa", nas palavras de Kershaw. Da "ordem" de Hitler de exterminar os judeus da Europa já anunciada em janeiro de 1939, ampliando assim o extermínio também fora da União Soviética, ancorado pelo Pacto Hitler-Stalin, eufemística e burocraticamente intitulado Ribbentrop-Molotov, segue-se após o rompimento a continuidade do plano do genocídio de judeus na URSS, previamente acertado com Stalin. O "Plano Heydrich" elaborado em janeiro de 1941 é expandido na Conferência de Wannsee, na qual fica definida a demoníaca Solução Final. A propósito do pensamento, Husson, em sua dedicatória ao livro, no Rio de Janeiro, nos escreve: "Para Ricardo, esse livro sobre um filho de Heidegger (*Pour Ricardo, ce livre sur un fils de Heidegger*). Rio, 6 de maio de 2013. Edouard." Dedicatória essa que nos chama a atenção sobre o papel de Martin Heidegger na concepção "filosófica" da Solução Final há muitos anos já teorizada. Husson confirma a devastação nazista contra os católicos europeus.

Contudo, vale antes mencionar as pesquisas sobre o nazismo do historiador Richard Evans, exaltadas por Ian Kershaw. No capítulo dedicado a questões de fé na Alemanha, Evans traz as seguintes revelações:

> Os nazistas abominavam a divisão confessional da Alemanha e, em paralelo óbvio com a política de coordenação nas áreas seculares da política, da cultura e da sociedade, muitos desejavam uma religião nacional única com uma igreja nacional única. A divisão, acreditavam os nazistas, havia se aprofundado na República de Weimar durante conflitos acrimoniosos sobre questões como educação, assistência social, casamentos mistos e procissões religiosas locais, minando a vontade nacional. Para os nazistas, a Igreja Evangélica alemã parecia oferecer um

---

19 Husson, Edouard. *Heydrich et la solution finale*. Paris, Ed. Perrin, 2008, p. 11.

veículo quase ideal para a unificação religiosa do povo alemão. Unindo os credos luteranos e calvinistas desde o começo do século XIX, a Igreja Evangélica, diferentemente da Igreja Católica, não devia lealdade real a nenhum grupo ou instituição mundial, como o papado, fora da Alemanha. Nos tempos do Reich bismarckiano, havia sido efetivamente um braço do Estado; o rei da Prússia, que também atuava como imperador alemão, era o chefe da Igreja Evangélica na Prússia e não fazia segredo de que esperava que mostrasse lealdade às instituições estabelecidas. Os nacionalistas alemães viam o Reich como um Estado protestante, uma crença manifestada de várias maneiras ao longo das décadas, desde a perseguição dos católicos por Bismarck na década de 1870 até a hostilidade difundida e, às vezes, assassina exibida contra os padres católicos pelas tropas alemãs durante a invasão da França e da Bélgica em 1914. O clero protestante alemão havia apresentado a Primeira Guerra Mundial como uma cruzada religiosa contra os franceses e belgas católicos e os russos ortodoxos, e para muitos ficou claro que nacionalismo e protestantismo haviam se tornado duas faces da mesma moeda ideológica.[20]

A propósito da resistência católica ao nazismo, vale confrontar as recentes e minudentes pesquisas sobre a França nos livros *Cardinal Emmanuel Suhard – Archevêque de Paris (1940-1949)* e *L'Église de France face à la persécution des Juifs – 1940-1944*, respectivamente de Jean-Pierre Guérend[21] e Sylvie Bernay.[22] Eric Voegelin dedica uma parte do seu livro *Hitler e os alemães* a examinar a perseguição nazista aos católicos.[23]

Richard Evans descreve minuciosamente as relações de compromisso político e espiritual das lideranças evangélicas com o nacional-socialismo, como o Bispo luterano Theophil Wurm, e sublinhando um pastor nacionalista de Berlim, Martin Niemöller. O ódio à Igreja Católica uniu nazistas e protestantes, que vislumbraram a grande oportunidade histórica de destruição do catolicismo na Alemanha e, conforme Evans,

> de fato, nos primeiros meses do Terceiro Reich, pastores protestantes entusiasmados encenaram uma série de espetaculares batismos em massa de crianças

---

20 Evans, Richard. *O Terceiro Reich no poder*. São Paulo, Editora Planeta, 2014, p. 260.
21 Guérend, Jean-Pierre. *Cardinal Emmanuel Suhard – Archevêque de Paris (1940-1949)*. Paris, Ed. Cerf, 2012.
22 Bernay, Sylvie. *L'Église de France face à la persécution des Juifs – 1940-1944*. Paris, Ed. CNRS, 2012.
23 Voegelin, Eric. *Hitler e os alemães*. São Paulo, Ed. É Realizações, 2008.

que haviam permanecido não batizadas durante os anos de Weimar, e até casamentos em massa de camisas-pardas e suas noivas, que haviam casado apenas no civil sob o velho regime. A população protestante, somando cerca de 40 milhões, quase dois terços da população total do Reich, também havia proporcionado a mais ampla e mais profunda reserva de apoio ao Partido Nazista em todos os grupos sociais durante seus triunfos eleitorais no início da década de 1930. Um número substancial de eleitores nazistas eram ex-defensores do partido protestante quintessencial, o Nacionalista. Os nazistas capitalizaram isso. Em 1933, organizaram celebrações imponentes pelo 450º aniversário de Martim Lutero, retrabalhando a sua memória para convertê-lo em um precursor deles mesmos.[24]

A ideia de uma "Igreja do Reich" prosperava. A tentação do poder levou cristãos evangélicos a dar apoio explícito ao nacional-socialismo. Certamente, a partir do momento em que no futuro os interesses se chocassem, os nazistas exterminariam gradativamente os verdadeiros cristãos evangélicos; os que ficassem com Cristo acima de todos e de tudo. O expurgo do Antigo Testamento da Bíblia proposto pelos nazievangélicos confirma o visceral antissemitismo, além do expurgo do "Rabino Paulo" no Novo Testamento. As organizações evangélicas juvenis se fundiram com a Juventude Hitlerista. Aí sim, houve um profundo silêncio evangélico com relação ao catolicídio, além do judeocídio por demais evidente.

Ian Kershaw fez um longo estudo sobre a questão do ensino confessional católico no III Reich, que se opôs às conquistas políticas e pastorais católicas sob a República de Weimar, gerando conflitos os mais ásperos, segundo o autor. Kershaw destaca a importância de um forte aliado de Pio XII, o Cardeal Faulhaber, de Munique, célebre opositor e crítico do nazismo pelo menos desde 1923, por isso ganhara dos estudantes da Universidade de Munique o apelido de "cardeal judeu", que condenara o nacional-socialismo pela incompatibilidade com a doutrina católica, fundada no amor ao próximo. Segundo Kershaw, os nazistas apresentavam-se como "progressistas", aqueles que iriam destruir a civilização judaico-cristã, obstáculo ao "progresso" de uma Alemanha laica e inimiga das tradições que a conduziram ao atraso. O racismo era "progressista". O crucifixo foi substituído pela suástica nas escolas e espaços públicos, originando grandes conflitos e desobediência civil generalizada. Kershaw cita

---

24 Evans, Richard. *O Terceiro Reich no poder*. São Paulo, Editora Planeta, 2014, p. 262.

diversos documentos das mais altas autoridades do III Reich nos quais são objetivamente explicitadas a inconciliabilidade de princípios entre o nacional-socialismo e o catolicismo. A população alemã se dá conta de que o nazismo é um nacional-bolchevismo.[25] Com efeito, a barbárie da cruzada contra a civilização judaico-cristã no pós-guerra permaneceu na URSS, ex-aliada de Hitler, detalhadamente explicada pelo próprio autor da trama diabólica contra o Papa Pio XII, o general de Exército e chefe desertor do serviço de espionagem da Romênia, Ion Mihai Pacepa, íntimo de todos os mais altos dignitários da URSS. "Desde a Segunda Guerra Mundial", delata Pacepa em seu livro,

> *desinformação* tem sido a mais eficiente arma do Kremlin em sua guerra contra o Ocidente, especialmente contra a religião ocidental. Josef Stalin inventou essa "ciência" secreta, dando-lhe seu nome à francesa e fingindo que era uma prática imoral do Ocidente. Como este livro mostrará, o Kremlin caluniou em segredo, e com sucesso, prelados católicos de destaque, culminando no Papa Pio XII; quase conseguiu assassinar João Paulo II; inventou a teologia da libertação, uma doutrina marxista que voltou muitos católicos europeus e latino-americanos contra o Vaticano e os Estados Unidos; promoveu o antissemitismo e o terrorismo internacional; e inspirou rebeliões antiamericanas no mundo islâmico.[26]

---

25 Kershaw, Ian. *L'opinion allemande sous le nazisme*. Paris, Ed. CNRS, 2010, pp. 288-328 e pp. 475-542.
26 Pacepa, Ion Mihai. *Desinformação*. Campinas, Ed. Vide, 2015, p. 33.

PIO XII E O CATOLICISMO NA SEGUNDA GUERRA MUNDIAL

Um dos maiores fenômenos da propaganda comunista no século XX, com repercussão no século XXI, foi a orquestrada contra o anticomunista e antinazista Papa Pio XII, iniciada em 1963, cinco anos após a sua morte, rotulando-o como o papa de Hitler. O Estado de Israel já declarou oficialmente há alguns anos que não há nenhuma acusação contra o Papa Pio XII e que tudo foi uma farsa montada. Como explicar essa gravíssima ofensa se todos os milhares de documentos dos arquivos públicos e secretos já abertos do Terceiro Reich e do Eixo se refiram ao Papa Pio XII como o grande inimigo do nacional-socialismo pela defesa e salvação apaixonada da vida dos judeus? Como explicar também se igualmente todos os arquivos dos Aliados revelam das pequenas às grandes movimentações diplomáticas a ação extraordinária de Pio XII em salvar a vida de judeus? E mais, se todas as mais variadas organizações judaicas locais, regionais, nacionais, internacionais e mundiais com sede na Europa, nos EUA e demais países são unânimes em derramar milhares de agradecimentos à gigantesca fraternidade e humanidade de Pio XII? Se grandes personalidades mundiais da ciência e da política, como Albert Einstein, Chaim Weizmann, futuro primeiro presidente de Israel, Golda Meir e Moshe Sharett, primeiros-ministros de Israel, Isaac Herzog, Grande Rabino de Israel, e Alexander Safran, Grande Rabino da Romênia, além de milhares de outros nomes do judaísmo no mundo são unânimes em palavras as mais santas a respeito de Pio XII?[1]

    Reinhard Heydrich, o engenheiro, o artífice prático e logístico da Solução Final, disse a um dos seus subordinados no final da primavera

---

1 Dalin, David. *Pie XII et les juifs. Le Mythe du Pape d'Hitler*. Perpignan, Ed. Tempora 2007, p. 37.

de 1943: "Nós não devemos esquecer que no final das contas, o papa, em Roma, é um inimigo do nacional-socialismo bem mais perigoso que Churchill ou Roosevelt."[2] Em 23 de dezembro de 1940, Albert Einstein, judeu refugiado nos EUA, em entrevista à revista *Time*, faz o elogio à coragem moral de Pio XII e da Igreja Católica, que, segundo ele, opuseram-se aos "ataques de Hitler contra a liberdade":

> Quando a revolução nazista irrompeu na Alemanha, sendo eu um amante da liberdade, contava com as universidades para defendê-la, pois sabia que as universidades haviam sempre apresentado seu compromisso com a causa da verdade; mas não, elas foram imediatamente reduzidas ao silêncio. Então, eu me voltei rumo aos grandes editores de jornais, cujos editoriais inflamados dos dias passados haviam proclamado seu amor à liberdade; mas eles também, em algumas curtas semanas, como as universidades, foram silenciados. Na campanha empreendida por Hitler para fazer desaparecer a verdade, somente a Igreja Católica se manteve completamente atravessada no caminho. Eu nunca havia me interessado especialmente antes pela Igreja Católica, mas agora sinto por ela uma grande afeição e admiração, porque, sozinha, teve a coragem e a perseverança de se colocar como defensora da verdade intelectual e da liberdade moral. Portanto, sou forçado a confessar que agora é sem reserva que faço o elogio do que outrora eu desprezava.[3]

O importante Rabino americano David Dalin, uma das grandes autoridades internacionais das relações judaico-cristãs, historiador e cientista político, ainda menciona que

> ao longo das décadas de 1940 e 1950, os judeus fizeram o elogio de Pio XII pelas vidas que salvou. Em 1943, Chaim Weizmann, que iria se tornar o primeiro presidente de Israel, escreveu: "a Santa Sé dá o seu potente apoio em qualquer lugar que possa para suavizar o destino dos meus correligionários perseguidos." Em 1944, o Rabino Maurice Perlzweig, representando o Congresso Judaico Mundial, exprimia-se assim: "as repetidas intervenções do Santo Padre em favor das comunidades judaicas da Europa suscitou nos judeus do mundo todo os mais profundos sentimentos de reconhecimento e gratidão." Em 31 de julho de 1944, o presidente do Comitê Judaico Americano, o juiz Joseph Proskauer, pronunciando uma alocução por ocasião de uma grande reunião no Madison Square Garden, declarou:

---

2 Craughwell, Thomas. *Pius XII and the Holocaust*. www.catholictradition.org/piusxii.
3 *Time*, 23 de dezembro de 1940, pp. 38-40, *apud* Dalin, David. *Pie XII et les juifs. Le Mythe du Pape d'Hitler*, p. 148.

"Nós ouvimos falar da parte importantíssima que o Santo Padre teve na salvação dos judeus refugiados na Itália, e nós sabemos de fontes seguras que esse grande papa estendeu sua potente e protetora mão para vir ajudar as populações oprimidas da Hungria." E o Rabino Louis Finkelstein, chanceler do Seminário Teológico Judaico da América, afirmava: "Não houve palavras de reprovação do nazismo mais chocantes que as do Papa Pio XI e de seu sucessor Pio XII."[4]

No mesmo tom e sentido, mencionarei mais alguns grandes nomes da comunidade judaica, como Moshe Sharett,

> que se tornaria o primeiro ministro das Relações Exteriores, e o segundo primeiro-ministro de Israel, que relata encontro de profunda gratidão com Pio XII nos últimos dias da guerra: "Eu lhe disse que meu primeiro dever era o de lhe agradecer e agradecer à Igreja Católica da parte dos judeus por tudo o que eles haviam feito em diversos países para salvar nossos correligionários. (...) Nós somos profundamente gratos à Igreja Católica." Do mesmo modo, em 1945, o Grande Rabino de Israel, Isaac Herzog, enviou ao Monsenhor Angelo Roncalli uma mensagem na qual exprimia sua gratidão pelas ações empreendidas pelo Papa Pio XII em favor do povo judeu. "O povo de Israel", escreveu o Rabino, "não esquecerá jamais o que Sua Santidade e seus ilustres representantes, inspirados pelos princípios eternos da religião que formam o fundamento mesmo da religião, fizeram por nossos infortunados irmãos e irmãs na hora mais trágica de nossa História, constituindo assim uma prova viva da Divina Providência neste mundo".[5]

O futuro presidente da União das Comunidades Judaicas Italianas, Dr. Raphaël Cantoni, afirmou sua gratidão ao Vaticano, escrevendo que "seis milhões de meus correligionários foram assassinados pelos nazistas, mas poderia ter havido muito mais vítimas não fosse a eficaz intervenção de Pio XII".[6] Em 26 de maio de 1955, a Orquestra Filarmônica de Israel foi a Roma para interpretar a Sétima Sinfonia de Beethoven na sala do Consistório do Vaticano. David Dalin diz que assim se "exprimiu a profunda gratidão do Estado de Israel pela ajuda dada ao povo judeu pelo papa e pela Igreja Católica. Que a orquestra tenha des-

---

4   Dalin, David. *Pie XII et les juifs. Le Mythe du Pape d'Hitler*. Perpignan, Ed. Tempora 2007, pp. 148-149.
5   Idem, ibidem, pp. 149-150.
6   Idem, ibidem, p. 150.

se modo se juntado ao restante do mundo judaico para celebrar calorosamente o que Pio XII havia feito e deixado como herança é um fato cuja significação vai muito além do evento".[7] Muito importante também as palavras de Golda Meir, ministra das Relações Exteriores de Israel em 1958, no dia da morte de Pio XII, por meio de um telegrama de condolências enviado ao Vaticano: "Nós compartilhamos a grande dor da humanidade. (...) Na hora em que um terrível martírio se abateu sobre nosso povo, durante o decênio do terror nazista, elevou-se a voz do Papa pelas vítimas. Nossa época se encontra enriquecida por essa voz que, com veemência, falava das grandes verdades morais dominando o tumulto dos conflitos cotidianos. Nós estamos de luto por um grande servidor da paz".[8] Com efeito, seria muito cansativo e inesgotável desfilar um catálogo de talvez milhares de textos que glorificam o Papa Pio XII, o Papa dos Judeus.

O COMPLÔ NAZICOMUNISTA

Rolf Hochhuth, escritor alemão comunista e ex-membro da Juventude Hitlerista, teria escrito a versão final da peça de teatro *O Vigário*, estreada em Berlim em 1963, por encomenda da KGB, em parceria com o general de Exército Ion Mihail Pacepa, ex-comandante do serviço secreto romeno, em uma operação militar chamada Seat12, com o slogan da Guerra Fria "homens mortos não podem defender a si mesmos", articulada desde 1960 no Kremlin, visando a criar uma imagem mundial de Pio XII como um colaborador nazista, conforme as próprias revelações do general Pacepa, feitas cerca de cinquenta anos depois, e publicadas em livros e jornais, como em matéria de John Follain do londrino *The Sunday Times* de 18 de fevereiro de 2007. Segundo o general Pacepa, em artigo publicado na *National Review*, "por conta do serviço como núncio papal que Pio XII realizou em Munique e Berlim quando os nazistas estavam começando a subir ao poder, a KGB queria transformá-lo em um antissemita que encorajara o Holocausto". A KGB, ainda segundo o general Pacepa, recrutou o serviço secreto romeno para "fingir que a Romênia estava disposta a restaurar as relações diplomáticas com o Vaticano. Assim, o general teve acesso aos arquivos do Vaticano e da Biblioteca Apostólica e infiltrou três espiões disfarçados de padres para retirar os documentos a serem fotografados e enviados

---

7   Idem, ibidem, p. 151.
8   Idem, ibidem, p. 152.

à KGB por correio especial". Não encontraram nada contra o Papa Pio XII, e abortaram essa estratégia. Contudo, o general Pacepa recebeu em 1963, em Bucareste, o general Ivan Agayants, chefe do departamento de informações da KGB, que contou a Pacepa que a Seat12 tinha "materializado uma peça teatral poderosa, atacando o Pio XII, intitulada *O Vigário*". Segundo Pacepa, o General Ivan Agayants revelou ter sido o criador do esboço da peça teatral, porém permitindo que o desconhecido Rolf Hochhuth levasse a fama. Recentemente, Hochhuth envolveu-se em polêmica ao defender publicamente um historiador que nega o Holocausto, e ainda foi condenado na justiça por ofender um ministro inglês que lutou na Segunda Guerra Mundial, achando que ele já havia morrido. Vê-se que a técnica de ofender mortos só funciona se o ofendido de fato tiver falecido. Paradoxal e criminosamente, Hochhuth acusa o Papa Pio XII de apoiar o Holocausto e depois se apresenta, ele mesmo, negando o Holocausto. Ambas as atitudes tipicamente nazistas.

Desde o Tratado de Rapallo de 1922, a URSS estabeleceu relações de cooperação com a Alemanha, inclusive de cooperação secreta para o desenvolvimento da indústria militar alemã, até então limitada pelo Tratado de Versailles. Oficiais das Forças Armadas alemãs fizeram treinamento na URSS, de modo que, por ocasião do Pacto Hitler-Stalin, eufemisticamente chamado de Pacto Molotov-Ribbentrop, de 1939, ou Pacto Nazi-Soviético, cujo conteúdo ia da não agressão mútua por cinco anos até a divisão territorial após a invasão militar de Polônia, Finlândia, Lituânia, Estônia, Letônia, Romênia e Bulgária, conforme dois anexos secretos. O genocídio de judeus fazia parte implícita no acordo. A URSS, tendo sida invadida em 1941 pela Alemanha, não teve alternativa, e passou do Eixo para os Aliados, mas nunca por convicção ideológica. Pertenceu aos Aliados não por convicção, e sim por necessidade. Terminada a guerra, a URSS volta-se contra os Aliados liberais. Todo esforço do comunismo internacional após 1945 era de apagar o seu passado antissemita e nazista antes, durante e após o Terceiro Reich e buscar uma limpeza de sua imagem pública. A morte de Pio XII em 1958 desencadeou a estratégia internacional soviética de lavar seu passado, seu presente e seu futuro. Do ponto de vista estético, devemos frisar o absoluto absurdo que uma peça teatral, ficcional por definição, e mentirosa por acréscimo, tenha se tornado um fenômeno de propaganda mundial de extrema malignidade e que tenham sido inventadas "verdades históricas" no próprio intestino da KGB, sem nenhuma verdade artística e também sem nenhuma verdade histórica. O teatro não tem por finalidade estético-artística revelar verdades históricas, científicas, religiosas, jornalísticas ou filosóficas. O teatro é uma finalidade sem fim determinado, diria Kant. O objetivo era destruir a civilização judaico-cristã, em totalitário sacrocídio, e simultaneamente lavar a URSS e apresentá-la branquinha para consumo da juventude mundial. Segundo Pierre Blet, a maior autoridade na publicação dos doze volumes das *Atas e Documentos da Santa Sé relativos à Segunda Guerra Mundial*, o jovem estudante secundarista Eugenio Pacelli, futuro Papa Pio XII, frequentava a casa de judeus, como a tradicional família Fernando Mendes, tendo sido o primeiro Papa, segundo se sabe, que participava de refeições do Shabbat em casas judaicas. O Papa Paulo VI, que fora da Secretaria de Estado da Santa Sé, nomeado por Pio XII, indignado com as falsas acusações levantadas em 1963 pela peça, autorizou em 1964 a publicação dos documentos, e em dezembro de 1965 as edições do Vaticano publicavam o primeiro volume. Portanto, todos os arquivos são públicos, e fonte inesgotável de pesquisa. Durante doze anos, o Núncio Eugenio Pacelli serviu em Munique e Berlim, quando proferiu cerca de quarenta discursos contra a doutrina nacional-socialista. A capa do livro *Hitler's Pope*,[9] de John Cornwell, um dos detratores de Pio XII, reproduz uma foto do Núncio Pacelli em Berlim saindo do palácio do presidente Paul von Hindenburg em 1927, mas maliciosa e criminosamente insinuando que saía de uma reunião com Adolf Hitler em março de 1939, que só viria a ser nomeado primeiro-ministro (chanceler) em 30 de janeiro de 1933, e o Núncio Pacelli saiu do posto em dezembro de 1929, ao ser chamado para assumir o cargo de secretário de Estado do Papa Pio XI, concretizado em janeiro de 1930. Os soldados que aparecem perfilados em saudações militares são soldados da República de Weimar, cujos uniformes são completamente diferentes dos futuros uniformes nacional-socialistas. Na edição britânica, lê-se a mentira: "A foto da capa mostra o Cardeal Pacelli, futuro Papa Pio XII, deixando o palácio presidencial, em Berlim, em março de 1939." A foto é de doze anos antes, 1927. Aliás, cumpre afirmar que nunca houve encontro físico, telefônico ou outro qualquer entre Eugênio Pacelli e Adolf Hitler em nenhum momento da história.

Sobre Pio XI, vale citar Alfred Rosenberg:

> E de novo o Vaticano se declarou o mais fervoroso inimigo da criação do aperfeiçoamento do valioso, e como protetor da preservação e multiplicação do mais infe-

---

9 Cornwell, John. *Hitler's Pope: Te Secret History of Pius XII*. New York, Penguin, 2000.

rior. Também frente a sérios eugenistas católicos, o Papa Pio XI declarou, no início de 1931 em sua encíclica "Sobre o matrimônio cristão", que não se pode tocar de modo nenhum a integridade do corpo, pois se trata de seres humanos que em si são capazes de contrair matrimônio, mas que presumivelmente dariam vida somente a uma descendência inferior. (...) Todo europeu que quiser ver seu povo física e animicamente são, que luta para que idiotas e doentes não infectem a sua nação, deverá posicionar-se, segundo a doutrina romana, como anticatólico, como inimigo da "doutrina moral cristã", e terá de decidir se é o anticristo, ou se o fundador do cristianismo realmente havia imaginado a livre criação de seres inferiores como um dogma, tal como seu "lugar-tenente" o exige com tanta audácia. Portanto, aquele que deseja uma Alemanha sã e animicamente forte deve rechaçar com toda a paixão esta encíclica papal e com isso a base do pensar romano – que propugna a criação da sub-humanidade.[10]

A autoridade de Rosenberg como cofundador do NSDAP, *Reichsleiter* (segundo na hierarquia do NSDAP), ministro dos Territórios Ocupados da Europa do Leste e responsável pela formação doutrinária do Partido Nacional-Socialista dos Trabalhadores Alemães (NSDAP), apontando o Vaticano como o principal inimigo do nazismo, parece-nos suficiente para esclarecer o episódio. Pio XI foi qualificado pelo jornal *Das Schwarze Korps*, da SS, em 16 de fevereiro de 1939, como "o inimigo jurado do nacional-socialismo". De fato, seu núncio apostólico, Eugenio Pacelli, pronunciou pelo menos quarenta discursos na Alemanha em defesa do "humanismo", do "amor fraternal", da "unidade universal da espécie humana" e da "paz, paz e sempre paz".

A assinatura da Concordata em julho de 1933 pelo então secretário de Estado, Cardeal Eugênio Pacelli, é uma entre muitas na história da Santa Sé, que visava a defender os direitos dos católicos, obrigação do Vaticano, e isso vários anos antes de Hitler promulgar as leis e os decretos antissemitas. O Rabino David Dalin frisa que "a Concordata não tinha valor de aprovação de Hitler e do nacional-socialismo, como quando Pio VII assinou uma concordata com Napoleão em julho de 1801, sem conferir-lhe nenhuma caução moral, e inclusive o papa se tornou um dos principais opositores de Napoleão". A convenção destina-se a assuntos religiosos entre determinado país de tradição católica e a Santa Sé. A Concordata foi uma iniciativa do Terceiro Reich tão logo chegado ao poder. Tendo assinado sem esperança de proteger os católicos, dever do

---

10 Rosenberg, Alfred. *El mito del siglo XX*. Buenos Aires, Ed. Sieghels, 2008, p. 469.

Vaticano, o secretário de Estado Pacelli escreveu muitos veementes protestos contra o nacional-socialismo enviados ao Embaixador do Terceiro Reich von Bergen, posteriormente publicados entre 1964 e 1969 com o título de *Notenwechsel* (Correspondência de notas). Com a escalada da violência nazista, o Cardeal Pacelli redige em 1937 a encíclica *"Mit brennender Sorge"* ("Com ardente preocupação"), imediatamente assinada pelo Papa Pio XI.

Segundo o Rabino David Dalin, aos nazicomunistas somaram-se os católicos de esquerda, ditos progressistas, que se uniram às calúnias contra Pio XII e demais papas por serem contra o aborto, por ele chamado de Solução Final para a gravidez indesejada de centenas de milhões de mulheres. Para Dalin, as arbitrárias agressões aos papas é rigorosamente condenável, e

> uma tal equivalência moral é monstruosa, e trata-se de uma utilização abusiva da Shoah à qual os judeus devem se opor. Não se tem o direito, honestamente, de explorar esta tragédia para fins partidários, em tal debate. E isso é verdadeiro, em particular, quando essa prática termina por depreciar o testemunho dos sobreviventes que fizeram o elogio do soberano pontífice por suas ações em seu favor. Imputar a condenação que cabe a Hitler e aos nazistas a um papa que se opôs a eles, e era amigo dos judeus, é uma abominável calúnia. Quaisquer que sejam seus sentimentos em relação ao catolicismo, os judeus têm o dever de rejeitar toda polêmica que se apropria da Shoah para utilizá-la em uma guerra dos progressistas contra a Igreja Católica. Se tal combate fosse coroado de sucesso, isso minaria os fundamentos do cristianismo assim como os do judaísmo, em razão do incomensurável desprezo pela verdade e pela religião tradicional em que os seus detratores estão inspirados.[11]

Em defesa do Papa Pio XII, grandes historiadores especialistas do mundo todo, como Eugen Fisher, Ralph McInerny, Ronald J. Rychlak, Pierre Blet, Margherita Marchione, Justus George Lawler, Jose Sanchez, Livia Rothkirchen, Pinchas Lapide, Jeno Levai, Robert M. W. Kempner (juiz em Nuremberg), Michael Tagliacozzo, Martin Gilbert (biógrafo judeu de Winston Churchill), Joseph L. Lichten (autor judeu representante em Roma da Liga Antidifamação), entre talvez centenas de estudiosos, conforme as bibliografias que todos esses autores indicam. Pinchas Lapide,[12] rigoroso e importantíssimo historiador e

---

11 Dalin, David. *Pie XII et les juifs. Le Mythe du Pape d'Hitler*. Perpignan, Ed. Tempora 2007, p. 31.
12 Lapide, Pinchas. *Los tres últimos Papas y los judios*. Madrid, Ed. Taurus, 1969.

diplomata de Israel, afirma que Pio XII salvou cerca de 860 mil judeus da Itália, Eslováquia, Hungria, Romênia, Bulgária, Grécia, Espanha, Polônia, França, Holanda, Bélgica, Croácia, entre outros. No caso da França, foram salvos cerca de 80 a 85% dos judeus. Na Itália foram salvos cerca de 80% dos judeus. O Vaticano abrigou clandestinamente centenas de famílias judaicas de vários países da Europa, com total liberdade de culto judaico, e alimentação *kosher*. Dentre os protegidos no Vaticano, os pais do grande músico, compositor, escritor e pensador Jorge Mautner, que foi concebido dentro do próprio Vaticano e veio nascer no Rio de Janeiro em 17 de janeiro de 1941, pois os seus pais obtiveram os documentos da Santa Sé, e os vistos do governo brasileiro em torno de março de 1940, certamente assinados pelo então embaixador Ildebrando Accioly, com autorização do presidente Getúlio Vargas, conforme consta nos arquivos do Vaticano. Essa história de vida é uma das mais belas que conhecemos. Segundo os arquivos do Vaticano, o presidente Getúlio Vargas foi o primeiro talvez a atender aos apelos do Papa Pio XII, após reunião com os embaixadores na Santa Sé, em que Sua Santidade pede encarecidamente que os países representados ofereçam vistos para judeus. Ainda que bem limitada, o Brasil assumiu alguma relevância. Como o papa não tinha forças armadas, contando somente com a logística diplomática da Santa Sé, nós estamos sendo justos em reconhecer que foi um trabalho de caridade e amor ao próximo gigantesco, pois incluiu salvar vidas, cuidar dos feridos, esconder perseguidos, alimentar famintos, obter vistos de passaporte, vestir os necessitados, pagar resgates etc. A lista seria exaustiva para nós, mas não cansativa para o Papa Pio XII em vários anos de nacional-socialismo e de guerra mundial. David Dalin afirma que Richard Breitman, "o único historiador autorizado a estudar os dossiês classificados secretos da espionagem americana durante a Segunda Guerra Mundial, observa que certos documentos demonstram a que ponto 'Hitler desconfiava da Santa Sé porque ela escondia judeus'. Uma parte desta informação, claro, é pública, como a ordem de sequestrar o papa, dada por Hitler às SS".[13]

O plano de Hitler de sequestrar o Papa Pio XII foi muito bem descrito pelo Rabino David Dalin nos seguintes termos:

> Em janeiro de 2005, o cotidiano católico *L'Avvenire d'Italia*, em uma narrativa abundantemente apoiada em provas, contou como o general Karl Otto Wolff,

---

13 Dalin, David. *Pie XII et les juifs. Le Mythe du Pape d'Hitler*. Perpignan, Ed. Tempora 2007, p. 35.

comandante SS de Roma sob a ocupação, havia recebido de Hitler a ordem de sequestrar o Papa Pio XII. Isso deveria ser feito em 1944, pouco antes de os alemães se retirarem da cidade. Mas Wolff achava esse sequestro uma má ideia e revelou o plano de Hitler ao papa em uma audiência secreta no Vaticano. Segundo L'Avvenire d'Italia, publicado pela Conferência dos Bispos da Itália, quando Wolff recebeu suas ordens em maio de 1944, organizou uma conversa secreta com o Papa, e "foi ao Vaticano em trajes civis, à noite, ajudado por um padre". Durante a entrevista, "Wolff afirmou ao papa que não haveria sequestro, mas advertiu" que Hitler via nele "um amigo dos judeus", e um obstáculo a seu "plano de dominação universal". Wolff aconselhou Pio XII "a ficar alerta, pois mesmo se ele não fosse sob hipótese nenhuma executar a ordem de sequestro, a situação era, de todo modo, extremamente delicada e cheia de perigos". O papa pediu então a Wolff, "como prova de sua sinceridade", libertar italianos condenados a ser executados pelos nazistas. O que foi feito, sob ordem de Wolff, antes de os alemães deixarem Roma.[14]

O grande Rabino de Roma Israel Zolli em 1942 e 1943 pediu diretamente apoio ao Papa Pio XII após convocação ao quartel-general das SS pelo tenente-coronel Herbert Kapller aos chefes da comunidade israelita de Roma, reunião na qual ordenou que entregassem, em 24 horas, cinquenta quilos de ouro, sob ameaça de deportação de toda a população judaica de Roma. Os líderes conseguiram somente 35 quilos, e o grande Rabino Zolli pediu os 15 quilos restantes diretamente ao papa, que imediatamente deu ordem para a Igreja consegui-los. Segundo Blet, "os documentos sobre este episódio são raros. Um memorando do comendador Nograra, delegado na adminsitração especial da Santa Sé, relata em 29 de setembro que o Rabino Zolli veio lhe dizer que os 15 quilos haviam sido fornecidos por 'comunidades católicas'. Não havia mais necessidade de uma contribuição direta do Vaticano".[15]

David Dalin cita um grande historiador judeu húngaro, Jeno Levai,

> que ficou tão exasperado pelas acusações de "silêncio" feitas ao papa que escreveu o livro *Os judeus húngaros e o papado: Pio XII não ficou em silêncio*,[16] publicado em inglês em 1968, com uma introdução e uma conclusão chocantes de

---

14 Idem, ibidem, pp. 170-172.
15 Blet, Pierre. *Pie XII et la Seconde Guerre mondiale*. Paris, Ed. Perrin, 2005, p. 242.
16 Levai, Jeno. *Hungarian Jewry and the Papacy: Pius XII Did Not Remain Silent*. London, Sands, 1968.

Robert M. W. Kempner, substituto do procurador americano em Nuremberg. Em 1938, o autor pôde ver Eugenio Pacelli, então secretário de Estado do Vaticano, quando este último fez, em Budapeste, uma série de discursos contra o nazismo e o comunismo. (...) Demonstra, a partir dos arquivos da Igreja e do Estado húngaro, como o núncio apostólico e os bispos "intervieram, mais e mais, sob as ordens do Papa Pio XII". Graças a essas diretivas, "no outono e no inverno de 1944, praticamente não havia mais nenhuma instituição católica em Budapeste que não tenha servido de refúgio a judeus perseguidos".[17]

A condenação do comunismo e do nazismo era comum ao Papa, aos grandes filósofos da Escola de Frankfurt, aos verdadeiros democratas em geral; condenar quaisquer totalitarismos e quaisquer formas de dominação pela tortura, genocídio e classicídio, ou quaisquer outras modalidade de eliminação em massa de povos.

A propósito, vale citar texto do magistrado no processo de Nuremberg, Robert Kempner:

> Esses últimos anos, não faltaram tentativas inverossímeis ou maledicentes para eclipsar o fato histórico, ou dar-lhe uma interpretação malsã. (...) O que nos preocupa aqui é outra maneira, deliberada, ou pelo menos irrefletida, de proceder para minimizar a culpabilidade dos verdadeiros responsáveis. Trata-se de descarregar a responsabilidade da Shoah não em Hitler enquanto personagem central do sistema de genocídio, mas em Pio XII, e de propagar, por escrito e no teatro, uma nova teoria. Esta defende que Pio XII não teria jamais protestado energicamente contra Hitler e sua "Solução Final do problema judaico", e que assim a catástrofe teria tomado as proporções que sabemos. Mas a hipótese e a conclusão dela decorrente são ambas indefensáveis. Os arquivos, tanto do Vaticano e das autoridades diocesana quanto do Ministério das Relações Exteriores de Ribbentrop, contêm toda uma série de protestos, diretos ou indiretos, públicos ou por via diplomática, secretos ou públicos. (...) Eu mesmo tenho um conhecimento profundo do papel desempenhado pela Igreja Católica na luta contra a "Solução Final na Hungria", e eu sempre sublinhei isso, entre outros, no meu livro *Eichmann e seus cúmplices*.[18]

Com efeito, é do interesse do nacional-socialismo e do comunismo transferirem a culpa para uma só pessoa inocente, o Papa Pio XII. O Pacto Hitler-

---

17 Dalin, David. *Pie XII et les juifs. Le Mythe du Pape d'Hitler*. Perpignan, Ed. Tempora 2007, p. 33.
18 Idem, ibidem, p. 34.

Stalin tem a sua continuidade histórica quando o assunto é difamar Pio XII, destruir a Igreja Católica, o cristianismo e a civilização judaico-cristã por extensão. Vale lembrar que o nacional-socialismo é um ateísmo que rejeita a universalidade do ser humano, o amor ao próximo, a bondade e a misericórdia.

Téoricos classificam-no como um neopaganismo de inspiração satânica, inclusive apoiados em documentos que expõem as atividades secretas da seita a que se filiavam grandes nomes do nazismo.

David Dalin ressalta que

> Hitler teve efetivamente, em seu grupo, um religioso que lhe era fiel, mas esse não era o Papa Pio XII. Era Hadj Amin al-Husseini, o Grande Mufti de Jerusalém. Violentamente antissemita, e chefe dos fundamentalistas islâmicos radicais na Palestina, dirigiu o massacre dos judeus em Hebron, em 1929, e foi o conselheiro e guia de Yasser Arafat e numerosas outras autoridades árabes. Esse homem era abertamente aliado de Hitler, encontrou-se com ele diversas vezes, e conclamou, repetidamente, à destruição da comunidade judaica da Europa. É o Islã radical, aliado manifesto de Hitler durante a Segunda Guerra Mundial, que ameaça os judeus hoje em dia, e não a Igreja Católica.[19]

A propósito, há uma importante bibliografia sobre a vastíssima penetração nacional-socialista no mundo árabe e em países muçulmanos, unindo o Corão e *Mein Kampf*, cuja propaganda repercute até os nossos dias, em uma aliança maligna que ainda carece de ampla divulgação e conhecimento crítico.

O FUTURO PAPA PIO XII

Quando visitou seu futuro sucessor, Papa Pio X (1903–1914), que era então bispo de Mantova (1884–1893), na condição de Monsenhor Giuseppe Sarto, o Papa Leão XIII lhe perguntou quem eram os melhores cristãos da cidade, ao que o Monsenhor Sarto teria respondido: "Em verdade, em termos de caridade, os melhores cristãos são os judeus."[20] Em 6 de setembro de 1938, Pio XI, já bastante debilitado e doente, leu uma prece a peregrinos belgas, e depois exclamou: "Eu não posso me impedir de estar profundamente emocionado. O antis-

---

19 Idem, ibidem, p. 39.
20 Idem, ibidem, p. 63.

semitismo é incompatível com o pensamento e a sublime realidade expressos nesse texto. O Antissemitismo é uma movimento de ódio, um movimento do qual, enquanto cristãos, nós não podemos participar de forma alguma." E chorando, Pio XI conclui: "O antissemitismo é inaceitável, espiritualmente nós somos todos semitas."[21] E essa amizade, fraternidade e solidariedade com o povo judeu, permanecem com o futuro Papa Pio XII, escolhido para dar continuidade a Pio XI.

Eugenio Pacelli foi nomeado núncio apostólico no reino da Baviera durante a Primeira Guerra Mundial, em 1917, e em seguida promovido a bispo, e nessa condição, sob Bento XV e Pio XI, ele na prática foi o embaixador para todo o Império Germânico durante doze anos, pois não havia embaixador na Prússia. E em Munique fez amizade imediatamente com um dos mais ilustres membros da comunidade judaica, o maestro da Orquestra da Ópera de Munique, Bruno Walter, grande amigo e protegido de Gustav Mahler. Ao cabo e ao final, Bruno Walter e Gustav Mahler converteram-se ao catolicismo em razão da forte influência espiritual do Bispo Eugenio Pacelli. Fora isso, Pacelli conseguiu tirar da prisão um músico judeu amigo de Bruno Walter, Ossip Gabrilovich, após um *pogrom* antissemita na Baviera. Ossip foi libertado no dia seguinte.

Relevantíssimo mencionar que o Bispo Pacelli tentou prevenir o assassinato do ministro judeu das Relações Exteriores da Alemanha, Walter Rathenau, em junho de 1922, crime praticado por antissemitas do recém-fundado Partido Nacional-Socialista dos Trabalhadores Alemães que levou a República de Weimar a um período de instabilidade e decadência política. Joseph Wirth, primeiro-ministro, depois de ter nomeado Rathenau ministro da reconstrução, decidiu nomeá-lo ministro das Relações Exteriores. Contudo, Eugenio Pacelli revelou secretamente ao primeiro-ministro que um padre havia lhe falado de um complô para matar Rathenau. David Dalin resume da seguinte forma:

> Amigo e biógrafo de Walter Rathenau, o conde Harry Kessler recebeu do primeiro-ministro Joseph Wirth a confidência da conversação com o Núncio Pacelli: "Pacelli me contou, simples e sobriamente, em algumas frases, que a vida de Rathenau estava em perigo. Eu não podia lhe fazer mais perguntas: a entrevista aconteceu em grande segredo. (…) Depois, chamamos o próprio Rathenau. Eu lhe supliquei (…) que parasse de recusar uma proteção policial reforçada (…), mas ele

---

21 Idem, ibidem, p. 71.

recusou teimosamente (…). Com uma calma como nunca vi antes em minha vida, (…) Rathenau veio até mim, e colocando as suas mãos sobre os meus ombros, me disse: 'Caro amigo, não tem problema. Quem gostaria de me fazer mal?' A resposta chegou em 24 de junho de 1922, quando, tendo recusado segurança policial, ele foi abatido por uma rajada de tiros muito rápida, à queima-roupa, pelo assassino que abordou a lateral de sua limusine conversível."[22]

Assim, desde sempre Eugenio Pacelli lutou em favor dos judeus, como na redação do texto assinado e publicado pelo Papa Bento XV no jornal *New York Times*, em 17 de abril de 1916, com o título de "Uma Bula do Papa preconisa a igualdade para os judeus", republicado no jornal *Civiltà Cattolica*, em 28 de abril de 1916, e no *Tablet*, de Londres, no dia seguinte. A bula papal decorre de um apelo do Comitê Judaico Americano, de 30 de dezembro de 1915, ao "Papa Bento XV para usar sua influência moral e espiritual para condenar os pogroms antissemitas desencadeados na Polônia", revela o Rabino David Dalin. Com efeito, o filossemita Eugenio Pacelli redige o seguinte texto para Bento XV:

> (…) Enquanto chefe da Igreja Católica que, fiel à sua doutrina divina e às suas tradições as mais gloriosas, considera todos os homens como irmãos e lhes ensina a se amarem uns aos outros, o Supremo Pontífice não cessa jamais de inculcar nos indivíduos e nos povos a obervância da lei natural, e de condenar tudo aquilo que vem como violação desses princípios. É preciso observar e respeitar esta mesma lei com relação aos filhos de Israel, como para qualquer pessoa, pois não seria conforme à justiça ou à própria religião infringi-la por questões de confissão religiosa. O Supremo Pontífice sente vivamente neste momento em seu coração paternal (…) a necessidade de todos os homens se lembrarem de que são irmãos, e de que sua salvação reside no retorno à lei do amor que é a lei do Evangelho.[23]

Pacelli era odiado pelos nazistas desde seu período como núncio de Munique e Berlim. O Rabino David Dalin afirma que, em toda a década de 1930,

> a imprensa nazista caricaturava Pacelli, tratando-o como o cardeal de Pio XI, "amigo dos judeus", por causa dos numerosos protestos, mais de 55, que Pacelli

---

22 Idem, ibidem, p. 85.
23 Idem, ibidem, pp. 91-92.

havia enviado ao regime nazista quando era secretário de Estado no Vaticano. Sua oposição aberta ao nazismo conduziu o regime hitlerista a organizar um complô contra ele, visando a impedi-lo de suceder Pio XI. No dia seguinte de sua eleição, o *Morgenpost*, de Berlim, lamentava: "A Alemanha não vê com bons olhos a eleição do Cardeal Pacelli, porque ele sempre se opôs ao nazismo, porque era ele que concretamente orientava a política pró-judaica do Vaticano do seu predecessor". Em março de 1935, em uma carta aberta ao bispo de Colônia, Pacelli qualifica os nazistas de "falsos profetas, orgulhosos como Lúcifer". Nesse mesmo ano, dirigindo-se a uma multidão de peregrinos em Lourdes, ele ataca as ideologias "possuídas pela idolatria da raça e do sangue". Dois anos mais tarde, na Catedral de Notre-Dame de Paris, falando da Alemanha, exprimia-se nos seguintes termos: "esta grande e nobre nação que maus pastores desviam nos caminhos pervertidos da ideologia da raça". Os nazistas são "demoníacos", diz Pacelli aos amigos. Hitler "está completamente possuído pelo demônio", confia à Irmã Pascalina, que foi muito tempo sua secretária. "Tudo que não o serve, ele destrói. (...) Esse homem é capaz de pisar em cadáveres". E, ao encontrar Dietrich von Hildebrand, herói do antinazismo, declarou: "Não pode haver conciliação possível" entre o cristianismo e o racismo nazista, que são como "o fogo e a água".[24]

Uma das mais simplistas estratégias nazicomunistas é procurar confrontar o Papa Pio XI com o Papa Pio XII como se fossem opostos, deliberada e conscientemente rasgando a história, visto que Pio XI foi o artífice da ascensão do Cardeal Eugenio Pacelli à sua sucessão. Pierre Blet relata depoimento do então Monsenhor Tardini, que viria a ser Cardeal Secretário de Estado, nos seguintes termos:

> Pio XI havia intencionalmente preparado seu secretário de Estado para torna-lo seu sucessor. Sobre esse ponto, o testemunho do Monsenhor Tardini é formal e preciso: o secretário da Congregação dos Assuntos Eclesiásticos Extraordinários escrevia na data de 22 de fevereiro de 1939: "Várias vezes Sua Santidade Pio XI falou-me de seu sucessor. Para ele não havia dúvida. O futuro Papa devia ser seu secretário de Estado. O Santo Padre disse-me que era justamente para prepará-lo para a tiara papal que o enviava frequentemente ao estrangeiro, e até para as duas Américas. Um dia, enquanto o Eminentíssimo, em outubro-novembro de 1936, estava nos Estados Unidos, após ter feito para mim um grande elogio ao

---

24 Idem, ibidem, pp. 103-104.

seu secretário de Estado, concluiu, olhando-me bem no rosto, com os seus olhos escrutadores: "Ele será um papa magnífico" (*Sarà un bel Papa*). Não me disse, "ele seria", ou "ele poderá ser", mas sim "ele será", sem admitir nenhuma incerteza. Essas palavras foram pronunciadas exatamente em 12 de novembro.[25]

Esse documento foi escrito doze dias depois da morte do Papa Pio XI em 10 de fevereiro de 1939, e Pio XII foi eleito em 2 de março de 1939, alguns dias depois da redação do documento de Monsenhor Tardini. Em sua primeira mensagem de Natal, em 24 de dezembro de 1939, às 10h30min, o Papa Pio XII enumerou os requisitos para fundar a paz no mundo sob a égide da ordem e da paz: "1º Assegurar o direito à vida e à independência de todas as nações, pequenas e grandes. 2º Liberar as nações do peso da corrida armamentista, graças a um desarmamento mutuamente consentido, orgânico, progressivo. 3º Reconstruir e criar instituições internacionais, levando em conta as deficiências das instituições anteriores. 4º Reconhecer, particularmente no interesse da ordem europeia, os direitos das minorias étnicas. 5º Reconhecer, enfim, acima de todas as leis e convenções humanas, 'as normas santas e inquebrantáveis do direito divino.'"[26] O presidente Roosevelt propõe ao Papa Pio XII o restabelecimento das relações diplomáticas com o Vaticano no Natal de 1939, o que foi realizado em seguida. Isso demonstra a confiança dos Estados Unidos no Vaticano na defesa dos mesmos valores cristãos e democráticos, contra a união da URSS com a Alemanha nazista.

Com efeito, Charles Pichon, autor do renomado livro *Histoire du Vatican*, relata que

> em 10 de maio, as tropas alemãs atravessavam as fronteiras da Bélgica, da Holanda, de Luxemburgo, e o papa enviava imediatamente aos soberanos desses três países uma mensagem de simpatia e de protesto. No dia 12, *L'Osservatore* reproduzia esses documentos oficiais, o que desencadeou contra seus jornaleiros e seus leitores uma campanha de intimidação e de espancamentos de rua, com as injúrias que se imagina a respeito do Sumo Pontífice: a linguagem fascista era particularmente rica nesse aspecto. No dia 13, o embaixador Alfieri, nomeado para Berlim, foi recebido por Pio XII em audiência de férias. Ao longo da conversa, o diplomata fascista ousou observar ao Sumo Pontífice que todas as suas recentes

---

25 Blet, Pierre. *Pie XII et la Seconde Guerre mondiale*. Paris, Ed. Perrin, 2005, p. 15.
26 Idem, ibidem, p. 40.

manifestações públicas haviam irritado Mussolini: "Nós só cumprimos o nosso dever, respondeu Pio XII com voz calma, e nós não nos emocionamos com as reações que a nossa conduta provocou ou provocaria em consequência. Não temos nem mesmo medo de ir para um campo de concentração."[27]

É com essa máxima que Pio XII exerceu o seu papado com uma extraordinária dignidade, seguindo Jesus Cristo até o fim. Pouco antes, Pio XII havia recebido Ribbentrop, ministro das Relações Exteriores do Terceiro Reich, em 11 de março de 1940. Ribbentrop foi surpreendido por um enorme dossiê apresentado pelo rigoroso Pio XII sobre torturas e assassinatos de poloneses, o que também foi feito em seguida pelo Cardeal Secretário de Estado, de modo que Ribbentrop se arrependeu de ter ido ao Vaticano, que teve mais da metade dos seus cardeais mortos ou presos, fora os milhares de padres e freiras. Além de enormes somas em dinheiro para ajudar prisioneiros e deportados, Pio XII publicou textos em que ele, segundo Pichon,

> tenha sabido fazer entender que a luta se encontrava a partir de agora engajada entre duas concepções de mundo, entre duas forças políticas do universo. Textos amplos e precisos, as alocuções de Natal de cada ano, que exasperaram o *Duce* (em particular a de 1942), vieram lembrar ao mundo as leis morais que o Eixo triunfante violava todos os dias cada vez mais; elas indicaram também os pontos principais sobre os quais a paz do universo deveria ser construída quando as armas silenciassem. Sobre os casos particulares, muito numerosos protestos e intervenções foram feitos pela via dos núncios e dos embaixadores. As condenações mais contundentes sustentadas pelos textos pontificais são as das perseguições antissemitas, da opressão aos países invadidos, dos procedimentos de guerra desumanos, e também da deificação das entidades terrestres erigidas como ídolos: a Terra, a Raça, o Estado e a Classe. Na ordem positiva, esses documentos recomendam a restauração cristã da família e da educação, a reconstrução harmoniosa da sociedade, o acesso dos proletários à propriedade pública e à propriedade privada, a igualdade das pequenas e grandes nações, a participação dos povos pobres nas riquezas naturais do planeta, a supressão das "propagandas" do ódio, enfim, uma organização internacional cuidando das armas e da preservação da paz.[28]

---

27 Pichon, Charles. *Histoire du Vatican*. Paris, Société d'Éditions Françaises et Internationales, 1946, p. 185.
28 Idem, ibidem, pp. 191-192.

Pinchas Lapide, em seu importante livro *The last tree Popes and the Jews*, cita Léon Poliakov, autor do livro *O Vaticano e a questão judaica*, que afirma: "Não há dúvida de que o Vaticano conhecia o plano nazista de instituir um papado nazista. O conceito de uma teocracia nazista, com Adolf Hitler como sumo sacerdote, foi revelado recentemente nas memórias de Alfred Rosenberg, publicadas na revista *Der Monat*, em julho de 1949."[29] Vemos, portanto, que Hitler planejava sequestrar e assassinar Pio XII, e depois ele mesmo sentar-se no trono do Papa, como que realizando o sonho satânico de Nietzsche: o anticristo como sumo pontífice. Como o anticristo sentado no trono papal, Hitler sonhava governar o mundo. Martin Bormann, chefe da chancelaria do Terceiro Reich e secretário pessoal de Hitler, por ordem deste liderou a "Operação Pontífice", de sequestro de Pio XII, que foi abortada em razão de outros líderes nazistas convencerem Hitler do momento inadequado para um ato de repercussão mundial. Hitler aceitou e afirmou que "... depois da guerra... cada Estado elegerá seu próprio Papa nacional" e que "a peste judaico-cristã está chegando ao fim", conforme o diário de Alfred Rosenberg, publicado na revista *Der Monat*, de Berlim, de 10 de novembro de 1942. Bormann, em um memorando classificado como ultrassecreto de junho de 1941, escreve aos dirigentes regionais (*Gauleiters*) e outros grandes dignatários nazistas nos seguintes termos: "As concepções do nacional-socialismo e do cristianismo são incompatíveis. As igrejas cristãs se baseiam na ignorância dos fiéis. O nacional-socialismo repousa em alicerces científicos. Esse é o motivo pelo qual os imperadores alemães sempre fracassaram contra os papas. Pela primeira vez na história da Alemanha, é o *Führer* quem tem firmemente as rédeas espirituais nas mãos. Graças ao partido, o Estado tornou-se independente da Igreja. O povo tem de ser progressivamente afastado das igrejas e do clero. Toda a influência da Igreja deve ser definitivamente eliminada. É preciso destruir seu poder para sempre."[30] Este documento ultrassecreto ditado por Hitler a Martin Bormann é extremamente claro e objetivo, e de uma finalidade indubitável. Certo de que ganharia a guerra, Hitler prepara o pós-guerra sem a Igreja Católica, e demais igrejas cristãs. O judeicídio seria sucedido pelo cristicídio. O genocídio dos cristãos estava sendo gestado no interior mesmo do genocídio dos judeus. Com efeito, a destruição dos valores judaico-cristãos e suas leis morais dependia da

---

29 Lapide, Pinchas. *Los tres últimos Papas y los judios*. Madrid, Ed. Taurus, 1969, p. 259.
30 Idem, ibidem, p. 359. (Ver edição francesa, *Rome et les juifs*, Paris, Ed. Seuil, 1967, pp. 293-294.)

destruição física de judeus e cristãos. Desde a Encíclica *Summi Pontificatus*, de 20 de outubro de 1939, em que Pio XII defende as leis universalmente válidas da moralidade, aplicáveis à vida de todos, e citando São Paulo, o judeu, que não há nem judeus nem gregos, nem gentios, todos somos um, que Hitler o tinha como inimigo. Nesse sentido, um documento secreto do Serviço de Segurança do Reich, de 19 de janeiro de 1940, é bem explícito quanto à liderança do Papa Pio XII na luta contra o nazismo: "O clero católico mostrou-se reticente nos primeiros meses de guerra, porém, recentemente vem desenvolvendo mais atividades, devido, sobretudo, à Encíclica *Summi Pontificatus*. A atitude dos sacerdotes a esse respeito mostra tal unanimidade que fica evidente que parte do clero católico alemão deseja que a Alemanha perca a guerra."[31]

Reinhard Heydrich foi estudado a fundo pelo historiador Édouard Husson, em seu importante livro *Heydrich et la Solution Finale*, com prefácio de Ian Kershaw, no qual reitera a oposição da Igreja Católica à genocracia nazista. Afirma Husson, doutor *honoris causa* da Academia Brasileira de Filosofia:

> Há um último ponto que merece ser assinalado, e que também anuncia o judeicídio. Uma única instância mobilizou-se precoce e eficazmente contra os métodos genocidas dos nazistas: foram as Igrejas, que se opuseram à eutanásia. Monsenhor Von Galen, que denunciou o processo em três sermões dominicais pronunciados no mês de agosto de 1941, e todas as personalidades católicas ou protestantes que o haviam precedido. (...) O Serviço de Segurança de Reinhard Heydrich sabia perfeitamente onde estava o adversário mais temível da ideologia do regime. Para o chefe da RSHA – *Reichssicherheitshauptamt* (Escritório Central de Segurança do Reich), a política nazista só poderia ser colocada em prática a partir do momento em que a influência do cristianismo tivesse sido destruída. Essa era a opinião também de Hitler e Himmler, mas Hitler havia escolhido uma política de espera que desmobilizasse a Igreja Católica e a conduzisse ao compromisso por falta de oposição clara. Heydrich fazia parte, com Bormann, Goebbels e Rosenberg, do grupo de anticristãos os mais radicais no seio da direção do partido, e ele queimava de ansiedade para desarticular a Igreja. Hitler normalmente não desencorajava as iniciativas radicais. Sob as orden de Heydrich, a polícia política da Baváría havia amplamente perseguido as organizações católicas autorizadas pela Concordata do verão de 1933. A crer no testemunho de Göring no Tribunal de Nuremberg, foi por iniciativa de Heydrich que Erich Klausener, chefe da Ação

---

31 Idem, ibidem, p. 273.

Católica, e que havia começado uma resistência política na primavera de 1934, havia sido assassinado na Noite dos Longos Punhais. Em abril de 1936, o chefe da polícia de segurança havia denunciado como uma "obra-prima da hipocrisia" o protesto da Igreja Católica contra a esterilização forçada dos doentes mentais. (...) No começo da guerra, Heydrich propôs prender toda uma série de personalidades católicas e enviá-las para um campo de concentração. Estava convencido da intensificação das atividades subversivas dos católicos em razão da guerra. Após as homilias do Monsenhor von Galen, foi preciso que o ditador dissuadisse Heydrich de prender o prelado. Contudo, aos olhos de Hitler tratava-se unicamente de poupar provisoriamente os católicos alemães. As elites católicas polonesas eram desde o início da guerra o alvo dos comandos assassinos de Himmler e Heydrich. Quando nos perguntamos como Heydrich encontrou a energia do assassinato em massa, desde as primeiras semanas da Segunda Guerra Mundial, no território polonês decepado, é preciso se lembrar da maneira pela qual, na SS, se cultivava a apologia do assassinato. Esta reivindicava para o alemão, sob a liderança do *Führer*, um "direito de matar", um "direito ao genocídio", poder-se-ia dizer, que era também um direito de apagar da consciência alemã e europeia o mandamento "Não matarás", a injunção central do Decálogo comum aos judeus e cristãos. A eutanásia era um elemento-chave da reconquista do "direito de matar", contra os dois mil anos de civilização judaico-cristã.[32]

Cabe mencionar o Relatório Secreto de 1938, do Departamento Geral de Segurança do Reich, segundo o qual o Núncio Eugenio Pacelli é membro do judaísmo internacional: "Os *slogans* pronunciados nas manifestações antialemãs do judaísmo internacional confirmam mais uma vez com toda clareza os objetivos políticos do Vaticano. Para alcançar esses objetivos, o catolicismo do mundo todo foi mobilizado nos grandes congressos internacionais da Igreja Católica que aconteceram em 1938, desde o Congresso Eucarístico Mundial de Budapeste (no qual Pacelli representou o Papa), até o Congresso Católico da Paz, em Haia, sob o lema: 'Contra os dirigentes espirituais de nosso tempo que aspiram à felicidade individual e coletiva sem Cristo e contra Cristo.'"[33] Seriam milhares as cartas e documentos de entidades judaicas, governos democráticos

---

32 Husson, Edouard. *Heydrich et la Solution Finale*. Paris, Ed. Perrin, 2008, pp. 56-57.
33 Citado em *Kirchenkampf in Deutschland, 1933-1945*, por Friedrich Zipfel, Editora Walter de Gruyter, Berlim, 1965. *Apud* Lapide, Pinchas. *Los tres últimos Papas y los judios*. Madrid, Ed. Taurus, 1969, p. 148.

e organismos internacionais em gratidão, apoio, pedidos e congratulações ao Papa Pio XII, confirmados pelos igualmente milhares de documentos do Terceiro Reich que o apontam como o inimigo número um de Hitler e do nacional-socialismo, assim como pelos milhares de documentos do Vaticano e dos Estados aliados na Segunda Guerra Mundial. A propósito, o livro de Gordon Thomas intitulado *Os judeus do Papa*[34] traz em uma excelente narrativa histórica amparada em documentos o plano secreto do Vaticano para salvar os judeus, assim como a notável publicação doutoral da francesa Sylvie Bernay, cujo livro *L'Église de France face à la persecution des Juifs 1940-1944* consagrou-se como a primeira grande pesquisa na França sobre o papel extraordinário da Igreja Católica, a ponto de terem sido salvos três quartos dos judeus franceses. O Grande Rabino de Roma, Israel Zolli, assim narra a história:

> "O Santo Padre enviou uma carta manuscrita aos bispos ordenando-lhes levantar a clausura dos conventos e monastérios para que os judeus pudessem aí se refugiar... Nenhum herói na História comandou tal exército: um exército de sacerdotes trabalhando nas cidades e nos vilarejos para dar o pão aos perseguidos e passaportes aos fugitivos. As freiras vão para as cantinas oferecer hospitalidade às mulheres refugiadas. As superioras do convento saem à noite para se dirigir aos soldados alemães que buscam as vítimas... Pio XII foi obedecido por todos com o fervor desta caridade que não teme a morte..." Em 1945, quando o Grande Rabino Israel Zolli aceitou o batismo, e adotou o nome cristão de Pio XII, Eugenio, a maioria dos judeus romanos se convenceram que esta conversão era um ato de gratidão pelo socorro dado durante a guerra aos refugiados judeus.[35]

---

34 Thomas, Gordon. *Os judeus do Papa*. São Paulo, Ed. Geração, 2014.
35 Lapide, Pinchas. *Los tres últimos Papas y los judios*. Madrid, Ed. Taurus, 1969, p. 160.

CAMBOJA: ARROZ-DE-GENOCÍDIO DOS *KHMERS ROUGES*

> "Melhor matar dez inocentes que deixar viver um culpado."
>
> "Ao poupar a tua vida eu não ganho nada; ao matar-te eu não perco nada."
>
> Palavras de ordem *khmer rouge*.

A língua portuguesa elenca um conjunto de vocábulos a partir do arroz que foi a base do neologismo *arroz-de-genocídio*, recém-criado para dar título a este pequeno estudo crítico sobre o totalitarismo comunista cambojano: arroz-de-cachorro, arroz-de-telhado, arroz de forno, arroz de carreteiro, arroz de festa, arroz-de-rato, arroz de viúva, arroz de leite, arroz-da-guiana, arroz-do-brejo, arroz-do-campo, arroz-do-méxico, arroz-da-rocha, entre outros.[1]

O genocídio produzido pelos *khmers rouges* é talvez o mais bárbaro, desconhecido e misterioso da história mundial contemporânea, e exatamente por isso o interesse em abrir a vertente da reflexão crítica sobre o totalitarismo em sua versão mais enigmática, produzindo elementos capazes de ampliar o universo conceitual na direção de uma sociedade cada vez mais liberal, criativa, produtiva e humanista. Coincidentemente, é a mesma visão de uma francesa, hoje psicóloga clínica, que, casada com um *khmer rouge*, viveu o inferno cambojano com duas filhinhas, conseguiu escapar ao final, voltando para Paris:

> É de importância capital compreender como os *khmers rouges* agiram, e como cada um agiu. As lições e os ensinamentos devem ser

---

1 Academia Brasileira de Letras. *Vocabulário ortográfico da língua portuguesa*. Ed. Global, São Paulo, 2009, p. 81.

tirados das ideias e comportamentos que conduzem ao totalitarismo. Deixando putrificar a situação, como fizeram, para a postura de um tribunal digno desse nome, a ONU e outros organismos que governam o mundo, assim como o Camboja, erigiram a impunidade como instituição com, por via de consequência, a legitimação de todos os revisionismos e a denegação do genocídio. Em um palavra, deixaram a porta arrombada para outros sistemas totalitários que vemos por toda parte, regularmente, e cada vez mais o surgimento de outros. O totalitarismo, sob todas as suas formas, tem diante de si um belo futuro. E quando se sabe que o sistema *khmer rouge* atingiu o extremo do extremo, de que será feito um dos próximos?[2]

Jean Lacouture, em seu prefácio ao importante livro de Pin Yathay, afirma:

o Camboja foi de 1975 a 1979 a vítima mais abjeta, a mais sangrenta caricatura do socialismo que um tempo conheceu, apesar de rico em máscaras da história. Que o genocídio *"khmer rouge"* tenha sido precedido e provocado por uma invasão americana, e que tenha por sua vez precedido e provocado a ocupação do país por seu ávido vizinho vietnamita, não muda nada o horror de um sistema ao qual um povo digno de ser amado e rico de uma grande civilização teve o maior mal em simplesmente sobreviver. (…) O que é emocionante aqui não é o objeto Pol Pot, é como alguém se torna Pol Pot, como se opera a "polpotização" de uma sociedade, como uma utopia mergulha na loucura. (…) Sobre o genocídio cambojano só se dispunha até então de esquemas de explicação, descrições muito parciais, muito tendenciosas, ou lineares: esqueletos de verdade. Com esta travessia vivida de um inferno muito real, mergulha-se imediatamente na irrecusável loucura dos homens.[3]

PERÍODO HISTÓRICO DOS *KHMERS ROUGES*

A República Khmer, que antecede o período dos *khmers rouges*, se estende de 1970 a 1975, dando continuidade aos massacres anteriores abertos após o fim do Protetorado Francês entre 1863 e 1953, não sem brutalidades, e é marcada pela aproximação dos Estados Unidos com a China visando a diminuir a área

---

2 Picq, Laurence. *Le piège khmer rouge*. Paris, Ed. Buchet/Chastel, 2013. p. 415.
3 Yathay, Pin. *L'utopie meurtrière. Un réscapé du génocide cambodgien témoigne*. Bruxelas, Ed. Complexe, 1989, pp. 9-11.

de influência da União Soviérica, que tinha no Vietnã a sua extensão política. Esmagado por essas contingências, o Camboja é bombardeado por todos os lados, literal e realmente.

O período que é objeto do nosso estudo é o do chamado *Kampuchéa Démocratique*, de 18 de abril de 1975 a 7 de janeiro de 1979, terminando com a tomada de Phnom Penh pelas forças armadas do Vietnã, quando o Camboja, em 11 de janeiro de 1979, passa a se chamar República Popular do Kampuchea (RPK), presidida por Heng Samrin, e tendo Pen Sovann como primeiro-ministro. Assim começa outro Camboja, agora como protetorado vietnamita comunista.[4] E foi este que impediu a continuidade do genocídio dos *khmers rouges*. De 1975 a 1991, a ONU reconheceu o Kampuchea Democrático, regime nacional-comunista, ou a chamada Revolução Analfabeta que, de 1975 a 1979, isto é, em três anos e meio, assassinou um terço do seu próprio povo, próximo de dois milhões de mortos. Cerca de dezoito mil *khmers rouges* eliminaram cerca de dois milhões de pessoas. André Malraux teria dito que "o Camboja é a China governada por babacas" (*"le Cambodge, c'est la Chine gouvernée par des cons"*).[5] A chamada "Revolução dos Idiotas". Saloth Sar, vulgo Pol Pot, era o número um dos *khmers rouges*, Nuon Chea o número dois da hierarquia, Ieng Sary, cunhado de Pol Pot, pairava sem hierarquia, e Son Sen era o número três da quadrilha. Quase todos com doutorado em Paris, onde moraram na recém-inaugurada Maison du Cambodge em 1956, na Cité Universitaire, construída pelo chefe de Estado Pprincipe Sihanouk para incentivar a criação de uma *intelligentzia* cambojana. Na década de 1940, os estudantes *khmers* em Paris se hospedavam na Maison d'Indochine. Contudo, em Paris leram Karl Marx, Lênin, Stalin e Mao Tsé-Tung, e deu no que deu. O príncipe Norodom Sihanouk subiu ao trono em 1941 e desceu em 18 de março de 1970, dando início à República Khmer de 1970 a 1975, presidida pelo Marechal Lon Nol de junho de 1972 a 17 de abril de 1975.

François Ponchaud e diversos intelectuais sobreviventes acusam a ONU de ter apoiado o genocídio:

> Durante dezesseis anos, até 1991, a bandeira do Kampuchea Democrático tremulava diante da sede da ONU em Nova York: os *khmers rouges* eram então

---

4   Ponchaud, François. *Brève histoire du Cambodge*. Paris, Ed. Magellan & Cie, 2014, pp. 107-128.
5   Idem. *L'impertinent du Cambodge. Entretiens avec Dane Cuypers*. Ed. Magellan & Cie, 2013, p. 89.

reconhecidos como os únicos representantes do povo *khmer*! Em nome de quem a ONU agora se arroga o direito de julgar os responsáveis? Aqui há uma hipocrisia difícil de suportar. O que me revolta não é o fato de julgar os criminosos, mas a armação internacional e seu oportunismo político. A China e os Estados Unidos financiaram e armaram a guerrilha Khmer Rouge contra as tropas da República Popular do Kampuchea. A Força Aérea Especial da Grã-Bretanha formou suas equipes de comandos. (...) Convinha, então, apoiar a China em seu conflito com a União Soviética, presente no Camboja por vietnamitas interpostos. Terminada a guerra fria, julgam aqueles dos quais se utilizaram no passado. Que carnaval de hipocrisia![6]

Até mesmo a Anistia Internacional ficou em silêncio, acompanhando a comunidade internacional. Segundo Pin Yathay, cambojano sobrevivente, "os ocidentais – eu quero falar dos Estados – não levantaram sequer o dedinho para tomar nossa defesa quando ainda havia tempo. Os Direitos do Homem eram sistematicamente ultrajados, mesmo os mais elementares direitos à sobrevivência, mas era melhor deixar morrer as pessoas e não se meter em histórias. Isso observava os 'assuntos internos cambojanos'. Lavavam-se as mãos nas chancelarias. Os governos ocidentais condenavam Pol Pot pelo princípio, mas não agiam".[7]

Duch, ministro da tortura e do terror, chefe da famosa S21, uma espécie de Agência Nacional da Tortura, assassinou cerca de 17 mil *khmers rouges* acusados de qualquer coisa. Cada acusado assinava delação de mais 60 nomes, inclusive pais, irmãos e parentes. Por meio dessa pirâmide produziram uma escalada de terror em seu próprio seio. Duch é o autor da célebre frase: "eu sinto muito pelos assassinatos, pelo passado. Eu só queria ser um bom comunista."[8] Duch foi um excelente comunista, afirma Francis Deron, e concordamos absolutamente, ele foi muito mais que bom comunista.

PATOLOGIA IDEOLÓGICA E ECONOMIA DO ARROZ

A produção do "homem novo e puro" do totalitarismo *khmer rouge* é indissociável da produção do arroz. O arroz produzirá o homem novo. O homem novo

---

6 Idem, ibidem. P. 194.
7 Yathay, Pin. *L'utopie meurtrière. Un réscapé du génocide cambodgien témoigne*. Bruxelas, Ed. Complexe, 1989, p. 407.
8 Dunlop, Nic. *The lost executioner*. New York, Ed. Walker & Company, 2005, p. 272.

é o antigo, que não conheceu a cidade, e o antigo é o homem do passado recente, citadino. Ao tomar a capital Phnom Penh, os *khmers rouges* empreenderam uma deportação em massa rumo aos arrozais, esvaziando todas as cidades e conduzindo o povo inteiro para o campo, e por questões ideológicas. Foram cerca de dois milhões e meio de crianças, jovens, adultos e idosos, mesmo os doentes hospitalizados. Evacuando e destruindo as cidades, somente a vida rural era pura. Conforme François Ponchaud, "era preciso destruir tudo, e construir uma sociedade igualitária de tipo rural. Um comissário político me explicou isso ao seu modo, em 18 de abril de 1975: 'A cidade é má, pois na cidade há dinheiro. As pessoas podem ser reformadas, mas não as cidades. Suando para desbravar, semear, colher, o homem conhecerá o verdadeiro valor das coisas! É preciso que o homem saiba que ele nasce do grão de arroz!'"[9] Assim, todas as atividades e coisas citadinas foram abolidas, como a moeda, a cultura, a escola, a universidade, a democracia, o hospital, a tecnologia, a ciência, a filosofia, o direito, a justiça, a cidadania, a biblioteca, a escrita, a língua, a lei, o cosmopolitismo, o comércio, a administração pública, a empresa privada, o turismo, a modernidade, o medicamento, o estrangeiro, o consumo, a individualidade etc. Xenofobia violenta a praticada pelos *khmers rouges*, que assassinaram quase todos os jornalistas estrangeiros, e isso desde a guerra de 1970 a 1975, assim como expulsaram todos os estrangeiros do Camboja. A política econômica era também toda ela ideológica e xenófoba, recusando igualmente toda ajuda internacional de alimentos e medicamentos para evitar o que chamavam de vírus imperialista e capitalista. Se as colheitas de arroz fossem boas, é porque a consciência do povo era boa, caso contrário, os resultados econômicos ruins eram produto irrefutável da traição dos reacionários, cujo destino todos sabemos. A abolição da moeda levou ao escambo oficial, símbolo do progresso.

    A crença no arroz como o começo e o fim da sociedade cambojana, como uma arma de guerra, faz com que a plantação de arroz passe a ser tratada como uma atividade bélica. O arroz, como inerente à ideologia marxista de feições cambojanas, regrediu o país à barbárie absoluta. De resto, totalmente desejada pela totemização do arroz, fator de purificação de classe, de purificação ideológica, enfim, o arroz era o redentor. O arroz era uma força centrípeta do classicídio, o genocídio de classe para dar fim definitivo a todas as classes. O genocídio de classe é chamado de classicídio, tipificando os crimes da URSS,

---

9 Ponchaud, François. *Cambodge. Année zéro*. Paris, Ed. Kailash, 2001, p. 34.

China, Camboja e Vietnã do Norte. O arroz teria o poder mágico de produzir a classe pura, a chamada "classe de camponeses pobres de camada média inferior", ou seja lá o que isso quer dizer sociologicamente, isto é, nada. O conteúdo dessa delirante nova classe é que ela é formada "por pessoas que não tinham arroz suficiente para comer durante o ano". Com efeito, aquelas pessoas que segundo o poder não eram dignas de pertencer à classe pura eram assassinadas, e as outras passavam a comer menos para se igualar às que não comiam arroz o ano todo, e aos *khmers rouges* que passaram vários anos com muitas limitações impostas pela guerra revolucionária.

A agricultura familiar forçada visava a enquadrar o povo na surrealista "classe de camponeses pobres de camada média inferior". Estes são os que comem cerca de três a quatro meses por ano no total. O povo de puros pode ser muito menor, pois para Angkar, a Organização, "basta um ou dois milhões de jovens para construir o novo Kampuchéa". Caso o Camboja tivesse continuado a sua Revolução dos Idiotas além dos três anos e meio, os *khmers rouges* teriam matado de quatro a cinco milhões de pessoas em um total populacional de seis milhões para a criação do "homem novo". A limpeza ideológica impõe o genocídio de classe e a simultânea deportação de todas as cidades do chamado "povo antigo", pois homem viciado de classe não pode ser mudado, precisa ser cortado fisicamente da "comunidade dos puros". Os "viciados de classe" eram assassinados com golpes de picareta na cabeça para economia de bala com seres desprezíveis, mas normalmente o fígado era arrancado para ser servido com arroz em razão das suas benéficas propriedades alimentares. Um risoto macabro. Poderíamos chamar de "risoto de fígado à Pol Pot".

Segundo François Ponchaud, "comer o fígado humano é uma prática ritual disseminada nas populações do sudoeste asiático, e tirar o fel dos supliciados para utilizá-lo na fabricação de medicina tradicional parece ser um procedimento ignorado das pessoas da planície, e pertencer propriamente às das florestas *khmers*".[10] Há muitos relatos de canibalismo. Grande parte dos assassinatos era praticado no interior das florestas e bosques, longe dos olhos da população. Continua Ponchaud: "nas lendas populares, o assassinato não é somente percebido como um ato mau e repreensível: representava uma função reveladora, seja no sentido de um prelúdio a um renascimento, seja por eclodir ações salvadoras, dando o exemplo de uma ordem cósmica divina ou búdica.

---

10 Idem, ibidem. p. 266.

Os assassinatos na floresta de elementos corrompidos ou irrecuperáveis eram um prelúdio ao nascimento de uma sociedade de moral mais elevada e mais sã. Ainda que a revolução do Kampuchea Democrático apareça como a mais radical do século XX, o comportamento dos revolucionários não era totalmente estranho à cultura *khmer*".[11]

John Le Carré prefaciou um dos mais importantes livros de narrativa vivida dentro do Camboja, o livro de François Bizot, membro da École française d'Extrême-Orient, preso em 1971 pelos guerrilheiros *khmers rouges* na floresta, tendo sido interrogado todos os dias durante três meses por Duch, o líder carrasco da S21 quando chegaram ao poder. Ao comentar o livro, John Le Carré afirma que "*Le portail* contém sentimentos tão verdadeiros, uma narração tão límpida e sincera, episódios e imagens tão ricos, enfim, uma paixão desenfreada e tão insondável que eu o classifico sem hesitar na categoria reduzidíssima dos clássicos contemporâneos".[12] Pol Pot já tinha planejado em 1971 o genocídio de classe ao revelar ao prisioneiro Bizot sua concepção:

> É porque nós respeitamos seus costumes, porque nós sabemos que o camponês é a fonte do verdadeiro saber que queremos liberá-lo da opressão e do embrutecimento. Ele não é como os monges preguiçosos que não sabem plantar arroz. O camponês sabe tomar nas mãos o seu destino. Claro, é com sua inteligência e com sua força de trabalho que nós contamos para construir nosso futuro. Esta sociedade só conservará o que há de melhor nela, e eliminará todos os restos contaminados da época decadente que nós atravessamos por causa dos traidores liderados por Lon Nol. Camarada, acrescentou Duch peremptório, mais vale um Camboja pouco povoado que um país cheio de incapazes.[13]

ANGKAR, A "ORGANIZAÇÃO"

Angkar significa "organização"; *Angkar Padevat*, organização da revolução, nome clandestino do Partido Comunista do Kampuchea, antigo Partido dos Trabalhadores (PTK), e usado mesmo depois de dois anos de poder no Kampuchea Democrático. O termo "Partido Comunista" foi omitido tanto pelo temor

---

11   Idem, ibidem. p. 267.
12   Bizot, François. *Le portail*. Paris, Gallimard, 2014, p. 14.
13   Idem, ibidem. p. 192.

que o nome causava no povo, como pelo fato de a organização marxista preceder o futuro regime de ordem.

Segundo François Ponchaud, "a exemplo dos reis de Angkor que encarnavam a divindade, o anonimato da Angkar fez dela o novo deus ao qual o povo devia se entregar de corpo e alma".[14] Todos os casamentos são arranjados e celebrados pela Angkar, que escolhia homens e mulheres arbitrariamente para as uniões. Controlavam a tabela de menstruação, e o casamento era exclusivamente para fins de reprodução de comunistas *khmers rouges*. Nesse sentido, no altar do comunismo era preciso dizer sim, ou era a morte: "Camaradas que casam hoje, vocês aceitam tomar um ao outro como esposo e esposa por toda a vida. Ajudai-vos mutuamente para servir e caminhar segundo a via traçada pela Angkar, sem desfalecer, até o fim de vossas vidas."[15] Vejam que não é uma pergunta, mas sim uma afirmação, "vocês aceitam". O amor foi extinto. Se não aceitarem, morrem. E depois do casamento não podiam ter vida de casal. Aliás, quem desmaiasse em qualquer circunstância era encaminhado para um campo de concentração mais duro ainda, e quase sempre passado em armas, pois um verdadeiro revolucionário não fica doente, não fica fraco e não reclama. Não havia casamento cristão, pois, além de proibido o cristianismo, todos os cristãos foram acusados de pertencerem à CIA e assassinados.

Angkar era também chamada de "papai-mamãe do povo", pois escolhia discricionariamente quem faria parte da família de cada um. Filhos assassinavam os pais e parentes em geral, considerados "povo antigo", e isso desde 1973, estendendo a pena de morte rápida a toda a família do "inimigo". A partir dos seis anos, as crianças eram encaminhadas para os centros de acolhimento infantil, e com doze anos entravam para as "tropas móveis" e normalmente nunca mais viam os pais. A fidelidade mútua do casal era fidelidade à Angkar, pois no casamento "prometem fidelidade" à Angkar. Casais infiéis eram condenados à morte por "traição à Angkar", "traição à Constituição", "traição à Via". "Ankgar tem olhos como os abacaxis, e vê tudo." Tendo olhos, os *khmers rouges* matavam imediatamente todas as pessoas de cabelos longos, todas as portadoras de óculos, todas com as mãos sem calos, todas que comiam com educação, todos os estudantes, todos os professores, todos os militares das forças armadas regulares do antigo regime e suas famílias etc. A idolatrada Angkar dividiu o povo

---
14 Ponchaud, François. *Cambodge. Année zéro*. Paris, Ed. Kailash, 2001, p. 110.
15 Idem, ibidem, p. 152.

em categorias. O "povo antigo" ou "povo de base" é o puro, sem escrita, sem ciência e sem tecnologia.

O "povo novo" é o povo das cidades, liberado em último lugar. "Novo" tem uma má conotação: é o povo que tem hábitos perversos herdados dos estrangeiros. O "povo em espera" é o rural "liberado" em 17 de abril de 1975, pouco contaminado pelas influências nefastas: ao preço de uma educação de alguns anos, comparada a um trabalho de forja, ele poderá ser recuperado. O "povo confiado" é o de Phnom Penh: contaminado demais com as influências nefastas da civilização estrangeira, ele é quase irrecuperável.[16]

Este último foi eliminado por completo. Foi *confiado* aos carrascos.

Angkar revolucionou a medicina com o programa "mais médicos" cambojanos puros. Com efeito,

> para os khmers rouges, a pessoa dotada de uma consciência clara e límpida não podia ficar doente. Uma pessoa que ficasse doente era uma pessoa cuja consciência era má, e portanto a ser eliminada. Os khmers rouges perseguiram e mataram todos os médicos e todos os profissionais de saúde do antigo regime. Eles queriam ter seus próprios médicos, formados a uma pouquísssima idade, de dez a quatorze anos, como crianças-médicos. Estas não sabiam escrever nem ler, e deviam aprender tudo oralmente, o que limitava a aquisição de conhecimentos, e abria a porta a todos os erros. Os khmers rouges só produziam um pouco de extrato de tigre.[17]

"DEMOCRACIA" COMUNISTA, SOCIEDADE E CULTURA

Países totalitários comunistas por vezes se intitulam democráticos, como se precisassem da aceitação da comunidade internacional, e o rótulo é uma fachada para esconder um conteúdo oposto. Os caminhos que levam ao regime totalitário comunista são múltiplos; são produto de um processo histórico de vários anos, e é preciso um trabalho de decodificação, de decriptação, pois há um código secreto, mas que felizmente deixa sinais que são identificados por uma crítica de semiologia política e ideológica. No Camboja, o poder comunista intitulou o país de Kampuchea Democrático. Vejamos algumas das caracte-

---

16 Idem, ibidem. p. 268.
17 Picq, Laurence. *Le piège khmer rouge*. Paris, Ed. Buchet/Chastel, 2013. p. 129.

rísticas da "democracia" comunista cambojana dos *khmers rouges* relatados por Laurence Picq, que viveu todos os anos do regime, e que coincidem com todos os relatos de outros intelectuais, religiosos e refugiados:

    1) Proibição de pensamento pessoal e obrigação de se ater ao pensamento único; 2) proibição de se exprimir e obrigação de manifestar as ideias da Angkar; 3) proibição de se abster de falar quando Angkar pede que se tome a palavra, e obrigação de se exprimir com palavras que provem uma adesão total ao pensamento único; 4) proibição da informação, com extinção de toda a imprensa escrita ou falada, e obrigação de se impregnar da informação da Angkar e de somente pensar como Angkar; 5) proibição de circulação e obrigação de permanecer fechado na sua unidade: as vias de comunicação estando vazias e vigiadas pelo exército, qualquer transgressor era facilmente visto e preso; proibição de trens e automóveis, e de qualquer outro meio de circulação e comunicação; 6) proibição de comunicação por correio e telefone; 7) proibição de ter uma vida pessoal, uma vida familiar, uma vida de casal e íntima, e obrigação de integrar a vida coletivista; 8) proibição de ter bens pessoais e deles dispor, e obrigação de entregá-los todos à Angkar, que conhece melhor que o interessado as suas necessidades; 9) proibição de sentimentos pessoais e obrigação de obediência incondicional à Angkar; 10) proibição de reunião e de associação, e obrigação de acompanhamento das reuniões com exames públicos de consciência; 11) proibição do passado pessoal ou projeto de vida pessoal, e obrigação de se tornar proletário da Angkar; 12) proibição de ter uma consciência pessoal individual e obrigação de consciência vazia. A lista seria longa. O Kampuchéa Democrático era mais que uma prisão, mais que um campo de concentração, mais que um campo de trabalho ou uma prisão. Era mais que um imenso hospital psiquiátrico em que a pessoa internada deve ser transformada psicologicamente. Era tudo isso e mais que isso. Era todas essas instituições ao mesmo tempo do tamanho de um país.[18]

    O coletivismo da sociedade *khmer rouge* era espantoso. Por exemplo, todos os utensílios de cozinha foram requisitados para impedir o uso individual e familiar, e todas as refeições eram servidas em restaurantes coletivos de Estado. Segundo Laurence Picq, "a comida era um tema sensível nos *khmers rouges*. Um quadro regional foi condenado à morte por ter comido as polpas de cocos que caíam naturalmente das árvores, e outro foi também assassinado por não ter permitido consumir as pol-

---

18 Idem, ibidem. p. 98.

pas de coco que caíam naturalmente das árvores. Outros foram acusados de complô e tentativa de golpe de Estado por terem dividido e comido furtivamente um pacote de espaguete encontrado em um lugar qualquer".[19] O controle da alimentação produziu uma sociedade de escravos por intermédio de um colonialismo interno, resultado do nacional-comunismo dos *khmers rouges*. O lugar mais importante da sociedade como espaço de trocas sociais era a cozinha. Assim, continua Laurence Picq, "as cozinhas eram um lugar privilegiado em termos não somente de comida, mas igualmente de política. Era nesses lugares estratégicos que mais circulavam informações, muito mais que nos gabinetes dos ministérios, porque neles passavam os motoristas e os guarda-costas que atravessavam o país e faziam visitas às filhas e mulheres que trabalhavam na cozinha. Cozinheiras conheceram a glória. Khieu Samphân casou com uma cozinheira. Pol Pot também teve uma cozinheira como segunda esposa. Uma cozinheira ainda foi nomeada para o prestigiosíssimo posto de embaixadora do Kampuchea Democrático em Pequim".[20] A fome foi a arma mais poderosa e a responsável pela maior parte do genocídio de cerca de dois milhões de seres humanos. Os centros de tortura alcançaram alguns milhares de vítimas, principalmente na S21, na qual morreram 17 mil colegas *khmers rouges*, tema do filme *S21, la machine de mort Khmère rouge*, do diretor Rithy Panh, premiado no Festival de Praga, no Festival Europeu de Cinema, em Berlim, e seleção oficial do Festival de Cannes.

Uma das mais impressionantes características do totalitarismo comunista cambojano foi a criação de uma língua revolucionária Khmère Rouge para substituir a língua tradicional. A nova língua traduziria o espírito do novo homem, da nova sociedade e da nova vida. A nova língua instauraria o novo ser humano, agindo nas profundezas ontológicas das novas gerações comunistas. Todo o vocabulário essencial do cotidiano foi alterado. As primeiras palavras dos bebês na creche eram "filho do Partido", pois seus pais eram a Angkar, a organização, o Partido Comunista do Kampuchea (PCK). Segundo Laurence Picq,

> a língua khmère rouge dava conta da segunda grande decisão, a saber, a abolição da propriedade privada. Os adjetivos possessivos foram radicalmente suprimidos. Nada de dizer "minhas coisas", pois ninguém tinha mais nada de pessoal. Cada um podia ter para si somente uma roupa e uma substituta, uma pequena

---

19 Idem, ibidem. p. 135.
20 Idem, ibidem. p. 135.

colcha e um mosquiteiro, o que não era um luxo. O todo não podia ultrapassar o volume de um saco chamado "pacote" (espécie de pequena mochila). Trabalhava-se com a enxada da Angkar. Comia-se com os talheres da Angkar (que havia confiscado todo o material de cozinha, e proibia qualquer cozinha individual), comia-se a sopa da Angkar e nada mais no refeitório da Angkar e mais em nenhum outro lugar, no momento em que Angkar decidia e não em outro momento. Bebia-se a água que Angkar fervia e colocava à disposição, caso pudesse.[21]

A abolição da individualidade pelo regime totalitário visava à proclamação onipotente da nova natureza humana comunista rompida com milhares de anos de cultura e civilização. A própria lógica da natureza curva-se-ia aos desígnios da ideologia artificialmente criada pela psicopatia dos líderes *khmers rouges*, que com isso aumentariam os resultados da colheita de arroz. Foi abolido o pronome "eu" por ser considerado do passado, substituído pelo novo vocábulo coletivista "nós-eu". O ego foi extinto, coincidindo com o budismo por outro viés, em busca de uma consciência clara e límpida. Todos os cumprimentos das relações interindividuais foram igualmente abolidos à força, como bom-dia, boa-tarde, boa-noite, obrigado, até logo, desculpe, por favor etc. Todos considerados típicos do individualismo burguês. Nada mais de apertos de mão, abraços, gestos locais etc. Em vez de, por exemplo, dizerem "Bom dia, como vai?", o obrigatório era "Sem febre?". Um homem e uma mulher de qualquer idade não podiam se olhar nos olhos, e para falar deviam preservar uma boa distância. Tocar um no outro nem pensar, pois se configurava atentado ao pudor. O que deveria se traduzir em fuzilamento sumário.

Como se não bastassem essas regras de boas maneiras e de bons hábitos comunistas, Laurence Picq explica outras: "No capítulo dos comportamentos conduzidos pela língua *khmer rouge*, e que merecem uma pequena menção, consta a proibição de cruzar as pernas estando sentado, e a proibição de mexer as mãos e os braços, ou fazer gestualísticas expressivas ao falar."[22]

BUDISMO E COMUNISMO

O budismo era visto como anticomunista, assim como toda religião. Segundo Ponchaud, "era, portanto, lógico para os revolucionários *khmers* suprimir

---
21 Idem, ibidem. p. 73.
22 Idem, ibidem. p. 75.

os pagodes e o seu clero: essa supressão atomizava a sociedade camponesa, os aldeães não conservando mais os laços orgânicos e espirituais entre si. O budismo enquanto tal não estava de forma alguma armado para resistir ao poder totalitário dos *khmers rouges*. Outrora, na Índia, o budismo não pôde tampouco resistir ao avanço do Islã, igualmente totalitário no plano social".[23] O ópio do povo deveria ser destruído pelo poder revolucionário, pois o budismo exaltava a personalidade individual ainda que negasse o ser pessoal. A doutrina do carma tinha aspectos que se opunham à teoria da luta de classes, uma vez que atribui a pobreza e a miséria aos erros cometidos em vidas anteriores, aceitando as desiguldades sociais, assim como a riqueza e o bem-estar de outros. O carma pode ser bom ou ruim, sendo ruim o assassinato era visto como natural, pois carma não se muda, e a submissão ao poder era total. O materialismo budista isento de fé coincidia em parte com o materialismo marxista e sua concepção de mundo.

O marxismo *khmer rouge* foi marcado pela fortíssima pressão histórica, cultural e religiosa do budismo. "É significativo", afirma Ponchaud, "nesse ponto constatar que a língua *khmer* não comporta a palavra 'pessoa' como entidade responsável em relação ao outro. O homem búdico pode, pois, se fundir nessa grande corrente de energia vital que transformará o mundo. O *khmer* talvez seja mais facilmente acessível a essa fusão na massa impessoal para o progresso coletivo da humanidade que o homem formado pela filosofia personalista ocidental. Sobre esse ponto, é interessante que a linguagem revolucionária retomou uma parte do vocabulário búdico: 'a roda da revolução não para nunca, esmaga todos aqueles que impedem seu avanço'. Essa 'roda' parece a réplica da 'roda do samsara', aquela das reincarnações sucessivas".[24] Como na doutrina cármica e na da reencarnação cada um cuida de si, do mais pobre ao príncipe, o comunismo teve o caminho facilitado. Os líderes *khmers rouges* utilizaram consciente e inconscientemente o budismo, transmutando-o em comunismo búdico ou "budismo" comunista.

Para Ponchaud,

> a crença na reencarnação universalmente difundida engendra uma relação com a morte menos trágica que aquela que cultivam os ocidentais desde o fim da

---

23 Ponchaud, François. *Cambodge. Année zéro*. Paris, Ed. Kailash, 2001, p. 34.
24 Idem, ibidem. p. 287.

Idade Média. Se para os ocidentais a vida é preciosa, é porque ela é única, começando com a concepção e terminando com a morte. Em oposição a esta visão linear da existência, a concepção cíclica da reincarnação diminui o caráter absoluto da vida. (...) Se a esse respeito relativo da vida se acrescenta a doutrina cármica afirmando que "os méritos e deméritos seguem o homem como a sua sombra", e que portanto nenhuma conversão é possível, podem-se esperar muitos excessos. O homem culpado deve sofrer o castigo que seus atos mereceram, sem possibilidade de resgate, diferentemente de uma mentalidade confunciana pela qual a falta é de início um erro, e portanto reformável. A escutar inúmeras narrativas de refugiados sobreviventes dos massacres, não se pode deixar de observar uma certa cumplicidade entre o carrasco e suas vítimas, cada um aceitando as regras trágicas do jogo que as governam.[25]

Francis Deron, importante jornalista do *Le Monde*, ressalta que o regime *khmer rouge* originou

> o primeiro processo autêntico de um regime comunista. Jamais os responsáveis ligados de perto ou de longe a esta ideologia tiveram que responder por seus atos diante de juízes que não os interrogam em função de um livreto de ópera escrito nos bastidores, mas também, para além desses juízes, diante do seu povo e seus contemporâneos. Aliás, é provavelmente o último processo possível de um comunismo tendo reinado na impostura que representou esta forma de governança no século XX. Os raros regimes que ainda se prendem a ele (China, Vietnã, Cuba...) encontrarão sem dúvida outras portas de saída. Esse processo é de um genocídio certificado.[26]

Os dois milhões de cambojanos não se suicidaram, não foi um autogenocídio. As crianças, adolescentes, jovens e adultos não pediram ao Estado comunista para serem massacrados, foram-no por determinação do governo liderado por Pol Pot e seus quadrilheiros. Rotular de autogenocídio é uma canhestra forma de isentar de culpa a ideologia comunista implementada por seus líderes. É tentar salvar a honra do comunismo dos maiores crimes contra a humanidade jamais praticados, em concorrência com o nacional-socialismo. É praticar o

---

25 Idem, ibidem. p. 289.
26 Deron, Francis. *Le Procès des Khmers rouges. Trente ans d'enquête sur le génocide cambodgien.* Paris, Gallimard, 2009, p. 12.

revisionismo cúmplice, além de uma gravíssima ofensa aos mortos, vítimas de crimes contra a humanidade. Jamais esquecer a aliança entre nazistas e comunistas formalizada em 1939 e exercida praticamente durante três anos até 1941. O genocído *lato sensu* transcende aquele original de Raphael Lemkin para tipificar o nazismo, pois a motivação do comunismo é o genocídio de classe, ou classicídio, como já expusemos acima. O comunismo e o nazifascismo foram igualmente sacrocidas, isto é, sistemas genocidas acompanhados de *sacrocídio*, neologismo por nós criado para designar a prática da selvageria e massacres contra as religiões e seus seguidores. Ainda que os comunistas *khmer rouge* se intitulassem nacionalistas extremistas, o povo cambojano valia muitíssimo menos que a ideologia do massacre de classes. Não havia amor na língua *khmer rouge*, portanto, não poderia haver amor ao povo cambojano. Amor somente à ideologia. Para Pin Yathay, "o amor, a amizade, a piedade e a compaixão, todos os sentimentos exaltados por Buda foram banidos. Foi a era das trevas durante a qual todos os valores morais foram subvertidos".[27] A idolatria à doutrina comunista era um absoluto. Do grego *genos*, raça, etnia, família, e do latim *caedere*, massacrar, matar, o genocídio tem sentido estrito e sentido amplo. Em latim, *gens*, além do significado étnico ou racial, também significa o povo de uma cidade, de uma região, uma família. E *gens humana* é a raça humana, o gênero humano.[28] Portanto, é rigorosamente legítimo tipificar como genocídio da raça humana, inclusive o genocídio de povos das cidades e das regiões. Segundo Francis Deron, "a ideia de autogenocídio é perigosamente ambígua. Exonera as responsabilidades individuais do peso do crime, como se o resultado tivesse decorrido de uma espécie de ação coletiva. Tem também tendência a aumentar, para os espectadores externos, a distância entre eles mesmos e o drama, pois o que fazer diante de um país que seria vítima de uma pulsão suicida? Não houve suicídio coletivo no Camboja".[29]

As tragédias causadas pelos totalitarismos nos séculos XX e XXI devem ser estudadas tais como as doenças na medicina. Afirmar que ao longo da história sempre houve massacres é um artifício desajeitado com a finalidade de

---

27 Yathay, Pin. *L'utopie meurtrière. Un réscapé du génocide cambodgien témoigne*. Bruxelas, Ed. Complexe, 1989, p. 408.
28 Gaffiot, Félix. *Dictionnaire Latin-Français*. Paris, Ed. Hachette, p. 323.
29 Deron, Francis. *Le Procès des Khmers rouges. Trente ans d'enquête sur le génocide cambodgien*. Paris, Gallimard, 2009, p. 14.

desculpação dos genocídios de classe (classicídios) e genocídios dos totalitarismos comunista e nazista, e no negacionismo do ineditismo totalitário. O que aconteceu no século XX é sem precedentes na história da humanidade. Negar essa realidade com argumentos falaciosos de autogenocído e similaridade histórica de massacres é também uma brutal desonestidade intelectual, além de romper com os mais elementares princípios morais e éticos para dar sustenção aos genocídios contemporâneos. No totalitarismo os fins e os meios são dialeticamente intrínsecos à barbárie, que é a negação sistêmica dos mais caros valores da civilização acumulados ao longo de milênios da história humana, ao custo de muita cultura, religião, ciência, filosofia e dor. Theodor Adorno escreveu que a barbárie é o outro da civilização, sempre à espreita para se manifestar e dominar a sociedade por meio do Estado totalitário. A defesa da vida, da liberdade e da paz devem nortear os sistemas políticos e econômicos como os mais elevados valores sem os quais nada merece existir. A multiplicação das instituições públicas e privadas, com o respeito e o aprofundamento da autonomia dessas instituições é condição de prevenção ao totalitarismo. Nenhum país no mundo está imune ao totalitarismo, pois ninguém pode prever o futuro, e as condições objetivas de um determinado momento histórico podem desencadear o processo totalitário, imprevisível por natureza. O que é impossível hoje pode se tornar possível no futuro. Reforçar as instituições é decisivo, assim como manter forças armadas regulares com alto nível de dissuasão e impedir a criação de milícias e organizações paramilitares. Aprofundar e aperfeiçoar qualitativa e quantitativamente o Estado Democrático de Direito é *conditio sine qua non* para impedir uma regressão à barbárie totalitária. A vida é um absoluto. A liberdade é que gera mais igualdade. E a paz garante a vida e a liberdade.

HANS KELSEN E O COMUNISMO COMO IDEOLOGIA DO GOLPE DE ESTADO

O ano de 2017 marcou o primeiro centenário da Revolução Russa, e no Brasil somente os fiéis do totalitarismo se manifestaram publicamente, ainda que por vezes mesmo tímida e envergonhadamente. O ano de 2018 marca o segundo centenário do nascimento de Karl Marx. Certamente este será mais comemorado que a barbárie provocada pelos resultados do marxismo. Estratégia de ocultação de cadáveres. Algumas universidades públicas acabam de instituir uma "disciplina sobre o golpe de 2016". O golpe da esquerda revolucionária foi dado na ciência, na ética universitária e no povo brasileiro que paga impostos que financiam as universidades públicas. "Disciplina" explicitamente política expõe desavergonhada e claramente o nível de subversão da ciência em ideologia. Contudo, nenhuma grande iniciativa crítica sobre a União Soviética foi desenvolvida pelas universidades públicas ou privadas em 2017 sobre o golpe de Estado de 1917. As primeiras, por serem a expressão mesma do totalitarismo na ciência, fazendo do meio acadêmico um superabundante aparelho ideológico financiado pelos impostos do povo brasileiro, destinado a inchar a máquina estatal federal e estadual como vanguarda da opinião controlada pelos extremistas. As segundas, por falta de vocação para a pesquisa, à exceção das católicas e outras poucas não católicas, mas que também estão aparelhadas. Contudo, a pesquisa séria é desenvolvida quase que exclusivamente nas universidades públicas, com raras exceções, mas é combatida internamente pelas minoritárias correntes extremistas da ideologia, ensejando o vergonhoso noticiário a respeito de trotes com torturas e mortes, tráfico e consumo de drogas, consumo de bebidas alcoólicas, estupros, ataques físicos e morais de milícias fascistas, furtos, roubos, destruição do patrimônio público etc. Do ideal do moderno iluminismo medieval católico na criação das universidades, que conduziu a humanidade a gigantescos progressos científicos e culturais, restou muito pouco no Brasil de hoje. A rigor, o Brasil ainda não alcançou o Iluminismo por completo. Temos bolsões iluministas e vastos campos de trevas. Posteriormente, essas matrizes ideológicas de repressão à liberdade de pensamento, criação e consciência serão aplicadas nas mais diversas profissões, realimentando os dogmas irracionais ideológicos e formando opinião difusa no seio da sociedade. Isso é particularmente visível e explícito nas áreas da filosofia, comunicação social, história, sociologia, serviço social e antropologia. O ensino, a pesquisa e a extensão formam um triângulo equilátero a serviço da propaganda ideológica, subvertendo a ciência, desprezando-a; logo, arruinando e impedindo a livre busca da verdade. Essas correntes extremistas minoritárias visam a devastar o modelo meritocrático, considerado burguês, podendo levar ao fim das universidades públicas, tal como as conhecemos, conduzindo a pesquisa à extinção. Essa minoria ideológica é mais organizada, ameaçadora, agressiva, e conquista espaços em virtude da adesão irresponsável de docentes, que cooptam calouros e silenciam colegas pelo medo do contexto terrorista e de vigilância ideológica. E há em certas universidades privadas o mesmo quadro, em virtude do meio ambiente social poluído pela ausência de reflexão crítica, que conduz a meros *argumentum ad nauseam*. Assim, o Brasil não perde a esperança de vir a ser um país totalitário, se levarmos em conta a hegemônica cultura autoritária de esquerda, que oprime a divergência, a crítica e o contraditório. A esquerda brasileira tem um contrato social por *commom law* com o banditismo. A esquerda tupiniquim incluiu o crime organizado em seu direito consuetudinário. Com isso quer extinguir o poder judiciário do Brasil. O estatismo da esquerda vê na universidade pública sua propriedade privada, pondo em risco todo o conjunto do ensino, extensão e pesquisa, mesmo que a população já tenha percebido que seus impostos são fraudados para financiar a propaganda ideológica de partidos extremistas. É uma prática de terrorismo moral. Funciona como a apropriação pela força dos meios de produção teórica, anteriormente pública, e agora, em inversão, privatizando-a em benefício partidário e ideológico.

É exatamente essa a crítica que Hans Kelsen construiu contra o comunismo, tanto na teoria do direito quanto na teoria do Estado: o abandono dos critérios racionais da ciência em favor dos jargões irracionais da ideologia. Para Kelsen, uma teoria do direito remete necessariamente a uma teoria do Estado. No comunismo, a destruição da ética é parte da ética da destruição. A ideologia é a destruição da ética. O comunismo é a ética da barbárie e do genocídio. Ética e ideologia excluem-se mutuamente.

Marx definiu a ideologia como falsa consciência, uma ideia errada. O marxismo se apresentava como socialismo científico, justamente para dar a impressão de que se diferençava da ideologia; porém, essa era uma estratégia política do marxismo, cuja práxis desde sempre foi ideológica, e isso em quaisquer variantes internacionais. Com efeito, a ideologia é a produção sistemática, artificial e esquemática de uma realidade formada na consciência humana individual e coletiva, sem que essa realidade ou consciência coincida com a realidade objetiva. A ideologia está acima da realidade objetiva, e aplica nesta o Leito de Procusto. A ideologia é uma ficção que tortura e mata a realidade para que esta finalmente um dia confirme a falsa veracidade ideológica. Claro que jamais confirma. Há uma insustentabilidade histórica na aplicação política da ideologia. Assim, Kelsen critica Engels: "Uma ideologia é uma forma de consciência que reflete a realidade social de uma maneira deformada, que cria falsamente algo que na realidade não existe, que vela a realidade ou parte dela em vez de desvelá-la; é um engano, e até mesmo um autoengano e, sobretudo, é uma consciência ilusória. Por isso há sempre um antagonismo ou conflito entre a realidade e a consciência ideológica que o homem tem dessa realidade; e posto que Marx se refere a conflitos e antagonismos como 'contradições', há sempre uma contradição entre a realidade e a ideologia."[1] Como a contradição entre a realidade e a ideologia sufoca os autênticos antagonismos e conflitos na sociedade civil, o Estado constrói uma imensa represa para conter as contradições e sustentar artificialmente o totalitarismo, valendo-se de todas as formas de barbárie e genocídio, e a represa em determinado momento se rompe. Desfraldando o monopólio da bondade, o comunismo precisa do genocídio para demonstrar o amor ideológico. A bondade ideológica vai justificar toda a carnificina na realidade objetiva. Ludwig von Mises aponta com clareza que no liberalismo as contradições econômicas acabam por conduzir ao estabelecimento do preço de mercado. Na democracia, os conflitos e as contradições sociais são permitidos e resolvidos mediante o respeito às normas e ao direito positivo. O totalitarismo sufoca as contradições a título de resolvê-las e elogia a dialética materialista: uma dialética sem contradições. Regra geral, o Marx prestidigitador acusa nos outros as características que são do seu próprio pensamento,

---

1 Kelsen, Hans. *Teoría comunista del Derecho y del Estado*. Buenos Aires, Ed. Emecé, 1957, trad. Alfredo J. Weiss, p. 21.

exemplificando a teoria freudiana da projeção como mecanismo de defesa: o mágico Marx atribui aos outros as ilusões que são dele. E isso é ideologia.

Segundo Kelsen, Marx, Engels e os marxistas atribuem erroneamente ao direito a expressão ideológica da economia vigente, isto é, burguesa e capitalista, mas para Kelsen essa acusação política tem em vista não o direito enquanto tal, mas exclusivamente certa teoria do direito. Kelsen qualifica como teoria da inversão a teoria de Engels, para quem o direito é uma ideologia porque o legislador "imagina" que aquele é a expressão de um princípio *a priori* e que tipifica como ilusão do legislador achar que o direito é a expressão de um princípio *a priori*, quando seria o reflexo de relações econômicas. "Porém", esclarece Kelsen, "há criadores de direito burguês e juristas burgueses que não creem, nem fazem os outros crerem, que o direito é a expressão de princípios *a priori*, pois não creem na existência de princípios *a priori* do direito".[2]

A destruição do direito e do Estado faz parte do conjunto de destrucionismo inerente ao socialismo marxista, conforme bem assinalou Ludwig von Mises. Mesmo que a destruição da sociedade não fosse o objetivo do comunismo, ela está implícita ao se apresentar como uma sociedade superior às outras, uma espécie de positivismo comtiano, e, sabedor de que o socialismo comunista é impossível, é preciso derrubar tudo para que se confirme a ideologia. Inviabilizar o capitalismo e a economia de mercado é a sua máxima política, e isso pressupõe a destruição de todas as instituições burguesas, todos os princípios e valores morais, éticos, culturais e filosóficos. Toda a oposição marxista caminha no sentido de impedir a plena realização de uma sociedade liberal em um Estado liberal, em que a igualdade nasce da liberdade. O destrutivismo marxista tem como meta criar o máximo de obstáculos à economia liberal, ao Estado democrático de direito, à imprensa e às instituições democráticas livres para poder exaltar as virtudes do totalitarismo, apresentando-o como o único que trará estabilidade social e política. A eliminação moral do liberalismo se associa à eliminação física dos liberais. O destrutivismo comunista visa a eliminar os obstáculos para regredir ao estado de barbárie, ao estado de natureza, o paraíso terrestre sem Estado, sem classes e sem direito. Eliminar os obstáculos materiais e humanos. Foi nesse sentido que em diversos outros ensaios apresentamos as provas teóricas e práticas e as argumentações não ideológicas que

---

2 Idem, ibidem, p. 33.

aproximam o comunismo do nacional-socialismo. Mises, em seu clássico *O socialismo: estudo econômico e sociológico*, teoriza no mesmo sentido:

> Uma e outra tendência – o marxismo e o nacional-socialismo – convergem na hostilidade comum a respeito do liberalismo, e no repúdio da ordem social capitalista. Todos os dois querem substituí-la por uma sociedade socialista. A única diferença entre os seus programas consiste no fato de que a imagem que os marxistas fazem da sociedade futura difere em alguns pontos que, nós poderíamos mostrar, não são essenciais, do ideal do socialismo de Estado que é também o ideal dos nacionais-socialistas. Os nacionais-socialistas dão o primeiro lugar em sua agitação a reivindicações diferentes dos marxistas: quando os marxistas falam de retirar do trabalho seu caráter de mercadoria, os nacionais-socialistas falam de quebrar a escravidão do lucro, quando os marxistas tornam os capitalistas responsáveis por todos os males, os nacionais-socialistas creem se exprimir de maneira mais concreta ao gritarem: "morte aos judeus". O que separa o marxismo, o nacional-socialismo e os outros partidos anticapitalistas não são somente, é verdade, as hostilidades de clãs, as diferenças de ânimo ou as oposições pessoais, palavras e fórmulas, são também questões tocando a metafísica e a concepção de vida. Mas, em todos os problemas decisivos concernindo à organização da sociedade, estão todos de acordo: rejeitam a propriedade privada dos meios de produção e pretendem criar uma ordem social fundada na propriedade coletiva. (...) As fórmulas, as bandeiras e as insígnias das quais se servem os partidários da política destrucionista não mudam em nada os efeitos. Que sejam pessoas de direita ou de esquerda que estejam no poder, o futuro é sempre sacrificado sem escrúpulos em favor do presente, sempre se esforçam em manter de pé o sistema, devorando o capital enquanto ainda reste alguma coisa para devorar.[3]

Para Kelsen, a teoria pura do direito é uma "teoria burguesa do direito" no sentido da sua afirmação anti-ideológica, em oposição a Marx, para quem o direito burguês é norma e, por isso, ideologia. Marx compreende a norma como valor moral, e isso desqualificaria a norma e, por extensão, o direito. Kelsen esclarece a "lógica" de Marx segundo a qual o direito é "ideologia", pois Marx

> quer dizer é que a teoria segundo a qual o direito é uma norma, e é, portanto, justo, é uma teoria enganosa que deforma a realidade social. Porém, é perfeita-

---

3   Mises, Ludwig von. *Le socialisme. Étude économique et sociologique*. Paris, Librairie de Médicis, 1952.

mente possível descrever o direito burguês afirmando que é – de acordo com seu próprio significado imanente – uma norma, ou uma ordem normativa, sem incorrer em distorção ideológica da realidade social: se se utiliza o termo "norma" sem nenhuma conotação moral, se com ele, ou com o termo correspondente "dever" (*sollen*), se expressa não um significado moral, mas um significado lógico específico, ou seja, o significado específico da vinculação entre condição e consequência nas regras do direito mediante as quais a ciência do direito descreve seu objeto, o direito é um objeto de conhecimento, ou seja, a realidade jurídica.[4]

A teoria do reflexo diante do espelho é uma das mitologias do marxismo. Tudo aquilo que desagradava Marx, ou que pudesse criar obstáculos intransponíveis à sua doutrina ideológica, ele descartava veementemente em nome da "ciência" do proletariado. Assim, a negação da realidade jurídica em relação à causalidade da realidade natural, esclarece Kelsen, para quem a realidade jurídica se opõe à natureza, posto que fundada em normas criadas pelo conhecimento e pelo acúmulo empírico ao longo dos séculos e milênios. Completa Kelsen: "Porém, com relação ao direito, fez justamente o contrário; pois o direito como ideia na mente do homem não é – como a ideia que os homens têm da realidade natural – um reflexo, uma reprodução no espelho dessa realidade. É exatamente o contrário. Consideramos a conduta real que corresponde ao direito como sua realização, quer dizer, reconhecemos na realidade jurídica, como em um espelho, uma espécie de reprodução e, neste sentido, o reflexo de uma ideia, isto é, do direito como norma."[5]

Marx regride ao mundo das ideias de Platão, tal como no mito da caverna. O conceito de realidade em Marx foi construído para suportar a manipulação ideológica do comunismo; assim, Marx cria um conceito de realidade que lhe convém para tentar dar um mínimo de consistência, ainda que aparente, à teoria do proletariado. Com efeito, Kelsen aponta as inconsistências de Marx: "A realidade tem duas camadas, por assim dizer: uma realidade externa, visível, porém ilusória, e, portanto, ideológica; e uma realidade interna, invisível (porque ocultada pela camada externa), porém verdadeira, 'real'. A consciência ideológica reflete somente a realidade externa, ilusória, ideológica, tomando a aparência por realidade; enquanto a tarefa da ciência é descobrir a realidade

---

4   Kelsen, Hans. *Teoría comunista del Derecho y del Estado*. Buenos Aires, Ed. Emecé, 1957, p. 34.
5   Idem, ibidem, p. 37.

verdadeira, 'real', e revelar desse modo o caráter ideológico de sua forma de aparição. Uma realidade real é um pleonasmo sem significado, e uma realidade ideológica é uma contradição absurda; porém são essas objeções a uma teoria que – sob a diretriz da lógica dialética de Hegel – transfere as contradições lógicas do pensamento ao ser."[6] Marx arbitra, e os fiéis rezam o credo marxista, que há duas realidades; uma falsa, a externa, porque ele quer que seja falsa para dar sustentação à sua ideologia; e outra verdadeira, a interna, porque também ele quer que seja assim, pela mesma razão. Tudo é arbitrário. Seu princípio somente funciona ideologicamente se o indivíduo aceitar a premissa de que a realidade se divide em duas. Em verdade, Marx faz "ciência" exclusivamente pessoal, típica da ideologia, recusando a impessoalidade dialeticamente inerente à filosofia. Theodor Adorno sabiamente advertira que a filosofia é a união dialética da pessoalidade com a impessoalidade, tal como nos livros *Terminologia filosófica I e II*. Com rigorosa argúcia, Kelsen identifica o método de Marx: ontologiza a sua invencionice ideológica para dar uma aparência de universalidade. Ao transferir as contradições lógicas do pensamento ao ser, conforme aponta fatalmente Kelsen, Marx procura conferir universalidade, logo, veracidade, a uma ficção ideológica. Como se em Marx a realidade oculta fizesse papel de número, de essência, o tal "fundo oculto", e fosse a realidade "real"; e a realidade externa fosse o fenômeno, eivado de defeitos e aparências. Marx embaralha completamente as cartas para conduzir o seu jogo político aos objetivos ideológicos a que se propõe. Uma espécie de fenomenologia marxista, uma construção ficcional, e uma contradição nos termos. Desta feita, Kelsen vai ao centro do problema e desvela a farsa da concepção de Marx:

> É evidentíssimo que a absurda construção de uma realidade que se contradiz a si mesma é o resultado de projetar na realidade uma ideologia ilusória que contradiz a realidade. O que Marx chama a "forma fenomenal" da realidade, em contraposição ao "fundo oculto" da realidade, é a realidade tal qual a vê a pervertida concepção da ideologia burguesa, isto é, o reflexo ideológico da realidade na consciência burguesa; e a "essência disfarçada", o "fundo oculto" da realidade, a realidade "interna" e "real", não é senão a realidade vista na concepção de outro, a ideologia socialista, um quadro da realidade que corresponde a seu ideal de jus-

---

6   Idem, ibidem, p. 39.

tiça. A contradição em que Marx pensa não é a contradição da realidade consigo mesma, mas a contradição entre duas ideologias opostas.[7]

A ideologia tem como fundamento universal uma concepção de mundo a ser alcançada no plano da práxis, e, portanto, todas as ideias, conceitos, princípios, valores e categorias estão servilmente subordinados ao objetivo maior, no caso de Marx, o socialismo, que fica no topo da hierarquia. Quaisquer conclusões teóricas que ponham em risco, ou em dúvida, o plano ficcional do marxismo, são imediata e brutalmente abandonadas, e a lógica perversa da ideologia refaz tudo para fazer coercitivamente coincidir todo o universo teórico com o objetivo ideológico. O marxismo é uma teoria e prática da condução coercitiva política. Esse método é todo ele ideológico do início ao fim. Sem compromisso com a verdade, que é anti-ideológica por natureza, Marx aplica ao conceito de Estado e de direito as suas premissas político-ideológicas para fazê-las coincidir com os ideais comunistas. Se os marxistas não conseguem efetivar um golpe de Estado ortodoxo, pelas armas, procuram realizá-lo por meio dos instrumentos conferidos pelo Estado democrático de direito, subvertendo a democracia a partir de dentro, de modo centrífugo, e tentando assembleias constituintes, reformas dos códigos penal e civil, emendas constitucionais, decretos, leis ordinárias, atos executivos etc. A destruição do direito é uma forma tradicional de conquista do poder rumo ao totalitarismo, utilizando a via do autoritarismo gradativo com ascensão permanente. O autoritarismo pode ser a antessala palatável do totalitarismo. O antegosto do objetivo final. O autoritarismo pode ser utilizado tanto como preparação ao totalitarismo, como meio desesperado de impedi-lo pelas forças de oposição.

Com efeito, Kelsen define com precisão, ao comentar criticamente a concepção de Marx sobre o Estado: "O Estado em sua realidade existente é uma ideologia, e esta realidade ideológica contradiz sua realidade verdadeira, real, que é a norma de sua existência. Resulta lógico que não é o Estado, porém uma teoria apologética do Estado que pretende que o Estado seja a realização da razão, e que esta teoria do Estado, e não o Estado real, é uma ideologia; e que o que Marx chama aqui de 'realidade verdadeira' em oposição à 'realidade existente' do Estado é seu ideal, isto é, o socialismo. Em consequência, não há autocontradição dentro da realidade representada pelo Estado, porém uma

---

7 Idem, ibidem, p. 39.

contradição entre duas ideologias, a capitalista e a socialista."⁸ Os marxistas defensores do Estado como realização da razão valem-se de todos os meios irracionais para instaurar o que seria a concretização da razão pelo totalitarismo: o Estado absoluto, ou como um absoluto. A eliminação em massa da população provaria a racionalidade do Estado. O genocídio em suas diversas variações estaria assim justificado pelo mito da razão, que se confunde com o mito do Estado. O fato de Marx se outorgar o poder do mágico que com sua vara determina o que é ou não a realidade verdadeira do Estado seria somente uma questão pessoal, mas, quando milhões no mundo acreditam cegamente nisso, já é uma questão social planetária. Nisso, a sua técnica de persuasão é de uma habilidade raríssima. Contudo, essa é uma tendência humana, haja vista a capacidade da internet de conduzir centenas de milhões de pessoas a acreditarem nas postagens mais absurdas, gerando uma fanática aderência a coisas sem nenhum fundamento na razão; nesse sentido, não seria o marxismo que fugiria à regra universal. Paradoxalmente, o inverossímil tem força de verdadeiro. A atração fatal pela tentação do absurdo faz com que este se transforme em verdade. O verdadeiro não emociona tanto quanto o falso, assim como aparentemente o mal atrai mais que o bem.

Segundo Kelsen, e com razão, Marx regride à doutrina do direito natural:

> Quando Marx aplica ao Estado a distinção entre a realidade existente, meramente externa, e a realidade verdadeira, oculta, como *Sollen*, destino ideal da realidade, adota exatamente o mesmo esquema interpretativo que a doutrina do direito natural. Esta doutrina pressupõe que a justiça – ou, o que dá no mesmo, a razão – é imanente na realidade apresentada como "natureza": natureza das coisas ou natureza do homem, igual ao que Marx dá por provado que seu ideal está oculto na realidade existente. (...) Assim como a doutrina do direito natural pode deduzir da natureza só o que tenha projetado sobre ela – sua pretensa dedução da natureza é na realidade uma pressuposição inconfessada do intérprete da natureza, e a desejada justiça está oculta não na natureza, mas na consciência do jurista –, a verdade social que Marx pretende fazer surgir da realidade social é sua própria ideologia socialista, projetada sobre aquela. Sua realidade, como o chapéu longo do mágico, tem um duplo fundo, do qual é possível tirar qualquer coisa mediante artes mágicas.⁹

---

8   Idem, ibidem, p. 41.
9   Idem, ibidem, p. 42.

Com efeito, Marx é visto como um ocultista, e que é capaz de convencer massas acéfalas de sua capacidade de ver o que ninguém vê. De persuadir que somente ele extrai a verdade oculta da realidade externa; e de que há uma realidade interna contrária à face externa da realidade, que desta feita é simultaneamente falsa e verdadeira. Mas só Marx saberia onde se encontra a verdadeira. A ideologia totalitária socialista é um dos pequenos coelhos tirados da cartola do rei mago Marx. As massas acéfalas heterônomas entregam-se de corpo sem alma à "verdade" desvelada pelo ocultista. Apesar do conteúdo original ser irracional, Marx e Engels ainda acrescentam o epíteto de "científico" ao socialismo. É uma contradição em termos uma ideologia científica. Ou bem é ideologia ou bem ciência. O afastamento da verdade pela via da intencional manipulação da teoria caracteriza a ideologia fraudada em ciência, surfando na onda do mito positivista da ciência. A crença irracional na ciência é anticientífica. Fazer da ciência uma crença elimina a razão em um primeiro momento, e pessoas e povos em um segundo e terceiro momentos. Da cartola marxista saem quaisquer teorias secundárias ficcionais de artes mágicas.

Na maré positivista, Engels arrisca afirmar que "é tarefa do socialismo científico *não só* examinar a evolução histórica da economia, da qual surgiram de modo necessário as classes burguesa e proletária, *mas também* descobrir na situação econômica criada por esta evolução o meio de solucionar o conflito". "O meio de solucionar o conflito é estabelecer revolucionariamente uma sociedade comunista sem classes", completa Kelsen.[10] A teoria democrática do conflito, por nós instituída como corolário da teoria geral da contradição, afirma que a extinção revolucionária do conflito é a causa da implantação totalitária do conflito, pois a tentativa de extinguir o conflito pela via revolucionária acaba por instalar a mãe de todos os conflitos, o genocídio. Instituir a barbárie para solucionar os defeitos da civilização é de uma irracionalidade absoluta, e tarefa do "socialismo científico". O totalitarismo não aceita sob nenhuma hipótese burguesa que o conflito seja inerente ao Estado e à sociedade civil. O Estado democrático de direito é o oposto, visto que aceita a inevitabilidade e a naturalidade dos conflitos, e civiliza o modo e os métodos de resolvê-los. Portanto, impedir totalitariamente o conflito, que é inevitável e inerente à condição humana e à sociedade, é criar o maior conflito possível: um Estado totalitário que usa a força das armas para instituir um regime de tortura física e moral, e o geno-

---
10 Idem, ibidem, p. 43.

cídio, conforme todas as comprovações empíricas da história contemporânea. Continua Kelsen, em sua crítica a Marx e Engels: "o meio para solucionar o conflito de classes: a ordem social justa da sociedade comunista é imanente à realidade social de produção e é possível, portanto, descobri-la mediante o exame dessa realidade. Isto é genuína doutrina de direito natural".[11] Ora, se o direito natural em seus melhores momentos é o originado por infusão de Deus, e, logo, de caráter universal, Marx é o Deus cuja doutrina comunista também produz direito natural. Alienação seria não conseguir desvelar na imanência a verdade doutrinária que é direito natural... ideológico. No marxismo, Deus é ideologia, e esta é Deus. A religião como ópio do povo deve ser proibida em razão do direito natural ideológico. A única religião ideológica permitida é o comunismo. A ideologia comunista é direito natural, como Kelsen precisamente assinalou.

Kelsen avança na crítica à ditadura totalitária comunista, ao comentar com exatidão a ficção marxista que "durante a época capitalista, quando o homem é escravo das relações econômicas, há um conflito entre a realidade externa do homem e sua essência, sua realidade interna, verdadeira, sua liberdade; um conflito entre o que o homem é e o que deveria ser, um autoestranhamento do homem. Porém, na sociedade primitiva, sem classes, do homem pré-histórico, havia uma total harmonia entre ambas as realidades, e o homem era em verdade o que deveria ser: livre. E assim também será livre o homem de novo quando a sociedade capitalista for substituída por uma sociedade de comunismo perfeito, que será o reino da liberdade, em contraposição à sociedade capitalista, que é o reino da necessidade".[12] Para um pensador que se apresenta como um grande dialético, Marx não pode ir adiante em razão da ideologia, pois não há nenhum indicativo antropológico que aponte cientificamente que somente o capitalismo é o reino da necessidade. Aliás, é filosófica e economicamente impossível, e mesmo absurdo, imaginar que a necessidade possa ser substituída pela liberdade em um piscar de olhos ideológicos. Somente a varinha de condão do maior mágico da história da filosofia seria capaz de tal proeza de papel. A rigor, a humanidade sempre viveu em estado de necessidade e de liberdade como dialética. A necessidade é insuperável, e o trabalho humano é essa constante tarefa de Sísifo, e nele o homem encontra a liberdade. Ao dividir o mundo

---

11 Idem, ibidem, p. 43.
12 Idem, ibidem, p. 44.

como um conflito entre a existência, reino da necessidade e capitalista, e a essência, reino da liberdade e do comunismo, o marxismo se apresenta como um idealismo precário, mas esperto, astuto e fraudador. O reino da liberdade para ser entronizado precisou praticar o genocídio em todos os países que acreditaram estarem superando o reino da necessidade. Em verdade, a tal essência tem a necessidade do reino da eliminação em massa de inocentes, e a liberdade de praticar toda espécie de tortura e genocídio. Com efeito, a tortura começa nos maus-tratos infligidos ao pensamento voltado para a busca desinteressada da verdade. Das sevícias impostas ao pensamento crítico, passa-se às torturas e ao genocídio de dezenas e dezenas de milhões pessoas. A venda de uma mentira por meio dos gritos obsessivos de um mercador de ilusões custou caríssimo à história da humanidade, retardando o avanço da civilização, e pior, apagando os avanços civilizatórios do passado. O respeito à integridade física e moral da pessoa humana individual é a prova dos nove de qualquer sistema ou regime político. A propriedade privada é a liberdade, e não o contrário, como prega o marxismo, que assegura que o fim da propriedade privada é o anúncio da boa-nova da chegada da liberdade. Marx em tudo quer suceder a Deus, a Jesus Cristo em particular, assim como Nietzsche. Um século XIX de deidades ateias. A propriedade privada é uma das expressões máximas da liberdade, e um dos poucos pilares do Estado democrático de direito.

Exímio manipulador de cartas, Marx joga com um baralho pessoal só de curingas. O marxismo, o nazismo e o totalitarismo em geral são um ilusionismo. O marxismo é um conjunto ideológico de profecias, adivinhações, quiromancias, cartomancias, messianismos e sebastianismos que conduzirão a humanidade ao ponto de partida, o grau zero da história arqueológica do ser humano. As teorias marxistas são fundadas em conceitos do pensamento mágico sob o efeito das cartas marcadas. Poder-se-ia afirmar que o marxismo é um blefe. Conseguiu convencer grande parte do planeta de que a regressão ao estado primitivo é o maior progresso que a humanidade é capaz de atingir, e que a volta à propriedade coletiva é o paraíso terrestre. Sendo assim, a civilização é o reino da necessidade fundado na existência, e a barbárie é o reino da liberdade fundado na essência. E, como grande ilusionista, fez acreditar que a essência do homem é a barbárie. O homem novo é o homem do passado pré-histórico. Nada mais reacionário, idealista e contrário ao progresso, além da absurdidade de pretender onipotentemente fazer a história e o tempo andarem para trás. O marxismo é um primitivismo, um fundamentalismo e um efeitismo, como no kitsch. Mais que um grande *trompe-l'oeil*, o marxismo é um gigantesco *trompe-le-cerveau* ou *trompe-la-conscience*. E da consciência mundial. O socialismo internacional começa no socialismo nacional estatista, o que levou Kelsen, com muita sabedoria, a afirmar que "a filosofia social de Marx é em seus pontos essenciais uma doutrina de direito nacional".[13] Essa é uma identidade genética entre o comunismo e o nazismo. O comunismo economicamente começa como um nacional-socialismo ao nacionalizar por meio de uma ditadura sanguinária os meios de produção.

Uma das mais expressivas manifestações da mágica marxista foi de subverter a linguagem na frente de todos, e convencer o distinto público de que a ditadura genocida do proletariado é a realização máxima da democracia, pois é a dominação da grande maioria sobre a minoria. O golpe da linguagem é uma estratégia de dissimulação do golpe de Estado comunista. Conforme já afirmado em outros estudos, resta um enigma: a razão pela qual todo pensamento totalitário pretende apresentar-se como a realização mesma da democracia. Possivelmente uma estratégia de ocultação, a fim de tornar mais palatável a violência de massa, já que o fim seria nobre. Entretanto, o comunismo confessa com isso que a democracia é um valor superior a todos os outros e, por vergonha, se intitulam democratas, e afirma que o totalitarismo é o estabelecimento da verdadeira democracia. Para Kelsen, em Marx e Engels,

> a ditadura do proletariado é entendida como a realização da verdadeira democracia, que é o governo em benefício da totalidade do povo, o qual se identifica com o socialismo; e a realização do socialismo só se considera possível na forma ditatorial, quer dizer, mediante a opressão violenta da classe burguesa. A diferença decisiva entre o conceito anterior, burguês-capitalista, de democracia, e o novo conceito, proletário-socialista, consiste em que, segundo o primeiro, a minoria tem direito a existir e a participar na formação da vontade do Estado, ao passo que, segundo o último, a minoria carece de tal direito e, pelo contrário, há que anulá-la pela força, usando todos os meios. A nova "democracia" é na verdade uma ditadura. Do mesmo modo que se modifica o conceito de Estado, transformando-o de dominação de uma classe exploradora sobre uma classe explorada em dominação de um grupo sobre outro, o conceito de democracia se transforma de governo da maioria sobre a minoria, em governo de interesse de todos, a cumprir-se mediante a opressão da minoria sobre a maioria. Se esta interpretação da ditadura do pro-

---

13 Idem, ibidem, p. 45.

letariado está correta, há na teoria política do marxismo dois conceitos contraditórios de democracia, assim como há dois conceitos contraditórios de Estado.[14]

Com efeito, a subversão terminológica e conceitual em Marx antecede a subversão do direito e do Estado, ou antes atende aos interesses ideológicos dos fins a que se propõe. Na democracia, o sufrágio universal concede a todo o proletariado e campesinato, que formam a esmagadora maioria, a oportunidade de decidir sobre as políticas públicas que os favoreçam, sem necessidade, como na ditadura do proletariado – ou do campesinato, como na China maoísta –, que na verdade é a ditadura da cúpula dirigente, de se praticar o genocídio como classicídio. Por outro lado, na democracia sob o Estado de direito, a maioria está sempre no poder pelo voto, respeita os mais legítimos direitos da minoria, qualquer que seja o tamanho eleitoral dela, governa para todos sem discriminação e se expressa por todos os meios à disposição, como os dos poderes constituídos, do Ministério Público, da imprensa livre, das livres manifestações políticas, da liberdade de associação, das liberdades civis em geral, da religião, do esporte, da ciência, da filosofia, da arte, da cultura etc. Contudo, esse conjunto só funciona com plena liberdade, e no respeito à vida humana e à liberdade de expressão. O resultado prático do totalitarismo é que a própria maioria proletária ou camponesa acaba também sendo massacrada, dizimada, em benefício da ditadura da casta dirigente, que vem a ser mais que a classe dominante, e sim a classe dominadora, opressora, repressora e genocida. A liberdade é o único caminho seguro e sustentável para a igualdade. A liberdade econômica com regulação governamental foi a que concretamente gerou igualdade pelo consumo de bens e serviços, com permanente queda gradativa de preços das mercadorias.

Assim, ao teorizar sobre a extinção do Estado, nasce o Estado totalitário, que, em vez de se autoexterminar, multiplicou-se absurdamente, expandiu-se em níveis jamais alcançados, e exterminou a liberdade, o povo e as esperanças vãs, mas que despertaram o coração dos ingênuos. Ao criar uma teoria persuadindo que o totalitarismo é a perfeição, Marx criou todas as imperfeições; ao imaginar um Estado e uma sociedade civil sem conflitos e sem contradições, criou a mãe de todos os conflitos e contradições, e sem direito ao contraditório e à defesa. A pretensa abolição dos antagonismos de classe conduziu o Estado à

---
14 Idem, ibidem, p. 56.

abolição da liberdade e da vida de dezenas de milhões de pessoas. Todo o marxismo é uma teoria do golpe de Estado, iniciando pelo golpe de Filosofia, ao tentar fundamentar a ideologia totalitária pela via da manipulação da filosofia. Golpear a Filosofia foi a primeira estratégia de Marx, que, com isso, golpeou o Estado e o direito, e por fim a justiça. Posteriormente, assinala Kelsen, Marx profetiza o fim do direito burguês, isto é, do direito enquanto tal. Com efeito, Kelsen afirma que "isto pode ser interpretado como querendo dizer que nessa fase de evolução do comunismo não haverá direito, porque o direito é por sua própria natureza direito burguês, o qual significa direito de classe. (...) A sociedade comunista terá direito, porém não 'superestrutura jurídica', porque não haverá superestrutura alguma (que se entenda sempre por superestrutura jurídica não o direito real, mas sim uma doutrina ilusória, apologética, do direito)".[15] Segundo a ideia marxista de que somente a justiça (comunista) como direito é norma, *Sollen*, como resume Kelsen criticando Marx, "o direito burguês só simula ser uma norma; e só a justiça é uma verdadeira norma, só um direito justo é um verdadeiro *Sollen*, uma 'norma' genuína. A norma da justiça comunista evidencia-se no princípio inscrito na bandeira da sociedade comunista: 'De cada um segundo a sua capacidade, a cada um segundo as suas necessidades'".[16] Ora, com o fim do direito, a casta dirigente e os burocratas em geral dirão arbitrariamente o que é ou não justiça, isto é, o que é ou não norma. Não há norma. A norma é a ideologia, e a ideologia é a norma. Em realidade, na prática não há direito e nem justiça. A ideia segundo a qual no comunismo os trabalhadores receberão por uma quantidade igual de trabalho uma mesma quantidade de mercadorias é de uma aberração filosófica, econômica, científica e tecnológica jamais vista. A onipotência intrínseca à teoria de Marx conduz a uma impossibilidade lógica, antes de tudo. Aqui vê-se com clareza que o totalitarismo quer rivalizar e substituir Deus, em razão da onisciência, e que o Estado é confessadamente ubíquo. O controle total do Estado sobre cada minuto da produção de cada trabalhador é uma pura fantasia. O Camboja tentou levar às últimas consequências o delírio de Marx exterminando quase um terço do seu próprio povo, cerca de dois milhões de inocentes, e autofagicamente alguns milhares de membros do partido comunista. Sem precisar dar outros exemplos, poder-se-ia dizer, visto que estamos em Marx sempre lidando com

---

15 Idem, ibidem, p. 59.
16 Ide, ibidem, p. 60.

as contradições em termos, que o comunismo é o paraíso da barbárie. O comunismo é vendido como mercadoria perfeita, com prazo de garantia eterno. Esta a alienação. E com a bela desculpa de fazer justiça.

O comunismo inicialmente é um socialismo nacional. Na verdade, mesmo com o internacionalismo imperialista, permanece o nacionalismo socialista, pois o comando central é da Rússia, que administra seus países satélites, e os subsatélites da Rússia e China, como foram Cuba, Vietnã, Camboja, Albânia, Coreia do Norte, entre outros. Levemos em conta que Kelsen escreveu o livro na década de 1950, ainda com a União Soviética tentando não só sobreviver como dominar o mundo, à imagem e semelhança do nacional-socialismo, igualmente imperialista. Assim interpreta Kelsen:

> Se a nacionalização dos meios de produção, levada a cabo durante o período transicional da ditadura do proletariado, deverá ser mantida na sociedade do comunismo perfeito; se nesta os meios de produção devem permanecer à disposição exclusiva dos órgãos da comunidade, e deve-se excluir a propriedade privada sobre esses bens a fim de manter a verdadeira igualdade, isto é, se a propriedade coletiva dos meios de produção pela comunidade há de ser uma instituição da futura sociedade, deve haver um direito que garanta esse status. Contudo, há que se admitir que a outra interpretação, segundo a qual na sociedade perfeitamente comunista do futuro não haverá Estado, e em consequência não haverá direito – e isto significa que a ordem social não terá caráter coercitivo, nem sequer normativo –, não só está excluída, mas se encontra conforme a tendência anarquista dominante nas obras de Marx, e especialmente nas de Engels.[17]

O socialismo marxista é um anarcocomunismo, e este se tornou em diversos países um narcocomunismo. Anarquismo, comunismo e narcotráfico estão intimamente associados no golpe de Estado. As previsões mágicas de Marx jamais se confirmaram. A destruição do Estado como objetivo é um traço de união entre o comunismo e o anarquismo, visto que o anarquismo é uma variante do comunismo. A demolição do Estado é a edificação do Estado totalitário. Na verdade, é a destruição do Estado democrático de direito, como também todas as tendências rumo à democracia. O assédio moral contra a democracia é uma tática de guerra, uma tática do golpe de Estado. Quando comunistas

---

17 Idem, ibidem, p. 64.

defendem entusiasticamente a democracia, é porque precisam dela para estabelecer o golpe de Estado como golpe na democracia. Como não há perfeição no Estado democrático de direito, mas sim reformas permanentes, aperfeiçoamentos gradativos, o pensamento totalitário se vale dos defeitos da democracia para desacreditar todo o sistema democrático e apresentar como alternativa a perfeição totalitária, na qual todos os defeitos serão automática e magicamente extintos. Dirão que tentaram de tudo pela via burguesa da democracia, mas que esta via impede a plena realização da democracia, somente possível na versão totalitária. Mais fácil foi a extinção de massas de seres humanos, visto que, se não é possível acabar com os defeitos do Estado e da sociedade, pelo menos é possível eliminar pelo genocídio as pessoas defeituosas ideologicamente, os aleijados ideológicos. Em uma linguagem politicamente correta, eles poderão ser chamados de portadores de deficiência ideológica. A formulação marxista segundo a qual no paraíso comunista todas as necessidades econômicas estarão resolvidas, e que se tornarão desnecessárias medidas coercitivas contra as violações da nova ordem, teve todas as realidades históricas na contramão. Todas as previsões deram errado, apesar da onisciência ideológica de Marx. O *Kulturoptimismus* de Marx foi muito eficiente para arregimentar e dirigir discípulos acéfalos intelectuais, mas nulo para a confirmação na realidade objetiva.

Sendo o livro de Kelsen de 1955, nós sublinhamos a extraordinária capacidade teórica e o arguto senso de observação crítica quando afirma que "o aumento extraordinário da produção na futura sociedade comunista é muito improvável, já que, segundo Marx, será abolida a divisão do trabalho, que é um dos meios mais efetivos de elevar a produção, tanto qualitativa como quantitativamente. No que se refere à segunda suposição, a psicologia criminal demonstra que as circunstâncias econômicas não são as únicas causas de perturbação da ordem social; que o sexo e a ambição representam um papel pelo menos tão importante como aquelas, e talvez representem um papel mais importante mesmo quando fossem eliminadas as causas econômicas. A previsão de uma sociedade de justiça perfeita, sem Estado e sem direito, é uma profecia utópica como o messiânico Reino de Deus, o paraíso do futuro".[18] A divisão do trabalho foi demonizada por Marx e todos os marxistas, ou todos os parcialmente marxistas. Jamais foi colocada em questão porque Marx havia declarado o seu *diktat* ideológico, e todos nada mais fizeram que repetir, sem sequer suspeitarem

---

18 Idem ibidem, p. 65.

da abissal irracionalidade, da perda do senso de realidade e da mais grosseira fantasia que era a extinção da divisão do trabalho. Aliás, como multiplicar a produção econômica em uma mágica futura sociedade comunista com todos realizando as mesmas tarefas? É uma contradição lógica tão infantil, que nos perguntamos como foi e é possível uma pessoa com um mínimo de bom senso crer em um cenário absolutamente impossível. Não se trata nem de utopia, pois esta deve partir de algum sentido real até convencer o irreal. O fim da divisão do trabalho não chega nem a ser utópico, mas uma teoria acima do delirante, típica da crença liderada por uma autoproclamada divindade ideológica. O mito do fim da divisão do trabalho estabelece que todos os problemas sociais e econômicos advêm daí, e que a destruindo chegaremos ao paraíso econômico. Ora, a União Soviética nunca cogitou e nunca iniciou a extinção da divisão do trabalho, porque ela não faz o menor sentido. É rigorosamente irracional, quando na verdade é a própria divisão do trabalho que favorece o emprego e a renda, contribui para acelerar a produtividade, o crescimento e o desenvolvimento econômicos. O fim da divisão do trabalho é mais uma lenda urbana política, sem nenhuma base na realidade objetiva.

Kelsen vai ao ponto central do irracionalismo primitivista marxista, e rejeita o livro *Origens da família, da propriedade privada e do Estado*, de Engels. A defesa apaixonada do primitivismo pelo marxismo conduz à conclusão óbvia de que o marxismo é um primitivismo. Prega o retorno à barbárie de uma sociedade sem classes e sem Estado, ao passo que Kelsen e todos os grandes antropólogos concordam em que sempre houve alguma forma de organização social, mesmo as mais primitivas, que, conforme evoluem, também sofisticam as relações sociais e políticas. Os animais têm uma hierarquia, organização social, organização de trabalho etc. Portanto, não há razão para a crença ideológica de que o ser humano não está destinado às formas de organização. A obstinação do marxismo pela regressão à barbárie passou desapercebida em grande escala, apesar dos genocídios. Os marxistas não faziam a vinculação da ideologia com seus resultados, mesmo porque a propaganda comunista é um assombro mundial, não estabelecendo relação de causa e efeito, de teoria e prática. Afirma Kelsen:

> Baseando-se nas obras de Morgan sobre a sociedade primitiva, e de Bachofen sobre o matriarcado, Engels defende que a sociedade dos primitivos, a sociedade dos *gentios*, era uma sociedade sem classes e, portanto, sem Estado. Quanto ao

direito dessa sociedade, Engels não é muito consequente, pois fala com frequência de direitos que existem nessa sociedade. Admite, assim, a possibilidade de certa "apropriação", e também o fato de que o marido, assim como a mulher, "são donos das ferramentas que prepararam e que usam". Fala da vingança de sangue predominante nessa sociedade, como se fosse uma sanção análoga à pena capital da sociedade moderna. Tudo isso pressupõe a existência de uma ordem social de caráter coercitivo, isto é, a existência do direito. Contudo, Engels descreve como "ideal" a situação das pessoas nessa sociedade. "A constituição dos gentios era uma constituição maravilhosa." É o paraíso do passado, o paraíso perdido da humanidade, porém um paraíso que voltará no futuro com a sociedade sem Estado do comunismo perfeito.[19]

Foi essa teoria extravagante que entusiasmou os comunistas brasileiros, que viram nos índios um modelo para o comunismo tupiniquim. O índio brasileiro foi transformado em índio ideológico, e não enquanto tal. Daí a enorme concorrência há décadas para o cargo de cacique tropical, o que demonstra a vontade de hierarquia, organização social e poder coercitivo, características do Estado e do direito. O idealismo primitivista do marxismo é rigorosamente explícito. A atual e atrasada defesa do índio pelas esquerdas brasileiras insere-se no quadro anarquista e marxista de volta às sociedades primitivas, que, segundo a ideologia, não tem classes, não tem religião e não tem direito, tampouco Estado ou poder. O Marechal Rondon, as Forças Armadas brasileiras e os grandes indigenistas são os autênticos defensores do verdadeiro índio, e não do índio plasmado ideologicamente pelo marxismo, uma figura folclórica a serviço da luta de classes, na ridícula fórmula do índio contra a burguesia. O índio do anarcocomunismo é uma construção exógena da ideologia, e não o verdadeiro índio. O índio brasileiro tornou-se uma mercadoria de propaganda dos comunistas e dos anarquistas, que o carnavalizaram. Diante da ideologia do primitivismo, o índio real, concreto, desaparece. A filosofia da história no marxismo é uma aberração, pois é impossível a humanidade retornar ao estado primitivo de até centenas de milhares de anos atrás, um argumento absurdo dada a sua gritante falta de lógica, o consagrado *argumentum ad absurdum*. Esse é um clássico exemplo de que o marxismo é uma ideologia completa do golpe de Estado. O totalitarismo marxista é de uma nitidez absoluta ao propor

---

19 Idem, ibidem, p. 66.

um retorno à barbárie, que somente pode ser tentado pela própria barbárie. Resumindo, há o golpe do argumento absurdo, o golpe da ditadura totalitária, e o genocídio para corrigir os erros da história. No comunismo, o genocídio é a expressão mesma dos direitos humanos. Fazer a humanidade regredir da civilização para a barbárie de milhares de anos atrás é chamada de ideologia progressista. Regredir do estado de cultura ao estado de natureza é uma insanidade típica das ideologias. A alucinação ideológica tem um efeito de contaminação social extraordinário, pois o irracional é normalmente mais sedutor. Não é à toa que a propaganda eleitoral comunista promete a felicidade geral da nação, e pede adesão do eleitorado ao afirmar que não se deve ter medo de ser feliz. No caso latino-americano, o paraíso da barbárie se associou aos paraísos artificiais da cocaína e das drogas em geral, e, com esse paraíso, o financiamento do movimento comunista pela via das eleições democráticas burguesas, sobretudo após o fim da URSS. A cocaína patrocinou partidos políticos latino-americanos que chegaram ao poder executivo presidencial. Isso explica a permanente campanha dos comunistas pela legalização dos entorpecentes. Cocaína é poder. Completa Kelsen, ao escrever que "a descrição que faz Engels da sociedade primitiva como status ideal da humanidade é um sintoma bastante significativo da já mencionada similitude entre a filosofia marxista e a doutrina do direito natural, que também supõe um estado originário da natureza como estado social de felicidade".[20]

Uma das mais importantes análises críticas de Kelsen foi mostrar a face anarquista do marxismo. Segundo Kelsen,

> a doutrina de Marx-Engels tem um caráter claramente anárquico. A diferença entre a doutrina anarquista de Marx e Engels e outras teorias anarquistas, como, por exemplo, a teoria de Bakunin, o grande rival de Marx, é que o anarquismo não marxista postula a imediata abolição da máquina estatal mediante uma revolução do proletariado, ao passo que o anarquismo marxista declara propósito imediato da revolução proletária a socialização dos meios de produção, cujo efeito final e inevitável será o desaparecimento automático do Estado. A atitude basicamente anarquista do marxismo manifesta-se não só na doutrina da extinção do Estado, como também na forma depreciativa com que Marx e Engels falam do "Estado" como tal, e não só do Estado capitalista. (...) A rejeição do Estado e do direito

---

20 Idem, ibidem, p. 67.

burguês, tendência anárquica da filosofia social de Marx, é um elemento de sua crítica da sociedade.[21]

Portanto, fica esclarecido que a diferença fundamental entre o anarquismo marxista e o anarquismo não marxista é quanto ao momento da destruição do Estado, mediante a cooperação da destruição do direito, da moral e da religião. No caso latino-americano, o narcoestado favorece o anarcoestado. O delírio coletivo causado pelo consumo em massa de drogas facilita o entorpecimento político e ideológico. Ele corrompe as barreiras críticas da educação e da cultura. O destrutivismo dos entorpecentes começa no cérebro, atinge o direito, a moral, a religião, a ciência, a cultura, a filosofia, e por fim o Estado. O entorpecimento do indivíduo se multiplica até chegar ao entorpecimento social. A incapacidade de avaliação da realidade objetiva pela razão e pelo entendimento atinge até mesmo a economia, a insuficiência para o mercado de trabalho meritocrático e a consequente marginalização via mercado do narcotráfico. O narcoestado é uma estratégia da destruição do Estado. O totalitarismo anarquista defende a destruição do Estado ampliando ao infinito os poderes do Estado. O paradoxo do Estado contra o Estado. A crítica da sociedade não pode ser a destruição da sociedade. Hoje, o Brasil é um narcoestado de fato que foi construído durante décadas pelo crime organizado apoiado pelos formadores de opinião, os narcocomentaristas. Com o fim da URSS, Cuba e seus satélites na América Latina foram buscar no tráfico internacional de cocaína das FARC o dinheiro necessário para a revolução comunista *soft*, pois não dispunham mais de apoio militar de uma superpotência, já que a China abandonara há muito a exportação da revolução armada como *commodity*. Ganhar as eleições democráticas, e pouco a pouco subvertê-las, eis a receita geral da Revolução Bolivariana apontada na fundação do Foro de São Paulo. Contudo, não sabemos ao certo quais países se valeram do dinheiro do tráfico internacional de cocaína como caixa dois de campanha eleitoral para presidência da República e demais eleições. A infiltração ideológica nas Forças Armadas segue o receituário da URSS e do nacional-socialismo. Assim, o comunismo cumpria a sua missão de destruir a moral, a religião, a filosofia, o direito, as ciências humanas e o Estado, tal como preconiza o *Manifesto Comunista*.

---

21 Idem, ibidem, p. 68.

Kelsen foi um dos maiores críticos contemporâneos do autoproclamado *socialismo científico*. Ele atingiu microscopicamente a farsa do marxismo de cientificizar um juízo subjetivo de valor, isto é, de dar ares de ciência a algo rigorosamente ideológico. Diz Kelsen que "Marx e Engels não são os únicos autores que utilizam uma chamada lei de evolução para disfarçar um postulado político-moral. A filosofia da história de Hegel e o positivismo de Comte são do mesmo tipo. A crítica da sociedade que faz Marx e sua previsão de que o comunismo é o desfecho necessário de uma evolução determinada pela lei de causalidade baseiam-se em um juízo subjetivo de valor. Porém, Marx e Engels apresentam-no como uma ciência, quer dizer, como uma verdade objetiva. Orgulham-se de ter elevado o socialismo de 'utopia a ciência'; por isso chamam a sua doutrina de socialismo 'científico'".[22] Em verdade, Marx e Engels de fato propuseram uma utopia científica e uma ciência utópica; resumindo, uma ficção ideológica. O mito da ciência dominou as consciências dos filósofos ideológicos, como Marx e Comte. O darwinismo político de Marx e Engels traz consigo um paradoxo insolúvel: o comunismo é vendido como a mais elevada posição da evolução da ideologia, mas ao mesmo tempo o comunismo é apresentado como a porta de entrada para o primitivismo, o que seria um darwinismo ideológico às avessas. A ciência mais avançada da humanidade seria o socialismo científico, que prega justamente a regressão à barbárie da sociedade a mais primitiva, sem Estado, sem direito, sem ciência, sem moral, sem religião etc. Como pode o primitivismo artificial ser o resultado da "ciência" mais avançada da história da humanidade, o marxismo? Há uma flagrante impossibilidade lógica, já que o relógio da humanidade não regride, e é um absurdo propor o esquecimento e o abandono da história da humanidade pela via do mito ideológico.

Kelsen via ainda mais longe ao precisar a teleologia do marxismo: eleger um fim ideológico, e depois correr para buscar os meios, quase sempre artificiais, criminosos e forçados, para tentar a sua realização no plano da prática social, econômica e política. Diz ele: "A determinação do fim, para cuja realização há que se descobrir os meios, é a função decisiva, essencial, do socialismo marxista. Os meios a escolher dependem do fim previamente pretendido. A burguesia pode não estar interessada em absoluto em uma 'solução' do conflito. (...) O fim que Engels pressupõe, ao qual chama de 'solução do conflito', é muito

---

22 Idem, ibidem, p. 71.

diferente. (...) É precisamente o 'sistema de sociedade tão perfeita quanto possível', do qual foi dito que não pode ser 'fabricado' pelo socialismo científico, mas 'descoberto' por este na realidade econômica. Porém, esse descobrimento científico somente é possível porque o valor pretensamente descoberto foi previamente projetado na realidade, essa realidade marxista de duplo fundo".[23] Ao conceito de "solução do conflito" no comunismo corresponde o de "solução final" no nacional-socialismo. A "solução" em ambos os casos é o fim de todos os conflitos por meio do genocídio. O totalitarismo não tolera conflitos, e muito menos que sejam resolvidos pacífica e civilizadamente. O comunismo introduziu o termo fabricação como sinônimo de descoberta: fabrica artificial e fraudulentamente a perfeição para em seguida ser "descoberta" pelo socialismo científico. Mais uma vez o blefe ideológico. O marxismo teria o monopólio privado da "verdade" da economia, desvelada pela "ciência" que ao mesmo tempo fundamenta o retorno ao primitivismo. O marxismo fixa um objetivo, e depois fabrica um meio de alcançá-lo, isto é, "descobre" como atingir o objetivo. O meio pouco importa, desde que tenha eficiência prática. Descolado dos princípios morais e éticos consagrados pela civilização ocidental judaico-cristã, o marxismo "científico" pode tudo, sobretudo o genocídio e o banditismo. Esclarece Kelsen que, "ao aparentar ser uma ciência objetiva, moralmente indiferente, o socialismo marxista trata de jogar um véu sobre o caráter nitidamente subjetivo do juízo de valor em que se baseia. Os ideólogos burgueses utilizam a religião como meio para conferir ao Estado burguês e ao direito burguês de uma autoridade divina, de que em verdade carecem essas instituições sociais. Marx, ao fazer a crítica da ideologia, destrói por completo a autoridade da religião, porém não renuncia, para o seu desígnio, à ajuda de uma autoridade efetiva. A única autoridade que a sua crítica deixa intacta é a ciência. Por isso seu socialismo simula ser ciência, e coroa com a aura dessa autoridade seu produto: a sociedade comunista do futuro".[24] A ciência marxista é a destruição da ciência, pois o seu objetivo é o fim da civilização. A sociedade comunista do futuro é a mercadoria da alienação ideológica. Marx é o mercador de ilusões. Marx autodenominou-se infalível, com autoridade divina acima de toda autoridade. O marxismo elimina a intimidade da pessoa humana individual. A religião como prática da pessoalidade é banida do ordenamento jurídico do Estado. A

23 Idem, ibidem, p. 72.
24 Idem, ibidem, p. 73.

abolição da religião é o resultado da "crítica" da religião, que pressupõe a abolição definitiva dos direitos individuais, civis e humanos. Marx brande a chave da verdadeira felicidade eterna: o comunismo. Para o marxismo, a religião é uma ilusão, e por isso precisa ser abolida, mas para isso é preciso antes abolir a vida de milhões de inocentes. O comunismo na Índia teria de eliminar todo o povo indiano para acabar com a ilusão da religião. A fim de acabar com a humilhação, a escravização e a depreciação causadas pela religião, o marxismo só oferece uma alternativa: acabar com a vida da população. O comunismo é invasivo; ao eliminar o sagrado direito à subjetividade religiosa, cultural e filosófica, ele elimina a própria condição humana. As sociedades primitivas também tinham e têm as suas religiões e cultos, portanto, a volta ao primitivismo, ainda que absurda, tampouco eliminaria a busca humana pelo transcendente, o que completa a absurdidade do comunismo. A "ciência" marxista é aquela que conduziria totalitariamente a humanidade de volta às sociedades primitivas, que por sua vez pressupõem a inexistência de ciência, nem mesmo o socialismo "científico", por óbvio de uma inviabilidade lógica. Marxismo é o golpe contra a humanidade. O marxismo é a teoria e a prática do golpe contra a religião. Golpe contra o Estado, o direito, a economia, a civilização, a cultura, a ciência etc. Esse o conjunto de inimigos do povo, inclusive o próprio povo, que no marxismo é inimigo de si mesmo. No comunismo, o genocídio é a realização plena dos direitos humanos; e o marxismo autopromove-se como a verdadeira Declaração Universal dos Direitos Humanos: o direito universal de todos serem mortos para salvar a humanidade dos seus defeitos e imperfeições. A doutrina da bondade ideológica é a mesma da maldade absoluta.

Kelsen afirma que "a função da crítica científica ou ciência crítica de Marx é efetuar uma revolução social. Disse Marx: o filósofo – quer dizer, o homem dedicado à ciência social, o crítico científico –, 'em cujo cérebro começa a revolução', cumpre hoje o papel que nos tempos da revolução religiosa na Alemanha, a Reforma, representou um monge, Lutero. (...) Porém, agrega Marx, 'a emancipação dos alemães é a emancipação do homem. A cabeça desta emancipação é a filosofia; seu coração, o proletariado. A filosofia não pode ser realizada sem a abolição do proletariado, o proletariado não pode ser abolido sem a realização da filosofia'. Filosofia quer dizer aqui seu socialismo científico, sua ciência crítica da sociedade".[25] O totalitarismo alemão de Marx

---

25 Ide, ibidem, p. 74.

a Heidegger fala a mesma linguagem da identidade do povo alemão como a própria humanidade. No comunismo e no nacional-socialismo, o povo alemão é que representa a humanidade enquanto tal. Marx aparelhou ideologicamente a filosofia antes de Heidegger, mas este completa aquele. Com efeito, assim esclarece Kelsen: "O 'socialismo científico' de Marx é uma ciência social cujo único e exclusivo propósito é não conceber e descrever a realidade social como efetivamente é, sem avaliar, mas ao contrário, julgá-la de acordo com um valor que é previamente suposto por essa ciência, porém fraudulentamente projetado na realidade social, com a finalidade, abertamente admitida, de adaptá-la a esse valor previamente determinado. Mediante esta confusão de teoria e prática, de ciência e política, ela satisfaz todos os requisitos para ser uma 'ideologia', no sentido pejorativo em que Marx e Engels empregam este termo. Joga um véu sobre a contradição imanente entre moralismo e amoralismo."[26] A filosofia marxista é uma contrafação da filosofia, na medida em que contraria um valor fundamental em toda ciência: o desconhecido. Descartes afirmou em belo livro de juventude, *Regras para a direção do espírito*, que a essência da pesquisa filosófica e científica é a busca do desconhecido, e isso quer dizer que não se pode fazer ciência ou filosofia sabendo previamente o resultado. A ideologia define um resultado, e depois sai à busca desesperada dos meios e pretextos para tentar artificialmente fazer coincidir com o resultado previamente conhecido, ou melhor, inventado pela ideologia. Filosofia e ciência, quando comandadas pela política, transformam-se em ideologia e perdem o seu núcleo de verdade. Em Kelsen, a ciência doutrinária enquanto tal é aquela que resiste às investidas da ideologia; mas ele também se refere pejorativamente ao marxismo como doutrina, no sentido ideológico. Com efeito, essa também é a nossa forma crítica de entendimento e sentido contextual do conceito de doutrina, que tem ora tem sentido positivo, ora pejorativo. A ciência doutrinária kelseniana opõe-se à degeneração da ciência em ideologia revolucionária, meramente política. Para o marxismo, uma ciência ser "meramente" científica ou doutrinária é um defeito burguês, que precisa ser corrigido pela política da revolução. O comunismo é também a administração ideológica da linguagem. Theodor Adorno criticava o autoritarismo da sociedade administrada, que atingiu o seu máximo no comunismo e no nacional-socialismo, e hoje com o totalitarismo islâmico, como vértices do fim da pessoa humana individual. Somente uma filosofia intrinse-

---

26 Idem, ibidem, p. 75.

camente voltada para a radicalidade da verdade será capaz de não somente interpretar, mas transformar o mundo, impedindo que este seja palco planetário do teatro de horrores da barbárie totalitária.

BRASÍLIA E O GOLPE DE ESTADO CONSTITUCIONAL

"O faraó Aquenáton (Amenófis IV) levou 17 anos para construir a nova capital, Aquenáton. Eu construí Brasília em cinco anos. O faraó construiu um monumento para os mortos. Brasília é um monumento para os vivos."

Juscelino Kubitschek, ex-Presidente do Brasil.

Em 1992, três anos após a minha defesa de *Doctorat d'État* na Universidade de Paris I – Panthéon – Sorbonne, tive a clara intuição da necessidade de desfazer o golpe de Estado constitucional habilmente perpetrado por Juscelino Kubitschek, valendo-se das irresponsáveis cartas magnas passadas que permitiram dormitar em berço esplêndido a transferência da capital, cujo único argumento até então era interiorizá-la para afastar o perigo de ataques navais. Ora, desde a Primeira Guerra Mundial a aviação militar destruía com facilidade qualquer cidade, e sequer precisamos mencionar a Segunda Guerra Mundial e as condições militares à época da decisão de JK. Pura farsa. O conceito de golpe de Estado estende-se a um golpe *no* Estado. JK visava ao culto à personalidade muito em voga no bloco totalitário, mas de natureza narcísica, vaidosa. O orçamento da União a serviço de um capricho pessoal. A Constituição Federal a serviço da vaidade. Agora a interiorização do Distrito Federal era por outras razões, claro que como disfarce para um plano delirante de gravíssimas consequências ao longo das décadas, chegando aos dias atuais. E continuará, caso não seja revertida a capital para o Rio de Janeiro, desonerando o Tesouro Nacional dos custos de uma capital estatal. Isso não diminui a extraordinária saga dos pioneiros vindos de todos os cantos do Brasil. Contudo, os impostos do contribuinte não podem mais patrocinar uma despesa bilionária que não gera receita e desenvolvimento social, econômico, cultural e científico. Por outro lado, a indenização não foi paga ao Rio de Janeiro, conforme as promessas formais à época, e essa conta precisa ser feita, atualizada e paga.

Com isso, em 1992 eu criei o Movimento Rio Capital do Brasil e uma associação civil, mas esta ficou como que na informalidade em razão dos custos financeiros e humanos. Imediatamente a imprensa brasileira repercutiu essa ideia, dando grandes espaços em jornais, rádios e revistas. A adesão de intelectuais, jornalistas, artistas, professores, militares, políticos, estudantes universitários, diplomatas e da cidadania em geral foi contagiante. E foi com essa muito boa repercussão que recebi um telefonema do respeitável e saudoso Prof. Walter Poyares, de quem eu era leitor universitário, talvez o mais antigo assessor do Dr. Roberto Marinho, presidente das Organizações Globo. Poyares relata-me ao telefone da alegria do Dr. Roberto Marinho ao ler sobre o Movimento Rio Capital do Brasil, a ponto de me transmitir o desejo e o apelo do Dr. Roberto de ser presidente de honra do movimento. No próprio telefonema eu aceitei, como também o convite de fazer uma visita ao seu gabinete.

Conversamos longamente sobre a ideia, e ele me relatou conversas com JK e coisas do passado por ocasião da insensata decisão mudancista. Realmente era estarrecedor o ato de transferir uma capital federal para um terreno baldio cercado de cidades goianas muito próximas, como que coladas à futura capital artificial. Com efeito, o mais trágico não é a transferência da capital, um mal em si, mas acrescente-se o Brasil construir uma nova capital partindo do zero. Uma ideia insana *per se*.

Com a magnífica adesão do Dr. Roberto Marinho, senti-me mais que encorajado a continuar debatendo o retorno legal do Distrito Federal ao Rio, pois de fato o Rio jamais perdera a sua condição de cabeça da nação e do Estado. Isto posto, eis que Brasília reage propondo ser candidata às Olimpíadas de 2000, gerando um grande desconforto para as autoridades desportivas brasileiras e internacionais, como expressaram João Havelange e demais membros do Comitê Olímpico Internacional. Havelange imediatamente afirma ser contra a candidatura, em entrevista à TV Globo em 1993, e que esta jamais prosperaria; completando que, se um dia o Brasil tivesse uma candidatura, teria que ser a do Rio de Janeiro. Foi quando me ocorreu marcar rapidamente nova reunião com o Dr. Roberto Marinho, em 1993, solicitando agenda ao já amigo Walter Poyares. Relatei a entrevista de João Havelange, e apresentei ao Dr. Roberto a proposta das Olimpíadas do Rio como parte fundamental da estratégia do retorno da Capital Federal. A ideia causou-lhe forte emoção e alegria. Combinamos que ele procuraria Havelange para informar o seu apoio, e que eu marcaria uma reunião com Carlos Arthur Nuzman, personalidade decisiva no esporte nacional. Reunião esta que ocorreu cerca de três dias depois, a um Nuzman impressionado com a iniciativa. Posteriormente, os três se reuniram com o então prefeito Cesar Maia, igualmente entusiasta da ideia, e daí nasceu a candidatura futuramente vitoriosa, e a sua maravilhosa realização em 2016, as Olimpíadas do Rio.

Em 2010, diante de mais de 200 pessoas, entre familiares, jornalistas, amigos, políticos, empresários, militares, convidados em geral e membros da Academia Brasileira de Filosofia, João Havelange recebeu o título de doutor *honoris causa* da Academia Brasileira de Filosofia, com meu discurso de presidente, e discurso de saudação do seu velho amigo e colega desde a Confederação Brasileira de Desportos, o acadêmico Nelson Mello e Souza, hoje presidente de honra da Academia Brasileira de Filosofia. Havelange confirmou publicamente ao microfone que a iniciativa das Olímpíadas do Rio tinha sido minha em 1993. Não sem dramaticidade, João Havelange, que afirmara que não morreria antes das Olimpíadas do Rio, faleceu exatamente durante os Jogos Olímpicos, aos 100 anos. Algo onírico e magnífico, típico dos heróis. O homem que havia tornado o futebol uma magia mundial, integrando todos os continentes e povos, diluindo preconceitos e racismo, gerando emprego e renda para centenas de milhões de pessoas no planeta, ganhara a sua última medalha de ouro, as Olimpíadas do Rio.

CRÍTICA

A epígrafe supracitada revela tragicamente a megalomania de JK, colocando-se acima de um faraó de renome na história universal. A citação de trecho da entrevista concedida no exílio a Wolf von Eckardt por Juscelino Kubitschek poderia ser confrontada a uma frase de Theodor W. Adorno, segundo a qual "a continuidade histórica age enquanto sujeito". A tese fundamental aqui desenvolvida afirma que, em vez de considerar Brasília terminada em cinco anos, Brasília é uma capital *ad infinitum*. Brasília jamais será conclusa, como de resto qualquer cidade, com a diferença radical de que Brasília é estatal. A sua riqueza vem do Tesouro Nacional, origem do leite e do mel da absoluta irresponsabilidade fiscal e da corrupção de Estado. Essa condição legitima a afirmação segundo a qual Brasília é simultaneamente consequência e causa do patrimonialismo brasileiro contemporâneo. Consequência, pois resulta de uma ampla motivação histórica de apropriação do Estado por grupos sedimentados no autoritarismo e na corrupção, e causa, enquanto continuidade, porque se institui como o pretexto fundamental da perpetuação histórica do patrimonialismo brasileiro. Brasília é a justificativa dessa continuidade. Assim, se o Rio de Janeiro é a representação da continuidade histórica da capital, constituída como sujeito da espiritualidade brasileira, Brasília é a representação da continuidade histórica do patrimonialismo brasileiro enquanto tal, constituída como sujeito do estatismo brasileiro, e a sua expressão máxima. É a versão patológica do fundamentalismo estatal. É o monumento aos vivos estatistas que querem se perpetuar no poder. Estatismo e corrupção são siameses, embora o primeiro não detenha a exclusividade da corrupção, mas a primazia.

Nesse sentido, Brasília é a subversão da continuidade histórica, logo, a ruína do sujeito Capital do Brasil. Essa descontinuidade histórica foi o tiro de misericórdia no liberalismo brasileiro. A mentalidade estatizante encontrou em e com Brasília a sua justificativa histórica segundo a qual tudo deriva do Estado e tudo converge para o Estado. Se o Rio de Janeiro é a representação da capital dentro do liberalismo, Brasília é a representação da capital dentro do estatismo. A falência do Brasil deve-se em grande parte ao avanço tentacular da ideologia estatista. Este é o produto da desconfiança na capacidade do indivíduo em tomar iniciativas. O Estado no estatismo chama a si todas as responsabilidades produtoras, distribuidoras e consumidoras. E abre as portas da corrupção paga pelos impostos, sustentando a existência de empresas estatais que por sua vez financiarão as empresas privadas em inúmeros crimes. O totalitarismo no Brasil atingiu a parte mais sensível da República: a Capital Federal. Cabe aqui explicar que se trata da influência política do totalitarismo, e não o de um sistema político. Vale lembrar que a União Soviética exercia uma enorme influência cultural e política no mundo. Distrito Federal sempre foi objeto de inúmeras quimeras. O seu conceito é um grande mal-entendido no Brasil. O distrito federal é historicamente idealizado desde quando foi instituída a República, seu conteúdo jamais foi seriamente discutido, e quando o foi somente serviu para projeções fantasiosas e fetichistas, típicas do pensamento mágico, presentes sobretudo nos positivistas comtianos brasileiros. Uma espécie de racionalismo mágico, no qual a fé na razão é motivo de divórcio da realidade objetiva, e paradoxalmente adota teorias irracionalistas. A rigor, ninguém sabe o que significa distrito federal, de resto uma importação funesta e divergente dos Estados Unidos da América. Ora como refúgio de políticos, principalmente do presidente da República e dos poderes Legislativo e Judiciário, enquanto conceito de fortificação, abrigo; ora como um espaço neutro, em que a população não tem direito ao exercício do voto e da expressão política, confundindo-se a sede de governo com a cidade que sedia o governo. A partir de Brasília a sede é a cidade, ou ainda melhor, a cidade é a sede. Toda a cidade é a sede. A cidade não mais sedia, mas tudo é sede. A expansão natural da cidade é a expansão natural da capital, logo, a expansão natural do Estado. É o patrimonialismo em expansão. Capital passa a ser a representação material do Estado nacional. E, como tudo no Brasil, quanto mais megalômano, melhor. Estado mitômano e Estado megalômano são as faces da mesma moeda estatista.

O neopatrimonialismo é a expansão do Estado pelo modo *sui generis* da expansão do Distrito Federal. O neopatrimonialismo é a expansão do estatismo pelo crescimento físico da Capital Federal. Como capital sem fim, o Distrito Federal tornou-se expressão mesma da estatização. O bunker do Estado. A sua falência é decorrente do excesso de Estado pós-Brasília, e do seu desvio, quando o Estado se transvia das suas funções precípuas e resolve apropriar-se de funções que poderiam ser exercidas pela iniciativa privada. O excesso de Estado levou ao Estado máximo, cujo paradoxo é o fim do Estado como tal. O Estado máximo é o estadicídio. Há tanto Estado que ele não funciona, e quebra. O Estado máximo conduz ao Estado fraco. O Estado mínimo é o Estado forte, no sentido de responsabilidade fiscal. O Estado mínimo, liberal, maximiza o Estado, no sentido de evolução e progresso da nação. Nele o Estado deixa de ser um fim em si mesmo. O Estado máximo impede o livre exercício da cidadania e a liberdade da nação. Esta é também o exercício da liberdade econômica. O Estado máximo levou a Estado nenhum. Há pouco Estado por excesso de Estado. Expressão maior da mitomania do Grande Estado, Brasília tornou-se objeto das mais curiosas carnavalizações a que a mistificação estatocrata foi capaz no mundo. Só o Brasil foi capaz de tamanha estultícia. A sociologia e a ciência política esquerdizantes têm horror ao termo "Estado mínimo" por não alcançar a inteligência do paradoxo, pois "mínimo" significa a devolução à sociedade da liberdade do exercício da cidadania, e restrição do tamanho do Estado ao mínimo para maximização operacional do poder público. O horror faz sentido, pois a ideologia totalitária justamente prega o mito do Estado como forma de consolidação da tirania.

Como produto do neopatrimonialismo, a construção da nova capital deu origem a uma nova irracionalidade estatal, em que a sustentação de uma capital artificial como centro político desencadeou irracionalidades derivadas observadas nos planos político, militar, cultural, econômico, jurídico, das mentalidades, etc. Corrigir os erros do neopatrimonialismo implica rever, por meio da justa correção no retorno da Capital Federal ao Rio de Janeiro, o conjunto de irracionalidades derivadas. Entretanto, um simples retorno não basta. Retornar ao Rio é simultaneamente rever o tamanho do Estado sob o pós-neopatrimonialismo, adequá-lo às exigências de uma sociedade verdadeiramente liberal, em que o Estado não pode e não deve ser fator de inviabilização do projeto de nação. Retorno ao futuro. Retornar ao Rio significa reformar o Estado diante das exigências do presente e do futuro. Retorno não ao passado, mas ao futuro. Qual das duas capitais representa mais o futuro, Brasília ou Rio de Janeiro? Este é a continuidade da capital federal como sujeito histórico. O Rio é o passado e o futuro. Somente no Rio será possível a construção de um Estado adaptado à sociedade liberal do futuro. Só o Estado democrático de direito liberal tem futuro, ou melhor, o futuro do Brasil reside aí. Isso em Brasília é radical e estruturalmente impossível. A concepção de Brasília como Distrito Federal tem como premissa a rejeição do liberalismo do Estado e da sociedade, em função do compromisso com o estatismo integral. Brasília é ontologicamente antiliberal. Essa realidade determina condicionamentos que tornam inviáveis os projetos relativos à constituição de um Estado liberal moderno a partir de profundas e penetrantes reformas do Estado. Uma de nossas teses consiste na crítica ao irracionalismo das tentativas autoritárias e formalistas de plantar uma capital federal por meio de artifícios que não encontram sustentação histórica, política, econômica, cultural ou militar. Do mesmo modo que se fala hoje em desenvolvimento sustentável, poder-se-ia afirmar que o Rio de Janeiro é a cidade capaz de ser a capital do federalismo sustentável.

Do ponto de vista de uma teoria da nação, como coletivo cultural, econômico, político, social e histórico, nação é um organismo vivo, com suas próprias leis internas e historicamente sedimentada à imagem do homem local, do homem do lugar. Não pode haver dicotomia, mesmo simples, entre nação e capital. A capital de uma nação não deve ser o começo dos problemas, mas o começo das soluções. Não deve ser motivo de conflitos, geradora de novos conflitos, mas o lugar da reconciliação nacional, em que todas as contradições são resolvidas em favor do bem comum. Não bastassem os problemas nacionais exteriores aos da capital como conceito, agora a própria capital gera problemas e determina o surgimento de imensos novos problemas decorrentes da sua própria existência, agora causa obscura de tantos outros mais. Uma capital é simultaneamente a cabeça e o coração da nação. O Rio representa o Brasil. Não deve ser motivo de inveja ou ressentimento por parte de outras cidades, mas motivo de orgulho para todas. Nela ficam atenuadas e conciliadas as mais diversas querelas do provincianismo que atinge todos os países do mundo, superam-se as mesquinharias entre as cidades, o orgulho ridículo cede ao fervor da pertença nacional por meio de uma cidade que é a expressão mesma de todas as cidades. A cidade das cidades. O *caput* das cidades. A cidade expressão do amor nacional. A cidade que ama todas as outras. A autoridade da capital existe por amor ao todo. Essa autoridade não se força ao conjunto da nação, surge espontaneamente ao longo da história. O movimento é voluntário, não imposto por iluminados do poder.

Vale lembrar que desde os mais remotos tempos históricos a capital de uma nação coincide com a capital cultural: em determinada cidade, muito mais que nas restantes, forma-se uma consciência cultural e política nacional como obra espontânea dos homens. Fatores até mesmo inconscientes operam na indicação natural de uma cidade-capital. Obra do espírito humano que a constitui como corpo e alma inseparáveis, a capital como corpo é a guardiã da alma da nação. A capital é a casa da nação: como efeito da identidade nacional e como causa da continuidade da identidade nacional. "A continuidade histórica age enquanto sujeito", afirmou Theodor Adorno. A nação é um sujeito, a capital é representação simbólica da alma do sujeito historicamente sedimentado. A capital é sujeito da história. A continuidade histórica da capital age enquanto sujeito. A capital é a amiga da nação, aquela que a ama. Há uma relação de amor, pois a capital ama o conjunto e por isso é por ele amada. Sua representação do todo nasce da autoridade natural imposta pelo amor a esse todo. Ao ser rompido esse laço, há o risco permanente de uma ruptura mais ampla e generalizada refletida na desarticulação política, moral, econômica, social, cultural, militar etc. Uma capital é um objeto espiritual, uma "continuidade histórica que age enquanto sujeito". É essência política ou substância e não um produto industrial programaticamente destinado à obsolescência. Capital não é uma coisa, uma mercadoria, isso seria reificá-la ao dissociá-la dos processos históricos. Capital tem algo análogo ao organismo: é do domínio do sensível. Não se muda capital sem graves e terríveis desregramentos e alterações no metabolismo histórico da nação. Essa sensibilidade foi perdida por anestesia do sistema histórico brasileiro.

Em suas luminosas *Etimologias*, Santo Isidoro de Sevilla nos esclarece que "a casa é o lugar de residência de uma família, do mesmo modo que a cidade o é de um povo, e como o mundo é a morada de todo o gênero humano" (*Etymologiarum IX, De civibus*). Nesse sentido, poder-se-ia dizer que a capital é a morada da nação, a casa amiga do povo que ama a nação e é sua máxima guardiã. Santo Isidoro igualmente ensina que "nação" deriva de nascer, a nação é obra de uma maiêutica histórica, de um partejamento dos cidadãos (*cives*) ou das "gentes". A capital é obra de uma maiêutica histórica tanto quanto o povo que a determina, nascida a nação do diálogo partejador, da dialética dos homens interessados em encontrar as respostas aos seus problemas comuns.

A esse propósito, Santo Isidoro explica que "*genus* (linhagem) vem de 'engendrar' e 'gerar'; ou bem da delimitação de determinados descendentes – como são as nações – que, relacionados por seu parentesco próprio, recebem o nome de 'gentes'". A capital de uma nação responde pela linhagem histórica por ser sujeito e sujeito da história. Sem gente não há capital. Não pode haver capital e depois engendrar as gentes. Essa inversão absolutamente absurda foi tentada e, como era de se esperar, fracassada em e por Brasília. A capital nasce como resposta a essa linhagem ou identidade cultural. Como gerada ou engendrada, a capital por sua vez engendra. Partejada, ela parteja. A capital de uma nação é responsável pela produção dialética capaz de encontrar respostas para os conflitos, antagonismos e contradições da sociedade e do Estado. O Rio de Janeiro é a força centrípeta da nação, enquanto Brasília é a constante força centrífuga.

Uma capital tem como função o partejamento do diálogo entre os *cives*, a partir do qual serão partejadas as políticas que os farão sentirem-se em casa. Os movimentos separatistas surgem quando não há mais identidade entre os *cives* e o Estado ou nação, que não é mais a casa de todos. A responsabilidade cultural, política, econômica, militar, social e espiritual de uma capital é de servir de base sobre a qual a comunidade nacional seja capaz de edificar a sua casa. A morada da cidadania nacional. A capital não é um corpo estranho na sua ascendência e na sua descendência. A capital insere-se na história da linhagem. A capital não é um ser-em-si, mas um ser-para-todos, assim como um ser-para-os-outros. Capital não é autotélica, mas heterotélica. A vocação altruística da capital a faz servir antes de ser servida pelo restante da nação. O cosmopolitismo do Rio é essencial a uma capital nacional. Sua autoridade nacional deriva do serviço que presta, e não ao inverso, existir para ser servida, esvaziando a condição prévia de autoridade natural da nação e não de formalista e artificial liderança. Assim, a capital é a morada simbólica do povo nacional.

Símbolo maior do estatismo alucinante, consequência e causa da continuidade histórica do patrimonialismo como sujeito, Brasília é uma mercadoria. Um fetiche. É o maior monumento jamais erigido pelo pensamento mágico brasileiro. Uma mistura de Augusto Comte com duendes, magos e ninfas com messianismo cristão herege. O patriotismo reificado que é usado como argumento que justifica a construção e a manutenção de Brasília não possui nenhum lastro real. Tanto quanto o álibi de "patrimônio cultural da humanidade", título duvidoso que deve ser desvinculado da ideia de capital. Mesmo porque Brasília não nasce em ideia, projeto e execução já como "patrimônio da humanidade". Brasília é produto da indústria do patrimonialismo brasileiro. A mercadoria "Brasília" vende, ainda que venda cada vez menos. Como produto também de marketing, Brasília é vendida como imagem, como logomarca, tanto quanto JK. Essa deriva do culto à personalidade de Juscelino Kubitschek, que passa a ter um valor em si. A adesão irracional ao culto à personalidade é proporcional à perda gradativa da capacidade de reflexão crítica diante da argumentação fetichizada do discurso estatizante. A estatização é um fetiche. Não importa o grau de realismo, mas a fé no irracionalismo. O resultado é um país sem capital, ou com uma capital "paralela" – a esquizofrenia brasileira determina um "paralelismo" cultural em que tudo tem o seu duplo: moeda, caráter, polícia, conta bancária, caixa, transporte, comércio, indústria, turismo etc. E capital. Brasília é filha legítima dessa esquizofrenia e causa da continuidade da mesma. Somos uma casa dividida.

A crise brasileira só poderá ser ultrapassada de modo convincente e duradouro caso busquemos as raízes dela própria. Faz-se necessária uma busca no tempo, uma compreensão de memória, um esforço de memória que nos remeterá ao fundamento global do impacto histórico da mudança da capital para Brasília, tanto quanto da mudança de Brasília para o Rio de Janeiro. Toda terapia eficaz tem uma feição mnemônica. Sem memória não há cura. A anamnese de Brasília reduzirá o efeito reificante e alienante da capital.

Antes de qualquer solução, busca-se o diagnóstico, e este traz consigo uma recordação que nos ajudará a descobrir as conexões latentes e manifestas do problema a ser examinado. Do pesadelo de uma capital comunista, Cavalo de Troia da revolução proletária, ao desespero de uma capital de replicantes em que as ruas não têm nome de gente, tampouco os bairros têm nome, em uma capital sem alma, um câncer estatista em um mundo que já derrotou o comunismo. Brasília formou uma geração e completou várias outras sob o banho da facilidade estatal e da miséria política. Disse Dom Bosco: "Quando escavarem as minas escondidas no meio destes montes, aparecerá aqui a Grande Civilização, a Terra Prometida, em que correrá o leite e o mel. Será uma riqueza inconcebível. E essas coisas acontecerão na terceira geração." Entre os paralelos 15 e 20 do Hemisfério Sul. Jamais disse que era no Brasil, ou na América do Sul, e a rigor não se tem certeza se Dom Bosco realmente disse isso. Sem nenhuma aprovação dessa tentativa de adivinhação, comprovada pelo silêncio da Igreja Católica, o vaticínio revelou-se um estelionato político e histórico por parte daqueles que forçaram uma interpretação que atendesse aos seus interesses, e sobre uma frase sob suspeita. O estelionato econômico é vincular pateticamente a construção de Brasília com a atual presença de alguns milhares de cabeças de gado e plantações de soja no Centro-Oeste (do qual Brasília é um ponto ínfimo). O sucesso da soja não tem nenhuma relação com Brasília, que de resto não planta soja no deserto. E gado existe até na Ilha de Marajó.

A queda de braço hoje é procurar êxitos econômicos em qualquer região do Brasil e vinculá-los à força com a construção de Brasília. Entretanto, todas as cidades próximas a Brasília são rigorosamente miseráveis, inclusive a própria, à exceção dos bolsões econômicos que vivem dos salários públicos, quando não distantes de todo o aparato da civilização. E a terceira geração não viu nada. A Terra Prometida ficou comprometida com a prática totalitária do estatismo absoluto. A prática totalitária no Brasil não segue a ortodoxia doutrinária. Tem vida própria sob qualquer regime ou governo. A praga estatizante invade e contamina todas as tendências ideológicas no Brasil.

Desta feita, Brasília tornou-se a maior impostura da História do Brasil. Jamais foi ultrapassada no passado ou no presente por qualquer outro feito histórico-político. Nada foi mais devastador. Nada foi mais impactante. Brasília inaugura o tempo da história virtual. Mais vale a virtualidade que a realidade. A simulação ultrapassa em importância a própria verdade da realização. O pensamento mágico foi institucionalizado com Brasília e com isso irradiou a falsidade por todo o país. A ostentação de Brasília visa a simular desenvolvimento e riqueza por meio de símbolos destituídos de conteúdo de verdade. A ostentação megalomaníaca da mentira tornar-se-ia verdade por meio do simulacro. É a simulação de desenvolvimento pela mitomania do poder.

A regra mundial da humanidade faz coincidir a capital política com a capital cultural. A singularidade histórica de cada país, ou aquela correspondente a certas determinações contingenciais, limitadas pelo tempo, poderá diferenciar-se do universalmente consagrado. Nesses casos, as imposições internas são tão drásticas que se perderia mais respeitando a regra mundial do que aceitando a realidade histórica. Cabe perguntar as razões pelas quais a capital cultural tem um papel tão decisivo na escolha da capital política. Na capital todas as contradições da sociedade nacional estão representadas, e o fator espiritual tem força irradiante. O peso da tradição histórica tem valor de "sujeito" histórico e age enquanto fator de civilização. Sem continuidade histórica centrada em um "sujeito Capital", ou em uma "Capital-sujeito", não há cidade suscetível de representar o núcleo centrípeto em torno do qual se forma a identidade nacional. Exatamente, a identidade nacional é uma forma cuja forma-símbolo, forma-força, tem na Capital a forma-capital ou a capital-forma. A história é uma forma... histórica. Entretanto, não se pensa capital sem cidade com força urbana, cultural, política, econômica etc. A *Bildung* (formação) histórica brasileira tem seu centro no Rio de Janeiro e não em Brasília. Brasília é um transplante de capital na forma constitucional, mas sem conteúdo. Transplante que ocasionou profunda rejeição imunológica do corpo nacional. Desse modo contraria todo o bom senso, toda a trajetória processual de uma cidade. A "rejeição" a Brasília pela totalidade teórica da população brasileira dá-se em função da percepção distinta de um "órgão artificial". O povo sente, o povo sabe que Brasília é artificial. Uma nação é um organismo vivo, extremamente sensível, com amplas densidades de natureza subjetiva, cuja capital é aquela cidade que mais a representa em toda essa complexidade. A alteração violenta do centro político do país implica uma violenta alteração histórica de seríssimas consequências no metabolismo geral da nação.

A cultura é o fundamento maior da civilização. Uma capital desempenha um indispensável papel civilizador. O surgimento de uma cidade deve seguir a lei econômica de mercado, somando acontecimentos econômicos que terminam por determinar as condições de desenvolvimento urbano. Até mesmo Las Vegas é produto de uma sucessão de fatos que vão desde a construção da ferrovia até a indústria de guerra que viabilizaram o desempenho urbanístico-econômico cujo resultado é o que vemos. Embora no deserto, Las Vegas é resultado de fatores de mercado e de fatores econômicos gerais e de infraestrutura. Brasília é resultado somente de uma intenção, um desejo, uma vontade. Houve uma inversão absoluta do processo. Buscaram-se às pressas as condições econômico-financeiras para cobrir os custos de um desejo, uma vontade, uma intenção. Como a economia de mercado tem as suas próprias leis, não foi possível viabilizar economicamente Brasília. Quem deve salvar "economicamente" Brasília? O Estado. Todos nós. O dinheiro público. Nesse sentido, Brasília é um crime perpetrado contra a nação. Sem autoridade histórico-cultural, Brasília busca desesperadamente cobrir as lacunas criando ainda mais situações artificiais. Capital-ficção do Brasil, Brasília foi a maior utopia messiânica de nossa história. Foi o fato de maior gravidade negativa. Utopia não é a volta da capital para o Rio, utopia foi criar Brasília, que hoje existe. O Rio é o Brasil real. Brasília tem o Brasil no radical, mas é um mero formalismo linguístico. O Rio é o Brasil radical. O Rio é uma realidade já confirmada, e não uma utopia irracional. De modo poético afirmaria que capital é como o vinho: quanto mais velha melhor. O passado engendra o presente e o futuro. Sem passado uma capital não é e não representa nada. Imaginar a realização do futuro sem passado, pior, com a destruição do passado, é destruir simultaneamente o presente e inviabilizar o futuro.

Kafka genialmente afirmou que "crer no progresso não quer dizer que um progresso já se produziu". Devemos superar a fase das crendices, dos otimismos irracionais e práticas do discurso mágico para a constituição de uma base sólida de construção do progresso. A harmonia falsa projetada por Brasília é geradora de falso progresso e falsas realidades. Brasília é malsã pois tenta dissimular as contradições, conflitos, contrastes, antagonismos e diferenças sociais, culturais, econômicas etc., em nome de uma perfeição de cidade que nada mais é que puro exercício de mitomania. Não há capital sem contradições. E essas são resolvidas no interior de si mesmas, exemplarmente, no enfrentamento direto e não em uma "harmonia bastarda" (Theodor W. Adorno) que só faz aumentar os conflitos e as contradições no Brasil. O messianismo inconsequente é o responsável por esse analfabetismo dos letrados. O lunatismo de Brasília leva a situações esdrúxulas, como aquela digna de vergonha por ocasião da visita do astronauta Yuri Gagárin, em frase dita a Jânio Quadros ao ver Brasília pela primeira vez: "A ideia que tenho, presidente, é a de que estou desembarcando em um planeta diferente, que não a Terra!"

CONCEITO DE CAPITAL E HISTÓRIA: A IRRACIONALIDADE DO RACIONALISMO

Uma das mais importantes características do irracionalismo político é a expressão desassombrada da megalomania pelo discurso racionalista mal equipado, responsável pelos entraves à verdadeira organização política dotada de uma racionalidade autêntica e consequente. Regra geral, a irracionalidade do racionalismo dá-se a partir do falseamento da história, quando a tarefa de tornar concreta a fantasia produzida pela ideologia supera as evidências da realidade histórica, em que esta se dobra à força das evidências da realidade ideológica com corretivo da história e valor substituto do real. A realidade é corrigida pela ideologia; aquela deve corresponder a esta, e não o inverso.

Ao nos apropriarmos da discussão sobre o conceito de capital, verificaremos de pronto a necessidade, surgida da problemática em si mesma e por si mesma, da análise ainda que superficial do papel da irracionalidade do ponto de partida e da irracionalidade do ponto de chegada. Pois do ponto de vista estritamente político é de fato o que interessa. Nesse sentido, Brasília nasce de um projeto irracional. Entretanto, interessa-nos, sobretudo, o fato de que a irracionalidade confirmada na prática política foi desenhada pela inteligência do racionalismo positivista brasileiro. Brasília é uma espécie positivista do Templo da Humanidade em escala gigantesca. A sua vocação geneticamente megalômana e todas as suas consequências sócio-políticas daí decorrentes denotam a formação patológica da nossa visão do Estado. A megalomania é produto do indigente racionalismo da formação cultural brasileira. O êxtase nacionalista provocado pela enorme dimensão geográfica congelou o bom senso indispensável ao bom racionalismo. O racionalismo extático é a fonte do irracionalismo estatizante e do "progresso" estático.

A ideia em si de construção de uma nova capital revela a irracionalidade econômica, política, cultural, militar, estratégica e social cuja consequência de maior visibilidade é o enferrujamento da máquina de desenvolvimento, emperrando as engrenagens histórico-sociais articuladoras do progresso. As tendências totalitárias do projeto brasiliense estão rigorosamente inseridas no projeto racional-irracionalista, nas bases mesmas do seu conteúdo teórico, da sua argumentação falaciosa. A capital-monumento é o elogio do Estado como um fim em si mesmo. O autotelismo do Estado atinge o ápice histórico com o Distrito Federal como capital estatal. O tardio patrimonialismo brasileiro desemboca em Brasília como totem do neopatrimonialismo do estatismo avançado. A modernidade torna-se irracionalidade. A estatização da capital federal está na linha direta da privatização do Estado. As soluções mágicas e supersticiosas eram tudo aquilo quanto o autêntico racionalismo combatia, acusando de trevas muitas vezes o verdadeiro racionalismo oriundo do pensamento escolástico. O excesso de racionalismo gera irracionalismo. A patologia do racional converte-o em irracional.

O ideário racional-irracionalista incluía uma justificativa geométrica desvinculada da organicidade histórica: geometrizando o espaço do território nacional chegar-se-ia à conclusão "racional" de que o deslocamento mais para o centro, pela maior equidistância, certamente daria mais penetração e integração nacional, apostando na boa vontade histórica de uma geometria política que se curvaria reverentemente às boas intenções matemáticas do poder político. Confundindo o geográfico com o geométrico, anulou-se a indissociabilidade do geográfico com o histórico. Por outro lado, geoeconômica e geopoliticamente a distância de Brasília para Goiânia é ridiculamente insignificante na defesa da construção de uma nova capital. Vale sublinhar que a cidade de Goiânia e todas as outras bem próximas preexistiam a Brasília, desmontando o falso argumento do desbravamento do interior. Quantas capitais seriam necessárias a cada ano para promover a integração nacional, geométrica e demograficamente entendida? O deslocamento para o interior não é determinado pela localização geométrica, matemática ou racional da capital federal, mas unicamente pelo espírito, e pelo espírito histórico. A capital federal não deriva de uma decisão de prancheta e esquadro, régua e compasso. Do espírito nasce o empenho que torna tudo capaz e tudo possível de realização. Os verdadeiros alicerces de uma capital estão na sedimentação histórica de uma cidade que representa a continuidade histórica com valor de sujeito. A capital federal é um sujeito histórico sobredeterminado pela continuidade histórica da cidade-sujeito da história nacional.

Em verdade, o desenvolvimento de uma nação articula-se em uma associação plural da organização social e política cuja alma são os fatores culturais dispersos na comunidade. Esse amálgama de cultura constitui o espírito mesmo que forma projetos de racionalidade econômica e política. E a capital desempenha um papel aglutinador e impulsionador da consciência nacional. As capitais representam um ápice da unidade e identidade nacionais. E, mais importante ainda, são o fator de equilíbrio da manutenção da identidade nacional, sem prejuízo da universalidade humana. A continuidade da capital age como sujeito da continuidade nacional, cujo predicado é o sujeito da determinação do sujeito da continuidade histórica. Na verdade, é o espírito concentrado da capital que sustenta simbolicamente o imaginário da identidade nacional. A acumulação histórica da capital-sujeito orienta o predicado da sedimentação, e funciona como verbo da nação. A capital vocaliza a nação e o Estado. O centro político concentra o espírito nacional como síntese dos predicados regionais. Essa é a singularidade da capital. Recordemos: capital, do latim *capitalis, caput*. *Capitalis* significa capital com respeito à vida, fatal. Nesse sentido, a capital nacional dá vida ao corpo e é fatal na continuidade da vida nacional, pois *caput* significa cabeça, capital, essencial, princípio, origem, primordial, principal. A capital nacional é uma cabeça fatal, uma cabeça da vida e que dá vida ao corpo nacional. Em suma, a capital é o resultado da acumulação do capital histórico e princípio da ordem nacional. A perda da capital sujeito da história equivale à perda da cabeça. A desorientação é fruto da guilhotina histórica, como também, em linguagem popular, a perda da cabeça é expressão sinônima de loucura, perda do bom senso, estar à deriva no irracional. A vertigem histórica a que ficou submetido o Brasil depois da transferência da capital, numa labirintite literal e figurada da orientação histórico-política.

O deslocamento para o nada agravou a vertigem histórica e abalou a estabilidade do chão histórico. As mudanças de capital quase sempre são motivo de arrependimento e posterior correção do erro, com o retorno à capital de origem. A volta ao princípio é prova da maturidade de um povo. A Alemanha deu um grande exemplo ao retornar a Berlim: Berlim é a expressão da alma alemã. "O governo deve ter sua sede lá, onde nos lembraremos não apenas de uma fase histórica alemã, mas também de toda a nossa história", sintetiza Hans-Jochen Vogel. Eis o conceito de capital associado à história. Capital é lembrança, memória da sedimentação histórica, eixo da continuidade histórica como sujeito da história. E justamente um dos maiores problemas de países emergentes é a pouca história, aumentando ainda mais a responsabilidade política da capital, fator de aglutinação e de tradução da emoção nacional, sendo essa mesma emoção capaz de desempenhar a função de constituir a identidade nacional. O fenômeno da globalização não afeta esse dispositivo, pois é acompanhado também do fenômeno da particularização ou singularização. Essa contradição faz com que trabalhemos simultânea e dialeticamente nos dois sentidos. A aparente incompatibilidade é superada pela compatibilização dos incompatíveis.

Se a capital é por definição a salvaguarda da história pela aglutinação das forças culturais basilares da identidade, não é cumprir sua missão contrariar a memória histórica da nação, mas ser a imagem das forças centrípetas na busca da coesão e da identidade. A procura do que é comum dá sentido à comunidade cultural, que sugere, solicita e se empenha na continuidade como forma de constituição do sujeito nacional. A crise federativa passa pela centralização patológica do Distrito Federal. A necessária descentralização tem o Rio de Janeiro como liderança natural. A descontinuidade histórica inaugurada por Brasília levou-nos a uma cultura da descontinuidade como modelo, quando a ideologia do zero se instalou definitivamente na mentalidade brasileira. Todos queremos começar tudo do zero. O zero passou a indicar a radicalidade da busca pelo progresso. O aventureirismo histórico tomou o poder. O avanço do neopatrimonialismo brasileiro dá-se em função da fertilização do aventureirismo político com todas as consequências nefastas à economia nacional. Brasília quis zerar o Brasil. Ela foi e é uma subversão da história do Brasil. É somente uma mercadoria que fez tábula rasa da nossa história, como se só o futuro existisse e não dependesse do passado. A tentativa de desvincular o futuro do passado nos trouxe consequências desastrosas, mas não definitivas, já que podem ser corrigidas. O papel de uma capital é intransferível, pois o conteúdo sedimentado da capital original e historicamente exitosa constitui um capital espiritual entranhado na cultura local e nas sedimentações urbanas, de impossível transplante. Sendo um conteúdo do espírito, é matéria da sensibilidade, extremamente suscetível, em que qualquer operação artificial acarretará imprevisíveis reações no corpo nacional. A patologia da vanguarda do progresso é o progresso da vanguarda da patologia.

A restauração da verdade nacional é crítica do falseamento da modernidade por Brasília, esta servindo muito mais à época como Cavalo de Troia do totalitarismo soviético no Brasil. A utopia de uma cidade sem classes terminou por se tornar a capital da segregação, do *apartheid* social, político e econômico. Essa modernidade é um projeto fracassado. É a história da sucessão de fracassos históricos do racionalismo político brasileiro. Sua falência representou a falência do Brasil. Em campo tão sensível torna-se delicadamente temerário o abuso dos experimentalismos políticos. A ideologia do queimar etapa converte-se na etapa do queimar. A pressa do futuro impede a realização no presente, quando o futuro sempre nos escapa. A cultura do simulacro promove a realidade virtual à condição de virtuosa realidade. Falimos na economia, na diplomacia, na cultura, na política, na habitação, na educação, na tecnologia etc.; mas ganhamos uma nova capital representativa de um glorioso futuro incerto, pois certo é o passado, que, no entanto, não foi considerado suficientemente glorioso. O complexo de inferioridade embutido no projeto de Brasília é a causa psicológica da fracassada missão. Com vergonha do passado, o racionalismo político brasileiro aposta todas as suas fichas no futuro. O lúdico ganha direito de cidadania na permissividade de todas as irresponsabilidades, com direito de culto à personalidade. O racionalismo político brasileiro foi o fator teórico da justificativa histórica do neopatrimonialismo.

Deitado no berço esplêndido de Procusto, o Brasil estica-se torturado como Estado para caber no leito infinito da capital estatal. O Distrito Federal não mais serve ao Estado, mas serve-se dele. Entretanto, a perversidade congênita do leito-berço de Brasília é que ele é cada vez maior, e a União Federal tenta alcançá-lo. Deitada eternamente no berço esplêndido do neopatrimonialismo, Brasília é o Estado em devir. O vir-a-ser-cada-vez-maior do Estado brasileiro. Inclusive por contaminação nacional. Uma pandemia. É o Leito de Procusto em que o Estado brasileiro em vão procura alcançar os extremos, caso a capital federal fosse finita. As extremidades do Leito estão a cada momento mais distantes. No tripé leito-vítima-bandido, Brasília faz simultaneamente papel de leito e carrasco criminoso, mas as vítimas são o Estado e a sociedade que o financia. O Estado passa a fazer papel de delinquente, de vítima passa a carrasco. No final do processo, somente a sociedade permanece como vítima. Entretanto, todos afundam como nação. A sabedoria popular chama Brasília de "Ilha da Fantasia", em alusão ao seriado da TV sobre uma ilha em que a fantasia tem valor de realidade e opera enquanto tal. Imaginem o que seria do Brasil se no início do século XX tivesse sido exitosa a proposta de levar o Distrito Federal para a Ilha do Bananal. Ao Estado mínimo deve corresponder a capital mínima. Não é quantidade de Distrito Federal que faz a qualidade dos serviços públicos do Estado. O Estado é por essência heterotélico, e não autotélico. O conceito de obra pública não deve coincidir com o de obra para o Estado. O orgulho de Brasília contrasta com a humildade dos trabalhadores brasileiros cujo sangue é derramado nos corredores dos hospitais públicos e nos labirintos dos impostos. O Estado é um universo em expansão que necessitará sempre de um berço-leito que o justifique e acolha. O conceito positivista de capital federal como o lugar imune aos problemas nacionais é um propósito beócio nas intenções, e fracassado nos resultados. As leis da sociedade são imanentes, segundo as suas próprias características endógenas. A concepção de capital federal como uma fortaleza contra a participação do povo no debate nacional, produto da máquina pensante do positivismo do século XIX com alto poder de penetração no imaginário político durante décadas, tinha como recurso teórico a falsa premissa de que o distrito federal não deve viver as contradições, os conflitos, os paradoxos, as tensões, as diferenças e as divergências intrínsecas a quaisquer grandes centros urbanos históricos. O distanciamento, o afastamento e a ausência de envolvimento emocional com os diversos grupos sociais ativos credenciaria o distrito federal à perfeição das decisões políticas. Era uma posição racional, pensada, geométrica e matematicamente perfeita. A exclusão da sociedade civil dos destinos da nação, limitada ao voto universal, por meio da impermeabilização política gerada pelo distrito federal, estava fadada ao insucesso.

A ignorância cultural brasileira é responsável pela separação do conceito de distrito federal ou capital nacional do conceito de cidade histórica. A desvinculação violenta do político com o cultural, o histórico, o econômico, o social, o urbanístico e o arquitetônico criou as condições do fracasso de Brasília como projeto político desenvolvimentista. A associação dos fatores sensíveis da cultura com os fatores racionais da economia dá fundamento à cidade capital. O desejo de associar o projeto de um novo Brasil à utopia política com uma nova capital, ideia intrinsecamente totalitário-estatizante, entende a vinculação do político com o urbanístico-histórico-cultural, porém não entende que essa vinculação se dá no tempo do mundo, no tempo da história, e não no espaço da prancheta, no espaço do laboratório. O experimentalismo histórico é uma quimera. A vinculação como que brota natural e historicamente sedimentada. Esse é o sentido da acumulação do capital histórico como credenciamento da capital histórica. A aplicação singela do racionalismo estatal modernizante, que no berço da democrática modernidade europeia seria uma contradição nos termos, a um projeto político criou a extravagante inversão segundo a qual o projeto político passa a ser a capital federal. Daí a identidade absoluta do Estado com o Distrito Federal. Nasce igualmente daí a não menos aberrante concepção segundo a qual o Distrito Federal é território neutro, cuja população não deve ter o direito de escolher o seu prefeito e eleger seus vereadores. Isso prevaleceu durante muito tempo, apesar de até hoje alguma parte da inteligência política brasileira acreditar na neutralidade da capital. É sedutora a ideia de que construir uma nova capital é construir automática e artificialmente um novo país. Soa bem, mas não funciona. É uma tentação, logo, um mal. A facilidade da ideia é capaz de convencer espíritos menos advertidos. O conceito de Distrito Federal no Brasil é objeto de um sem-número de crendices e idiotices. O racionalismo político brasileiro fez coro com o irracionalismo mágico, seu adversário hipotético, mas seu aliado de fato. Proponho o fim do chamado

Distrito Federal, uma ideia que foi absolutamente corrompida no Brasil, substituído por Capital Federal, município especial por sediar o Governo Federal. Impõe-se pensar a capital do Brasil sob outra ótica que não a do lugar-comum. Como no Brasil mesmo a mais pura ideia acaba corrompida, quanto mais tornarmos simples as estruturas, mais chances de êxito teremos. Quanto mais leves, simples e liberais forem as estruturas, menos espaço se dará à corrupção das ideias, dos valores e das instituições. É a superação da capital como fetiche. O sonho acabou. Tragicamente. O reconhecimento da falácia estatizante é condição da retomada do progresso. Numa perspectiva liberal avançada, Brasília não tem mais nenhuma condição de sustentação política. É o fim. Um misericordioso fim nos levaria a elaborar um projeto econômico de mercado para Brasília, hoje com cerca de três milhões de pessoas.

A coincidência crítica do Rio com o todo brasileiro reforça a convicção da ação de retorno à sede original. A vocação nacional e internacional do Rio é responsável por essa singularidade. O Rio é o guardião simbólico e psicocultural da nação. O guardião simbólico da História do Brasil. A sentinela, posto avançado, aberto para fora e para dentro. Brasília é a guardiã da história dos interesses por si mesma e de suas corporações corruptas. E é a responsável pela crise de patriotismo no Brasil, como constatamos nas manifestações de corrupção, separatismo e perda da identidade nacional. Se Brasília é egoísta, o Rio é altruísta. Brasília fundou o egoísmo estatal contra o patriotismo desinteressado. O Rio tem a emoção do amor autêntico ao Brasil. Brasília tem a vocação da frieza desértica da formalidade. O amor formal é desamor. Reverência formal é irreverência e desrespeito. Sem a imaterialidade da história, da cultura, do urbanismo democrático e da intersubjetividade social, Brasília fica sem sujeito, verbo e predicado; ela é o sujeito, o verbo e o predicado de si mesma. A racionalidade política estatizante deve ceder lugar à racionalidade histórica liberalizante, quando então poderemos exercer a singularidade da substância universal ou espírito universal apregoados por Hegel. O Rio de Janeiro favorece o perfil crítico-criador capaz de fazer revelar a autoconsciência do povo brasileiro, dando forma à sua natureza psicossocial, histórica e espiritual, fundamentos do povo livre.

A Constituição Federal de 1988 cita expressamente Brasília como capital federal, após muita pressão diária, conforme me relatou o saudoso deputado federal constituinte Fernando Gasparian, e passa a eleger senadores e deputados federais como qualquer Estado da federação. É um ziguezaguear permanente.

O "Estado" de Brasília tem governador, senadores, deputados federais e deputados distritais, termo criado pelo jeitinho brasileiro. Em função dessa contradição gritante no seio da Constituição Federal, urge que a reforma do Estado brasileiro torne coerentes os seus próprios princípios, retornando o Distrito Federal à condição de município especial, com prefeito e câmara de vereadores, porém igualmente sediando a Capital Federal. Esta não precisa ser definida pela Constituição, permitindo que o Rio de Janeiro dispute democraticamente o direito de voltar a ser capital do Brasil. Um plebiscito nacional ou um referendo seria o mais desejável. A consciência nacional do fracasso político de Brasília é um fato indiscutível. Porém, a constatação política não deve ser motivo de dar tudo por definitivo. Exceto Deus, nada é imutável.

A utopia de Brasília é uma quimera. A capital ficção prevaleceu sobre a capital real. O retorno à sede real do Brasil nada mais faz que acompanhar o curso espiritual da história. O Eldorado não chegou. Derramaram leite, mel e sangue.

E, pelo contrário, essa irracional perseguição ao Eldorado forjou um câncer crescente da maior estatal improdutiva do mundo. Privatizemo-la urgentemente, pois se Kafka foi capaz de dizer que "crer no progresso não significa que um progresso já se produziu", tenhamos a honradez de, ao parafraseá-lo, reconhecer que "crer no progresso não significa que um progresso se produzirá". O Rio de Janeiro ama o Brasil e o mundo.

NOTA SOBRE A ORIGEM DOS TEXTOS

A maior parte dos capítulos deste livro (Caps. "Dialética do Golpe de Estado Contemporâneo", "Introdução à Economia Nacional-Socialista", "Medicina e Economia Nacional-Socialista", "Nietzsche e a Vontade de Racismo", "Metafísica da Morte, Niilismo e Totalitarismo", "Salvador Allende, Líder Nacional-Socialista da América Latina", "Carl Schmitt, Teórico do 'Estado Total' e a Catástrofe do Mundo Contemporâneo", "Papa Pio XII e o Golpe Contra Hitler", "Pio XII e o Catolicismo na Segunda Guerra Mundial" e "Camboja: Arroz-de-Genocídio dos *Khmers Rouges*") foi originalmente publicada na *Carta Mensal*, revista do Conselho Técnico da Confederação Nacional do Comércio, entre 2013 e 2017.

Os Capítulos "Os Morangos Heideggerianos de Auschwitz", "Martin Heidegger e o Antissemitismo" e "O Problema de Martin Heidegger e o Caminho de Hannah Arendt" foram escritos a partir de conferências dadas na Casa Eva Klabin. A conferência em que se baseou o Capítulo "Martin Heidegger e o Antissemitismo" foi transcrita em Daniel Miguel Klabin (Org.), *Humanismo judaico na literatura, na história e na ciência*, volume 2 (Rio de Janeiro: Verve, 2013), e aquela que resultou no Capítulo "O Problema de Martin Heidegger e o Caminho de Hannah Arendt" foi transcrita em *Humanismo judaico na literatura, na história e na ciência*, volume 3, organizado pelo Centro de História e Cultura Judaica (Rio de Janeiro: Jaguatirica, 2015).

O Capítulo "Martin Heidegger, 1933: Os Arquivos Nazistas do *Rektor-Führer* da Filosofia" foi publicado em 2015 na *Sigila: Revue transdisciplinaire franco-portugaise sur le secret*, de Paris, e o Capítulo "Merquior e o Otimismo Totalitário de Heidegger" foi publicado em 1992 na *Revista Tempo Brasileiro*, do Colégio do Brasil.

O Capítulo "Edith Stein: Teoria Filosófica do Estado" é uma versão estendida do artigo publicado na *Carta Mensal* em 2013.

O Capítulo "Hans Kelsen e o Comunismo como Ideologia do Golpe de Estado" é a versão revista de uma conferência no Seminário "Ética: Um princípio que não pode ter fim", proferida no Centro Cultural da Justiça Federal, com a Associação dos Juízes Federais do Rio de Janeiro e Espírito Santo – AJUFERJES e o Rotary Club em 2018.

O Capítulo "Brasília e o Golpe de Estado constitucional", é uma versão atualizada do artigo "Brasília: Leito de Procusto do neopatrimonialismo brasileiro", publicado na *Revista Tempo Brasileiro* em 1996.

Pré-impressão, impressão e acabamento

grafica@editorasantuario.com.br
www.graficasantuario.com.br
Aparecida-SP